Mauthausen-Studien

Szabolcs Szita

Ungarn in Mauthausen

Ungarische Häftlinge in SS-Lagern
auf dem Territorium Österreichs

Band 4

Mauthausen-Studien.
Schriftenreihe der KZ-Gedenkstätte Mauthausen
Band 4

Herausgeber
Bundesministerium für Inneres

Mitherausgeber der Schriftenreihe
Christian Dürr, Ralf Lechner, Stephan Matyus

Mitherausgeber dieses Bandes
Ralf Lechner

Korrektorat
Gerhard Baumgartner, Ralf Lechner

Grafik
Rainer Dempf

Herstellung
Books on Demand GmbH, Norderstedt

Verlag
Bundesministerium für Inneres, Abt. IV/7
Postfach 100, A-1014 Wien
http://www.mauthausen-memorial.at
mauthausen-memorial@mail.bmi.gv.at

Die Herausgabe dieses Buches wurde durch Förderung der
Magyarországi Zsidó Örökség Közalapítvány (Ungarische Öffentliche
Stiftung Jüdisches Kulturerbe) ermöglicht.

Szabolcs Szita: Ungarn in Mauthausen. Ungarische Häftlinge
in SS-Lagern auf dem Territorium Österreichs. –
Wien: Bundesministerium für Inneres, 2006
(Mauthausen-Studien. Schriftenreihe der KZ-Gedenkstätte
Mauthausen; Band 4)
ISBN: 3-9502183-4-3 / 978-3-9502183-4-3

Szabolcs Szita

UNGARN IN MAUTHAUSEN

Ungarische Häftlinge in SS-Lagern auf dem Territorium Österreichs

INHALTSVERZEICHNIS

DANKSAGUNG

Der Autor bedankt sich für die Förderung der Recherche, Forschung und Abbildungen für diesen Band sowie die Unterstützung der Publikation bei folgenden Institutionen und Personen:

Holocaust Dokumentationszentrum und Erinnerungssammlung – Öffentliche Stiftung, Budapest,
Dokumentationsarchiv des Österreichischen Widerstandes,
Nationalfonds der Republik Österreich für Opfer des Nationalsozialismus,
Niederösterreichisches Landesarchiv,
Bundesministerium für Bildung, Wissenschaft und Kunst,
Verband der durch den Nationalsozialismus Verfolgten Ungarn,
KZ-Gedenkstätte Mauthausen,

Mag. Gerhard Baumgartner,
wirkl. Hofrat Dr. Ernst Bezemek,
Günther Burczik,
Werner Eichbauer,
Stefan Hameseder,
Stefan Hofbauer,
János und Mariann Kienzl,
Prof. Dr. Hans Landesmann,
Albert Langanke,
Esther Miron,
Mag. Martin Pammer,
Matthias Pühringer,
Dr. Béla Rásky,
Andrew und Marietta Romay

sowie bei

meiner Frau Ágnes Hosszú Szitané, meiner ganzen Familie

und bei allen, die mich in meiner Arbeit mit weiteren Angaben und Daten unterstützt haben.

ZUM GELEIT

Für die Republik Österreich hat die KZ-Gedenkstätte Mauthausen als Zentrum des Gedenkens an die Auswirkungen des nationalsozialistischen Terrors nicht nur das Andenken an die Opfer zu wahren, sie hat zudem die Aufgabe, die nachfolgenden und künftigen Generationen über diese Auswirkungen zu informieren. Das Wissen um das nationalsozialistische Terrorsystem ist für die Ausbildung eines demokratischen Bewusstseins grundlegend.

Dabei kommt der vom Bundesministerium für Inneres herausgegebenen Schriftenreihe Mauthausen-Studien eine besondere Bedeutung zu. Indem sie Forschungsarbeiten zu bislang nicht behandelten Fragestellungen und ebenso im deutschen Sprachraum nicht zugängliche Literatur publiziert, legt sie einen Grundstein für eine weitere Rezeption und somit zur Verbreitung des Wissens um die Geschichte dieses Konzentrationslagers.

Mit dem vierten Band erscheint in der erstmals ein Titel, der nicht von einem Überlebenden des Konzentrationslagers verfasst wurde. Dennoch ist der 1945 in Sopron geborene Szabolcs Szita seit vielen Jahren insofern eng mit Mauthausen verbunden, als sich der Historiker ebenso lange intensiv mit der Deportation der Ungarn in das an das Deutsche Reich angeschlossene Österreich beschäftigt. Zentraler Punkt der Beschäftigung mit diesem Thema ist die Deportation der Ungarn in das Konzentrationslager Mauthausen. *Ungarn in Mauthausen* behandelt Schicksal der drittgrößten nationalen Opfergruppe dieses Mordlagers, und dabei das besonders erschütternde der ungarischen Juden, die von der nationalsozialistischen Rassenideologie zu Menschen ohne jede Würde gemacht wurden und die dem Terror im Lager massenhaft zu Opfer fielen.

Möge die Kenntnis von diesem tragischen Kapitel der Geschichte des Konzentrationslagers Mauthausen dazu beitragen, dass sich dergleichen nie mehr wiederhole. Ich wünsche diesem vierten Band viel Erfolg, damit das Wissen um die Geschichte dieses Lagers größtmögliche Verbreitung finde.

Liese Prokop
Bundesministerin für Inneres

I. DIE FOLGEN DER BESETZUNG UNGARNS DURCH DIE WEHRMACHT

Die Besetzung Ungarns durch deutsche Truppen am 19. März 1944 hatte verheerende Folgen, sowohl in politischer als auch in wirtschaftlicher und militärischer Hinsicht. Die deutschen Behörden begannen unverzüglich mit der Inhaftierung und Geiselnahme von als unzuverlässig geltenden Personen. Nach einigem Zögern ernannte Reichsverweser Miklós Horthy den ehemaligen ungarischen Botschafter in Berlin, Döme Sztójay, zum Ministerpräsidenten und beauftragte ihn mit der Bildung einer – nach einem Vorschlag von Dr. Edmund Veesenmayer, dem Gesandten des Großdeutschen Reichs und Generalbevollmächtigten Hitlers in Ungarn – „unter deutscher Patronanz stehenden nationalen Regierung". SS-Standartenführer Veesenmayer kannte die ungarischen Verhältnisse bestens. Er selbst war zwar ein engagierter Vertreter einer Politik der Gewaltherrschaft und Unterdrückung, im Interesse höherer Ziele war er jedoch durchaus bereit, mit dem ungarischen Partner diplomatische Spielchen zu treiben. Sein wichtigstes Anliegen war es, den ungarischen Verwaltungsbehörden und Staatsorganen vorerst eine gewisse Handlungsfreiheit zu gewährleisten, um so die Besatzungsmacht von Verwaltungs- und polizeilichen Aufgaben zu entlasten. Dadurch benötigte die Besatzungsmacht vor Ort verhältnismäßig wenige deutsche Soldaten.

„Der Generalbevollmächtigte des Reichs trägt die Verantwortung für jede politische Entwicklung in Ungarn", hieß es in Veesenmayers Ernennungsschreiben. Der Ernannte wurde dem Auftrag seines Führers und Reichskanzlers Adolf Hitler voll und ganz gerecht. Mit Geschick und politischer Perfektion erreichte er, dass die neue ungarische Regierung, Armee und Administration sämtliche wichtige Zielsetzungen der deutschen Politik in Ungarn verwirklichte.

Akzeptanz und Vorrang der reichsdeutschen Interessen führten zur bedingungslosen wirtschaftlichen Ausbeutung Ungarns. Nach der Okkupation forderte Hitlerdeutschland „mindestens doppelt soviel landwirtschaftliche Produkte als bisher, wenn nicht noch mehr". Ungarn hatte die Erschließung sämtlicher Vorkommen an Bodenschätzen in stärkerem Maße voranzutreiben, die Leistungsfähigkeit der Industrie bestmöglich zu erhöhen und die Verkehrsverbindungen des Landes „wesentlich besser" zu nutzen. Letztendlich sollte die Besetzung auch zur „Endlösung"

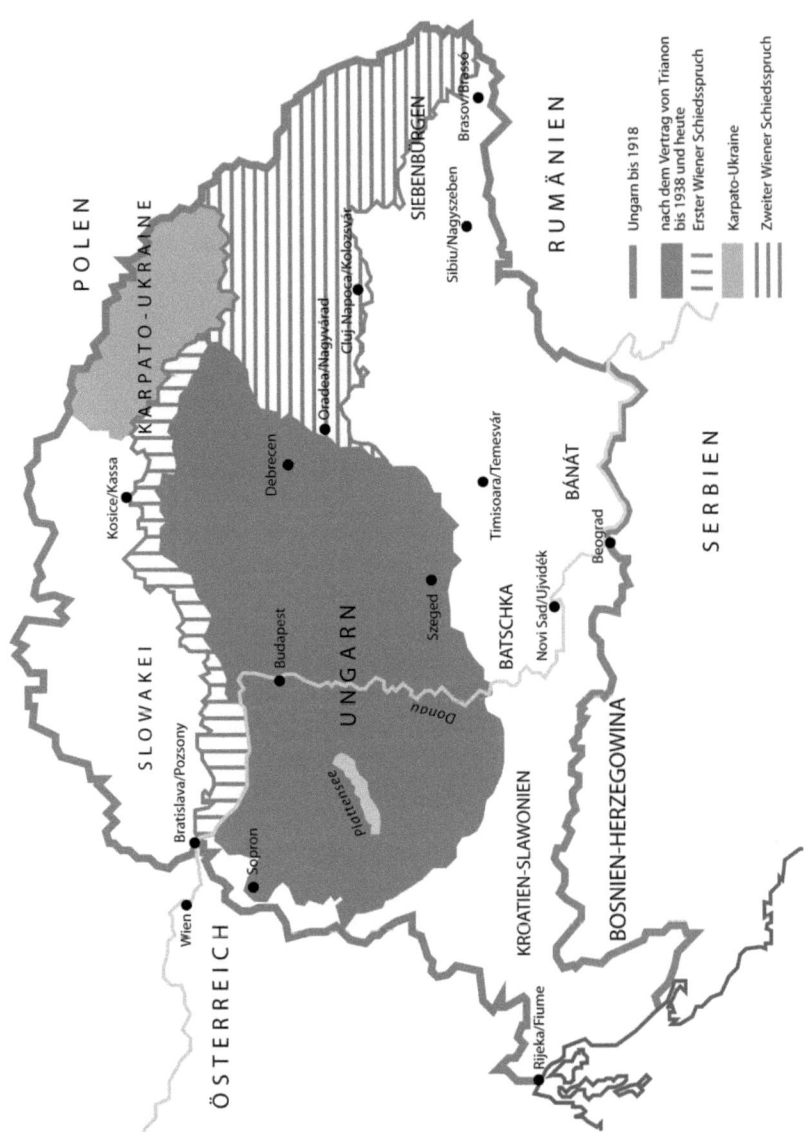

Abb. 1: Grenzen Ungarns nach den beiden Wiener Schiedssprüchen 1938 und 1940

KAPITEL 1

der Judenfrage in Ungarn beitragen. Auch bei der Verwirklichung dieser Zielsetzung ging die ungarische Regierung Sztójay der Besatzungsmacht bereitwillig zur Hand.

Die ersten Wochen nach der Besetzung

Die zum Einmarsch in Ungarn bestimmten SS- und Polizeieinheiten sowie die so genannten Sondereinsatzkommandos im Gefüge des Sicherheitsdienstes (SD) wurden im SS-Revier des Konzentrationslagers Mauthausen gesammelt und nach etwa einer Woche Bereitstellung zum Einsatz beordert. Die Aktion sollte nach den Direktiven des Reichssicherheitshauptamtes (RSHA) durchgeführt werden. Die konkreten Aktivitäten zur Wiederherstellung der Ordnung in Ungarn wurden am 17. März 1944 von Dr. Ernst Kaltenbrunner, Befehlshaber der Sicherheitspolizei (Sipo) und des Sicherheitsdienstes, bekannt gegeben.[1]

Die deutschen Sicherheitseinheiten kamen in operativen Einsatzgruppen nach Ungarn. Ihr oberster Befehlshaber war SS-Obergruppenführer Otto Winkelmann, General der Waffen-SS, unter dessen Kommando unter anderem folgende deutsche Offiziere und Organisationen standen: SS-Standartenführer Dr. Hans-Ulrich Geschke, Befehlshaber der Sipo und des SD in Ungarn, dem ein Polizeiregiment und etwa fünf- bis sechshundert Angestellten bzw. Agenten der Gestapo[2] zur Verfügung standen; der politische Sicherheitsdienst in Ungarn unter dem Kommando von SS-Sturmbannführer Dr. Wilhelm Höttl; die für Budapest und Umgebung zuständige Gestapo unter SS-Sturmbannführer Dr. Alfred Trenker. Auch Franz Josef Huber, Gestapo-Chef in Wien und Inspekteur der Sipo und des SD in den Reichsgauen Wien, Niederdonau und Oberdonau, kam nach Ungarn.

In Höttls Memoiren ist nachzulesen, dass der Reichsführer-SS Heinrich Himmler bereits am Tag der Okkupation einen Bericht über die Lage in Ungarn nach dem Einmarsch der deutschen Truppen sowie über die ersten Anordnungen der Besatzungsmacht einforderte. Sein Telefonanruf um die Mittagszeit, speziell seine drängende Frage nach der genauen Anzahl der bislang verhafteten Juden, versetzte Geschke in Staunen. Rasch ließ er nun ein Budapester Telefonbuch holen und daraus 2.000 „judenverdächtig" klingende Namen – möglichst mit Doktortitel – heraussuchen. Diese – meist Ärzte und Anwälte – wurden sofort inhaftiert, und am Abend konnte der Standartenführer schon stolz die Festnahme von 2.000 führenden Funktionären des ungarischen Judentums nach Berlin melden.[3] Merkwürdigerweise meldete der Generalbevollmächtigte Veesenmayer am selben Tag, Budapest zeige das Bild einer ruhigen Stadt.[4] Wenige Tage später kam Himmler persönlich nach Budapest, um sich bei einer Kurzvisite vor Ort über die getroffenen Sicherheitsmaßnahmen zu informieren. Winkelmann folgte Himmlers Anweisungen, indem er sich nun, nach der reibungslos durchgeführten Besetzung des Landes, an die Auflösung deutschfeindlicher Gruppierungen und polnischer Militärorganisationen machte, beziehungsweise den Kampf gegen Kommunisten und Partisanen eröffnete. Die Deportation von Juden fiel – wenn auch nicht direkt – ebenfalls in seinen Aufgabenbereich. SS-Obersturmbannführer Adolf Eichmann, der Kommandeur des mit der Abwicklung der „Judenfrage" beauftragten Sondereinsatzkommandos, war zwar sein Untergebener, Winkelmann übte jedoch keine direkte Kontrolle über ihn aus. Die Befehle des ranghöheren Offiziers der SS und der Sicherheitspolizei wurden von Sondereinsatzgruppen, insgesamt sieben oder acht an der Zahl, durchgeführt. Diese waren in aus reichsdeutscher Sicht strategisch wichtigen ungarischen Städten stationiert und wurden als Kommandeure der Sicherheitspolizei und des SD, mit Abkürzung KdS, bezeichnet.[5]

In den meisten ungarischen Ortschaften wurden die Befehle der deutschen Besatzungsmacht von SD- oder Gestapo-Bevollmächtigten verkündet. Diese hatten der SD-Zentrale unverzüglich jede staatsfeindliche Aktivität sowie jede politisch bedeutende Gruppierung zu melden. Die deutsche Besatzungsmacht verfügte von Anfang an auch in der ungarischen Provinz vielerorts über ein gut ausgebautes Netz von Agenten und Informanten. Darüber hinaus bediente sie sich der altbewährten Methode des Telefonabhörens, wozu ihr sowohl erfahrene Kräfte als auch die nötigen Mittel zur Verfügung standen. Die Gestapo beschränkte sich keineswegs auf Massenverhaftungen, sondern sie stürmte und zerstörte auch die Einrichtungen links orientierter Parteien, mancherorts auch der Gewerkschaften und ziviler Verbände sowie die Redaktionen linker Presseorgane. In der Folge der Besetzung Ungarns wurden insgesamt 126 Zeitungen verboten oder eingestellt.

Zu den erprobten Methoden der deutschen Besatzer zur Einschüchterung der Bevölkerung gehörte auch die Geiselnahme. Durch ihre Spitzel und Informanten verfügte die Besatzungsmacht schon von Anfang an über sorgfältig zusammengestellte Listen mit den Namen der zu verhaftenden Personen. Nachweislich gingen die Behörden in Budapest sowie in West- und Südungarn systematisch mit Hilfe solcher Listen vor: Sie nahmen zahlreiche, nach ihrer Einschätzung „reichsdeutsche Interessen gefährdende" Beamte und Angestellte des öffentlichen Dienstes fest. Inhaftiert wurden auch Politiker verschiedenster Couleur, von Liberalen und Legitimisten bis hin zu Funktionären der Sozialdemokratischen Partei sowie der Partei der kleinen Landwirte, zahlreiche Journalisten, mehrere Repräsentanten der Finanzoligarchie und sogar einige Wissenschaftler. Festgenommen wurde außerdem eine große Anzahl von Polen sowie Deutschen, Österreichern und Italienern. Dabei handelte es sich teils um Soldaten, teils um auf ungarischem Boden untergetauchte Zivilisten, in einigen Fällen sogar um ausländische Diplomaten. Gefahndet wurde weiter nach Zivilisten und geflohenen Kriegsgefangenen französischer Nationalität sowie nach über ungarischem Territorium abgeschossenen und festgenommenen Soldaten der britischen Luftwaffe. In Budapest riss die deutsche Besatzungsmacht sofort die absolute Polizeigewalt an sich. So wurden gleich nach dem Einmarsch der deutschen Truppen insgesamt 28 Abgeordnete des Unter- und Oberhauses sowie rund fünfzig bedeutende Vertreter des öffentlichen Lebens in Gewahrsam genommen. Unter den ersten Inhaftierten befanden sich unter anderen Innenminister Ferenc Keresztes-Fischer, Agrarminister Dániel Baron Bánffy und József Sombor-Schweinitzer, Leiter der politischen Sicherheitspolizei, gemeinsam mit zahlreichen seiner Mitarbeiter. Das gleiche Schicksal ereilte die Helfer jener Ausländer, die vor der nationalsozialistischen Gewaltherrschaft nach Ungarn geflohen waren und von denen sich viele in ratloser Verzweiflung nach der Okkupation das Leben nahmen.

Der deutsche Außenminister Ribbentrop sandte am 22. März 1944 an alle Außenvertretungen des Deutschen Reichs – von Tokyo bis Lissabon – ein Rundtelegramm, in dem er seiner Zufriedenheit Ausdruck verlieh und mit Nachdruck auf die Verdienste des neuen Ministerpräsidenten Döme Sztójay hinwies. Der ehemalige ungarische Botschafter in Berlin hatte sich laut Ribbentrop „jeweils stark für eine enge politische und militärische Zusammenarbeit zwischen Deutschland und Ungarn" eingesetzt, und „die neue Regierung bietet eine Garantie dafür, dass in Ungarn [...] defätistische und zum Verrat geneigte Elemente nicht mehr aktiv sind".[6] Die Gestapo verzichtete vorerst darauf, auch in den Budaer Burgpalast einzudringen. Dadurch blieb die Residenz des Reichsverwesers Miklós Horthy zwar vorerst ein Terrain ohne jedwede deutsche Präsenz, Horthy wusste aber genauestens über die Vorkommnisse Bescheid.

Abb. 2: Miklós Kállay, ungarischer Ministerpräsident bis zur Besetzung Ungarns

Wie gut er informiert war, beweist allein die Eintragung im Protokoll der Kronratssitzung vom 19. März 1944, die bereits gegen Mittag am Tag der Besetzung berichtete: „Die Gestapo führt, die Souveränität des Landes missachtend, selbständige Aktionen durch". Da die Regierung von Miklós Kállay zu diesem Zeitpunkt schon zurückgetreten war, wurde auf der Kronratssitzung beschlossen, der Generalstabschef der ungarischen Honvéd-Armee, Ferenc Szombathelyi, solle sich mit der Bitte an Deutschlands Militärattaché Generaloberst Greifenberg wenden, in dieser Angelegenheit vorzugehen. Gleichzeitig verlangte der Reichsverweser auch eine klärende Antwort auf die Frage, „wer eigentlich auf deutscher Seite die Befehle erteilt hat" Weiter hielt Horthy eine Proklamation an die Nation für erforderlich, denn „man müsste unserem unglücklichen Vaterland doch ‚was sagen'".[7]

Die Deutschen fahndeten am 19. März erst im Palast des Ministerpräsidenten, später in der ganzen Hauptstadt, mit großem Einsatz auch nach Ex-Ministerpräsident István Graf Bethlen. Diesem gelang es jedoch, seinen Verfolgern zu entkommen. Am 22. März konnte er, verkleidet in der Uniform eines Majors der Leibgarde, mit einem Militärwagen nach Gyöngyöshermán im westungarischen Komitat Vas flüchten. Doch die meisten Vertreter des öffentlichen Lebens ergriffen nicht die Flucht, sondern warteten ihr Schicksal ab. Die Verhaftungsaktion dauerte oft nur wenige Minuten. Nicht selten genügte eine rasche Durchsuchung der Wohnung oder das Durchwühlen eines einzigen Zimmers, um belastende Papiere zu finden. Manchmal gaben sich die Fahnder sogar mit einigen blind ausgewählten „Dokumenten" zufrieden. Konnte der Gesuchte nicht gefasst werden, weil er zufällig nicht daheim war oder sich rechtzeitig versteckt hatte, ließ man eine mahnende Drohung zurück. Es kam auch vor, dass man anstatt der gesuchten Person andere Familienangehörige gefangen nahm. So geriet statt Zoltán Tildy, dem reformierten Pfarrer und geschäftsführenden Parteichef der Partei der Kleinen Landwirte, sein Sohn in die Hände der Gestapo. Bisweilen wurden anstelle der gesuchten Person einfach deren Hausangestellte verschleppt, so geschehen im Fall der abwesenden sozialdemokratischen Politiker Manó Buchinger und seiner Parteigenossin Anna Kéthly, sowie des Christdemokraten und Zeitungsredakteurs Dr. István Barankovics.[8] Jedoch nicht jede Verhaftungsaktion verlief so problemlos. Endre Bajcsy-Zsilinszky zum Beispiel, Parlamentsabgeordneter der Partei der Kleinen Landwirte, feuerte aus seiner Pistole auf die Gestapo-Männer, als sie ihn abholen kamen. Erst nach einem heftigen Gefecht, und nachdem ihm die Munition ausgegangen und er verwundet worden war, konnte der Politiker festgenommen und in das Budaer Gestapo-Gefängnis eingeliefert werden.

Allein in der ersten Woche nach der Okkupation wurden in ganz Ungarn nahezu 10.000 Personen, unter ihnen 3.076 Menschen jüdischer Herkunft, verhaftet.[9] Die Okkupanten hatten dabei keine Verluste und die Geschehnisse wurden von Seiten der Bevölkerung gleichgültig hingenommen. Zu den politischen Zielsetzungen des „Unternehmens Margarethe", so die nationalsozialistische Tarnbezeichnung für die Besetzung des Königreichs Ungarn, zählte die Aufgabe, dem ungarischen Volk „in angemessener Dosierung" zu verstehen zu geben, dass der Einmarsch der deutschen Truppen „durch den Verrat der Kállay-Regierung und ihrer Helfershelfer, unter ihnen der Juden" ausgelöst worden sei. Die politischen Planer und Berater der Nationalsozialisten äußerten im Vorfeld der Verhaftungsaktionen, „falls das ungarische Volk auf diese Weise richtig aufgeklärt wird, wird es auch den gegen die Verräter und Juden zu ergreifenden deutschen Maßnahmen das nötige Verständnis entgegenbringen."[10] Bedauerlicherweise sollten sie mit ihrer – für Ungarn beschämenden – Schlussfolgerung weitgehend Recht behalten.

Die Schrecken, die eigentliche Atmosphäre jener Tage, hat auch Károly László aus der südungarischen Stadt Pécs in seinem Buch festgehalten: Die zur Gestapo einlaufenden

recht zahlreichen Anzeigen entpuppten den trügerischen Anschein der Idylle; abends konnten wir ja mit eigenen Augen sehen, wie die Leute abgeholt wurden. Ich war dabei, als wir eines Tages durch das Fenster den sich langsam nähernden Gestapo-Wagen wahrnahmen (da wussten wir schon, wie der aussah). Vor welchem Haus wird er nur halten, fragten wir uns. Man konnte stets annehmen, jetzt wäre schon unser Haus dran. Als ich das erste Mal Zeuge eines solchen ,Ereignisses' wurde, hielt das Auto drei Häuser weiter, vor dem Wohnhaus mit dem Geschäft der Firma

Hirsch & Pollák. Die uniformierten Gestapo-Männer (zumindest sammelten sie ihre Opfer für die Gestapo ein) stiegen ohne Hektik, in militärischer Ordnung aus dem Wagen, gingen ins Haus und fuhren dann eine knappe Viertelstunde später wieder ab. Der elegante Herr Pollák mit ihnen. Man hat ihn nie wieder gesehen.[11]

Die deutschen Sicherheitsorgane hatten seit Jahren ein wachsames Auge auf die politischen Aktivitäten der polnischen Flüchtlinge in Ungarn geworfen, auf ihre militärische Spionagetätigkeit und ihre regen Kontakte zu den im Mutterland gegen Hitler-Deutschland aktiven Gruppierungen. Nun war die Zeit der Abrechnung gekommen, und auf Himmlers Anweisung fuhr der gesamte Gestapo-Stab von Warschau und Krakau nach Budapest. Einige Offiziere trafen sogar schon früher in der ungarischen Hauptstadt ein, um Verschiedenes auszukundschaften, und so konnte der Apparat gleich am Tag der Besetzung Ungarns zuschlagen. Man durchsuchte die Büroräume der „Zentralen Ausländeraufsichtsbehörde" („Külföldiekt Ellenőrző Országos Központi Hivatal") und nahm deren Leiter Sándor Siménfalvy fest. Die Eintragungen über die Repräsentanten der polnischen Bewegung in Ungarn sowie die Kopien der für sie ausgestellten falschen Ausweise und Aufenthaltsgenehmigungen wurden beschlagnahmt, wodurch die Inhaftierung dieser Personen lediglich wenige Stunden in Anspruch nahm. General Dr. Jan Kollataj-Srednicki, Universitätsprofessor für Medizin und Leiter des polnischen Ärzte- und Sanitätsdienstes, und sein 42-jähriger Sekretär Dr. Teofil Kandefer, Militärarzt im Rang eines Leutnants, wurden bei einem Feuergefecht in der Budaer Fő utca durch die Gestapo getötet.[12] Dabei wurden noch zwei weitere polnische Flüchtlinge, Frau Stanisława Sikorska und der Kriegsinvalide Jan Szablewski, erschossen.[13] Eine regelrechte Menschenjagd wurde auch gegen die auf ungarischem Territorium wirkenden Aktivisten des polnischen Kurierdienstes gestartet, nach denen die Gestapo bereits seit längerer Zeit erfolglos gefahndet hatte. Die Verhafteten hielt man anfänglich in Budapest gefangen, vor allem in der Radetzky-Kaserne am Bem tér, im Gefangenenhaus in der Conti utca oder im Untersuchungsgefängnis des Pester Komitatsgerichtshofes in der Gyorskocsi utca, das nunmehr als Gestapo-Gefängnis fungierte. Nach mehrmaligen brutalen Verhörprozeduren landeten die meisten dieser Unglücklichen später in einem deutschen Konzentrationslager. Aus dem transdanubischen Städtchen Siklós wurden zwanzig polnische Offiziere in die Belgrader Festung verschleppt.[14] Ihr weiteres Schicksal ist unbekannt. Der namhafte Landschaftsmaler Stefan Filipkiewicz, ein Mitglied des Polnischen Zivilkomitees, wurde nach seiner Gefangennahme derart schwer gefoltert, dass er während seiner Deportation nach Wien seinen Verletzungen erlag.[15] Dr. József Antall, der bis zur Okkupation die Abteilung IX im Innenministerium leitete, hatte den nach Ungarn geflohenen polnischen Männern und Frauen jahrelang umfassende Hilfe geleistet. Dabei übernahm Dr. Antall nicht selten schriftlich die persönliche Verantwortung für polnische Flüchtlinge und setzte sich für die ihnen gewährten Vergünstigungen ein, wohl wissend, dass seine Schützlinge diese für ihre kaum getarnte antifaschistische Tätigkeit gebrauchten. Nach dem 19. März 1944 konnte er sich verstecken, aber die Gestapo kam ihm später doch auf die Spur und nahm ihn in Westungarn fest. Im Verhör versuchten die verhafteten Polen Antall zu retten und sagten eher gegen sich selber aus. Auch der später ebenfalls gefangen genommene Leó Ferdinánd Miklóssi gewährte den aus Polen geflüchteten Widerstandskämpfern Unterstützung, indem er den Asylanten geeignete Unterschlupfadressen zukommen ließ.[16]

Nach der Aussage von Louis Bargés, einem nach Ungarn geflohenen Kriegsgefangenen, der zuvor in seiner französischen Heimat Lehrer gewesen war, stellten die in Zivil gekleideten Gestapo-Männer die schlimmste Bedrohung dar. Bis zur Besetzung des Landes konnten die hier lebenden französischen Flüchtlinge überall, in Lokalen wie auf der Straße, frei in ihrer Muttersprache verkehren. Später erwies sich dies jedoch als „Heldentat", denn wer es wagte, öffentlich französisch zu sprechen, der wurde auf Anhieb verhaftet. Innerhalb weniger Tage wurden vierzig Franzosen von der Gestapo erfasst, nach zwei Wochen saßen schon an die siebzig ihrer Landsleute im Gefängnis. Eingekerkert wurden auch die bislang im Eötvös-Kollegium beschäftigten französischen Lehrkräfte.[17] Dennoch kann diese Gestapo-Aktion unseres Erachtens eher als Einschüchterungsmanöver denn als Gewalttakt verstanden werden, denn sie betraf höchstens zehn Prozent der rund tausend in Ungarn lebenden Franzosen.

Die ersten Sammelstellen für Verhaftete in der Hauptstadt wurden in dem bereits erwähnten Untersuchungsgefängnis des Pester Komitatsgerichtshofes, in den unteren Räumen des Hotel Astoria und im Gewerkschaftshaus der Metallarbeiter in der Magdolna utca eingerichtet. Am 21. März waren im jüdischen Lehrer- und Rabbinerseminar in der Rökk Szilárd utca schon 240 jüdische Gefangene registriert, und eine noch größere Zahl im Schubhaus in der Mosonyi utca. In der Provinz machten sich bei der Festnahme der jüdischen Bevölkerung nicht selten Mitglieder

des Volksbundes[18] als freiwillige Agenten „nützlich". Die Festgenommenen wurden in Polizeizellen oder in beschlagnahmten jüdischen Häusern
eingesperrt und teilweise in Listen namentlich erfasst, doch der Grund
ihrer Verhaftung wurde niemals genannt.

Die Sicherheitsorgane der Besatzungsmacht waren auch bemüht, aus
jenen Betrieben, die mit der deutschen Industrie in starker Konkurrenz
standen, jüdische Fabrikbesitzer, Abteilungsleiter, Fachleute in Schlüssel-
positionen sowie Großaktionäre zu entfernen. Mit ihrer Verschleppung
wollte man nicht nur verunsichern oder einschüchtern, sondern den zur
damaligen Zeit noch bestehenden Konkurrenzkampf tunlichst ausschalten. Bei den ungarischen Rivalen konnten dadurch verschiedene Be-
triebsteile lahm gelegt und letzten Endes die erwünschte „Gleichschal-
tung" vorbereitet werden.

Welch verheerende Änderungen der 19. März 1944 auch immer mit
sich brachte, an der Position der ungarischen Administration wurde
kaum gerüttelt und der Machtapparat – mit Reichsverweser Miklós
Horthy an der Spitze – blieb unbehelligt. Die meisten taten, als wäre
nichts geschehen. Die Honvéd-Armee und ihr gesamter Offiziersstab duldeten die beschämende Annexion wie auch ihre katastrophalen Folgen
widerstandslos. Premierminister Miklós Kállay fand in der Residenz des
türkischen Gesandten Sevket Fuat Kececi im Budaer Nobelviertel
Rózsadomb Schutz vor der Verhaftung. (Seiner Gattin hatte man im
Budaer Burgpalast Obhut gewährt.[19]) Die Gestapo riegelte die Umgebung
des türkischen Botschaftsgebäudes ab und registrierte jede Bewegung mit
äußerster Genauigkeit. „An jeder der vier Straßenecken um Gebäude und
Garten bzw. den Häuserblock stand Tag und Nacht je ein Lkw mit Bewaffneten, und zwischen den einzelnen Autos patrouillierten unentwegt
die Streifen. Sobald sich jemand dem Botschaftsgelände näherte, gaben
sie sich mit der Autohupe Signale, und in der Nacht tauchten die Scheinwerfer das Gebäude in eine Lichterflut."[20] Der frühere Leiter der politischen Abteilung im Ministerium für Äußeres, Andor Szentmiklóssy, gelangte dennoch zu Kállay und meldete ihm, dass seine Mitarbeiter ihr
möglichstes getan und noch vor dem Eindringen der Deutschen massenweise Dokumente vernichtet hatten, aber aus den Händen von abgefan-
genen Auslandskurieren gerieten trotzdem noch etliche kompromittie-
rende Notizen in die Hände der Besatzungsmacht. Dieser hervorragende
Mitarbeiter des Ex-Premierministers konnte dann alsbald in einer Zelle
im Gestapo-Gefängnis über die Geheimnisse der ungarischen Politik grü-

beln. Die deutschen Sicherheitsorgane ließen den Ex-Ministerpräsidenten sogar in seinem Asyl in der türkischen Auslandsvertretung aus nächster Nähe beobachten. Kállays dortiger Kammerdiener sollte sich später als Gestapo-Spitzel entpuppen.[21]

Das mit den Besatzungstruppen nach Ungarn gekommene Sondereinsatzkommando begann ohne Verzögerung und mit geübter Perfektion, die „Endlösung" in Ungarn voranzutreiben. Sein Kommandeur Adolf Eichmann war fest entschlossen, die „Übersiedlung" des ungarischen Judentums in das Dritte Reich möglichst rasch und radikal – „ohne ein zweites Warschau„ – abzuwickeln. Als einige Offiziere der Einsatzgruppe nach Kriegsende wegen der Judendeportationen zur Rechenschaft gezogen wurden, verteidigten sie sich mit dem Argument, sie wären in Ungarn „nur Ratgeber" gewesen. In Wirklichkeit war ihre Aufgabe, die bis dahin weitgehend verschont gebliebenen jüdischen Massen so rasch wie möglich zu verschleppen. Einen wesentlichen Anteil an der Tragödie des ungarischen Judentums hatte auch das so genannte Kleßheimer Treffen. Die folgenschweren Zugeständnisse, die Hitler dabei dem ungarischen Reichsverweser Horthy auf Schloss Kleßheim abgerungen hatte, trugen mit dazu bei, dass die ungarischen Regierungsbehörden alle als „jüdisch geltenden" Staatsbürger an den nationalsozialistischen Sicherheitsdienst und den aus Wien eingetroffenen Gestapo-Stab auslieferten. Die Deportation der Juden war einzig und allein aufgrund der reibungslosen Zusammenarbeit und der bereitwilligen ungarischen Mitwirkung durchführbar.

SS-Obersturmbannführer Eichmann setzte gegen die jüdische Bevölkerung Ungarns das gesamte, bei früheren „Entjudungs"-Aktionen bereits erfolgreich angewendete Instrumentarium des Terrors ein. Sein heuchlerisches Schauspiel schwankte zwischen Drohung und Versprechen, Verängstigung und Beruhigung. Am 13. April kamen Sztójay und Veesenmayer überein, dass Ungarn dem Reich bis Ende des Monats mindestens 50.000 jüdische Arbeitskräfte zur Verfügung stellen sollte. Sie vereinbarten die Beschleunigung der Einberufung jüdischer Männer zwischen 36 und 48 Jahren und die Aufstockung der jüdischen Arbeitsbataillone auf 100.000 bis 150.000 Mann.[22] Das Sondercorps deportierte energisch und routiniert. Durch den von ihm ins Leben gerufenen Judenrat wurden Maßnahmen ergriffen, um die zwischen Stadt und Land existierenden, gut funktionierenden jüdischen Informationskanäle zu zerstören und so die zur Selbstverteidigung nötigen Vorkehrungen zu verhindern. Die etwa 750.000 Personen zählende jüdische Bevölkerung Ungarns glaubte trotz alledem unerschütterlich an die „Rechtsstaatlichkeit" Ungarns. Ihre Führungspersönlichkeiten waren nicht in der Lage, die neue Situation richtig zu analysieren, beziehungsweise entsprechend darauf zu reagieren. Die meisten wollten die Realität überhaupt nicht wahrhaben. Sie glaubten einfach nicht, dass auch in Ungarn das eintreten könnte, was mit der Expansionspolitik Hitler-Deutschlands dem Judentum in den umliegenden Ländern widerfahren war.

Obwohl die Tatsachen von den deutschen Offizieren konsequent als Lügen abgestritten wurden, entfaltete sich die Hexenjagd gegen die Juden enorm rasch. Zur Unterbringung der immer größeren Gruppen von Verhafteten wurden im ganzen Land Internierungslager eingerichtet – so in Bácstopolya in Südungarn, auf der Csepel-Insel und in Kistarcsa bei Budapest sowie in Sárvár und Nagykanizsa unweit der ungarischen Westgrenze. Die deutschen Stationskommandos verrichteten eine gut eingeübte Routinearbeit. Sie verpflichteten die Juden vielerorts zur Zahlung hoher „Kautionen", um die enormen Summen – zehntausende Pengő – für eigene Zwecke zu entwenden. Die umfassenden, die gesamte jüdische Bevölkerung betreffenden Verordnungen in Vorbereitung der Deportation – im Nazi-Jargon „Ungarnaktion" genannt – erließ die willenlose, den deutschen „Beratern" eifrig dienende ungarische Administration weit weg von der Hauptstadt, in den Wäldern der Karpaten.

Als unmittelbare Folge dieser Verordnungen veröffentlichte das Büro des „auf höheren Befehl" gegründeten Judenrates am 8. April 1944 in Mukačevo/Munkács eine Erklärung. Darin wurde bekannt gegeben, dass in Zukunft „die zuständige Stelle sämtliche Anordnungen durch den Judenrat veröffentlichen" werde und beteuerte in vollem Bewusstsein der Verantwortung: „Es gibt überhaupt keinen Grund zur Beunruhigung". Die Erklärung folgte bis ins Detail den falschen Versprechungen der Besatzungsmacht, „wenn alle unsere Glaubensbrüder unsere Anweisungen befolgen, wird keinem von ihnen etwas zustoßen", und mahnte, niemand solle vergessen, dass man „nur durch die penibelste Einhaltung unserer Anordnungen sich selber wie auch die gesamte Glaubensgemeinde von den Unannehmlichkeiten verschonen" könne. Der Judenrat ließ sich von den erprobten Okkupanten täuschen und ließ die in den Nachbarländern bereits Wirklichkeit gewordenen Deportationen und Massenvernichtungen ebenso außer Acht, wie die aufziehenden schwarzen Wolken, die wieder einmal die jüdische Bevölkerung der Karpato-Ukraine bedrohten.

Der Judenrat sah nach wie vor keinen Grund zum Verzagen, vielmehr riet er zu „strengster Befolgung" seiner Verlautbarungen. Bereits eine knappe Woche später, am 16. April gab es in Munkács und Umgebung einen erneuten Angriff auf die mit dem gelben Stern gekennzeichneten Juden: Sie wurden in Ghettos gesperrt. (Im Gedenken daran gilt der 16. April seit 2001 gemäß dem Beschluss des ungarischen Parlaments als nationaler Gedenktag für die Holocaustopfer.) Der bedenkenlose Gehorsam, mit dem dieser längst geplante, aber gut getarnte Schritt von ungarischer Seite unterstützt wurde, leistete den Deportationsvorbereitungen Vorschub. Auch in den westlichen Landesteilen war das nicht anders. Der Judenrat von Szombathely sah sich ebenfalls gezwungen, die Anforderungen der Nazis restlos zu erfüllen. Deren aktuelle „Wünsche" wurden täglich aufgelistet und eingereicht.

Ein extra Wunschzettel kam vom Gestapo-Kommando, und je einen schickten die Lagergendarmerie, die SS-Abteilungen und all die anderen. Auf den kleinen Papierfetzen war sorgfältig aufgezählt, was für Sachen sie in wie viel Stück und in welcher Größe gerade brauchten. Unsere allein zu diesem Zweck aufgestellte „Abteilung für Besorgungen" konnte dann diese entweder von den Glaubensbrüdern der Gemeinde einsammeln oder die Sachen wurden im Geschäft gekauft und vom Rat bezahlt. [...] So deckten die deutschen Truppen ihren Bedarf an Papier- und Schreibwaren, beschafften sich Schreibmaschinen, Radios, Fernrohre, Kameras, Zivilkleidung, Unter- und Bettwäsche, Vorhänge und Grammophonplatten, Kinderspielzeug und Kölnischwasser. Es gab kaum Bedarfs- oder Luxusartikel, die nicht auf den Wunschzetteln vorkamen. Viele wollten die Sachen in Holzkisten, damit sie sie ihrer Familie nach Deutschland schicken konnten. Besonders beliebt waren die kofferartigen Kisten, und hemmungslos [...] erklärte man uns, die Koffer aus Holz wären deshalb gut, weil die von den Familien leer zurückgeschickt und neu bepackt wieder verschickt werden können.[23]

Im Budapester Rabbinerseminar in der Rökk Szilárd utca wurde zu dieser Zeit ein Behelfs-Schubhaus eingerichtet, das zwar unter ungarischer Aufsicht stand, dessen Häftlinge aber der Gestapo übergeben wurden. Es handelte sich dabei vorwiegend um Journalisten, die nach einer von den Kollaborateuren in der Pressekammer zusammengestellten Liste verhaftet worden waren. Von den 57 Journalisten, die von hier nach Dachau, Auschwitz-Birkenau und in andere Lager verschleppt wurden, blieben nur 22 am Leben.[24] Viele von ihnen rückten auf Befehl des Zentralrates der Juden Ungarns ein – die Einberufung zur Internierung wurde jedem durch Boten zugestellt – für ihr weiteres Schicksal „sorgte" dann die Gestapo.

Es gab auch Personen, die einen gültigen Reisepass besaßen und versuchten, ein Ausreisevisum zu ergattern. Die Budapester Gesandtschaft der Türkei wurde von solchen Verzweifelten regelrecht belagert. Das türkische Konsulat duldete den Ansturm, aber mehr konnte es für die Leute auch nicht tun. Sobald diese das Gebäude der Botschaft verlassen hatten, wurden sie von der Gestapo festgenommen.[25] Die Agenten der Besatzungsmacht trugen mit Vorliebe aus jüdischen Geschäften entwendete Kleidungsstücke und Lederjacken. Sie beschlagnahmten gewaltsam die Wohnungen wohlhabender jüdischer Familien und ließen die Einrichtungen für ihren eigenen Bedarf abtransportieren. Spaß fanden die Männer auch an der öffentlichen Demütigung der um ihren Besitz gebrachten Leute, indem sie sich zum Beispiel ihre Wagen waschen ließen. Dies war wohl eine der harmlosesten Peinigungen, denn in der Haft hatten die Juden oft viel Schlimmeres zu ertragen. So mussten sie etwa Toiletten mit der bloßen Hand reinigen oder in den peinlichsten Situationen von ihren Wächtern angeordnete Turnübungen absolvieren.

In der Hauptstadt besetzten die Nazis das Hotel Astoria – dies „bewerkstelligte" der ungarische Kriminalinspektor und Kollaborateur Péter Hain[26] – die Hotels auf der Margareteninsel und Ende März auch die noblen Ferienheime auf dem Svábhegy/Schwabenberg. In den Ferienhotels Majestic und Klein Majestic richtete sich Dr. Geschke, Befehlshaber der Sicherheitspolizei und des SD (Amtsabkürzung: BdS), mit seinem Stab ein. Im eleganten Ferienheim Melinda ließ sich der Gestapo-Stab von Dr. Alfred Trenker (KdS Budapest) häuslich nieder. Hier wurden die gefassten polnischen Flüchtlinge vernommen und blutig oder invalid geschlagen.[27] Die Gestapo besetzte außerdem auch das Hotel Bellevue auf dem Rosenhügel. Das Hotel Mirabel auf dem Schwabenberg wurde zum Sitz des SS-Hauptsturmführers Otto Klages, der die Aktionen der SD-Dienststellen koordinierte. Klages wurde am 15. Oktober bei der Verhaftung von Miklós Horthy jun. durch die Schüsse der ungarischen Leibgardisten tödlich verwundet. In der Pension Lomnic, Evetke utca 2, befanden sich nunmehr die Amtsräume von Vitéz László Ferenczy, Oberstleutnant der Gendarmerie. Der Verbindungsoffizier zwischen der Ungarischen Königlichen Gendarmerie und der Besatzungsmacht gehörte zu den aktivsten Protagonisten der ungarischen Deportation. Péter Hain[28], der als

Günstling der Okkupanten zum Leiter der politischen Abteilung der ungarischen Polizei avancierte, hatte außer in dieser Pension auch in einem Gebäude in der Karthauzi utca 2 ein Büro. Letzteres teilte er mit der Unterabteilung IV/4, die unter der Leitung der Kriminalinspektoren László Kolta und Ödön Martinides „an der Durchführung gesetzlicher Maßnahmen bezüglich jüdisch geltender Personen" arbeitete. Kriminalinspektor und Regierungsrat Hain stand bis zum 21. Juni an der Spitze der 200 Mann starken Staatssicherheitspolizei, die von vielen als die „ungarische Gestapo" bezeichnet wurde. In der Folge entwickelte sich zwischen dem SD und dem ungarischen Hauptamt für Staatsschutz eine enge Verbindung. Intensiv daran beteiligt war auch die Defensivgruppe der Abteilung 2 des „ungarischen Generalstabs" („Vezérkari Fónökség", VKF) – allerdings erst nach schnellen, von deutscher Seite diktierten Personalwechseln.[2]

In der Auswahl ihrer Budapester Quartiere und Amtsgebäude zeigte die NS-Obrigkeit eine Schwäche für Glanz und Luxus. SS-Obergruppenführer Otto Winkelmann erkor die prächtige Villa Vida samt umliegendem Gelände in der Bérc utca auf dem Gellért-Berg zu seinem Wohnsitz, SS-Obersturmbannführer Kurt Becher, Rüstungsbevollmächtigter der Reichsführer-SS, bezog die Chorin-Villa in der eleganten Andrássy út, während sich seine Mitarbeiter in seiner unmittelbaren Nachbarschaft, in dem nicht minder anspruchsvollen Haus der Familie des Baron Weiss einquartierten. Eichmann logierte in der Villa des Großindustriellen Lipót Aschner auf dem Rózsadomb. Die eigentlichen Besitzer dieser Gebäude festzunehmen und ins Konzentrationslager zu internieren, war für die Gestapo eine Routineaufgabe. Die Oberkommandos der SS und der Waffen-SS richteten sich in einem besonders schönen Gebäude historischen Burgviertels ein, einem historischen Besitz der verfolgten Familie des Baron Hatvany. Der junge SS-Sturmbannführer Höttl, zur Zeit der Besetzung 29 Jahre alt, hatte früher in Berlin als Ungarnreferent der „RSHA-Abteilung VI" (Auslandsspionage) gearbeitet und genoss die Anerkennung Himmlers. Eine würdige Dienststelle für sich und seinen Stab fand Höttl ebenfalls im Budaer Burgviertel, in einem bis kurz zuvor in jüdischem Besitz befindlichen Palais am Dísz tér.[30] Der Oberbefehlshaber der deutschen Streitkräfte in Ungarn, Generalfeldmarschall Maximilian Baron von Weichs, sehnte sich im Gegensatz zu den hochrangigen Offizieren nicht nach den Budaer Anhöhen. Seine Wahl fiel auf die stille Margareteninsel, wo er mit seinem Generalstab das ehrwürdige Grand Hotel bezog. Baron von Weichs rechnete eingangs mit einem allgemeinen Aufstand, „bei dem die jüdischen und kommunistischen Einflüsse eine große Rolle spielen"[31]. Da dies nicht eintrat, war seine Aufgabe in Ungarn alsbald erledigt und er reiste am 24. April nach Belgrad weiter.

Auf Wunsch der Besatzungsmacht ließ das von Andor Jaross geleitete Innenministerium nur vier politischen Parteien weiter bestehen und alle übrigen verbieten. Die Regierungspartei, die Partei des ungarischen Lebens, durchleuchtete ihre Mitglieder, um jene die gegenüber den Westmächten freundlich gesinnt waren, auszusortieren. Dabei wurden vier Parlamentsabgeordnete aus der Partei ausgeschlossen – drei von ihnen saßen in Gestapo-Haft[32] – und 23 wurden aufgefordert, ihr Mandat zurückzulegen.

Die NS-Geheimpolizei erteilte ihrem ungarischen Pendant verschiedene Aufträge. So übergab sie Péter Hain eine Liste mit hundert Namen ungarischer Staatsbürger mit deutscher Muttersprache (Ungarndeutsche), die sich zwar 1943 zur Wehrmacht gemeldet hatten, aber nicht eingerückt waren. Der ungarische Staatssicherheitsdienst spürte vierzig von ihnen auf und übergab sie der Gestapo. Die Aufträge wurden von einer Detektivgruppe der Unterabteilung IV/3 unter der Führung von István Cser ausgeführt.[33] Das Gestapo-Korps von Trenker und die Staatssicherheitspolizei unter der Leitung von Hain entwickelten rasch eine reibungslose Zusammenarbeit. Für die „größeren" Fälle waren demnach die Deutschen zuständig. So kümmerten sie sich etwa um die Erpressung der wohlhabenden Budapester Juden und um die Aneignung ihrer Vermögen, während das vorausgehende „Auskundschaften" der Verhältnisse inklusive „Lagebericht" meist Aufgabe der ungarischen Sicherheitspolizisten war. Jeder konnte in Verdacht geraten, ein Staatsfeind zu sein und mit seinem Tun auf irgendeine Weise gegen die Interessen des Reichs gehandelt zu haben. Andere wiederum wurden bezichtigt, ausländische Rundfunkanstalten zu hören, die als Gegner des Dritten Reichs galten und im Ruf standen, britische Propaganda zu verbreiten. Wieder anderen warf man vor, Kontakte zu feindlichen Ländern unterhalten zu haben oder noch zu unterhalten, beziehungsweise eine feindliche Gesinnung zu haben. Aufgrund dieser Gesinnung, hieß es, wäre anzunehmen, dass der Beschuldigte den Reichsinteressen entgegenarbeite und sie gefährde. In all diesen Angelegenheiten gab es einen regen Aktenwechsel zwischen den beiden Sicherheitsorganen. Staatssekretär Baky schickte zum Beispiel ein Verzeichnis vermögender Budapester Anwälte jüdischer Herkunft, die zum Stillen der Raffgier geeignet schienen, das heißt, zu verhaften waren.[34] An dieser Kampagne gegen Juristen wirkte selbst der „Nationale Verband ungarischer Anwälte" („Magyar Ügyvédek Nemzeti Egyesülete") mit. Diese im Jahr 1927 gegründete „rassistische" (Warum Anführungsstriche? Wenn sie rassistisch war, war sie rassistisch) Organisation – bzw. eines oder mehrere ihrer Vorstandsmitglieder – ließ der Gestapo eine Liste von siebenhundert jüdischen Anwälten zukommen. Viele der dort Genannten wurden verhaftet und später auch deportiert. Die landesweite Aktion dauerte bis Ende Sommer 1944 an.[35]

Die Sicherheitsorgane der Besatzungsmacht legten eine besondere Liebe zur Kunst an den Tag und dementsprechend viel Wert auf die Beschlagnahme wertvoller Budapester Privatsammlungen. Manche Besitzer wurden einfach zum Sitz der Gestapo auf den „Svábhegy" („Schwabenberg") vorgeladen und mit den üblichen Drohungen zu einem „Geständnis" gezwungen. Die kostbaren Möbelgarnituren, Vorhänge, orientalischen Teppiche, Mineralien- und Büchersammlungen, Tafelgeschirr aus Porzellan und Silber wurden erst in Lagerhäusern der Gestapo – selbst im Gestapos" auf dem Schwabenberg gab es ein solches – gelagert und dann in riesigen Kisten ins Reich transportiert. Beim Verladen der Schätze wurden meistens jüdische Zwangsarbeiter eingesetzt. In einer Budaer Villa wurden zahlreiche Bücher, meist aus Geschäften jüdischer Antiquare entwendete Schätze, zusammengetragen. Darunter befanden sich auch Kostbarkeiten von unermesslichem Wert aus dem Antiquariat Stemmer, etwa Prachtstücke der klassischen niederländischen Buchkunst, mit Stichen reich geschmückte Raritäten aus England sowie ungarische und deutsche Erstdrucke.[36]

Die meisten dieser Bücher kamen nach Deutschland, zahlreiche andere nach Prag. Aus den zunächst abgesperrten, dann aber gewaltsam aufgebrochenen jüdischen Antiquariaten wurden – laut Protokoll der Ministerratssitzung vom 5. Juli – insgesamt 48.000 Bände entwendet. Da die Sicherheitsorgane der Besatzungsmacht die Raubaktionen fortsetzen wollten, sah sich die Sztójay-Regierung gezwungen, Gegenmaßnahmen zu veranlassen. Es wurde beschlossen, Generalbevollmächtigten Veesenmayer über die Vorfälle zu informieren und zu ersuchen, dafür einzutreten, dass „es ohne Wissen und vorherige Intervention der deutschen Gesandtschaft nie wieder zu solchen Requirierungen kommt".[37] Die Agenten des Reichssicherheitshauptamtes gierten besonders nach berühmten Gemälden, kostbaren Schmuckkollektionen, wertvollen Edelsteinen und numismatischen Kostbarkeiten. Nachdem Hain und seine Truppe die einzelnen Privatsammlungen ausgekundschaftet hatten, wurden die Besitzer meist unter dem Vorwand einer Anzeige verhaftet.[38] All dies geschah im Zeichen des Kampfs gegen die Feinde des Deutschen Reichs und seines Kriegsverbündeten Ungarn sowie im Interesse des „Kampfs gegen den Bolschewismus". László Baky zufolge arbeiteten die Gestapo und die ungarische politische Polizei derart eng zusammen, dass bisweilen nicht einmal er genau Bescheid wusste, wer eigentlich die Verhaftungen angeordnet und durchgeführt hatte. Hain sagte bei seinem Volksgerichtsverfahren nach dem Krieg aus, in seiner Abteilung seien täglich fünfzig bis sechzig Anzeigen „gegen Leute, die jüdisches Vermögen verheimlichen," eingegangen. Er gab auch zu, dass „es auch einige Kommunisten- und Sabotage-Fälle gab"[39]. Etwa die Hälfte der Anzeigen enthielten auch Informationen darüber, wo sich das gesuchte Vermögen befand.

Übersicht über die Tätigkeit der „ungarischen Gestapo" gibt die von Kriminalinspektor Sándor Kovács erstellte Statistik von Ende April 1944:[40]

Zeitbereich	Anzeigen	Verhaftete	Den Deutschen übergeben	Vermögen beschlagnahmt	Freigelassen
bis 31. März	410	220	150	125	–
bis 1. April	600	350	250	130	25
1.–10. April	1.400	280	160	220	70
10.–15. April	1.200	200	110	110	30
15.–20. April	1.700	450	190	185	210
20.–25. April	1.550	450	80	160	160
Gesamt	6.860	1.950	940	930	495

Die Verhafteten wurden meist zuerst im Hotel Majestic verhört, die weitere „Bearbeitung" jener Fälle, die sich als besonders guter „Fang" erwiesen, fand dann im Hotel Mirabel statt. Vom Schwabenberg, dem Budapester Domizil der deutschen Sicherheitsorgane, kam auch jene Einsatzgruppe, die am 22. Mai im Kellerlabyrinth von Budafok die Kisten mit versteckten Kunstschätzen von Alfons Weiss, András Herzog und Móric Kornfeld ausfindig machte. Damit begann das wechselvolle Schicksal jener Kostbarkeiten, das teilweise bis heute kein zufrieden stellendes Ende gefunden hat.[41]

Trotz der allgemein guten Zusammenarbeit gab es einige Streitfälle.

Für Missstimmung sorgte unter anderem die Angelegenheit der Leiter der zionistischen Organisation, die mit der SS und der Gestapo Verhandlungen über den Freikauf von Juden führte, von der politischen Polizei der Ungarn aber verhaftet wurden. Hains Männer unterwarfen Dr. Rezső Kasztner und seine sechs Weggefährten einer brutalen Verhörprozedur und ließen ihre zusammengeschlagenen Opfer erst nach energischer Intervention der Deutschen frei. Zu ernsthaften Auseinandersetzungen kam es im weiteren wegen der „Betreuung" einzelner beschlagnahmter Vermögensstücke von besonderem Wert. Auf die Gemäldesammlung aus der Villa des Baron Kornfeld im Budaer Hűvösvölgy erhoben zum Beispiel sowohl die Gestapo als auch die Staatssicherheitspolizei Anspruch. Hains Truppe versteckte (denn veruntreuen hieße ja, die Deutschen hätten das zu Recht beansprucht) antike Schätze und sonstige Wertgegenstände sogar vor den Deutschen. In Sachen des jüdischen Vermögens hatte Hain auch mit dem ungarischen Minister für Wirtschaft eine heftige Kontroverse auszutragen. Béla Imrédy störte dabei weniger der unbarmherzige Raubzug gegen die Juden, sondern vielmehr der Appetit der Deutschen, und er bestand darauf, das Raubgut zurückzuhalten. Dem Chef der „ungarischen Gestapo" unterliefen auch einige Fehler. So ging er, als er die Organisatoren einer geplanten Fluchtaktion verhaftete, mit unzureichender Umsicht ans Werk. Vermutlich ein Oberst der ungarischen Luftwaffe hatte sich bereit erklärt, für eine Million Pengő Juden in die Türkei zu fliegen, nach Erhalt des Geldes seine „Fluggäste" aber den Deutschen übergeben. Der Hintergrund dieser Aktion war den ungarischen Sicherheitspolizisten unbekannt und sie merkten erst viel zu spät, dass sie mit ihrem Eingriff ein Geschäft der deutschen Sicherheitsorgane behinderten. Anders als in anderen besetzten Ländern führten die deutschen Organe für Staatsschutz in Ungarn keine Razzien durch. Das Verhaften einzelner Personen gehörte jedoch zur Tagesordnung. Mit schonungsloser Hartnäckigkeit verfolgten sie alle wirklichen und vermeintlichen Gegner des Deutschen Reichs. Bis 31. März 1944 gab es 3.441 Gefangene, am 4. April 1944 waren es bereits 3.459.[42]

Die Deportation der politischen Häftlinge

Ab 26. März 1944 wurden zwei Monate lang laufend unterschiedlich große Transporte von Verhafteten nach Wien befördert. In den ersten Deportationsgruppen befanden sich zahlreiche unmittelbar nach der Besetzung festgenommenen Personen: prominente Vertreter des politischen, wirtschaftlichen und gesellschaftlichen Lebens, die für ihre antifaschistische Haltung und Gesinnung bekannt waren, jüdische Bankiers und Industrielle sowie Bürger und Bürgerinnen, die in öffentlichen Einrichtungen gefasst oder auf Anzeigen hin zum Gestapo-Sitz auf dem Schwabenberg bestellt und verhaftet worden waren. Innenminister Andor Jaross wurde erst Mitte April eine Notiz zugestellt, in der die Namen von durch die Gestapo festgenommenen, führenden ungarischen Politikern aufgelistet waren. Die meisten von ihnen befanden sich damals nicht mehr auf ungarischem Gebiet. Gemeinsam mit den verschiedenen ungarischen Gruppen wurden auch in Ungarn festgenommene Ausländer deportiert: polnische Widerstandskämpfer, Mitglieder der italienischen Kolonie, französische und sogar türkische Gefangene. Vor der Deportation wurden die Verhafteten in verschiedenen Gestapo-Leitstellen gefangen gehalten: im Keller der ungarischen Vertretung der deutschen Donau-Dampfschifffahrtsgesellschaft am Széchenyi rakpart (Széchenyi Donaukai) 3, in der Bar und im Souterrain des Hotel Astoria, im Gefangenenhaus des Komitat Pest und im Gefangenenhaus des Polizeipräsidiums (das Haus in der Zrínyi utca fiel später einem Bombardement zum Opfer), in der Kaiser Wilhelm Straße 7 (heute Bajcsy-Zsilinszky út), im Gebäude der Feldgendarmerie oder im Ferienhotel Majestic in der Karthauzi ut 4/a. Unweit des Stadtwäldchens, im Haus Aréna út 150 (heute Dózsa György út) gab es eine nicht näher bekannte, undefinierbare Leitstelle der Gestapo.

Die ersten ungarischen Häftlingsgruppen wurden per Eisenbahn oder mit Lkws nach Wien transportiert. Später schickte dann in erster Linie das deutsche Polizeigefängnis in der Gyorskocsi utca 27 im II. Budapester Stadtbezirk – das genau wie das Internierungslager in Kistarcsa der deutschen Sicherheitspolizei unterstand – die Inhaftierten nach Wien. Die Transporte wurden in dem von den Wienern gemeinhin „Liesl" genannten Gefangenenhaus der Polizei auf der Rossauer Lände übernommen. In den meisten Fällen kamen die Häftlinge nach ein paar Tagen mit Polizeiautobussen in das „Arbeitserziehungslager" Oberlanzendorf. Über das Lager in Oberlanzendorf gibt es lediglich bruchstückhafte Kenntnisse.[43] 1940 errichtete man hier ein so genanntes Arbeiterziehungslager, das seine Häftlinge unter Gestapo-Aufsicht im Allgemeinen innerhalb von acht Wochen „zur Arbeit umerzog". Ab dem zweiten Halbjahr 1942 wurden die meisten Häftlinge aus dem Gefangenenhaus der Wiener Polizei nach Oberlanzendorf gebracht, darunter auch immer mehr Ausländer: Tschechen, Polen, Griechen, Menschen aus den verschiedensten Teilen der Sowjetunion und ab 1944 auch Ungarn bzw. rumänische Offiziere. Oberlanzendorf wurde immer mehr zum Durchgangslager, dessen Häftlinge ihre Freiheit nicht wiedererlangten, ihr Leidensweg führte stattdessen in eines der Konzentrationslager. Ab Dezember 1943 gab es hier auch weibliche Gefangene. Von den meisten der so genannten „Umerziehungsbedürftigen" oder „Schutzhäftlingen" fehlt danach jede Spur, ebenso wie von den meisten der 1944 nach Oberlanzendorf und weiter in Konzentrationslager verschleppten Ungarinnen.

Die in Lumpen gehüllten Häftlinge mussten im überfüllten und dreckigen Lager neben einem menschenunwürdigen Dasein auch die Brutalität ihrer Wächter erleiden. Nach den Strapazen des Arbeitseinsatzes erwarteten sie Abend für Abend die unterschiedlichsten Quälereien. Im Umkreis des Lagers waren nachts entsetzliche Schreie zu vernehmen. Die Sadisten der Lagerwache dachten sich schreckliche „Späße" aus. Zum Beispiel stießen sie ihre Opfer vom flachen Dach des Hauptgebäudes in die Tiefe. 1944, als in Oberlanzendorf auch aus Ungarn verschleppte Gestapo-Häftlinge gefangen gehalten wurden, war der Lagerkommandant SS-Untersturmführer Schmidt. Das Lagerpersonal stellten altgediente SS-Männer und frisch eingerückte „volksdeutsche" Freiwillige. Das weitere Schicksal der ungarischen Häftlinge – ihre Überführung ins Konzentrationslager – war vermutlich bereits zur Zeit ihrer Deportation beschlossene Sache.

Der erste Ungarn-Transport fuhr in den späten Abendstunden des 26. März 1944 vom Budapester Ostbahnhof ab. In dem Eisenbahnwagen, der an einen Zug beurlaubter Wehrmachtssoldaten angehängt worden war, saßen etliche Prominente. Die Großindustriellen Ferenc Chorin, Pál Baron Kornfeld, Leó Budai Goldberger und Lipót Aschner, General Rudolf Andorka, der Ex-Präsident der Ungarischen Nationalbank Lipót Baranyai, der Universitätsprofessor und frühere Minister Dezső Laky, Oberst Géza Lenkey, die Parlamentsabgeordneten György Perlaki und Lajos Szentivány, Dr. Iván Lajos, ein Lehrer aus Pécs, der Journalist György Parragi und der Anwalt Dr. László Bálint, der einer Namensverwechslung zum Opfer fiel. Am Wiener Südbahnhof warteten bereits zwei Autobusse, die die Häftlinge sofort nach Oberlanzendorf brachten. Die Häftlinge durften eine Woche lang nicht erfahren, wo sie nun gelandet waren. Die aus etwa 50 Menschen bestehende Gruppe wurde erst einmal

Abb. 3: Der Ungarische Gewerkschafts-
präsident Károly Peyer

in Frauen, Juden und Nichtjuden getrennt. Die „Arier" wurden in einer riesigen Halle mit eingeschlagenen Fenstern, ein ehemaliges Wirtschaftsgebäude, untergebracht.[44] Der nächste ungarische Transport traf am 3. April 1944 ein. Die Lastwagen-"Ladung" bestand aus Aristokraten, Abgeordneten, Leitern der Sozialdemokratischen Partei und aus als jüdisch geltenden Personen. Unter den Adeligen befanden sich die Grafen György Apponyi, Iván Csekonics, Antal Sigray und Antal Szapáry[45], der sich für die polnischen Flüchtlinge besonders stark engagiert hatte, unter den Politikern Károly Rassay, Manó Buchinger und Károly Peyer[46], der pensionierte Universitätsprofessor Frigyes Fellner und Baron Móric Kornfeld. Ein alter Herr mit dem Nachnamen Deutsch verstarb kurz nach der Verschleppung. Nach Oberlanzendorf wurden auch etliche zuvor in Budapest festgenommene Italiener und Polen verschleppt, aus der ungarischen Provinz kamen ebenfalls mehrere Transporte mit Juden. Darunter befanden sich führende Vertreter der Kultusgemeinden Pécs, Szekszárd und Barcs sowie dreißig Pécser Mädchen und Frauen. Auch Repräsentantinnen der gesellschaftlichen Elite befanden sich unter den Lagerinsassen: die Gattin des Budapester Vizepolizeipräsidenten József Sombor-Schweinitzer, die Tochter von Ex-Premier Gyula Károlyi, Gräfin M. Andrássy oder die verschleppte Gattin des französischen Botschafters in Budapest.

Für Madame Leila Dampierre bedeutete der Strohsack auf ihrem Bett das erste „Lagererlebnis". (Während ihrer Haftzeit in Budapest musste sie auf dem nackten Boden der Zelle schlafen.) Die Frau Botschafterin brachte später ihre Erinnerungen zu Papier und berichtete unter anderem über das ständige Weinen von Frau Sombor-Schweinitzer. „Die Arme wollte ihre jüdische Herkunft verheimlichen, doch die SS hat es sicher gewusst, denn sie wurde noch viel schlimmer verfolgt als wir." Als Leila Dampierre später einmal im Lager gerade an der Baracke der Juden vorbeiging, erblickte sie auch jene Deportierten, die ihr zuvor in Budapest in der feinen oberen Gesellschaft begegnet waren. „Sie pressten ihr bärtiges, furchterregend eingefallenes Gesicht an die Gitter / an den Drahtzaun und starrten uns an, wenn wir an ihnen vorbeimarschierten. Ich erkannte Goldberger, Chorin, Aschner."[47] Ehepaare und Familienangehörige wurden sofort nach ihrer Ankunft im Lager voneinander getrennt. Die meisten Eheleute sahen Gatten oder Gattin hier bei der Selektion das letzte Mal. Die weiblichen Häftlinge wurden nämlich später aus Oberlanzendorf vorwiegend nach Auschwitz-Birkenau gebracht.

In Südwestungarn tobte – wie in der Hauptstadt – schon direkt nach der Okkupation ein regelrechter Verhaftungsexzess. (Nach Budapest wurden in dieser Region die meisten Menschen festgenommen, und ihre gesellschaftliche Zugehörigkeit zeigte ein buntes Bild.) Dies lässt sich vor allem mit der Vorarbeit von NS-Agenten erklären, die hier bereits vor dem 19. März in großer Anzahl tätig waren. In Pécs und Umgebung wurde diese „legale" Spionagetätigkeit vor Ort durch die in deutschem Besitz befindlichen, reichen Kohlengruben der Donau-Dampfschifffahrtgesellschaft ermöglicht. Die Verhafteten wurden interniert, danach in das Budapester Schubhaus eingeliefert und von dort nach Oberlanzendorf deportiert. In dieses Lager wurden vorübergehend auch die Aktivisten der so genannten Treuebewegung eingewiesen, die in den Dörfern der Baranya gegen den – den Reichsinteressen dienenden – Volksbund gekämpft hatten. Manch ungarische „Neuzugänge" im Lager wurden von den Gestapo-Beamten eher formell befragt, ansonsten kümmerte man sich kaum um die Häftlinge.

Eine Ausnahme bildete der angesehene Industriemagnat Ferenc Chorin. Als bedeutender Vertreter des ungarischen Finanzkapitals „genoss" er in Oberlanzendorf das besondere Interesse seiner Verfolger. Als das Oberhaupt des weit verzweigten Wirtschaftsimperiums Weiss-Chorin-Kornfeld-Mauthner-Heinrich in seinem Versteck im Ort Zirc am Balatoner Oberland gefasst wurde, wurde er von SS-Männern brutal misshandelt und von ihm ein Geständnis über Sabotage erzwungen. Anschließend nahm Himmlers Vertrauensmann, SS-Obersturmbannführer Kurt Becher, Kontakt mit ihm auf.[48] Kurt Becher leitete den „Wirtschaftsstab" der SS in Ungarn. Dieser hatte – zumindest offiziell – die Befugnis, die Wehrmacht mit Kriegspferden und überhaupt mit Kriegsausrüstung zu versorgen. In Wirklichkeit kam Becher nach Ungarn, um materielle Güter, Liegenschaften und Aktien vermögender Familien in Beschlag zu nehmen. Zugleich schien er einer persönlichen Bereicherung ebenfalls nicht abgeneigt. Der Obersturmbannführer beschlagnahmte in der Budapester Andrássy út die Villen der Familie Weiss. Daraufhin verließen die meisten Familienangehörigen ihr Domizil und versuchten, sich in Sicherheit zu bringen. Der SD begann sofort mit der Jagd auf die Untergetauchten und versuchte, die „teure Beute einzusammeln". Der um seine Familie bangende und sie retten wollende Ferenc Chorin ließ sich in seiner bedrängten Lage schließlich dazu erpressen, die Wünsche der SS zu erfüllen. Becher setzte sich unverzüglich mit „höheren Stellen" in Verbindung, und am 27. April 1944 ließ SS-Hauptsturmführer Stapenhorst Chorin nach Budapest zurückzubringen.

Es folgten dreiwöchige streng geheime Verhandlungen, ein unerbittliches Feilschen, allerdings mit sehr unterschiedlichen Ausgangspositionen. Als Ergebnis dieses Handels ging zuerst der Weiss-Manfréd-Konzern in Csepel, eine Hochburg der Rüstungsindustrie in Mitteleuropa und ein geradezu unermessliches Vermögen, in deutschen Besitz über, danach durften die Angehörigen dieser mächtigen Dynastie des Finanzkapitals mit SS-Unterstützung aus Ungarn in neutrale Länder – 30 Familienmitglieder nach Portugal und neun in die Schweiz – auswandern. Vier Männer der weit verzweigten Familie – z.b. Alfons Weiss und György Baron Kornfeld – wurden allerdings als Geiseln in Wien zurückgehalten.[49] Die nach einem längeren Wiener „Aufenthalt" am 25. und 26. Mai 1944 über Stuttgart nach Portugal ausgelieferten Angehörigen des Familienclans waren: Ferenc Chorin sen. und Gattin (geb. Daisy Baronin Weiss), ihre Kinder Erzsébet, Daisy und Ferenc, Jenő Baron Weiss und Gattin (geb. Annie von Geiltler-Armingen), Alice Weiss, György Weiss und Annie Weiss, weiter die Gattin von Alfréd Mauthner (geb. Elsa Baronin Weiss), Annus Mauthner, Gabriella Mauthner und Ferenc Mauthner, Móric Baron Kornfeld und Gattin (geb. Marianne Weiss), Mária Kornfeld, Hanna Kornfeld und der Medizinstudent Tamás Kornfeld, die Gattin von Alfons Weiss (geb. Erzsébet Herzog), Gábor Weiss, Márta Weiss, Mária Weiss und János Weiss, Edit Baronin Weiss, schließlich Zoltán Fenyves mit Gattin und Tochter Lídia sowie das Ehepaar Hoff als Nichtfamilienangehörige.

Aus bislang unbekannten Gründen wurden auch weitere ungarische Häftlinge aus Oberlanzendorf bei Wien nach Budapest zurückgebracht. Lipót Baranyai und Dezső Laky hielt man noch bis Ende Oktober im Gefängnis Gyorskocsi utca gefangen. Die Gattin des früheren Botschafters der Republik Frankreich in Ungarn wurde Ende April mit einem Pkw der

Gestapo in Oberlanzendorf abgeholt, um in Budapest Péter Hain übergeben zu werden. (Dort habe ein Franzose über Hain gesagt, er wäre
„schlimmer als Himmler!" Das Urteil der Frau Botschafterin scheint auch
nicht vorteilhafter: „Ein schrecklicher ungarischer Zivilist mit krummem
Rücken und dem Gesicht einer Hyäne".[50]) Madame Dampierre wurde
später gemeinsam mit ihrem Mann unter Hausarrest gestellt. Ungarische
Bewaffnete hielten vor dem Haus Tag und Nacht Wache. Das französische Diplomatenehepaar wurde nach dem 20. Juni aus dem Hausarrest
entlassen und durfte nach Badacsony fahren, doch der friedliche „Urlaub" am Balaton dauerte nicht lang. Trotz seiner heftigen Proteste wurde
Botschafter Dampierre am 9. Juli von ungarischen Gendarmen und einer
Gruppe von SS-Männern festgenommen. Er wurde von der Gestapo in
Budapest fünfmal verhört und nur durch die Interventionen mehrerer
einflussreicher Persönlichkeiten aus seinem Freundes- und Bekannten-
kreis auf freien Fuß gesetzt.[51] Vor dem 4. Mai versuchte übrigens auch
Reichsverweser Miklós Horthy mehrfach, einzelne – ungarische wie
nichtungarische – politische Gefangene zu befreien. Als all seine Bemü-
hungen scheiterten, befiel ihn – nach Aussage seiner Schwiegertochter
Gräfin Ilona Edelsheim Gyulai – „immer wieder Schwermut".[52] Ab Ende
März 1944 berichteten die deutschen Stellen des Öfteren – in mitunter
recht übertreibenden Meldungen – über ihren erfolgreichen Kampf ge-
gen die Linke. Am 31. März meldete Veesenmayer, einer Mitteilung
Winkelmanns zufolge, die Verhaftung von 21 Kommunisten oder Sozialdemokraten in Kaschau (Košice), die Verteilung von Flugblättern und
Wurfsendungen (Hersteller und Verbreiter blieben unbekannt) sowie die
Festnahme mehrerer bewaffneter Kuriere der Kommunisten nach Berlin.
Laut Bericht vom 19. April wurde eine vierzehnköpfige trotzkistische
Gruppe festgenommen und aufgelöst. Dieselbe Meldung informierte zudem über enttarnte jüdische Spione und enthielt Gerüchte beziehungsweise vage Nachrichten über gelandete Fallschirmjäger feindlicher Luft-
kräfte sowie über eine sich organisierende polnische Untergrundbewegung.

Am 24. April meldete man die Verhaftung des Politikers der Partei der
kleinen Landwirte, Ferenc Nagy, der „dem Reich gegenüber eine feindliche Tätigkeit ausübte". Zwei Tage später ließ man die Zuständigen in
Berlin wissen, in den Wäldern der Baranya in Südungarn hätten sich Bewohner der umliegenden deutschen Dörfer aufgehalten, die als offene
Gegner der „volksdeutschen Ideologie" bekannt seien.[53] Gemeldet wurde

weiter die Festnahme von Leuten, die feindliche Rundfunksender abgehört haben sollen (eine Anschuldigung, die man praktisch jedem anhängen konnte, aber natürlich gab es auch konkrete Anzeigen) sowie das Auftauchen von Flugblättern in Budapest, die im Namen einer Friedenspartei herausgegeben worden waren. Am 4. Mai berichtete man über die Verhaftung von Personen, die führende Parteifunktionäre der ungarischen Sozialdemokratie – zum Beispiel Anna Kéthly – auf ihrer Flucht mit Geld und Lebensmitteln unterstützt hatten. Den Selbstmordversuch des Parlamentsabgeordneten Endre Bajcsy-Zsilinszky im Gefängnis der Gestapo meldete man am 6. Mai, während am 20. Mai über die Protestaktion der deutschen Sicherheitspolizei gegen den katholischen Religionsunterricht für als Juden geltende Personen berichtet wurde. Um kein Aufsehen zu erregen, wurden die deutschen Besatzungstruppen – wohl als Teil des taktischen Pokerns der Nazis – innerhalb des Landes hin- und hergeschoben, umgruppiert und schließlich zum Großteil vom Territorium des Königreichs Ungarn abgezogen.

Weiterhin in Ungarn verblieben die SD- und Gestapo-Einheiten, die für ihre „Einsätze zur allgemeinen Ordnung" jederzeit Verstärkung erhielten. Die nach Berlin geschickten Meldungen der Budapester deutschen Gesandtschaft enthielten genaue Angaben darüber, wie viele Juden pro Tag verhaftet bzw. wie viele Personen in den ab dem 16. April 1944 nach und nach errichteten Ghettos lebten.

Datum	Verhaftete Juden und Jüdinnen	Personen in den Ghettos
1. April	3.441	–
15. April	6.461	–
18. April	7.289	k.A.
20. April	7.493	38.000
21. April	7.580	100.038
24. April	7.802	135.000
26. April	8.046	140.000
27. April	8.142	194.000
28. April	8.225	194.000

Die Statistik zeigt hiernach in der ersten Rubrik der Tabelle einen stärkeren Rückgang. Grund dafür waren die Überstellungstransporte der letzten Apriltage. Unter anderem trug auch SS-Obergruppenführer Winkelmann seinen Teil dazu bei, dass die erforderlichen Eisenbahnzüge trotz der damaligen schwierigen Transportlage zur Verfügung standen.[54] Eich-manns Einsatzkommando arbeitete bereits ab dem 20. April an den De-portationsfahrplänen. Die Zeit drängte. Das Reichsaußenministerium hielt die Deportation für eine vollendete Tatsache und nahm an, in Un-garn „stehen ab sofort 500.000 Juden zum Einsatz in Deutschland zur Verfügung".[55] Als das Bittgesuch des Generalbeauftragten der Chemiein-dustrie, dringendst „6.000 Arbeiter" zu übergeben, bewilligt wurde, konnte man schon das Schicksal der arbeitsfähigen Deportierten erah-nen. Die Sicherheitsorgane der Besatzungsmacht überließen nichts dem Zufall und wählten stets die effektivste Lösung. Am 22. April meldete Veesenmayer nach Berlin, der SD habe Staatssekretär László Endre, der an der Durchführung der Maßnahmen gegen die Juden arbeitete, einen „beratenden Experten" zugeteilt. Sogar im Amt des Generalbevoll-mächtigten des Reichs wurde ein SD-Verbindungsmann eingesetzt.[56] Und einen Tag später stand für ihn fest: „Bestimmungsort (der Judende-portationen) ist Auschwitz". Am 28. April wurde eine Gruppe von Ge-stapo-Häftlingen aus dem Gefängnis der Budapester Gyorskocsi utca de-portiert. Die 19 Franzosen, 4 Belgier und 7 Ungarn wurden zu später Abendstunde vom Budapester Ostbahnhof mit einem Zug nach Wien geschickt. Die lose Bewachung nutzend, gelang es acht Franzosen, kurz vor der Landesgrenze zu fliehen. Einige von ihnen schlugen sich wieder bis nach Budapest durch.[57]

Ungarische Häftlinge der Wiener Gestapo

Die Deportationen nach Wien, beziehungsweise über Wien, gingen auch im Mai weiter. Die wegen Spionage, illegalen Funkkontakts oder Emp-fangs verbotener Rundfunksender, wegen Kontakten zu Alliierten oder Widerstandskämpfern auf Verdacht oder – nicht selten – auf eine Anzeige hin zur ungarischen Gestapo „vorgeladenen", verhörten und inhaftierten Budapester, überwiegend Juden und Jüdinnen, hatten eine lange Reise vor sich. Wien war für die meisten Zwischenstation, worauf Oberlanzen-dorf und später Auschwitz-Birkenau oder Bergen-Belsen folgten. Auf Ba-sis der spärlichen Dokumente lässt sich die Zahl der Opfer auf rund 300 schätzen.

In das monotone Lagerleben der Oberlanzendorfer Häftlinge aus Un-garn brachten ab und zu die Vernehmungen etwas Abwechslung. Die Wiener Gestapo konnte nämlich mit den in Budapest geführten, man-gelhaften und inhaltslosen Protokollen nicht viel anfangen, und schon deshalb verliefen die neuerlichen Verhöre „solide", meistens ohne Gewalttätigkeiten. (Die Sicherheitsbeamten hatten es mit Journalisten wohl am einfachsten. Sie brauchten ihnen nur ihre eigenen, von der „fünften Kolonne" emsig zusammengetragenen Zeitungsartikel vorzulegen und ihre in verschiedenen Kreisen getätigten Äußerungen zu zitieren.) Dann hieß es wieder warten. Wochenlang warten auf einen Befehl, der über den weiteren Verlauf der „Schutzhaft" entscheiden sollte. Inzwischen schwebten die zuvor einem geschäftigen gesellschaftlichen und wirtschaftlichen Treiben abrupt Entrissenen in großer Unsicherheit und bangten um ihr nacktes Leben.[58]

In Oberlanzendorf haben die Häftlinge auch viel Furchtbares erlebt, obwohl es sich dabei nur um einen „Warteraum" der SS-Lager handelte. Die meisten sahen sich gezwungen, diesen oder jenen Abschnitt ihres Lebens zu überdenken und aus den letzten Jahren eine Lehre zu ziehen. Viele warfen ihre Illusionen über Bord. Noch mehr erkannten in den Diskussionen der Lagerinsassen die Zwangsläufigkeit der ungarischen Politik, die Folgen einer sklavisch ergebenen Orientierung auf Nazi-Deutschland und sahen im Lageralltag die blutige Realität in Hitlers Reich.

Der Journalist György Parragi beschrieb in seinem Rückblick eine Szene von tiefer Symbolik:

Täglich fuhren sie den Mist auf die umliegenden Felder aus. 25-30 bis auf die Knochen abgemagerte Menschen mit eingefallenen Wangen und hohlem Blick zogen und schoben die schwer beladenen Ackerwagen. Skelette verschiedenster Nationalität: Russen, Franzosen, Griechen, Jugoslawen, Italiener, Tschechen, Holländer, ja auch Ungarn. Vor Hunger immer wieder zusammenbrechend, mit vor Anstrengung vorstehenden Augen schleppten sie sich und den Wagen.

Rotbackig und fettleibig, mal heftig fluchend, mal heiser vor sich hin krächzend, mit der Peitsche unentwegt wild um sich knallend saß hoch oben auf dem Wagen mit seiner Pistole an der Hüfte der SS-Scherge – Europas Fuhrmann.[59]

Nach einer geheimnisvollen Vorbereitungsphase mit akkuratem Erstellen und Überprüfen von Namensverzeichnissen wurden schließlich in den frühen Morgenstunden des 5. Mai 1944 53 ungarische Häftlinge aus Oberlanzendorf abtransportiert. Es waren nur Männer (z.B. Rudolf Andorka, Manó Buchinger, Iván Lajos, György Parragi, Károly Peyer, Károly Rassay, Antal Graf Sigray, Lajos Szentivány), die Frauen blieben vorläufig im Durchgangslager.[60] Während der Fahrt waren Juden und Nichtjuden voneinander getrennt. Ebenso abgesondert wurden sie dann in der neuen Station ihrer Gefangenschaft untergebracht – im Konzentrationslager Mauthausen (KLM). Der nächste Transport (Imre Bálint, Dr. József Domonkos, Frigyes Párkányi, Dr. Elemér Pollatschek, Károly Rátkai[61] und viele andere mehr) kam am 20. Mai in Mauthausen an. In den ersten Monaten nach der Besetzung wurden 356 ungarische Häftlinge über Oberlanzendorf nach Mauthausen verschleppt. Schätzungsweise 120 davon waren Deportierte aus Südungarn.

Grácia Kerényi wurde Mitte Juni „Zögling" im Erziehungslager Oberlanzendorf. Die bei der Gestapo angezeigte ungarische Sprachstudentin „rein arischen Blutes", Tochter des renommierten Altphilologieprofessors Dr. Károly Kerényi der Universität Szeged, hatte man am 3. April verhaftet. Die 19-jährige wurde aus Budapest – nach einer Zwischenstation in Oberlanzendorf – nach Auschwitz verschleppt. Um die Befreiung des „schwer politischen Häftlings" führte das Wiener Generalkonsulat Ungarns mit den deutschen Behörden eine rege Korrespondenz – eine beinahe beispiellose Aktion.[62] Doch all das bewirkte nur wenig. Die SS schickte Grácia Kerényi von Auschwitz nach Ravensbrück. Es gehörte außerordentlich viel Glück dazu, dieses Inferno zu überleben.

In seinen Memoiren erwähnt Miklós Kállay, er habe Reichsverweser Horthy in einem aus der türkischen Botschaft gesandten Schreiben zum Rücktritt geraten. (In den Tagen der Okkupation hielt er jedoch gerade das Gegenteil davon für richtig und setzte sich engagiert für Horthys Reichsverweserschaft ein.) Gegenüber dem türkischen Botschafter, der den Brief überbrachte, erklärte Horthy, er müsse unter allen Umständen auf seinem Posten bleiben. „In Bezug auf die Inhaftierten und Verschleppten führte er aus, diese Frage werde, wie ihm persönlich versprochen, bald geklärt, sie würden alle zurückholen, die Politiker aber sollten gemäß unserer Verfassungsordnung vor den parlamentarischen Untersuchungsausschuss gestellt werden."[63] Die Antwort des Reichsverwesers ist aus zwei Gründen beachtenswert und gleichzeitig tragisch. Zunächst einmal verblüfft sie durch die Naivität, mit der sich Horthy, trotz der brutalen Realität der Besetzung durch die Manipulationen der Nazis täuschen ließ. Und mit welchem Recht und zu welchem Zweck hätte man ungarische Häftlinge deutscher Sicherheitsorgane im ungarischen Parlament zur Rechenschaft gezogen?

Die Wiener Gestapo spielte auch bei ihrem Vorgehen gegen ungari-

Abb. 4: Gestapozentrale im Wiener Hotel Metropol

sche Politiker und Soldaten, die das geplante Ausscheiden Ungarns aus dem Krieg unterstützten und vorbereiteten, eine zentrale Rolle. Zu ihr brachte man alle, die nach Erachten der Sicherheitsleute die Reichsinteressen in besonderem Maß gefährdeten. Als wichtiges Glied des mächtigen Terrorapparats der Nazis erfüllte sie ihre Aufgabe stets beispielhaft. Ihre Agenten und Außenstellen sammelten unermüdlich Informationen und leiteten sie in die Zentrale weiter. Die Experten der Gestapo und der SS ballten schließlich die Angaben zu einer Aktion und entschieden in harmonischer Zusammenarbeit über Leben und Tod.

Die Zentralstelle der Wiener Gestapo, am Morzinplatz 4 im I. Bezirk, hatte anfangs ausschließlich Befugnis, in Angelegenheit der wenigen noch verschont gebliebenen Wiener Juden vorzugehen. Leiter der Abteilung war Dr. Karl Ebner, Stellvertreter des Gestapo-Chefs Wien (der zur Zeit der Besetzung Ungarns in Budapest tätig war). Im Juli 1944 erhielt auch das Wiener SS-Kommando einschlägige Kompetenzen und ab da arbeiteten beide Stellen, wenn auch in enger Zusammenarbeit, doch weitgehend unabhängig. SS-Obersturmbannführer Hermann Krumeys Kommando war unmittelbar dem BdS Budapest bzw. dem RSHA unterstellt. Ebner und sein enger Stab – Dörrhage, Rixinger und Dr. Weinz – ließen von Anfang 1944 bis zum Zusammenbruch 800 Juden, darunter auch Ungarn, in Konzentrationslager – vor allem Auschwitz-Birkenau und Theresienstadt – überstellen. Für viele wurde das die Endstation.

Die Bombenhagel des Kriegs zerstörten die berüchtigte Gestapo-Zentrale in Wien. Wo in diesen schicksalsschweren Monaten „die Hölle tobte", steht heute ein Märtyrerdenkmal. Es erinnert neben vielen anderen auch an jene Ungarn, die damals dort gefangen gehalten wurden. Mehrere Zimmer im 5. Stock des früheren Hotel Metropol „bewohnten" vorübergehend Ungarns Ex-Innenminister Ferenc Keresztes-Fischer, sein Bruder General Lajos Keresztes-Fischer, zuvor Leiter des Reichsverweseramtes, sowie der ehemalige stellvertretende Polizeipräsident von Budapest, József Sombor-Schweinitzer. In diesem Gebäude verhörten die Gestapo-Beamten auch andere Angehörige der ungarischen Polizei: Oberstleutnant Sámuel Borbáth, Generalinspektor Jenő Hivesi und die Inspektoren Ottó Bánhidy, Sándor Okos, Dr. Antal Dombi, István Czobor, Béla Szabados. Am 26. Juni wurden sie – die Brüder Keresztes-Fischer erst zwei Wochen später – in das Konzentrationslager Flossenbürg eingeliefert.[64]

Im Wiener Gestapo-Gebäude wurden eine zeitlang auch der verschleppte Generalleutnant Szilárd Bakay, ehemals Befehlshaber des Budapester Armeekorps, und der Gardeoffizier András Kállay, Sohn des früheren Ministerpremiers Miklós Kállay, gefangen gehalten. Der Oberleutnant wurde nach seiner Festnahme – wegen Beteiligung am Feuergefecht der Leibgarde des Reichsverwesers mit Deutschen in der Budaer Burg[65] – per Flugzeug nach Wien gebracht. Danach kam er – wie auch sein Vater – nach Mauthausen. Auch Generalleutnant Gusztáv Hennyey, Außenminister in der Lakatos-Regierung, wurde am Sitz der Wiener Gestapo verhört. Generalleutnant Károly Lázár, Oberbefehlshaber des ungarischen königlichen Gardekorps, der den ominösen Feuerbefehl gegen Skorzenys

Abb. 5: Reichsverweser Miklós Horthy (links vorne)
und Generalleutnant Károly Lázár (2. rechts vorne)

Einsatzkommando erließ, begann seine Haftzeit ebenfalls am Morzinplatz. Nach 71 Tagen im Konzentrationslager Mauthausen wurde er schließlich am 20. Januar 1945 ins Gefängnis Sopronkőhida eingeliefert.[66] Herzog Miklós Odescalchi, seine Gattin und Funker Ferenc Bajusz lernten die Wiener Zentralstelle der Gestapo ebenfalls kennen. Der Adelige war Fliegerleutnant und startete mit Zugführer Bajusz am 12. Juni 1944 vom Flugplatz Debrecen ohne Startgenehmigung. Das eigentliche Ziel der Aktion blieb unbekannt, vermutlich wollte er in Italien die Kontaktaufnahme zu den Alliierten vorbereiten. Bei einer Notlandung fiel er den Deutschen in die Hände. Im Zuge dieser Ereignisse wurden auch in Ungarn mehrere Menschen in Haft genommen. So etwa die Fliegerleutnants Attila Berényi, Mátyás Pirityi und László Vadas, Erzsébet Gräfin Alberti Denao – sie wurde in Wien zur Haft im Konzentrationslager verurteilt – Herzogin Margit Odescalchi, Gábor Noéh und Gábor Graf Lónyai. Im Verhör wurden sie von ihren Peinigern gefoltert und geschlagen.[67] Frau Odescalchi saß zunächst im Budapester Gestapo-Gefängnis. Ab 8. November „genoss" sie dann gemeinsam mit ihrem Gatten die „Gastfreundschaft" der Wiener Zentralstelle. Von hier gelangte das Ehepaar – gemeinsam mit dem Funker Ferenc Bajusz und dem Journalisten Endre Mélik – am 17. Januar 1945 ins Gefängnis Sopronkőhida. Margit Odescalchi wurde am 19. Januar freigelassen, ihr Gemahl wurde zwei Tage später standrechtlich durch den Strang hingerichtet.

Unter den am 8. November nach Wien verschleppten ungarischen Häftlingen befand sich der 72-jährige Jenő Vida, ehemals Generaldirektor und Oberrat für Wirtschaftsangelegenheiten. Der mächtige und angesehene Vertreter der ungarischen Industrie war wegen seiner jüdischen Abstammung immer mehr aus seinen Positionen verdrängt worden. (Vida war seit 1928 Oberhausabgeordneter im ungarischen Parlament, Vorstandsmitglied des Landesverbandes der Industriellen, des Ungarischen Gewerbevereins und der Budapester Handels- und Industriekammer.) Die Gestapo schickte Vida nach Auschwitz in den Tod. Seine Ehefrau war ebenfalls in deutscher Gefangenschaft.

Der Priester Ödön Pontiller wurde im Mai 1944 von der Gestapo südlich von Szigetvár (Szentgátpuszta bei Dancsháza) auf der Flucht gefasst. Veesenmayer meldete nach Berlin, bei der Hausdurchsuchung hätte man belastendes Material gefunden, zum Beispiel einen Briefentwurf. „Hitler kenne gegenüber seinem Volk keine Gnade", zitierte Veesenmayer in seinem Bericht, „und glaube, ganz Europa in den Abgrund mitreißen zu können. Zudem soll die Gestapo betagte Mönche getötet und verbrannt haben. Die Äbte würden in Konzentrationslagern umkommen, und die Gestapo soll ihre Kirchen und Klöster geplündert haben." Der Fall wurde am 20. Mai in Wien vor Gericht gebracht, dann in Salzburg und in Berlin verhandelt. Der Benedektinerpriester wurde schließlich der „Zersetzung der Wehrkraft" für schuldig erklärt, das Todesurteil wurde am 9. Februar 1945 in München vollstreckt.[68]

Mitte Oktober 1944 „behandelte" die Wiener Gestapo den Fall Dr. Zsigmond Varga. Der reformierte Pfarrer gehörte zu den wenigen Mutigen und Gerechten, die ihr Leben aufs Spiel setzten und der Unmenschlichkeit entgegentraten. Der Pfarrer endete in Gusen, eines der zahlreichen Außenlager des Konzentrationslagers Mauthausen.

Am 3. November ließ die Gestapo 15 schwer gefolterte Männer aus Budapest nach Wien abschieben. Sie alle hatten zuvor in der Arbeitsdivision 107/302 der ungarischen Armee gedient. Als am 25. Oktober abends eine Gruppe bewaffneter Pfeilkreuzler mit einem SD-Offizier an der Spitze in ihr Revier drängte und die überfallene Kompanie sich zu verteidigen suchte, wurden aufs Geratewohl fünfzehn „aktive Teilnehmer" ausgesucht und „als Anstifter zum bewaffneten Aufstand gegen die deutsche Wehrmacht" in Haft genommen. Ihre Geschichte nahm in Auschwitz-Birkenau ein tragisches Ende.[69]

Zahlreiche aus politischen Gründen festgenommene Frauen und Männer wurden im Januar 1945 aus Zalaegerszeg nach Wien verschleppt. Unter den Deportierten befand sich der Prämonstratensermönch und Historiker Dr. Tibor Antal Horváth, Gymnasiallehrer in Keszthely, der die unmenschliche Judenverfolgung und den sinnlosen Krieg verurteilte. Von den in verschiedenen Wiener Gefängnissen untergebrachten Häftlingen wurden viele sehr bald nach Mauthausen weitertransportiert. Der Ordensbruder konnte diesem Schicksal entgehen.

Das Tagebuch General Antal Vattays liefert einen weiteren Beweis für das unendliche Leid der Gestapo-Häftlinge am Morzinplatz. Miklós Horthys ehemaliger Generaladjutant, der den verschleppten Reichsverweser auch nach Weilheim in Bayern begleitete, wurde am 14. November im Zimmer 552 untergebracht. Er durfte seine ungelüftete Gefängniszelle 62 Tage lang nicht verlassen. Medizinische Betreuung wurde ihm versagt. Seine völlige Abgeschiedenheit wurde nur durch brutale Verhöre unterbrochen, die – als Zeichen der absoluten Demütigung – in seinem Zimmer durchgeführt wurden. „Der ungarische Verräter" wurde von seinen Peinigern mit der Peitsche bedroht, beschimpft und erniedrigt. Zum Selbsterhalt dachte sich Vattay ein strenges Bewegungstraining aus. „Ich machte an jedem Vormittag hundert Rundgänge im Zimmer, nachmittags fünfzig im Laufschritt und 150 wieder im Normaltempo. Am Abend ging ich hundert Kreise und betete dabei den Rosenkranz."[70] Noch viel grausamer behandelten die Gestapo-Schergen die Partisaninnen, die Vattay im Gefängnis kennen lernte. „Länger als ein Jahr saßen sie in den Kellerzellen von Morzinplatz. Ein schrecklicher Ort, dunkel, feucht, voll von Ratten. Sie bekamen nichts Essbares, nur Viehfraß. So behandelt man nicht einmal Tiere. Sie erkrankten an Skorbut, verloren ihre Zähne, obwohl keine von ihnen älter als dreißig war."[71] Nur wenige wussten, dass all dies lediglich ein harmloses „Vorspiel" für die Leiden in den Konzentrationslagern war. Antal Vattay hat die Gestapo im letzten Kriegsjahr vermutlich nicht mehr interessiert. Er wurde am 18. Januar unter dem Kommando des Oberleutnants József Frisch, eines reaktivierten Artillerieoffiziers, wieder nach Ungarn abgeschoben.[72] In Sopronkőhida saß

Vattay in einer „eisigen, armseligen Zelle". Später kam er ins Gefangenenspital, wo er den Platz des am Vortag entlassenen „Schutzhäftlings" und früheren Ministers István Antal[73] einnahm. Major Vilmos Dominich, Auditor des Kriegsgerichts[74] in Sopronkőhida, suchte bereits früher bei der Gestapo um eine Auslieferung Vattays zum Zwecke der Vernehmung an. Doch seine Bitte wurde nicht erhört. Laut einer Note der Wiener Geheimpolizei „liegt die als Zeuge vorgesehene Person schwer an Diphtherie erkrankt im Wiener Landesspital und ist daher nicht transportfähig". Da er das Zentralgebäude der Geheimpolizei auf keinen Fall verlassen durfte, konnte sich Ex-Generaladjutant Vattay nach Kriegsende den Sinn dieser Zeilen nur so erklären, dass er aus dem Weg geschafft werden sollte. Bei der ohnehin aufschlussreichen Studie seiner Personalakte verblüffte ihn insbesondere die Erkenntnis, dass die Gestapo das ungarische Kriegsgericht bat, im Fall Vattay und Károly Lázár, Ex-Generalleutnant der Leibgarde, „vor der Vollstreckung des Todesurteils benachrichtigt zu werden".[75]

Flüchtlings- und Kriegsgefangenenschicksale

Die aus den besetzten Ländern Europas nach Ungarn Geflüchteten wussten nur zu gut, dass ihr Schicksal nach der Besetzung des Landes erneut eine ungünstige Wende nehmen würde. Wer konnte, brachte sich wenigstens vorübergehend in Sicherheit. Manche versuchten, weiter zu fliehen. Wieder andere beurteilten die Lage als aussichtslos und wählten den Freitod. Die verzweifelten Selbstmordkandidaten lebten merkwürdigerweise fast ohne Ausnahme in Budapest. Die Behörden räumten zwei Flüchtlingslager in der Hauptstadt. Darüber, wie es dabei bzw. danach den österreichischen beziehungsweise deutschen Lagerinsassen ergangen ist, stehen uns keine Angaben zur Verfügung.

Der SD-Stab hatte vor der Besetzung Ungarns mit bewaffnetem Widerstand und Sabotageaktionen gerechnet. Doch die Besatzungsmacht blieb von diesen „strapaziösen Unannehmlichkeiten" verschont. „Dies ist auch der Zentrale aufgefallen. Kaltenbrunner rief aus Berlin an, wir sollten nachschauen, es müsse halt irgendwo in der Illegalität eine Oppositionsbewegung geben", erinnerte sich Trenker[76] an jene Tage zurück. Als sie im Mai 1944 immer noch auf keine illegale Gruppe von größerer Bedeutung gestoßen waren, gab Kaltenbrunner den Befehl, die deutschen Sicherheitsleute mögen selbst eine Widerstandsbewegung auf die Beine stellen. Er ging dabei von folgenden Überlegungen aus: Wenn die Provokateure einmal den Kern des Widerstands geschaffen, d.h. vorgetäuscht haben, würden sich auch Ungarn anschließen, und über die herzufallen, wäre wohl ein Kinderspiel. Doch nicht einmal Péter Hain wusste von aktiven ungarischen Widerstandskämpfern, und die Gestapo gab den Plan auf.[77] In den Augen der deutschen Sicherheitsorgane gab es aber immer noch Grund genug für Wachsamkeit. Für sie waren die nach Ungarn geflohenen Ausländer beziehungsweise die der Kriegsgefangenschaft Entkommenen nach wie vor verdächtig, sie galten als zu observierende Feinde, potenzielle Partisanen und Konzentrationslager-Kandidaten. Die Bemühungen, diese Leute auszuschalten, scheiterten nicht selten gerade an der ungarischen Flüchtlingspolitik oder wurden durch diese zumindest behindert. Einige höhere Offiziere im Verteidigungsministerium versuchten zum Beispiel, ihre Entscheidungskompetenz über die gefassten französischen Flüchtlinge zu behalten. Schließlich kam es am 5. Juni 1944 zwischen Oberst Loránd Utassy, dem Leiter der Abteilung 21, und Standartenführer Geschke zu einer mündlichen Vereinbarung darüber, dass Ungarn-Flüchtlinge ausschließlich durch das ungarische Verteidigungsministerium verhaftet werden dürften.[78] Doch die Gestapo ließ sich nur vorübergehend täuschen. Sie kam sehr rasch dahinter, dass die Gefangennahme der Flüchtlinge lediglich ein Täuschungsmanöver war, die Inhaftierten auf rätselhafte Weise verschwanden und alle nach kurzer Zeit freikamen. Das veranlasste die Deutschen, kurzen Prozess zu machen: Sie erklärten die Vereinbarung für nichtig, duldeten fortan keine ungarische Einmischung in Kriegsgefangenen-Angelegenheiten und begannen in zügigem Tempo möglichst viele der verhafteten Flüchtlinge aus dem Land abzuschieben.

Oberst Loránd Utassy leistete auch polnischen Flüchtlingen Hilfe. Er gründete Ende Juni unter der Schirmherrschaft des Verteidigungsministeriums das Komitee polnischer Zivilisten, eine Tarnorganisation für regelmäßige Hilfsleistungen. Durch Konspiration geriet das erste Rundschreiben – ein Aufruf an die Leiter polnischer Flüchtlingslager, Juden und Jüdinnen vor der bevorstehenden deutschen Inspektion zu verstecken – in die Hände der Nazis. Die Gestapo verschleppte ein Vorstandsmitglied des Komitees, Rudolf Cywicki, der nach einer langwierigen qualvollen Verhörprozedur ins Konzentrationslager Mauthausen eingeliefert wurde, das er nicht überlebte.[79]

Sondereinsatzkommando Eichmann

Kurz nach der Besetzung Ungarns wurde es zur vollendeten Tatsache: Bei der „Endlösung der Judenfrage in Ungarn" hatte das SS-Sondereinsatzkommando Ungarn (SEK), beziehungsweise SS-Obersturmbannführer Adolf Eichmann, die absolute Macht in Händen. Diese verhängnisvolle Wendung traf die 825.000 als „Rassejuden" geltenden Personen in Ungarn völlig unvorbereitet. Wegen der bereits am 19. März 1944 beginnenden, offen gewalttätigen Terrormaßnahmen des SEK wandten sich führende jüdische Persönlichkeiten hilfesuchend an die ungarischen Behörden, doch das offizielle Ungarn nahm sie nicht in Schutz.

Eichmann verfügte über einen verhältnismäßig kleinen, 150 bis 200 Mann starken Stab und war deshalb auf die Unterstützung der ungarischen Exekutive angewiesen. Die erhielt er auch immer und in jeder Hinsicht von Innenminister Andor Jaross, der die rasch aufeinander folgenden Maßnahmen gegen die Juden anordnete. Bei der Durchführung seiner teuflischen „Arbeit" konnte sich Eichmann besonders auf zwei Männer der ungarischen Staatsbeamtenschaft stützen, auf László Endre, den Vize-Gespan eines Komitats, und auf László Baky, einen Oberstleutnant der Gendarmerie a. D. Beide Kollaborateure wurden im Interesse der Deutschen zu Staatssekretären des Inneren befördert; sie waren fest davon überzeugt, „eine historische Aufgabe" zu erfüllen. In Wirklichkeit waren sie – neben vielen anderen Ministerialbeamten und Angestellten – lediglich vorübergehend benötigte Werkzeuge, Lakaien im Dienst einer überheblichen und zynischen Besatzungsmacht, welche die Gegenwart und Zukunft des ungarischen Volks aufs Spiel setzte. Endre und Baky verbreiteten und schürten mit ihrem Auftreten und in ihren täglichen Verlautbarungen den Rassenhass. Was folgte, war eine Flut von Maßnahmen und Gewalttaten gegen Juden, die in einen Völkermord mündeten.

Eichmann bediente sich bei der Vorbereitung der – vor den Betroffenen vorläufig geheim gehaltenen – „Übersiedlung" des ungarischen Judentums seiner in ganz Europa gesammelten Erfahrungen und berühmtberüchtigten Methoden. Am 7. April 1944 veranlasste er seine ungarischen Handlanger, eine geheime Anordnung über das Zusammenziehen der jüdischen Bevölkerung in Sammellagern und „regionalen" Konzentrationslagern zu erlassen. In völliger Geheimhaltung begann man damit, zunächst in der ungarischen Provinz Personenlisten zu erstellen und – geordnet nach Verwaltungsbezirken der Gendarmerie – die Deportation vorzubereiten. Auf dem Lande was es vielerorts bereits üblich, dass Gestapo- bzw. SD-Männer die einschränkenden Maßnahmen gegen die örtliche jüdische Bevölkerung erließen. Das SEK arbeitete nach dem erprobten Fahrplan des nationalsozialistischen Völkermordes. Die jüdische Bevölkerung wurden zuerst durch ein Reise- und Umzugsverbot an ihren Aufenthaltsorten festgehalten, zum Tragen von rassischen Abzeichen verpflichtet, später zwangsumgesiedelt oder in Ghettos gesperrt. Die nächsten Stationen bildeten die Sammellager, Verladeplätze, Rampen und schließlich das Einpferchen in die Todeswagons. Endstation war Auschwitz-Birkenau, eines der Zentren der industriellen Vernichtung von Menschen. Das deutsche Sicherheitspersonal hatte gemeinsam mit Offizieren der ungarischen Gendarmerie den genauen Verlauf und sogar die genaue Reihenfolge der einzelnen „Säuberungsaktionen" im Voraus ausgearbeitet: beginnend mit den Gendarmerieverwaltungsbezirken Kassa (heute: Košice/Slowakei), Marosvásárhely (heute: Târgu Mureş/Rumänien), Klausenburg (heute: Cluj/Rumänien), Miskolc, Debrecen, Szeged, Pécs, Szombathely, Székesfehérvár und Budapest – einschließlich der Zuständigkeitsbereiche einzelner Polizeipräsidien – und abschließend die Hauptstadt Budapest.

Ende April 1944 rollten Güterzüge aus verschiedenen ungarischen Städten in Richtung Großdeutsches Reich. Der erste Transport mit Juden und Nichtjuden aus dem Internierungslager und Ghetto Kistarcsa ging am 29. April 1944 ab, am nächsten Tag je einer aus dem Schubhaus Bácstopolya sowie aus dem Internierungslager und Ghetto der Stadt Nagykanizsa. Die Deportation von hunderttausenden Ungarn hatte begonnen. Die ersten Transporte kamen am 2. Mai in Auschwitz-Birkenau an. Nach der Selektion wurden 486 Männer und 616 Frauen als arbeitsfähig registriert. Die Männer erhielten die Häftlingsnummern 186.645 bis 187.130 zugeteilt, die Frauen die Nummern 76.385 bis 76.459 sowie 80.000 bis 80.540. Die übrigen 2.698 Häftlinge aus Ungarn wurden von der SS mit Zyklon B in Gaskammern getötet.[80] Den Massenmord bezeichnete man auch hier beschönigend als „Sonderbehandlung".

Im äußeren Gendarmerie-Bezirk Kassa (heute: Košice/Slowakei) gab der Einzug des Stabs „Judenaktion" in das Polizeipräsidium von Munkács (heute Mukačevo/Ukraine) den Auftakt zur Deportation. Die acht „Berater" aus Eichmanns Kommando kamen zusammen mit 40 Männern auf zehn Lkws am 11. Mai 1944 in der nordostungarischen Stadt an. Entsprechend einem Anfang Mai in Wien ausgehandelten „Fahrplan" fuhren am 14. Mai die ersten beiden Deportationszüge (45 Güterwagons) mit jeweils 3.200 und 3.169 „Transportjuden" von Nyíregyháza und Munkács ab. Niemand konnte seinem Schicksal entrinnen. Die Zuständigen der ungarischen Gendarmerie sorgten dafür, dass „keiner aus welchen Gründen auch immer zurückbehalten" wurde.

Die im Transportprogramm festgelegten vier Transportzüge pro Tag über Kaschau nach Auschwitz-Birkenau wurden für Eichmann und seine Mitarbeiter – vor allem für die SS-Hauptsturmführer Dieter Wisliceny und Franz Novak – bald zu einer Routineaufgabe. Allenfalls ein Engpass an Wagons konnte die fahrplanmäßige Verschleppung der Menschen hin und wieder verzögern. Widerstands- oder Sabotageaktionen entlang der Strecke, die die Deportation zum Stocken gebracht hätten, sind nicht überliefert. In der Todesfabrik Auschwitz wurden die „Neuzugänge" registriert. Aus diesem Grund kennt man die genaue Zahl der aus Ungarn dorthin verschleppten jüdischen Männer, Frauen und Kinder. Wie viele davon zum Arbeitseinsatz und wie viele zur tödlichen „Sonderbehandlung" dirigiert wurden, geht aus den nur teilweise erhaltenen Dokumenten nicht hervor. Die Details dieser Deportationswelle im Frühsommer 1944 sind größtenteils aus den Meldungen des Oberleutnant László Ferenczy bekannt. Ferenczy war der Verbindungsmann zwischen Hitlers Generalbevollmächtigtem Edmund Veesenmayer und dem SEK bzw. der ungarischen Gendarmerie. Seine Berichte aus der Zeit vom 3. Mai bis 9. Juli 1944 dokumentieren die täglichen „Aussiedlungen" aus sämtlichen ungarischen Regionen.[81] Veesenmayer hielt auch Berlin auf dem Laufenden. In seinem Bericht vom 11. Juli fasste er die von Eichmanns SEK erhaltenen Angaben in einer Bilanz zusammen: Bis zum 10. Juli 1944 wurden in 147 Güterzügen insgesamt 437.402 Juden und Jüdinnen aus Ungarn verschleppt.[82]

Die SS-Chargen des SEK waren bemüht, die ungarische Bevölkerung über die eigentliche Bedeutung und die Zusammenhänge der Ereignisse im Unklaren zu lassen. Sie blieben, soweit es ging, im Hintergrund. Die „Aktion Deportation" und die vorangehenden Vorbereitungsmaßnahmen waren streng geheim und wurden möglichst ohne viel Aufsehen und tunlichst unter Ausschluss der Öffentlichkeit durchgeführt. Dennoch wurden viele Einzelheiten des Unfassbaren sichtbar und erregten bei den Leuten tiefes Entsetzen. Und es gab unter der Bevölkerung auch Menschen, die nicht wegschauten, die die Besetzung und ihre Folgen für eine Schande hielten, den Terror verachteten und den Verfolgten zu Hilfe eilten. Manche von ihnen brauchten vielleicht längere Zeit, ehe sie begriffen, was vor sich ging, aber selbst diese Menschen brachten zum Ausdruck, dass sie die Fremdherrschaft und die grausame Verfolgung moralisch ablehnten. Andere gingen noch einen Schritt weiter. Wohl wissend, dass jede Art der Hilfeleistung strengstens untersagt war und unerbittlich bestraft wurde, nahmen sie diese Gefahren auf sich und halfen ihren von der Vernichtung bedrohten Mitbürgern. Sie riskierten viel, vor allem ihr eigenes Leben, hatten sie doch auch die Arroganz der „deutschfreundlichen", mit der Besatzungsmacht kollaborierenden Landsleute zu fürchten. Die dem wütenden Terror und seinen schlimmen Folgen trotzenden Bürger und Bürgerinnen, die kleinere und größere Gruppen bildeten, waren die wahren Hüter der historischen Traditionen, die Hoffnungsträger der Zukunft, die die nationale Ehre der Ungarn aufrecht hielten.[83]

Als der erste Schock und die durch Okkupation ausgelöste anfängliche Lähmung langsam zu schwinden begannen – und der Terror der Kommandos immer klarer erkennbar wurde – entschieden sich viele für den Rücktritt aus dem Staatsdienst. Etliche höhere Verwaltungsbeamte, die entweder Nazi-Gegner waren oder von jeher einer westorientierten Politik anhingen, wollten unter diesen veränderten Umständen nicht weiter ihren Dienst versehen. Budapests Oberbürgermeister Tivadar Homonnay, Bürgermeister Károly Szendy und viele andere Abgeordnete der Hauptstadt legten ihre Ämter nieder. Zahlreiche ungarische Diplomaten und Botschafter weigerten sich, die Sztójay-Regierung anzuerkennen. Sie wurden deswegen nicht nur ihres Amts enthoben, sondern verloren – auf Forderung der Deutschen – auch ihre ungarische Staatsangehörigkeit. Viele Parlamentsabgeordnete legten ihre Mandate nieder. Sie wurden vom deutschen Sicherheitsdienst verhaftet und teilweise in Konzentrationslager (Dachau, Flossenbürg, Mauthausen) verschleppt. Die Besatzungsmacht brauchte einen absolut zuverlässigen Staatsapparat. Die Säuberungen erstreckten sich auf sämtliche öffentliche Ämter, gesellschaftliche Organisationen, Verbände und Vereinigungen. Der Vergeltungswahn des Gewaltregimes und der Druck der rechtsradikalen ungarischen Kräfte machte nicht einmal vor den niederen Ebenen der Verwaltung halt. Innenminister Andor Jaross verkündete in seiner Rede von Nagyvárad (heute: Oradea/Rumänien), dass das von ihm geleitete Ministerium „die inneren Feinde restlos beseitigen" werde.

Die Deutschen hatten im Frühsommer 1944 abgesehen von der Deportation auch maßgeblichen Einfluss auf den unbewaffneten militärischen Arbeitsdienst jüdischer Männer. In einer Sitzung im Verteidigungsministerium billigten sie am 1. Mai 1944 zwar die Aufstockung der Zahl jüdischer Arbeitskompanien von 210 auf insgesamt 575, jedoch nur unter der Bedingung, dass die Ungarn die Zwangsarbeit leistenden Juden in Lagern konzentrierten und streng bewachten. Die ungarische Armee konnte dadurch etwa 125.000 jüdische Männer vorläufig der Deportation entziehen.[84]

Welch merkwürdige Änderung! Gerade jener Teil des Regierungsapparats, der im Ungarn der letzten Kriegsjahre als hauptverantwortlich für jüdisches Leid gegolten hatte, beteiligte sich auf einmal – zumindest durch einige Abteilungen – an humanitären Handlungen. Ein Mangel an erhaltenen Dokumenten verunmöglicht es, die Beweggründe für diesen Sinneswandel zu erforschen. Es kann aber angenommen werden, dass man damit nicht nur „billige" Arbeitskräfte erhalten wollte, sondern dass wohl auch einige Vertreter der Regierungs- und Militärbehörden weitgehend über die Auswirkungen der SEK-Maßnahmen informiert waren und diese Menschen retten wollten. Im nördlichen Siebenbürgen – wo die aus fünfzig Arbeitskompanien bestehende Division X gemeinnützige Zwangsarbeit leisten musste – stellte Oberstleutnant Imre Reviczky seine Menschlichkeit unter Beweis. Aus moralischer Überzeugung löste er die Strafkolonien auf und setzte Willkür und Machtmissbrauch ein Ende. Auch in jenen Kompanien der ungarischen Arbeitsdivision, in denen junge Männer der rumänischen Minderheit dienten, sorgte er für normale, menschenwürdige Verhältnisse. Mehrere Tausend Menschen – Juden und Nichtjuden, meist aus politischen Gründen zum Strafdienst einberufene Zwangsarbeiter – ungarischer und sonstiger Nationalität profitierten von seiner Hilfe.[85] Infolge der mangelhaften Quellenlage lässt sich nicht feststellen, wie viele Menschen die Honvéd-Armee zur Zeit der großen Deportationswelle im Sommer 1944 durch ihre Einberufung zur unbewaffneten militärischen Zwangsarbeit vor der Verschleppung verschonen konnte. Auf einer Ministerratssitzung am 21. Juni 1944 sprach Staatssekretär László Endre von 80.000 eingerückten Juden, „die gegenwärtig nicht unter die Auslandstransporte jüdischer Arbeiter fallen".[86] Diese Größenordnung erscheint fragwürdig, ist jedoch mangels geeigneter Quellen nicht überprüfbar.

Diese Einberufungsbefehle – beziehungsweise die Tatsache, dass die jüdischen Kompanien weiterhin den ungarischen Armeeverbänden unterstanden – durchkreuzten Eichmanns Pläne für eine restlose „Endlösung". Damit konnte man zwar die Gesamtzahl der Deportationen nicht wesentlich beeinflussen, aber durch die „zögerliche Haltung" der ungarischen Behörden konnten in mehreren Städten und Dörfern der ungarischen Provinz dennoch ein paar jüdische Männer zurückbehalten werden.[87] Die jüdischen Arbeitskompanien bedeuteten außerdem auch für das Budapester Judentum eine Chance, einen Hoffnungsschimmer, der Verschleppung zu entkommen.

Die neutralen Staaten Portugal, El Salvador, Schweden, die Schweiz und der Vatikan – beziehungsweise ihre in Budapest noch geduldeten Botschaften – stellten im Lauf des Sommers 1944 einige Arbeitskompanien unter ihren Schutz. Dies verschaffte den Verfolgten nicht nur einen kleinen Vorteil, sondern gleichzeitig auch einen monatelangen Aufschub vor den Torturen in den Konzentrationslagern Auschwitz-Birkenau, Buchenwald, Bergen-Belsen, Dachau, Sachsenhausen, Flossenbürg, Ravensbrück, Groß-Rosen, Neuengamme und Mauthausen.

II. UNGARISCHE DEPORTIERTE IM HAUPTLAGER DES KZ MAUTHAUSEN

Ende April bis Oktober 1944

Die internationale Mauthausen-Literatur spricht entweder überhaupt nicht von ungarischen Deportierten oder erwähnt sie allenfalls beiläufig. Tatsächlich waren aber die aus Ungarn Verschleppten im Konzentrationslager Mauthausen (KLM) keineswegs nur eine unbedeutende „Minderheit", bildeten sie doch die drittgrößte Opfergruppe. István Balogh zufolge soll es bis zum Frühjahr 1944 tatsächlich nur wenige Ungarn-Häftlinge im KLM gegeben haben.[88] Balogh, der im Spanischen Bürgerkrieg an der Seite der Republikaner gekämpft hatte und nachher in französische bzw. deutsche Gefangenschaft geriet, war seit 1940 in Mauthausen in „Schutzhaft". Als Häftling Nr. 584 trug er ein rotes Dreieck auf seiner Häftlingskleidung und war als Elektriker eingesetzt. Neben Balogh erwähnt auch Károly Rátkai in seinen Memoiren des öfteren Rudolf Tarnóczi, einen mit grünem Dreieck gekennzeichneten Häftling aus Nagyvárad (heute: Oradea/Rumänien). Tarnóczi wurde 1938 in das KLM eingewiesen, wo er auch beim Aufbau des Lagers eingesetzt war. Im Arbeitskommando der Elektriker brachte er es sogar bis zum Posten eines Kapos. 1944/45 soll er nach Kräften versucht haben, das Leid der ungarischen Häftlinge zu mildern und sie durch erfreuliche Informationen zu stärken.[89] Für das Jahr 1943 ist der Tod zweier ungarischer Häftlinge dokumentiert. Die Lagerkommandantur meldete am 26. März 1943 aus unbekannten Gründen drei Todesfälle nach Berlin, darunter den bereits am 27. Jänner eingetretenen Tod des ungarischen jüdischen „Schutzhäftlings" Franz Weinberger. Der Bericht gab bei Benachrichtigung der ausländischen Familienangehörigen die unmittelbaren Todesursachen an. Eine vollständig erhalten gebliebene Dokumentation informiert indes über die Tragödie von Edmund Hirsch. Der am 7. März 1913 in Maroshévíz geborene Mann wurde am 25. Oktober in der Früh durch den SS-Schützen Jakob Tasch getötet. Der Häftling Nr. 34.350 verließ angeblich seinen Arbeitsplatz und „ging auf den Zaun zu". Der Lagerarzt ordnete am 28. Oktober an, die Leiche des nur zwei Monate zuvor aus politischen Gründen Eingewiesenen unverzüglich einzuäschern.[90]

Abb. 6: KZ-Gedenkstätte Mauthausen mit Stacheldraht und Wachturm

Nach dem Einmarsch der deutschen Truppen in Ungarn im März 1944 war Béla Breuer der erste ungarische Häftlingszugang im Mauthausener Hauptlager. Der 37-jährige Landarbeiter wurde am 8. April unter der Nummer 62.029 registriert, sein weiteres Schicksal verliert sich im Dunkel. Als nächster Ungar folgte ihm mit der Nummer 62.520 der ebenfalls in „Schutzhaft" genommene László Halász. Der 45 Jahre alte Maschinenschlosser wurde bereits am 28. April 1944 einem „Transport" zugeteilt und ins Außenlager Gusen überstellt, wo er für die Steyr-Daimler-Puch AG. Zwangsarbeit leisten musste.[91]

Die Mauthausen-Literatur nennt für 1944 sechs größere Ungarn-Transporte, jedoch gab es auch zwischendurch zahlreiche „Lieferungen" kleineren Umfangs. Im Grunde befanden sich in jedem eingegangenen oder überstellten Transport Deportierte aus Ungarn, die überlieferten Angaben erlauben aber bedauerlicherweise keine zuverlässige Statistik, sondern ermöglichen allenfalls die Feststellung der Gruppenbewegungen. Das in drei Ausgaben erschienene österreichische Standardwerk Hans Maršaleks über das Konzentrationslager Mauthausen[92] enthält folgende Angaben über Eingänge ungarischer Transporte:

Transportstärke	Transportankunft	Ausgangsort	Häftlingsnummern
53 Personen			
(Aristokraten, Politiker, Großindustrielle)	25. April	Budapest	64.227–64.280
2.000 Juden	28. Mai	Auschwitz	66.964–68.963
2.000 Juden	8. Juni	Auschwitz	69.370–71.404
2.000 Juden	13. Juni	Auschwitz	71.623–73.753
1.500 Juden	19. Juni	Auschwitz	73.922–75.516
495 Personen	26. November	Budapest	110.707–111.202

Die von Maršalek veröffentlichten Daten über ungarische Häftlinge sind ungenau. So wurden am 25. April keine „Prominenten" ins Hauptlager eingeliefert, wie in der ersten Eintragung der obigen Tabelle behauptet, sondern 54 Männer aus Szekszárd, Barcs und Pécs. Sie waren nach dem Einmarsch der Deutschen von der Gestapo an ihrem Wohnort verhaftet, anschließend in der südungarischen Stadt Pécs „konzentriert" und dann über Oberlanzendorf nach Mauthausen deportiert worden.

Die „Gruppe U Jude" bestand größtenteils aus Anwälten, Geschäftsleuten und Spediteuren sowie aus einigen Handwerkern. Der erste in der alphabetisch geordneten Namensliste wurde unter der Nummer 64.227 registriert, der letzte hatte die Häftlingsnummer 64.280.[93] Beide – Ignác Balla und Lajos Wolf – waren aus Pécs und von Beruf Anwälte.

Mitglieder des ersten im Hauptlager registrierten ungarischen „Transports":

Balla, Ignác	Mansfeld, Géza
Bíró, Jenő	Nemes, István
Boros, Miklós	Neumann, Andor
Darvas, Zoltán	Pap, Sándor
Dick, Aladár	Pichler, József
Dvorhin, Lipót	Roheim, Jenő
Engel, Richard	Roth, Sándor
Frei, Tamás	Schreiber, László
Friedjung, Pál	Schreiber, Zsigmond
Fuchs, Ferenc	Schwarcz, Jenő
Gombos, Ede	Schwarcz, Vilmos
Grosz, Ferenc	Spierer, Miksa
Hirschfeld, Kálmán	Spiró, Ödön
Hoffmann, István	Spitzer, Béla
Insel, Jenő	Spitzer, Hugó

Kaufer, Imre	Spitzer, Sándor
Keller, János	Stark, Jenő
Kertész, Ottó	Szigeti, Ferenc
Kisfaludi, Imre	Szőnyi, Oszkár
Klein, Imre	Wartmann, Andor
Kohn, Kálmán	Wartmann, Simon
Krausz, Gyula	Weisz, Imre
Kreisler, Andor	Weisz, Lipót
Kreisler, Ferenc	Weisz, Sándor
Kreisler, László	Werner, István
Kreisler, Sándor	Willer, Sándor
Kuttra, Izidor	Wolf, Lajos

16 dieser 54 Männer kamen im KLM ums Leben. Dr. Géza Mansfeld, Professor der Medizin, wurde am 14. Juni nach Auschwitz überstellt. Er hat das Inferno überlebt. Nach der Befreiung der „Todesfabrik" Auschwitz leistete er gemeinsam mit Dr. Tibor Villányi und anderen freiwilligen Helfern den schwerkranken Überlebenden medizinische Hilfe.[94] Der nächste ungarische Transport – ebenfalls aus Oberlanzendorf – traf am 5. Mai 1944 ein. Diese Gruppe von insgesamt 36 Mann bestand aus Legitimisten, Anglophilen, Liberalen sowie aus Aristokraten, die für ihre antinazistische Gesinnung bekannt und deshalb verhaftet worden waren. Am Vorabend ihres Abtransports nach Mauthausen erhielten sie von einem SS-Mann ungarischer Abstammung die „vertrauliche Mitteilung", die Gruppe würde nach Budapest zurückgebracht. Von neuer Hoffnung erfüllt, bestiegen sie bei Tagesanbruch die Busse. (Die weiblichen Häftlinge aus Ungarn blieben im Durchgangslager Oberlanzendorf zurück.) Doch die bittere Ernüchterung folgte rasch. Statt auf dem Wiener Westbahnhof landeten sie nämlich auf dem Franz-Josephs-Bahnhof und mussten von dem in Bahnverbindungen bewanderten Journalisten Pál Szvatkó die niederschmetternde Nachricht erfahren, dass von diesem Bahnhof die Züge nicht nach dem Osten in die Heimat, sondern genau in die entgegengesetzte Richtung fuhren. Nach acht Stunden Bahnfahrt erreichten sie ihr – bis zum Schluss unbekanntes – „Reiseziel" Mauthausen. Auf der Bahnstation kam es zu einem kurzen Intermezzo. Ein junger SS-Offizier, der so genannte Rapportführer,[95] misshandelte brutal den fast siebzig Jahre alten Ex-Außenminister Gusztáv Gratz, nur weil dieser es gewagt hatte, ihn anzusprechen. „Da wussten wir schon, wo

wir waren, und auch, wem wir ausgeliefert waren", erinnerte sich später der Journalist György Parragi an seine ersten Eindrücke.

Müde und niedergeschlagen machten wir uns auf den Weg über die staubige Landstraße zum Lager. An beiden Straßenseiten gähnten riesige Granitgruben, für die Mauthausener Häftlinge Arbeitsplatz und blutiger Friedhof zugleich. Wer – wie auch Károly Rassay – das von den SS-Männern vorgelegte scharfe Schritttempo nicht einhielt, wurde mit dem Gewehrkolben zu zügigerem Marsch angetrieben.[96]

Und dann erblickten sie plötzlich auf der Bergkuppe das aus zentnerschweren Steinblöcken errichtete Mauer- und Turmsystem. Es sollte ihre – mit Dante gesprochen – „città dolente", ihre Stadt des Leidens werden. Nach ihrer Ankunft im Lager hatten sie auf Befehl der SS zwei Gruppen zu bilden. „Die Nichtjuden wurden mit gehässigen Schmähworten geradezu überschüttet: man hat uns als Verräter der Deutschen, als ungarische Schurken beschimpft. Über die Juden sagte man mit kaltblütiger Grausamkeit nur: Die da sind morgen nicht mehr am Leben."[97] Parragis 1945 niedergeschriebener Bericht übermittelt authentisch die durch die ersten Eindrücke ausgelöste Todesangst, die abrupte Konfrontation mit der harten Realität. „Niemand hätte sich gewundert, geradewegs in die Gaskammer zu kommen, denn wir begannen allmählich zu glauben, was wir daheim niemandem abgenommen hätten, dass nämlich die Gaskammern nicht nur im Märchen, sondern auch in der Wirklichkeit existierten."[98] Nachdem sie völlig ausgeplündert, kahl geschoren und enthaart worden waren, bekamen die „Neuzugänge" ihre zerfetzten Lumpen, je ein Hemd und eine Unterhose. Die Häftlinge wurden gezwungen – so Parragi – die armseligen Kleidungsstücke anzuziehen. Die völlig erschöpften, nicht einmal mit der kargen Tagesration versorgten Männer verbrachten die Nacht in der Quarantänebaracke 19, wo mehr als 500 Häftlinge auf nacktem Boden zusammengepfercht lagen. Die 36 Deportierten aus Ungarn wurden als „Schutzhäftlinge" oder als „Juden" eingestuft und unter den Häftlingsnummern 65.346 (Sándor Altorjay) bis 65.410 (Péter Várnai, 22 Jahre, Student, Sohn Dániel Várnais) registriert.[99] Zu dieser Gruppe gehörten:

Altorjai, Sándor	Loránd, Lajos
Andorka, Rudolf	Lukács, Vilmos
Graf Apponyi, György	Malasits, Géza
Aschner, Lipót	Nádass, József
Bálint, László	Parragi, György

Bíró, Imre	Perlaki, György
Böhm, Ernő	Peyer, Károly
Buchinger, Manó	Rátz, Kálmán
Budai Goldberger, Leó	Rassay, Károly
Graf Csekonics, Iván	Graf Sigray, Antal
Gratz, Gusztáv	Somogyi, Károly
Halász, Jenő	Somogyvári, Gyula
Halmi, Miklós	Szántó, Gyula
Hanthó, Sándor	Graf Szapáry, Antal
Baron Kornfeld, Móric	Szentivány, Lajos
Kund, Elemér	Szvatkó, Pál
Lajos, Iván	Várnai, Dániel
Lenkey, Géza	Várnai, Péter

Die Häftlinge dieses Transports hatten sehr unterschiedliche Schicksale. Über Leben und Tod entschied manchmal der blinde Zufall, manchmal spielten andere Faktoren eine Rolle, etwa wie die Häftlinge bei der Registrierung eingestuft worden waren, ob ihr Fall weiter behandelt oder überprüft wurde, oder ob ihr früherer gesellschaftlicher Rang und ihre verwandtschaftlichen Beziehungen einen positiven Einfluss auf den Lauf der Dinge hatten.

Im Zuge einer am 17. Mai 1944 getroffenen Vereinbarung, die den Besitz der Familie Manfréd Weiss in die Hände der SS gespielt hatte, wurde der KLM-Häftling Nr. 65.369 am 20. Mai 1944 freigelassen (Móric Baron Kornfeld war Ferenc Chorins Schwager). Fünf Tage später erhielten weitere Ungarn ihre Freiheit zurück: der Landwirt und Agrarjournalist Imre Bíró, Oberst Géza Lenkey, der Anwalt Vilmos Lukács, der Abgeordnete Géza Malasits, der Technische Rat György Perlaki sowie der Abgeordnete zum Oberhaus Kálmán Rátz.

Einflussreiche Deutsche oder hohe Vertreter der ungarischen Kollaboration hatten ein gutes Wort für sie eingelegt. Für Malasits soll sich zum Beispiel ein Staatssekretär des Innenministeriums engagiert und dabei auch die Verantwortung übernommen haben, dass dieser nach seiner Freilassung der Politik fernbleiben werde. Dass bald auch der als Jude eingestufte Anwalt László Bálint freikam, galt im Lager als wahre Sensation und erweckte in Vielen unbegründete Hoffnungen.

Am 1. Juni 1944 wurde wieder ein Anwalt, Universitätsprofessor Dr. Sándor Altorjai, auf freien Fuß gesetzt, und am 14. Juli 1944 brachte man

Gusztáv Gratz nach Ungarn zurück. Am 5. August 1944 erlangte György Graf Apponyi, Abgeordneter der Liberalen Partei, die Freiheit wieder. Ihm folgte am 20. August 1944 Antal Graf Szapáry[100], der nach seiner Heimkehr Reichsverweser Horthy über die Realität des Konzentrationslagers informierte. Gräfin Ilona Edelsheim Gyulai, die Witwe von István Horthy – Sohn und Stellvertreter des Reichsverwesers – bezeichnete in ihren Memoiren Szapárys Freilassung als „ein kaum fassbares, freudiges Ereignis".

Der ehemalige Gestapo-Häftling soll in der Residenz des Reichsverwesers im Budaer Burgpalast berichtet haben, „es sind für ihn so viele Bittschriften eingegangen, sogar vom schwedischen König, dass er wahrscheinlich deswegen freigelassen wurde... Er musste versprechen und unterschrieb sogar, dass er nichts vom Lager erzählen werde, trotzdem bat er den Reichsverweser sofort um Audienz und sagte alles, was er über das Lager Mauthausen wusste. Nachher fand er seine Wohnung geplündert und lebte von da an versteckt, ständig seine Wohnung wechselnd".[101] In welch schwieriger Lage sich der Graf fortan befand, illustriert auch die Tatsache, dass ihn Gräfin Ilona Edelsheim Gyulai aus der Garderobe ihres verstorbenen Gatten mit Kleidungsstücken versorgte.

Vieles weist darauf hin, dass die SS einen wahren Menschenhandel betrieb, der gegen Ende des Jahres 1944 zu einem äußerst lukrativen Geschäft führte. Der „U Jude Nr. 65.349", Lipót Aschner, Ex-Generaldirektor der Elektrizitätswerke Egyesült Izzó, wurde am 9. Dezember aus dem Konzentrationslager Mauthausen in die Schweiz gebracht – für einen Bankscheck im Wert von 100.000 Schweizer Franken. Das Lösegeld traf gerade noch rechtzeitig ein, denn der 73-jährige war bereits völlig entkräftet und befand sich in einem bedrohlichen Gesundheitszustand.[102] Es gab also Häftlinge, die dem Inferno entkamen, und zahlreiche andere, die eine lange und bittere Gefangenschaft erlitten. Wieder andere haben die Hölle nicht überlebt. Der namhafte Repräsentant der ungarischen Textilindustrie Leó Budai Goldberger (65.354) verstarb am Tag der Befreiung des Konzentrationslagers. Kurz davor starb auch der völlig entkräftete Anwalt Sándor Hanthó an Fleckfieber. Ervin Mónus, Sohn des als Parteiideologen der Sozialdemokraten geachteten Illés Mónus, zählt ebenfalls zu den Todesopfern Mauthausens. Das Schicksal ging manchmal selbst im Lager seltsame Wege. Obwohl Invalide unerbittlich und ohne Verzögerung liquidiert wurden, gab es auch hier merkwürdige Ausnahmen. Der Sozialdemokrat József Nádass, im Zivilleben Journalist und

Schriftsteller, der infolge einer im Ersten Weltkrieg erlittenen Verletzung
ein Bein verloren hatte und auf Krücken ging, überlebte seine „Schutzhaft" in Mauthausen.

Verschont blieb auch Sándor Büchler (der später seinen Namen in
Bertók änderte); er konnte seine Behinderung – er hatte eine Fußprothese
– erfolgreich verheimlichen. Sein Vater war ein bekannter Politiker und
Abgeordneter der Sozialdemokratischen Partei, der nach der Besetzung
Ungarns vor den Deutschen untergetaucht war. An seiner statt verhaftete
die Gestapo seinen Sohn und seine Gattin, die die Deportation nicht
überlebte.

Am 11. Mai wurden 21 ungarische „Neuzugänge" registriert. Es handelte sich mit Ausnahme von Béla Bánfai, einem Optiker aus Pécs (Häftlingsnummer 65.721), ausschließlich um als jüdisch geltende wohlhabende Bürger, die in der Mehrzahl von der Gestapo in den Städten Pécs
und Szekszárd – in dieser Region Südungarns übte der Volksbund einen
besonders starken Einfluss aus – verhaftet worden waren.[103]

Bánfai, Béla	Kálmán, Jenő
Benedek, Benő	Dr. Kohn, Izidor
Bettelheim, Rezső	Landauer, Arnold
Diamant, József	Lővy, Sándor
Fischl, Sándor	Mándy, Géza
Fleiner, Ödön	Mándy, György
Fleischer, Arnold	Mándy, Pál
Fleischmann, Ottó	Miklós, Sándor
Frank, Zoltán	Nemes, Vilmos
Friedmann, József	Neumann, Béla
Schönstein, Jószef	

Die lückenhaften Daten zu dieser Gruppe zeigen keine einzige Freilassung, dafür aber mehrere Todesfälle. Die schweren Schicksalsprüfun-
gen haben nicht überlebt: Rezső Bettelheim, Tapezierer; Sándor Fischl,
Händler; Ödön Fleiner, Gastwirt; Arnold Fleischer, Butter- und Käse-
meister; Zoltán Frank, Fabrikbesitzer; György Mándy, Landwirt; Dr. Sándor Miklós, Anwalt; Vilmos Nemes, Baumeister. Dabei geht aus einer
Notiz der Wiener Gestapo vom 9. Mai 1944 hervor, dass diese Häftlinge
„ausschließlich zum leichten Arbeitseinsatz" einzuteilen waren.[104] Mag es
auch wirklich so gewesen sein, die verordnete „Schonung" bedeutete
noch lange keinen Schutz vor Hunger und willkürlichen Gewalttaten, vor

Erkrankungen und Seuchen oder vor der tödlichen Entkräftung. Der 69 Jahre alte Ödön Fleiner (65.372) kam halbtot im KLM an und verstarb bereits am 16. Mai 1944. Er war das erste Mauthausener Opfer von den im Frühjahr 1944 deportierten Ungarn. Die nächsten größeren ungarischen Gruppen wurden am 19. bzw. 20. Mai 1944 registriert. Zwischendurch gab es aber auch Transporte mit nur wenigen aus Ungarn verschleppten Personen. So war am 28. April 1944 der 41-jährige Landwirt János Leitner der einzige ungarische „Neuzugang". Er wurde aus dem Dorf Vokány im Komitat Baranya (Südungarn) wegen seines resoluten Auftretens gegenüber dem Volksbund verschleppt.[105] Der KLM-Häftling Nr. 64.505 überlebte die Schreckenszeit. Als er sich 1946 bei der Aussiedlung der Ungarndeutschen für seine Mitbürger deutscher Zunge einsetzte, die nie NS-Mitläufer gewesen und für ihre antinazistische Haltung bekannt waren, geriet er als „Schwabenretter" mit den ungarischen Behörden in Konflikt. Ein Teil der am 19. Mai registrierten ungarischen Häftlinge wurde aufgrund ihrer politischen Tätigkeit in das KLM eingewiesen. Darunter auch die Gruppe um den 42-jährigen Beamten Bertalan Papp-Koleszár, die aus den Arbeitern Bolechlav, Csernyánszky, Dömötör, Ebergényi, Galambos, Márton, Pirityi und Sándor bestand und die kommunistischer Gesinnung bezichtigt wurde. Die 35 „Neuzugänge" erhielten die Häftlingsnummern 66.160 (Sándor Bolechlav, Malermeister) bis 66.213 (Tibor Thein, Beamter). Die Transportliste enthielt folgende Namen:

Barna, Zsigmond	Györki, Imre
Binét, Béla	Havas, Viktor
Bolechlav, Sándor	Hegedűs Lajos
Büchler, Sándor	Klein, Ferenc
Csapó, Dezső	Kubala, Ferenc
Csernyánszky, István	Láng, Rudolf
Domonkos, József	Liszauer, Zoltán
Dömötör, Dezső	Marton, József
Ebergényi, András	Márton, István
Eichenbaum, Jenő	Papp-Koleszár, Bertalan
Farkas, Béla	Pirityi, András
Frenkel, Jenő	Presser, István
Friedmann, Pál	Sándor, Dénes
Galambos, József	Sásdi, Imre
Gál, Benő	Simonyi, Ákos

Gewell, Artúr   Steiner, Imre
Gold, György   Thein, Tibor
Varga, Péter

Aus dieser Gruppe starben bis Ende des Jahres 1944 Benő Gál, 65 Jahre, Statistiker und Soziologe[106], József Galambos, Kellner, Viktor Havas, Bankangestellter, und Ákos Simonyi, Parteisekretär in der Sozialdemokratischen Partei Ungarns. József Galambos, der zuvor im Internierungslager von Kistarcsa und in der Zelle 507 des Gefängnisses in der Budapester Gyorskocsi utca gefangen gehalten wurde, verstarb mit 42 Jahren am 6. Juni 1944. Nach Ödön Fleiner war er das zweite ungarische Opfer im KLM. Der ebenfalls mit diesem Transport nach Mauthausen gebrachte „Schutzhäftling" Péter Varga kam am 24. März 1945 mit 44 Jahren ums Leben.[107]

Mit dem nächsten Transport traf unter anderen Károly Rátkai, Chefredakteur der Abendzeitung „Esti Kurír" im KLM ein, weiter ein Pole und elf Italiener. Rátkais gleichnamiger Sohn wurde nach dem Einmarsch der Wehrmacht in Ungarn ebenfalls festgenommen und saß im Juni und Juli 1944 sechs Wochen im Budapester Gestapo-Gefängnis. Alle 25 Männer der Gruppe waren seit der Besetzung Ungarns gefangen gehalten worden, erst in Budapest, dann im „Durchgangslager" Oberlanzendorf, von wo sie schließlich nach Mauthausen gebracht wurden. Unter den italienischen Häftlingen befanden sich Aldo Bizarri, Direktor des italienisch-ungarischen Kulturinstituts, Alberto Sorrentini, Chefredakteur von Il Tempo, der 50 Jahre alte Diplomat Oscare Di Franco, der Arzt Carlo Negri, Alfredo Stenndardo, Presseattaché an der Budapester Botschaft, Rosario Marasco, Sorrentinis Chauffeur, sowie einige Angestellte. Nach den üblichen „Begrüßungsbeschimpfungen" und Verspottungen wurden die Häftlinge in einem Büroraum der Politischen Abteilung des Lagers registriert und dabei ausführlich nach ihren Krankheiten befragt. Bei der Aufzählung ihrer Krankheiten „übertreiben alle maßlos", schreibt Rátkai in seinem detaillierten Bericht, „denn sie hoffen, nicht zum schweren Arbeitseinsatz eingeteilt zu werden". Die Schreiber stellten eine Menge Fragen, unter anderem nach dem Gebiss der Neuankömmlinge. Bei der Antwort war äußerste Vorsicht geboten, denn darin lauerte eine bis dahin unbekannte drohende Gefahr. „Noch vor einem halben Jahr hat keiner überlebt, der Goldzähne hatte, denn man hat sie alle restlos erschlagen, damit die Goldzähne herausgerissen werden konnten."[108] Die am 20. Mai angekommenen Ungarn wurden unter den Häftlingsnummern zwischen 66.169 (Imre Bálint, Journalist) bis 66.291 (Ervin Wertheimer, Kaufmann) registriert.

Bálint, Imre	Párkányi, Frigyes
Frankl, Frigyes	Pollatschek, Elemér
Frankl, Kornél	Rátkai, Károly
Klár, Zoltán	Valér, Zsigmond
Magyar, Miklós	Waldmann, Adalbert
Országh, Sándor	Wertheimer, Ervin

Zwei Mitglieder der Gruppe Rátkai erlagen in der Hölle des Konzentrationslagers nach knapp einem halben Jahr ihren unendlichen Leiden. Direktor Zsigmond Valér starb am 13. Dezember 1944, Elemér Pollatschek, Professor der Medizin, am 2. Jänner 1945. Dr. Zoltán Klár wurde am 12. Juni 1944 in des Isolierblock des Russenlagers beordert, Dr. Carlo Negri eine Woche später. Ursprünglich war vorgesehen, auch Professor Pollatschek an diesen Ort der Gräuel am Fuße des Zentrallagers zu überstellen, wo mangels medizinischer Betreuung statt Heilung Massenmord stattfand.

Nach zwei Tagen Bahnfahrt traf am 28. Mai 1944 ein Transport mit 2.000 „U Juden" aus Auschwitz-Birkenau im KLM ein. Nach der im Mauthausen-Archiv aufbewahrten sogenannten Mauthausen-Chronik – eine Zusammenstellung von Hans Maršalek – wurden 1.000 Häftlinge umgehend nach Gusen weiter geschickt und weitere 250 am 19. August 1944 nach Auschwitz zurückbefördert. Den jungen ungarischen Juden wurden bei ihrer Registrierung die Häftlingsnummern 66.964 bis 68.963 zugeteilt.[109]

Wenngleich der Sensenmann auch in Mauthausen reiche Ernte hielt, so war es doch das Lager Gusen, das bei den Insassen des Hauptlagers den Ruf einer wahrhaften „Todesfabrik" erlangte. In der Zeit von 1940 bis Anfang 1944 soll kein einziger jüdischer Häftling die Gefangenschaft in Gusen überlebt haben, die SS-Schergen und ihre Helfershelfer hätten dort jede erdenkliche Form von Folter und Mord an ihren bemitleidenswerten Opfern erprobt.[110] Aus den Berichten der wenigen Überlebenden aus diesem Transport geht hervor, dass sie nach der kurzen Aufnahmeprozedur – bei der die Neuankömmlinge registriert, mit dürftiger Häftlingskleidung ausgestattet und ihres Schuhwerks beraubt wurden – noch am 28. Mai 1944 per Fußmarsch nach Gusen gebracht und dort sofort zur Arbeit eingesetzt wurden.

Abb. 7: Häftlinge im Garagenhof des KLM während einer Desinfektion des Lagers, SS-Foto

Im Juni 1944 ließ Eichmanns Stab aus Ungarn pro Tag bisweilen sogar vier Deportationszüge Richtung Auschwitz-Birkenau rollen. Bei der Selektion an den Rampen wurden die arbeitsfähigen Männer dann neuerlich in Transporte eingeteilt und nach wenigen Tagen in eines der vielen Lager im riesigen SS-Lagersystem überstellt. Das KLM empfing im Lauf des Monats drei große ungarische Judentransporte aus Birkenau. Der erste mit 2.000 Häftlingen kam am 8. Juni 1944 in Mauthausen an, der zweite mit abermals 2.000 Neuzugängen am 13. Juni 1944. Sie erhielten die Nummern 69.370 bis 71.404, beziehungsweise 71.623 bis 73.753.[111] Die dritte Gruppe mit 1500 Häftlingen – mit den Häftlingsnummern 73.922 bis 75.516 – wurde am 19. Juni 1944 registriert. Da der anstrengende Bahntransport nahezu 100 Tote forderte, wurden im Juni 1944 insgesamt 5.400 Juden zur Zwangsarbeit in das KLM eingewiesen. Der Gesamtbestand jüdischer Häftlinge erreichte somit 7.590 Personen, was zu diesem Zeitpunkt 15 Prozent der gesamten Belegungsstärke von 48.924 Gefangenen ausmachte.[112]

Die stark widersprüchlichen Erscheinungen und jeder Logik entbehrenden Maßnahmen – etwa das sinnlose „Hin- und Herschieben" von Häftlingen – waren auch in diesem Lagersystem tägliche Realität. Eine Ausnahme bildeten allerdings jene aus Budapest deportierten Juden, die als „politisch Gefangene" angesehen und als solche „bevorzugt" behandelt wurden. Bei der Einteilung zum Arbeitseinsatz war es im Juni 1944 mittlerweile zur Regel geworden, dass gewisse – namentlich erfasste – jüdische Häftlinge zur leichteren Zwangsarbeit eingesetzt wurden. In der damals bereits sechsjährigen Geschichte des KLM wäre dies zuvor unvorstellbar gewesen, war doch die Behandlung der Juden bis dahin nach ganz anderen Gesetzmäßigkeiten verlaufen. Doch die SS-Männer im Lager reagierten auf die merkwürdige Änderung bei der Anwendung von Methoden nach Vorschrift. Sie führten die neuen Befehle ebenso gewissenhaft aus, wie sie vorher Tausende von Juden erschlagen, ertränkt, vom Steinbruch in die Tiefe gestoßen, zum elektrischen Zaun gedrängt, erschossen oder auf welche Weise immer unbarmherzig getötet hatten. Die „Verschonung" bezog sich nur auf wenige Dutzend in „Schutzhaft" genommene Juden, nämlich auf die nach dem 19. März 1944 verhafteten ungarischen „Edelklienten" der Gestapo. Die anderen, die aus Auschwitz-Birkenau in Massentransporten überstellten 5.400 waren indessen vom ersten Moment an Todeskandidaten. Sie mussten Schwerstarbeit leisten und in den Stollen unter der Erde oder im Steinbruch schuften. Sie mussten Steine zertrümmern, litten Hunger und waren dem brutalen Terror der Nazis ausgesetzt.

Im Juni 1944 trafen 50 bis 55 in „Schutzhaft" genommene ungarische Juden und Jüdinnen ein. Unter den 16, die am 2. Juni registriert wurden, befand sich zum Beispiel der renommierte Zeitungsverleger Simon Tolnai (Häftlingsnummer 69.090). Am 15. Juni wurde das Ehepaar Glück aus Budapest eingeliefert und im so genannten Bunker untergebracht, in dem sich auch die Genickschussecke, die Gaskammer und das Krematorium befanden. Als Kreditbank-Beamter hatte der Gatte nichts mit Politik zu tun gehabt, seine Frau Emma arbeitete als Sprachlehrerin und war die Schwester des New Yorker Bürgermeisters La Guardia. Die rechtsradikale ungarische Presse griff La Guardia und die jüdische „Verschwörung" permanent an und versäumte es nie, dessen Budapester Verwandtschaft zu erwähnen. Die Folge waren eine Vorladung zur Gestapo und schließlich die Verschleppung des friedlichen Ehepaars. Am 20. Juni, wenige Tage nach ihrer Ankunft in Mauthausen, wurden Herr und

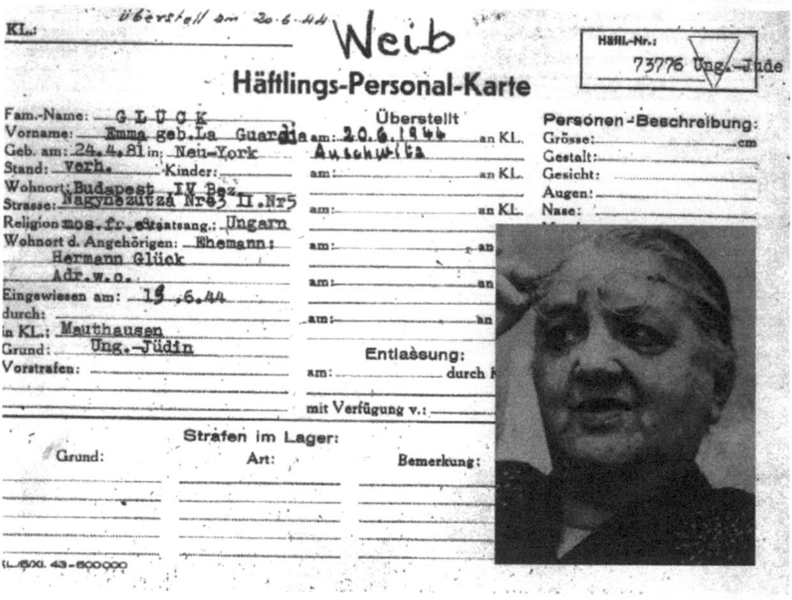

KL.: Überstell am 20.6.44

Weib

Häftlings-Personal-Karte

Häftl.-Nr.: 73776 Ung.-Jüde

Fam.-Name: GLUCK
Vorname: Emma geb. La Guardia
Geb. am: 24.4.81 in: Neu-York
Stand: verh. Kinder:
Wohnort: Budapest IV Bez.
Strasse: Nagynezutza Nr 3 II. Nr5
Religion: mos. fr. Staatsang.: Ungarn
Wohnort d. Angehörigen: Ehemann: Hermann Glück Adr. w. o.
Eingewiesen am: 19.6.44
durch:
in KL.: Mauthausen
Grund: Ung.-Jüdin
Vorstrafen:

Überstellt
am: 20.6.1944 an KL. Auschwitz
am: an KL.
am: an KL.
am: an
am: an
am: an

Entlassung:
am: durch
mit Verfügung v.:

Personen-Beschreibung:
Grösse: cm
Gestalt:
Gesicht:
Augen:
Nase:

Strafen im Lager:

Grund:	Art:	Bemerkung:

(L/B/XI. 43-800000)

Abb. 8: Emma Glück: Häftlings-Personal-Karte und Nachkriegsfoto

Frau Glück für immer voneinander getrennt. Der Ehegatte starb Anfang März 1945 in der Baracke 6 des „Russenlagers".[113]

Von den am 16. Juni in Mauthausen eingetroffenen 26 Häftlingen aus Ungarn wurden folgende in Schutzhaft genommen: Jenő Bátori, 20 Jahre alter Universitätsstudent; István Budimácz, Landwirt; József Faust, Kleinlandwirt; Iván Kubányi, Schiffskapitän; und Dr. Mihály Major, Anwalt in Pécs. Der aus Hásságy in der Baranya stammende József Faust wurde ins Lager eingewiesen, weil er – eines Donauschwaben wohl unwürdig – seine Treue zum ungarischen Volk bezeugt hatte. Dr. Major wurde aufgrund seiner illegalen Hilfeleistung für polnische Flüchtlinge und seiner Beteiligung an einer Gefangenenbefreiung – unter Mitwirkung von Dr. Iván Lajos – ins KLM deportiert, wo er die Nummer 73.781 erhielt.[114]

Aus dem „Russenlager" wurden von Zeit zu Zeit ganze Lkws voller Häftlinge abtransportiert – wie es hieß – zum „Aufpäppeln" nach Ybbs. Doch die Abgeholten kehrten nie wieder zurück. Das wussten auch die Häftlinge, die panisch versuchten, diesen Transporten in das Schloss

Hartheim aus dem Weg zu gehen. Zu den Unglücklichen gehörte auch der Endsiebziger Simon Tolnai. Der renommierte Zeitungsverleger – seine hervorragende Zeitschrift wurde bereits 1940 „arisiert" – musste am 2. Oktober 1944 die schicksalsschwere Reise nach Hartheim antreten.

Erpressungsmanöver der Gestapo in Budapest

Zahlreiche ungarische KLM-Häftlinge fielen, wie wir gesehen haben, der trügerischen Manipulation durch den NS-Sicherheitsapparat in Budapest zum Opfer. In zahlreichen Fällen kam es aber auch zu erzwungenen, detaillierten und geheimen Vereinbarungen mit Juden.

Während der Massendeportation aus der ungarischen Provinz führten einige SD-Offiziere geheime Verhandlungen mit führenden Budapester Zionisten. Zunächst stand die Verschonung von lediglich einer Zuggarnitur zur Debatte, später verhandelte man bereits über die Rettung von 30.000 ungarischen Juden und Jüdinnen vor der Deportation nach Auschwitz-Birkenau. Der eigentliche Grund für die Verhandlungsbereitschaft der Deutschen blieb vorerst natürlich verborgen, nämlich – möglichst noch vor den ungarischen Behörden – an die in Budapest noch vorhandenen jüdischen Besitztümer heranzukommen. Bei den Deportationen außerhalb der Hauptstadt gingen ja die Kommandos von Adolf Eichmann verhältnismäßig leer aus, ihnen blieb – nachdem die ungarischen Verwaltungsbehörden alles Hab und Gut der Ausgestoßenen bereits an sich gerissen hatten – ausschließlich das „Humankapital". Die eifrigen ungarischen Gendarmen hatten schon in den Ghettos und Sammellagern Informationen über Besitztümer brutal aus den Deportationskandidaten herausgeprügelt; sie scheuten sich nicht einmal, jüdischen Mädchen und Frauen zusätzliche körperliche und seelische Leiden zuzufügen und mit Hilfe von Hebammen demütigende Unterleibsvisitationen durchzuführen. Manchmal bot die Gestapo reichen jüdischen Menschen aus der ungarischen Provinz ihre „Hilfestellung" an, damit diese nicht ins Ghetto gesperrt würden. So sollten beispielsweise die beiden Töchter des Károly Rosenstingl, eines namhaften Kunsthändlers in Szombathely, im Auto der deutschen Geheimpolizei nach Budapest gebracht werden. Das hatten zwei hochrangige SD-Offiziere mit den Budapester Verwandten der Rosenstingls, die für die Rettung ihrer Familienangehörigen eine hohe Summe zu zahlen bereit waren, vereinbart. Unterwegs nach Budapest wurden die Fliehenden dann bei einer Polizeikontrolle „erwischt" und ihrer mit Antiquitäten und wertvollen Schmucksachen prall gefüllten Koffer beraubt. Die Reise von Vilma und Elza Rosenstingl endete – nach ihrer Internierung – in Auschwitz-Birkenau.[115] Die Offiziere des SD spekulierten, dass die jüdische Bevölkerung der ungarischen Hauptstadt – die bis zum 24. Juni 1944 in mit dem Davidstern über dem Eingangstor markierten Häusern restlos „zusammengezogen" worden war – doch noch genügend Vermögenswerte besaß, für die sich der Einsatz von „Sonderoperationen" lohnen würde. Zu diesen einfallsreichen Aktionen zählten beispielsweise die „ergiebigen" Verhandlungen mit Dr. Rezső Kasztner und seinem zionistischen Kreis, deren Wichtigkeit durch die häufigen Schenkungen von Gold und Schmuck, Brillanten und besonders wertvollen Münzen unterstrichen wurden. Auch wurde der aus Vorstandsmitgliedern ehemaliger jüdischer Gemeinden bestehende, auf Befehl der Deutschen gegründete Judenrat ständig bedrängt, Wertgegenstände, Gemälde, Klaviere, teure Speiseservice oder sonstige Edelaccessoires für die Vergnügungspartys abzutreten und die unerschwinglichen Rechnungen dafür zu begleichen. Aus dem beliebten Künstleretablissement Fészek-Club fuhr ein „SS-Verbindungsmann" Schauspielerinnen zu von den Offizieren angegebenen Adressen. Bedauerlicherweise ließen sich immer wieder ungarische Partner für solche Manöver finden, die den zynischen und gierigen Ausbeutern bereitwillig zur Hand gingen.

Die ihre Machenschaften aufgrund wichtiger geheimer Informationen ausübenden NS-Sicherheitsoffiziere höheren Ranges betrieben einen Menschenhandel auf höchster Ebene und waren um „Lösungen" mit höchstmöglichem Gewinn bemüht. Das lukrative Geschäft mit den Seelen war aber nicht nur der Chefetage vorbehalten, es florierte – basierend auf der Leichtgläubigkeit und den Hoffnungen der Verfolgten – auch auf den unteren Ebenen. Diese Verbrecher versprachen wohlhabenderen, sich an jeden Strohhalm klammernden Juden, der Bedrängnis zwar nicht ohne jede Mühe und Aufregung, jedoch „sicher" zu entkommen. Neben der „üblichen Beute" an Edelmetall und Bargeld versuchten diese Menschenhändler auch an versteckte Bankkonten, Versicherungspolizzen und Wertpapiere aller Art heranzukommen. Diese Plünderungsaktionen sind wegen fehlender Unterlagen nicht zu belegen. Wenn man den Juden Reisepässe und Visa in Aussicht stellte und die Emigration ins Ausland versprach, wurden darüber natürlich keine Aufzeichnungen gemacht; bekannt sind lediglich manche „Erfolge" dieser Aktionen. Und hier begegnet man einem sonderbaren Aspekt der Ausbeutung und Vernichtung des

Judentums: Während Eichmanns Einsatzkommando hunderttausende Menschen deportierte, betrieben einige Offiziere – aus seinem Stab und der SS – einen regelrechten Menschenhandel. Obersturmbannführer Kurt Becher und Konsorten retteten Verfolgte im Tausch gegen Devisen, Brillanten und Gold vor den Selektionsrampen in Auschwitz.

Dokumentiert sind hingegen mehrere deutsch-ungarische „Operationen" auf der mittleren Ebene der Menschenhandels-Pyramide. Die meisten dieser Aktionen endeten aber letztendlich doch mit der Deportation und nicht selten mit dem Tod. Ein Beispiel: Am 23. Juni 1944 ließ die Wiener Leitstelle der Gestapo 24 ungarische Gefangene ins Konzentrationslager Mauthausen einweisen. Drei von ihnen – János Tóth, Geigerbauer, Péter Vörös, Flugzeugmechaniker, Rudolf Westary, Fabrikdirektor – wurden mit der Bemerkung „Schutzhaft" registriert, die anderen als „U Jude" eingestuft. Zu dieser Gruppe gehörten die Brüder Alberti, Fabrikbesitzer, Ármin Herzog, Werksdirektor, die Gebrüder Ribáry – Frigyes leitete die Fronciére-Versicherung, Alajos war Architekt – sowie der Generaldirektor der Ersten Ungarischen Papierindustrie-AG, Henrik Herz. Sie alle hatten vorher ihren mit der Gestapo kollaborierenden Betrügern je 500.000 bis eine Million Pengő bezahlt, um über Palermo nach Ägypten gebracht zu werden. (Und für die Erlaubnis, auf die Reise unbegrenzt Devisen und Schmuck mitnehmen zu dürfen.) Als sie am Tag der geplanten Flucht abends schon in Richtung des Flugplatzes Mátyásföld bei Budapest fuhren, gerieten sie völlig „unerwartet" in eine Straßenkontrolle. Sie wurden festgenommen und ausgeplündert und nach weiteren Erpressungen deportiert. Auch Frauen befanden sich unter diesen. Mehrere von ihnen, so Frau R. Szurdaj und die Mutter der Gebrüder Ribáry, waren zuerst im Lager Kistarcsa bei Budapest interniert und fielen später der Todesfabrik Auschwitz-Birkenau zum Opfer. Das gleiche Schicksal ereilte auch andere kleine Gruppen naiver Menschen, die – wie etwa Ervin Quittner – den „Helfern" Glauben schenkten und der Gestapo in die Falle gingen. Eine dreiköpfige ungarische Gruppe wurde nach Kriegsende für ihre „Hilfsaktion" zur Rechenschaft gezogen. Die „freiwilligen Helfer" hatten den Schwestern Karfunkel versprochen, in einem Auto der Gestapo ins Ausland fliehen zu können. Stattdessen wurden die Opfer in der Wohnung eines ungarischen Kellners auf dem Schwabenberg getötet und ihre Leichen in Kisten versteckt.[116]

Mittlerweile war die Position des ungarischen Gestapo-Chefs Péter Hain stark ins Wanken geraten. Als er dies erkannte, versuchte er seine

Beziehungen spielen zu lassen, selbst seine früheren Kontakte zum inneren Kreis um Miklós Horthy, doch alles war vergebens. Er verwickelte sich mehr und mehr in eine ausweglose Situation und verlor am Ende sogar das Vertrauen von Baky und Jaross. Auch der Befehlshaber der Sicherheitspolizei und des SD Geschke, beklagte sich über ihn. Von seiner geplanten Abberufung war sogar Otto Winkelmann informiert. In dieser bedrängten Lage wandte sich Hain unter anderen an SS-Standartenführer Huber. Der über sehr gute Beziehungen verfügende Chef der Wiener Gestapo[117] sollte ihm eine Audienz bei Kaltenbrunner vermitteln. Als Hain Mitte Juni 1944 tatsächlich zu Himmlers Stellvertreter nach Berlin reiste, bot sich Staatssekretär László Baky die beste Gelegenheit, den kompromittierten Mann endlich loszuwerden. Er beauftragte umgehend Polizeioberrat Valér Nagy mit der Umstrukturierung der Staatssicherheitspolizei. Die ungarische Gestapo, d.h. die Ungarische königliche Staatssicherheitspolizei, arbeitete auch während der Reorganisation gewissenhaft weiter. Wie der stellvertretende Abteilungsleiter Kolta am 5. Juni 1944 in einer Note dem Innenministerium meldete, wurde „das Tragen des Abzeichens zur Kennzeichnung jüdischer Rassenzugehörigkeit [...] kontrolliert". Dabei wurden im Juni 1944 75 Juden und Jüdinnen in „Schutzhaft" genommen.[118] Als Folge von Koltas Amtstüchtigkeit kamen manche der Festgenommenen nach einigen Tagen Gefangenschaft und Misshandlungen frei, viele wurden jedoch zuerst in Sárvár in Westungarn interniert und später nach Auschwitz-Birkenau deportiert.[119]

Der Beutezug dauerte während des Sommers 1944 überall an. Die Palette der angewendeten Methoden reichte dabei von auffälligen Villen-, Haus- und Wohnungsräumungen bis hin zu heimlichen Manipulationen. Dabei konzentrierten sich die NS-Männer in erster Linie auf die vermögenderen Juden der ungarischen Hauptstadt. Bis Ende August wurden 800 bis 1.000 Personen im Gefängnis in der Gyorskocsi utca und im Lager Kistarcsa gefangen gehalten. Die übrigen wurden dem ebenso gierigen wie brutalen Beamtenheer der ungarischen Gestapo überlassen. (Der neue Chef versuchte indessen die Habgier seiner Männer zu bremsen.) Schon bald bot sich ein neues, nicht weniger lukratives Geschäft an, an dem sich auch die mit der Gestapo zusammenarbeitenden ungarischen Agenten beteiligten. Mit echten oder gefälschten Schutzbriefen – von den Botschaften neutraler Staaten – und anderen ähnlichen Dokumenten wurde alsbald ein reger Handel betrieben. Und die bedrängten Menschen gaben ihr Letztes für diesen letzten Funken Hoffnung. Für diese so genannten Immunitäts-Scheine oder für den „Schutz" durch die Gestapo bezahlten sie teilweise horrende Summen. Dabei gab es keinerlei Garantie dafür, wie lange sie die Geheimpolizei tatsächlich schützen würde, und es kam vor, dass die Gestapo gerade diese „Schützlinge" verschwinden ließ.[120] Hin und wieder wurden sogar Mitglieder des Judenrates festgenommen. (Was die Erpresser damit erreichen wollten, ist unbekannt.) Eichmann verordnete dann Zimmerarrest von unterschiedlicher Zeitdauer in einer der SS-Leitstellen auf dem Schwabenberg, während die Gestapo die Gefangenen in das Gefängnis in der Gyorskocsi utca sperren ließ. Dort wurden am 17. August 1944 auch der angesehene Samu Stern sowie seine Mitarbeiter Ernő Pető und Károly Wilhelm in Gewahrsam genommen. Ihre Festnahme und die ihrer Angehörigen verursachte große Aufregung. Viele sahen darin ein untrügliches Vorzeichen für die Verschleppung der Budapester Juden. Den – gegen den Willen des Reichsverwesers Horthys durchgeführten – Deportationen im Juli 1944 ins Lager Kistarcsa war ebenfalls solch eine Verhaftungswelle vorangegangen. Doch der aktuelle Grund für die Polizeimaßnahmen im August dürfte eher in der gelungenen Flucht von Fülöp Freudiger und seinen Freunden nach Rumänien zu suchen sein. Horthy griff daraufhin ein und alle Beteiligten – bis auf Pető – wurden wieder freigelassen. Pető wurde von einem Gestapo-Mann zusammengeschlagen und durfte das Gefängnis erst zwei Tage später, nachdem der Reichsverweser erneut für ihn interveniert hatte, verlassen.[121] Am 21. August 1944 verlangte die Gestapo ein Verzeichnis der Namen und Adressen von führenden Persönlichkeiten des hauptstädtischen Judentums und den Angestellten des Verwaltungskomitees. Dies war für viele erneut Anlass, auf die bevorstehende Deportation der Budapester Juden zu schließen. Die Befürchtung bewahrheitete sich jedoch nicht – infolge der internationalen Entwicklungen beziehungsweise aufgrund der eben anlaufenden Unterredungen nach der Entlassung der Regierung Sztójay.

Aus dem Budapester Gestapo-Gefängnis in der Gyorskocsi utca wurden einige Gefangenengruppen statt ins Konzentrationslager zur Zwangsarbeit beordert. Camilla Mondral war eine von diesen Glücklicheren. Die bei der Auslandsemigration polnischer Offiziere wirkende, in Ungarn festgenommene Aktivistin der polnischen Untergrundbewegung machte dabei Aufzeichnungen:

Anfang August. Eine seltsame Deportation. Erst Streifenwagen, dann aber statt Rangier- ein normaler Bahnhof, statt Viehwagons ein Perso-

nenzug. Ein fürchterliches Gedränge, aber reservierte Abteile. Was mag das bedeuten? [...] Wien: für die Männer ein Durchgangslager, die Frauen dürfen in einem Nachtquartier übernachten – ohne Aufsicht. Bettlerinnen und Prostituierte. Sie starren uns an. Eins steht fest: in ein Konzentrationslager bringen sie uns nicht. Wieder Lager, Bad, Desinfektion. Fotografieren, mit Nummern am Hals. Ausweise.[122] Warten. Nach einigen Tagen Weiterfahrt: Wiener Neustadt braucht geistige Arbeitskräfte. Was soll der Spaß? Nach dem amerikanischen Flächenbombardement liegt die Stadt in Trümmern. Der Wiederaufbau begann. Das Rathaus braucht Schreibkräfte. [...] Ich werde Sekretärin im Amt für Wiederaufbau.[123]

Ungarische „Schutzhäftlinge" der Gestapo in Mauthausen

Acht der 24 ungarischen Gestapo-Gefangenen, die in Mauthausen am 23. Juni 1944 registriert wurden, haben die Schrecken des Lagers nicht überlebt. Am 2. November 1944 starb Leó Alberti, am 25. November 1944 folgte ihm der Geschäftsmann Gyula Ágai. Das nächste Opfer aus dieser Gruppe, Izsó Landau, verstarb am 8. Dezember 1944 im Alter von 56 Jahren. Am 31. Jänner 1945 kam Imre Wolf ums Leben, und am 3. Februar 1945 folgte ihm Árpád Vajda; beide waren zuvor Beamte gewesen. Am 24. Februar 1945 fiel mit 61 Jahren János Lukács, Bruder des namhaften Philosophen György Lukács, den Entbehrungen zum Opfer. Schließlich wurde am 28. März 1945 der Tod des Beamten Árpád Beer und des 59-jährigen ehemaligen Fabrikdirektors Henrik Herz verbucht.[124] Zwei Häftlinge aus dieser Gruppe waren noch im Herbst 1944 freigekommen. Die Rettung der beiden früheren Fabrikdirektoren und renommierten Experten ihrer Branche geht auf den – wohl enorm finanzkräftigen – Einsatz der mächtigen Industriefamilie Chorin-Weiss zurück. Der 61 Jahre alte Géza Jünker (76.155) und der 54-jährige Ernő Bauer (76.149) durften am 12. Oktober 1944 die Hölle verlassen.[125]

Am 30. Juni 1944 wurden in Mauthausen 20 von der Gestapo eingewiesene ungarische Häftlinge registriert. Mit dem Vermerk „Schutzhaft" wurde zum Beispiel der 17-jährige Schüler Antal Eberling eingetragen, „U Jude" notierten die Schreiber unter anderem neben dem Namen des Journalisten Sándor Kertész (später mit dem Vornamen Elek zu finden) oder des aus einer christlichen Familie stammenden János Garai, der einst im Degenfechten Olympiagold für Ungarn gewonnen hatte. Als Beamter des ungarischen Wirtschaftsministeriums kam er als Gegner NS-Deutschlands in Verdacht, wofür er mit Haft und schließlich mit dem Leben büßen musste. József Hiller, der Gründer der ungarischen Bauxit-industrie, kam ebenfalls mit dieser Häftlingsgruppe nach Mauthausen. Kaum eine Woche später starb er im Alter von 59 Jahren. Unter den inhaftierten Industriekapitänen befand sich auch der bekannte Textilfabri-kant Artúr Perutz, dessen 70-jährigem Leben am 16. Oktober 1944 der Tod ein Ende setzte. Vier männliche Angehörige der Familie Engelsmann wurden gemeinsam deportiert, zusammen mit dem Rabbiner der Stadt Esztergom, Ármin Spiegel. Der 62 Jahre alte Geistliche erlag am 27. März 1945 seinen durch Prügel herbeigeführten Verletzungen.

Am 13. Juli wurden aus dem Budapester Gestapo-Gefängnis zwölf ungarische und fünf polnische Häftlinge nach Mauthausen überstellt, unter ihnen auch der Journalist Sándor Millok, der ehemalige leitende Redakteur der Tageszeitung Népszava, der insgesamt 108 Tage im Ge-fängnis in der Gyorskocsi utca gesessen hatte. Diese Gruppe soll – Mil-loks Memoiren zufolge – gewusst haben, wohin die Reise ging. In Maut-hausen angelangt, wurden drei der Häftlinge – der 58 Jahre alte Millok, Dezső Faragó, stellvertretender Direktor des „Népszava"-Zeitungsver-lags, und der 15-jährige Schüler Olgierd Scibor-Rylskims – in „Schutz-haft" genommen. Die anderen – neben mehreren Anwälten der Buch-binder Andor Braun, Jakob Hemler, der Fabrikdirektor Jenő Káldi und Ignác Mérő, einst Mitarbeiter im Sekretariat der inzwischen verbotenen Sozialdemokratischen Partei – wurden als Juden registriert. Es dauerte keine 24 Stunden, bis der anfangs zuversichtliche Millok lernte, seine Lage realistisch einzuschätzen und begreifen, warum der Name Maut-hausen nur voll Schaudern und Furcht ausgesprochen wurde. „Dantes In-ferno ist im Vergleich dazu ein biederes Schreibstück bar jeder Phantasie. Diese deutschen Briganten haben einen hundertmal größeren Einfalls-reichtum als Dante", schrieb er.[126]

Miklós, einen 39 Jahre alten Anwalt aus Szabadka (heute Novi Sad/Serbien), registrierte das Lagerbüro Mauthausen am 14. Juli 1944. Der Häftling gehörte in Ungarn zu jenen Zionisten, die sich auf Ge-schäfte mit Eichmanns Stab einließen. Die am Menschenhandel mitwir-kenden „Partner" hatten den SD im Allgemeinen nicht zu fürchten, viel-mehr konnten sie – besonders seitdem die ungarischen Behörden die ge-meinsamen Transaktionen mit wachsendem Interesse verfolgten – mit dessen Schutz rechnen. Der Fall Schweiger verdient in mehrfacher Hinsicht Beachtung: Schweiger wurde erst deportiert und zur Schwerstarbeit im Steinbruch verpflichtet, dann aber aus der Hölle herausgeholt und „geschont". Nach Kriegsende machte er in aller Öffentlichkeit SS-entlastende Aussagen. Millok legte in Mauthausen eine Art Statistik darüber an, was für einen Beruf die insgesamt 356 aus Ungarn deportierten Häftlinge der Baracke 19 im Hauptlager zuvor in ihrem Zivilleben ausgeübt hatten[127]:

Minister, Staatssekretär, Staatsbeamter, Parlamentsabgeordneter, Armeeoffizier, Diplomat	15
Direktor von Großindustriebetrieben oder Handelsunternehmen, Bankier	13
Leitende Angestellte in Großindustriebetrieben und Handelsunternehmen, selbständige Kaufleute und Gewerbetreibende	92
Privatangestellter, Industriearbeiter	128
Anwalt, Arzt, Lehrer, Ingenieur, Apotheker, Schriftsteller, Journalist, Pfarrer	48
Gutsbesitzer, Pächter, Landwirt, Agronom	10
Landarbeiter	10
Schüler, Student, Artist, Musiker, Kantor, Privatier, unbekannt	40

Laut Milloks Aufzeichnungen wurden 162 der gefangen gehaltenen Ungarn offiziell als politische Häftlinge eingestuft, wir dürfen jedoch mit ihm annehmen, dass lediglich ein Viertel davon tatsächlich aus politischen und nicht eigentlich aus „rassischen" Gründen deportiert wurde. Sie sowie die „zu schonenden" Häftlinge auch hat man übrigens im Lager weit schlimmer behandelt als die anderen. Ihre zum Teil umfangreichen Sprachkenntnisse verhalfen einigen christlichen ungarischen Lagerinsassen zu „Schonarbeiten" verschiedenster Art. Anfangs mussten sie Tausende und Abertausende Häftlingskarteien ordnen. György Graf Apponyi, Antal Graf Szapáry, Iván Lajos und Ex-Chefredakteur Pál Szvató kamen in der Lagerwäscherei zum Einsatz. Und einmal geschah es, dass ein SS-Mann namens Rudolf Mück auf das ausgezeichnete Deutsch von Antal Szapáry aufmerksam wurde. Er ließ den Häftling in seine Abteilung verlegen und übertrug ihm die Inventarisierung beschlagnahmter Gegenstände, sprich der den Häftlingen abgenommenen Kleidungsstücke und Wertsachen. Graf Szapárys Lage verbesserte sich damit schlagartig. „Während auf Tausende und Zehntausende das Schleppen zentnerschwerer Steinblöcke und damit der Tod wartet, werden einigen bevorzugten Glücklichen gute Kleidung und hervorragende Verpflegung zuteil", be-

schwor Károly Rátkai die Absurdität des Lagerlebens herauf.[128]
Die überwiegende Mehrheit der in „Schutzhaft" genommenen ungarischen Häftlinge wurde am 19. Juli 1944 endgültig den Arbeitskommandos des Hauptlagers zugewiesen. Damit schwand die von vielen am meisten gefürchtete Gefahr, in einem der Außenlager des KLM zu landen. Besonders gefürchtet war die Überführung in das Gusener Lager beziehungsweise der Einsatz in einen der umliegenden Steinbrüche. Dies kam de facto einem Todesurteil gleich. „Prominente" politische ungarische Häftlinge waren – gemeinsam mit einigen meist ranghohen Italienern – in folgenden Arbeitskommandos des Hauptlagers eingesetzt:
1) in der Wäscherei: Rudolf Andorka, Elemér Kund, Károly Rassay, Gyula Somogyvári, Lajos Szentivány;
2) in der Effektenkammer: György Parragi, Károly Peyer, Károly Rátkai, Kálmán Rátz;
3) im Baubüro: Sándor Hanthó.[129]
Die meisten waren die ganze Zeit, bis Anfang Mai 1945, in demselben Arbeitskommando beschäftigt, während andere später versetzt wurden – etwa György Graf Apponyi in das Kleiderlager der SS, Antal Graf Szapáry und Pál Szvatkó in das Desinfektionskommando, Iván Lajos in die Effektenkammer. Von dieser Gruppe aus Ungarn deportierter KLM-Häftlinge wurden drei ehemalige Mitarbeiter der italienischen Gesandtschaft in Budapest freigelassen. Wie es dazu kam, ist heute nicht mehr nachzuvollziehen. Tatsache ist, dass Dr. Franco, Boroni und Stenndardo die steinerne Festung auf der Bergkuppe hinter sich lassen durften.
Unter der Häftlingsnummer 96.863 wurde am 8. September 1944 Albert Hirsch registriert. Für den – vorher gründlich ausgeraubten – ehemaligen Direktor der Zuckerwerke Hatvan verordnete die Gestapo „schonende Behandlung", was allerdings nur einen zeitweiligen Schutz bedeutete. Bald landete Hirsch im so genannten Russenlager, ein abgetrenntes Krankenlager für völlig Entkräftete und Schwerkranke, ein Ort des Todes. Sándor Millok hielt in seinem Erinnerungsbericht jenen Moment, als Häftling Nr. 96.863 zu seinen Kameraden in die Baracke zurückkehrte, als eine groteske Episode des Lagerlebens fest:

Aus dem Krankenhaus wurde Baron Albert Hirsch zurückgebracht, der berühmte Zuckerbaron, Leiter des Zuckertrusts. Er befindet sich in einem sehr schlechten Zustand. Und wie mit ihm das Schicksal spielt: Es lässt ihn um ein, zwei Zuckerwürfel betteln. Das Leben schreibt scheußliche, kitschige Romane.[130]

Die ungarischen Häftlinge im KLM rätselten pausenlos über den möglichen Zeitpunkt des ersehnten Kriegsendes und damit ihrer Befreiung. Viele erhofften dies bereits für Anfang Sommer 1944, andere erwarteten das große Ereignis am 20. August 1944, während die eher „pessimistische" Minderheit es frühestens Weihnachten 1944 oder um die Jahreswende 1945 erwartete. Während die ersehnte Freiheit auf sich warten ließ, entzündeten sich – besonders in Kreisen der „prominenten" Ungarn – heftige Debatten. Die lang anhaltenden, emotional zugespitzten Auseinandersetzungen führten bisweilen zu Handgreiflichkeiten und zur gegenseitigen Isolation. Dabei wussten sie von der allgemeinen Verschlechterung der Lage der deutschen Wehrmacht und konnten gewisse Hinweise sogar in ihrer engeren Umgebung wahrnehmen. Sie holten sich die Informationen, Zeitungs- und Landkartenfetzen von den Neuankömmlingen und manche, wie etwa István Balogh oder György Parragi, hatten sogar Zugang zu den Tagesnachrichten. Im Konzentrationslager wurden bis zum 3. September 1944 die täglichen Frontmeldungen des Berliner Rundfunks empfangen, danach nie wieder. Die Häftlinge schöpften neue Hoffnung. Dabei wusste das Heer der Gefangenen nichts von dem nunmehr auch für Wien und Graz verordneten Festungsbau. Berlins Strategen sahen die Zeit gekommen, da die zum Gegenangriff unfähige Wehrmacht von der „flexiblen" zur „starren" Abwehr übergehen sollte. Die Planung für den Bau des nationalsozialistischen Südostwalles lief auf Hochtouren. In der Budaer Burg indessen kam der zunehmend in Isolation gedrängte Reichsverweser Horthy zu der festen Überzeugung, er könne durch einen mit seinem engen Stab entworfenen „Kriegsaustritt" Ungarn vor verheerenden Schäden, eventuell sogar vor weiteren Gebietsverlusten retten.

Bis Sommerende 1944 stellte sich im Lageralltag allmählich heraus, wer von den ungarischen Häftlingen zu den „Prominenten" zählte und mit „Privilegien" rechnen konnte. Die erhaltenen SS-Meldungen, zeitgenössischen Berichte und später entstandenen Memoiren enthalten diesbezüglich allerdings zum Teil abweichende Angaben. Nach Vergleich der Dokumente könnten folgende Personen zu der in Häftlingskreisen viel diskutierten und beneideten Elite gehört haben: Rudolf Andorka, Sándor Hanthó, Elemér Kund, Iván Lajos, György Parragi, Károly Peyer, Károly Rassay, Károly Rátkai, Antal Sigray, Gyula Somogyvári, Lajos Szentivány und Pál Szvatkó.[131] Für „prominent" galten Häftlinge, für die von der Gestapo „Schonbehandlung" verordnet worden war. Die Betreffenden versuchten, sich immer weitere Vorrechte zu beschaffen. Die Art und Weise, wie sich diese Prominenten bei Funktionshäftlingen und einflussreichen Gefangenen im Hauptlager um die Bewahrung und Ausweitung ihrer Privilegien – etwa mit Hilfe von Geschenken, vor allem Konserven – bemühten, erinnert fast an feudale Gepflogenheiten. Zum Glück für die oben angeführten zwölf „prominenten" und gelegentlich einiger anderer ungarischer Lagerinsassen brachte ihnen Wolfgang Sanner, Häftlingsschreiber in der Abteilung Arbeitseinsatz, Wohlwollen entgegen und war auch zu konkreten Hilfeleistungen bereit.[132] Worin zeigte sich nun die Sonderstellung der Prominenten? Sie konnten beispielsweise durch kleine Schränke separiert von den übrigen Häftlingen wohnen, einzeln in bezogenen Betten schlafen und mussten im Allgemeinen keine der üblichen Peinigungen über sich ergehen lassen. Mehreren Bevorzugten wurden bis ungefähr Mitte Oktober 1944 die von zu Hause zugeschickten Postsendungen und Lebensmittelpakete ausgehändigt, was den unausweichlichen Prozess der Entkräftung verlangsamte. Gleichzeitig wurde die Kameradschaft im Lager immer wieder vor eine harte Prüfung gestellt. Doch zur Spaltung der Gemeinschaft trugen auch die politischen Meinungsunterschiede bei, die ewigen Diskussionen über das Geschehene und die mögliche Zukunft. Unter den ungarischen Häftlingen befanden sich neben etlichen Legitimisten auch scharfe Kritiker des Legitimitätsprinzips. Unterschiedlich beurteilt und interpretiert wurden nicht nur Reichsverweser Horthys Politik, die Chancen und Aufgaben der herbeigewünschten Demokratisierung Ungarns, sondern auch der praktische Umgang mit den jüdischen Ungarn im Lager. Für Sprengstoff und Spaltung sorgten in der Folge auch die „Ausnahmen von den Ausnahmen": Andorka, Sigray und Somogyvári wurden vom täglichen Arbeitseinsatz gänzlich befreit und verblieben den ganzen Tag über in der „geschützten" Ecke der Baracke. Durch diese Erfahrungen und tiefen Enttäuschungen kam Károly Rátkai zum bitteren Schluss, mit dieser Gruppe sei „eine nationale Einheit unmöglich vorstellbar".[133]

Die ersehnte Befreiung durch Reichsverweser Horthy und die amtierende ungarische Regierung ließ nach wie vor auf sich warten. Für einige in Mauthausen festgehaltene Ungarn starteten schließlich am 14. August 1944 drei – nach dem deutschen Einmarsch im Ausland verbliebene – ungarische Journalisten eine Solidaritätsaktion. László Tarr, ehemaliger Mitarbeiter der ungarischen Nachrichtenagentur MTI, Gyula Ferenc Kövér, früher Berichterstatter der deutschsprachigen Tageszeitung Pester

Abb. 9: Pfeilkreuzler-"Führer" Ferenc Szálasi (Bildmitte mit Armbinde) mit seinen Schergen

Lloyd, und der freie Reporter Pál Pereszlényi stellten eine Liste mit Personalien bereits festgenommener oder ihres Erachtens gefährdeter Mitarbeiter der ungarischen Presse zusammen. Die 76 Namen enthaltende Liste wurde dem Genfer Sekretariat des Internationalen Roten Kreuzes zugesandt, mit der Bitte, die humanitäre Weltorganisation möge den Ort ihrer Gefangenschaft ermitteln beziehungsweise es ermöglichen, den Kollegen – auch durch die Unterstützung eidgenössischer und in der Schweiz tätiger ausländischer Journalisten – Bücher und Pakete zukommen zu lassen. Die beispielhafte Ethik des Unterfangens fand Widerhall. Das Sekretariat des Internationalen Roten Kreuzes und der Vorsitzende des Schweizer Journalistenverbandes unterstützten Tarrs Bemühungen. Doch bis sich die ersten bescheidenen Ergebnisse in der mit den deutschen Behörden in dieser Angelegenheit geführten Korrespondenz abzeichneten, geriet Ungarn infolge des Putsches von Szálasi beinahe in absolute Isolation.

Das Rote Kreuz konnte endlich im Jänner 1945 aus den Nazis herausbekommen, dass sich von den 76 aufgelisteten Journalisten fünf – Imre Bálint, Sándor Millok, György Parragi, Károly Rátkai und Dániel Várnai – im Konzentrationslager Mauthausen befanden, wo es ihnen „den Umständen entsprechend gut geht".[134] Budapests Oberbürgermeister Tibor Kelédy schickte – auf wessen Vorschlag diese ungewöhnliche und unerwartete Initiative zurückging, ist ungeklärt – eine Notiz an den Innenminister mit den Namen der „in ausländischer Haft befindlichen" Mitglieder des hauptstädtischen Gemeindeausschusses. In der vom 29. September 1944 datierten Aufzeichnung ersuchte der Stadtpolitiker seinen Vorgesetzten um das Zurückholen der Inhaftierten und um sein Eintreten für ihre „Auslieferung aus der Ortschaft Mauthausen bei Linz„. Eine Antwort auf sein Schreiben im Interesse von Miklós Magyar, einem 65 Jahre alten Betriebsdirektor, und dem Journalisten Sándor Millok, 57 Jahre, ist nicht bekannt.[135] Nach Imre Györki, einem 58 Jahre alten Anwalt aus Budapest, erkundigten sich seine Familienangehörigen durch das Internationale Rote Kreuz. Der Häftling 66.204 wurde deshalb in die Politische Abteilung zum Verhör gebracht. Zunächst wurde er mit Gummiknüppeln in den Unterleib geschlagen, danach so kräftig geohrfeigt, dass ihm aus Nase und Mund Blut strömte. „Arme Familie Györki, hätte sie das gewusst, hätte sie unmöglich nach dem Gesundheitszustand ihres Oberhauptes gefragt", zog Rátkai die durch die SS-Misshandlungen inspirierte „Lehre".[136]

Im Häftlingsstand gab es Ende September und in den – für Ungarn so schicksalsschweren – Oktoberwochen des Jahres 1944 keine bedeutenden Änderungen. Von den am 31. August 1944 registrierten 10.637 jüdischen Häftlingen waren 6.347 aus Ungarn deportiert, die Bilanz vom 27. September 1944 wies die entsprechenden Zahlen mit 11.070 und 6.586 aus – in den vorhergehenden sechs Tagen waren 53 ungarische Häftlinge „verstorben". Am 27. September zählte das KLM insgesamt 73.811 Häftlinge, davon 35.500 „in Schutzhaft Genommene" – die Zahl der Ungarn ist unbekannt – und 11.151 Juden, von denen 6.332 aus Ungarn verschleppt worden waren. Seit dem 15. Mai 1944 enthielt die Häftlingskartei des KLM auch die Angaben zweier ungarischer Roma.

Der Lagerbestand verzeichnete am 27. September 1944 insgesamt 157, am 25. November 1944 insgesamt 125 Romahäftlinge, wobei die Zahl der ungarischen Zigeuner im Lager unverändert blieb.[137]

November 1944 bis April 1945

Die aus der Illegalität bewaffnet hervortretende Partei der Pfeilkreuzler –
Bewegung der Hungaristen – beziehungsweise die Regierung Szálasi
unterstützten nach ihrer Machtergreifung am 15. Oktober 1944 die
deutsche Besatzungsmacht in Ungarn bei den neu angekurbelten Deportationen bereitwillig. Aus der ungarischen Hauptstadt wurden per Eisenbahn tausende jüdische Menschen verschleppt, die zum Teil nach Mauthausen, zum Teil auch in entferntere Konzentrationslager des Reichs deportiert wurden. Am 26. November 1944 kamen 880 ungarische Deportierte über Wien in das Konzentrationslager Neuengamme bei Hamburg. Dieser „Transport" wurde ebenso von der Budapester Leitstelle der
Gestapo „abgefertigt" wie jene 1.913 jüdische Menschen, die am 25. Dezember 1944 in Buchenwald registriert wurden. Im Dezember 1944 fuhren weitere 3.025 ungarische Häftlinge, davon 2.519 Budapester, ihrem
Schicksal im nahe Berlin gelegenen Konzentrationslager Sachsenhausen
entgegen. Hunderte aus politischen Gründen Festgenommene, zahlreiche
Gruppen von jüdischen Frauen und Kindern sowie von in Komárom
konzentrierten Roma wurden aus Ungarn nach Dachau, Buchenwald,
Ravensbrück und Sachsenhausen beziehungsweise ab Mitte Dezember
1944 auch nach Bergen-Belsen gebracht. An den Rampen von Dachau –
wo insgesamt 20.075 Ungarn, davon 16.564 Juden und 1.126 Sinti und
Roma registriert wurden – liefen im November 1944 mehrere ungarische
Transportzüge ein. Am 11. und 14. November 1944 wurden 1.218 beziehungsweise 461 Deportierte in die Kartei aufgenommen, am 19. November 1944 wurde der ungarische Zugang mit 2.229 und am 20. November 1944 mit 1.711 Personen beziffert. Die Sipo schickte noch am
21. November 1944 629 Ungarn auf den Weg. In Dachau angelangt,
wurden die meisten sofort in Arbeitskommandos eingeteilt und eingesetzt.

In Flossenbürg wurden Ende November und Anfang Dezember 1944
insgesamt 3.189 völlig entkräftete ungarische Neuzugänge registriert.[138]
Die ungarische Geschichtsschreibung ist die Ermittlung der Einzelschicksale von diesen etwa 15.000 verschleppten Ungarn bis heute schuldig. Im Vergleich zu den massiven Einweisungen in den Sommermona-
ten wurde im Herbst 1944 ein wesentlicher Rückgang an ungarischen
Zugängen in das KLM verbucht. Als einziger größerer „Transport" wurde
am 26. November 1944 eine Gruppe von 496 ungarischen Häftlingen
mit den Zugangsnummern 110.707 bis 111.202 registriert. Es handelte

sich um Insassen des Zuchthauses Sopronkőhida – und nicht um, wie bei Hans Maršalek angeführt, Budapester Deportierte. Diese zu langen Haftstrafen verurteilten Kriminellen wurden nur deshalb nach Mauthausen verschoben, weil die Pfeilkreuzler – infolge der Evakuierung der ungarischen Hauptstadt und wegen der großen Anzahl an politischen Gefangenen – den Gebäudekomplex der an der westlichen Landesgrenze gelegenen Strafanstalt Sopronkőhida benötigten.[139] Ein weiterer ungarischer „Neuzugang", versehen mit dem Vermerk „496 BV U.", wurde am 1. Dezember 1944 selektiert. Einige Facharbeiter beorderte man zum Einsatz nach Gusen oder Melk, während die Lager-SS achtzig Prozent des Transports überraschenderweise nach Auschwitz weiterleitete. (Die Logik dieses 391 Häftlinge betreffenden Entscheides ist um so schwerer nachzuvollziehen, als die Wagons mit ihren in die Tausende gehenden Menschentransporten bislang gerade in die entgegengesetzte Richtung rollten.) Vor Abfahrt des Auschwitz-Transportes ergriff der Häftling Nr. 111.113 die Flucht. Ob es dem 32 Jahre alten Ferenc Szoboszlay, Weber von Beruf, tatsächlich gelungen ist zu entkommen, ist unbekannt. Aus Auschwitz-Birkenau wurde indes am 4. Dezember 1944 ein „Gegentransport" auf den Weg geschickt. Der am darauffolgenden Tag eingetroffene Mauthausen-"Zugang" mit den Häftlingsnummern von 111.848 bis 112.950 bestand zwar weitgehend aus polnischen Häftlingen, es befanden sich unter ihnen aber auch etliche aus Ungarn verschleppte Menschen.[140] Über weitere Zugänge mit zahlenmäßig bedeutender ungarischer Beteiligung liegen aus dem ausgehenden Jahr 1944 keine Angaben vor. Belegt ist jedoch, dass es unter den am 6. November 1944 aus Ravensbrück eingetroffenen weiblichen Häftlingen auch Ungarinnen gab: Márta László (35), Designerin, Ilona László (22), Weberin, und Magda László (18), Schneiderin. Im Heer der Gefangenen nahmen die Todesfälle fortan rasant zu. Von den insgesamt 2.129 im Laufe des Novembers 1944 Verstorbenen wurden 1.021 im Zentrallager registriert, 953 im gefürchteten Außenlager Gusen und 155 im Lager Ebensee. 97 dieser Opfer wurden „offiziell" hingerichtet, 14 „auf der Flucht" erschossen, während sich etliche angeblich in den Freitod flüchteten – 11 durch den Strick und weitere 5 durch Starkstrom. Die Zahl der Opfer stieg im Dezember 1944 im Vergleich zum Vormonat um 30 Prozent an.

Abb. 10: Zwei „auf der Flucht" erschossene Häftlinge, SS-Foto, 1940–1944

Die Sterberegister hielten insgesamt 2.733 Todesfälle fest, davon entfielen 1.472 auf das Lager Mauthausen – was einem mehr als 40-prozentigen Zuwachs entsprach. 67 Häftlinge wurden hingerichtet, 12 „auf der Flucht" erschossen. Fünf Lagerinsassen erhängten sich, einer stürzte sich von den Felsen des Steinbruchs in die Tiefe.[141]

Im Mauthausener Lagersystem der SS wurden 1944 insgesamt 8,5853 Kilo Zahngold „gesammelt" und dem SS-Wirtschafts-Verwaltungshauptamt (SS-WVHA) übermittelt.[142] Nach unseren Ermittlungen beläuft sich die Zahl der 1944 aus Ungarn eingewiesenen KLM-Häftlinge bei 8.000 bis 8.300. 97 Prozent davon waren rassisch Verfolgte, das heißt, sie galten nach den gültigen Rassengesetzen als Juden oder in Einzelfällen als Roma. Nach der Mauthausen-Chronik von Hans Maraalek belief sich der Häftlingsstand am 31. Dezember 1944 insgesamt auf 73.351 Personen.[143] Die nachfolgende Tabelle gibt Auskunft über die altersmäßige Zusammensetzung der 72.392 männlichen Häftlinge:

unter 20 Jahren	13.849
zwischen 20 und 30	26.359
zwischen 30 und 40	19.678
zwischen 40 und 50	9.846
zwischen 50 und 60	2.394
zwischen 60 und 70	252
über 70 Jahre	14

Am 15. Jänner 1945 erreichte der Gesamtbestand der KLM-Häftlinge 73.380, davon waren 72.426 männlichen Geschlechts. Im Konzentrationslager Auschwitz-Birkenau zählte man am selben Tag, also vor der Evakuierung des Lagers insgesamt 66.827 Häftlinge, davon 48.362 Männer und 18.465 Frauen.[144] Dieselben Häftlingsdaten in einigen aus ungarischer Sicht bedeutenden, großen Konzentrationslagern zum Vergleich (Stand am 15. Jänner 1945):

	Häftlingsstand	Männer	Frauen
Bergen-Belsen	22.286	5.811	16.475
Buchenwald	110.556	83.906	26.650
Dachau	55.247	52.596	2.651
Flossenbürg	39.704	28.737	10.967
Groß-Rosen	77.904	51.977	25.927
Mittelbau/Dora	29.323	29.323	-
Natzweiler	22.170	20.961	1.209
Neuengamme	48.164	38.230	9.934
Ravensbrück	53.928	7.858	46.070
Sachsenhausen	66.097	52.924	13.173
Stutthof	48.635	18.436	30.199
Gesamt	**574.014**	**390.759**	**183.255**

Das KL Buchenwald hatte nicht nur die größte Häftlingszahl, sondern mit insgesamt 6.829 Personen (6.297 Männer und 532 Frauen) auch die mitgliederstärkste SS-Wache. Die zweitgrößte Wachmannschaft mit insgesamt 5.697 SS-Angehörigen – 5.632 Männern und 65 Frauen – war in Mauthausen im Einsatz. Es folgen einige weitere Lager gelistet nach der Stärke ihrer SS-Wachmannschaften:[145]

	Gesamt	Männer	Frauen
Groß-Rosen	4.128	3.222	906
Sachsenhausen	3.993	3.632	361
Dachau	3.606	3.544	62
Mittelbau	3.319	3.319	-
Auschwitz	2.530	2.474	56

Nördlich vom Lager I des KLM begannen Ende 1944 im Stammlager mehrere Bauarbeiten. Das KLM musste sich nämlich durch Erweiterung seiner Aufnahmekapazität auf den „Empfang" neuer Häftlingsströme vorbereiten. Auf einem bislang unbebauten Gebiet wurde nun ein so genanntes Zeltlager errichtet, dessen Grundfläche 5.125 Quadratmeter betrug. Neben acht riesigen Militärzelten entstanden fünf Wachtürme, drei Wachbuden und zwei Sanitärbaracken. Bei Gunskirchen-Edt lief der Ausbau des Außenlagers Wels I an, wo unter dem Kommando von SS-Oberscharführer Heger Holzbaracken errichtet wurden. Doch es wurde nicht nur gebaut. Bei strengster Geheimhaltung begann man am 12. Dezember 1944 in Hartheim die Vergasungsanstalt und das Krematorium abzumontieren, um möglichst alle Spuren der Massenvernichtung zu verwischen. (Nach neueren Forschungen wurden in Auschwitz zuletzt am 2. November 1944 Menschen vergast, danach ging man auch dort vor allem zu Liquidierungen über.)[146] Nach dem zweiten Eingriff der deutschen Besatzungsmacht, dem Putsch vom 15. Oktober 1944, wurden aus dem nunmehr in Flammen stehenden Land Ungarn wieder neue Häftlingsgruppen in das KLM deportiert. Der „Zugang" bereitete Lagerkommandant Franz Ziereis nur zusätzliche Sorgen, denn unter den Neuankömmlingen befanden sich hochgradige Persönlichkeiten, die die bisherige ungarische Lagerelite weit übertrafen. Solch wichtige Personen im Lager zu haben, galt als streng geheime Reichsangelegenheit. Es bedurfte dazu zusätzlicher Vorkehrungen, besonderer Maßnahmen und eines engen Kreises von sonderbeauftragten SS Offizieren. Diese besondere Behandlung wurde auch dem im „Bunker" versteckt gehaltenen Häftling „Maus" zuteil. Unter dem geheimnisvollen Decknamen verbarg sich Miklós Horthy jun., der Sohn des abgedankten ungarischen Reichsverwesers. (Der Sohn des italienischen Ministerpräsidenten und Marschalls, Mario Badoglio, wurde ebenda unter dem Decknamen „Brausepulver" gefangengehalten.) Der junge Horthy – der am 15. Oktober 1944 in einer Kommandoaktion des SS-Obersturmbannführers Otto Skorzeny in Budapest festgenommen, anschließend sofort mit Flugzeug nach Wien und von dort per Lastwagen ins KLM gebracht worden war – genoss als Häftling keinerlei Vorteile und keine Schonung. Da seine Festnahme in der Wohnung von Direktor Félix Bornemissza am Eskq tér erfolgt war, wurde der Gastgeber, der unwissentlich diesem von der SS organisierten „Lock"-Treffen Platz gewährte, gleich mit entführt. Das gleiche war zuvor Generalleutnant Szilárd Bakay, dem Kommandanten der Budapester Ordnungskräfte, widerfahren, einem wichtigen Wegbereiter des geplanten Kriegsaustritts Ungarns und prononcierten Gegner der Nazis.

Abb. 11: Arresttür der Zelle
von Miklós Horthy jun.

Abb. 12: Bunker des KZ Mauthausen innen

Abb. 13: Bunker des KZ Mauthausen außen

Im berüchtigten „Bunker" – in dessen Kellergeschoss die SS nachweisbar 4.200 Menschenleben durch Gas, Kugel oder den Strang auslöschte – wurden Ende Oktober bereits vier Ungarn festgehalten (Bakays Adjutant Hauptmann Tibor Versényi, 34 Jahre, wurde mit seinem Vorgesetzten zusammen verschleppt). Das Schreckensbauwerk existiert noch heute. Aus dem Innenhof nach unten schreitend erblickt man noch erhalten gebliebene Teile der Gaskammer, des Genickschuss-Raums und des Krematoriums. In den 34 Zellen im Hochparterre wurden die nicht mit Häftlingsnummern versehenen „Sonderhäftlinge" strengstens bewacht. Jede dieser Gefängniszellen war 5,4 Quadratmeter groß. Der Fußboden bestand aus lediglich zehn Brettern, ein hoch oben angelegtes, dicht vergittertes Klappfenster stellte die einzige Lichtquelle dar. An der massiven eisernen Tür befanden sich zwei eingeschnittene Öffnungen, eine Durchreiche für den Blechnapf und der „Spion" für den Wächter.

„Maus" saß erst in der Zelle Nr. 18, später wurde er in Nr. 1 verlegt.[147] Er schlief bis zuletzt auf dem Holz des nackten Fußbodens, trug die ganze Zeit eine und dieselbe Kleidung und durfte allenfalls ab und zu auf dem kleinen Hof ein paar Schritte tun. In seinem Brief vom 24. April 1946 erinnerte er sich an die schreckliche Zeit zurück:

Sie haben mich im Obergeschoss über der Gaskammer und dem Krematorium (eigentlich entsprach dies dem Hochparterre) in eine Einzelzelle gesteckt, wo ich Hunger leidend sechs Monate lang auf meine Hinrichtung wartete. Man hielt mich wohl für einen wichtigen politischen Häftling, dessen Tötung man doch am besten bis Kriegsende hinauszögert.[148]

Miklós Horthy jun. und Félix Bornemissza (Zelle Nr. 5) wurden von vielen ranghohen Gestapo-Männern, die aus Linz, Budapest und aus einem anderen, nicht bekannten Ort anreisten, mehrfach ins Verhör genommen. Bei einer dieser Gelegenheiten stellte sich heraus, dass der ungarische Gardeoffizier Generalleutnant Károly Lázár, ein Vertrauensmann des Reichsverwesers Horthy – für andere unsichtbar – Häftling der Zelle 31 war. Bornemissza wurde am 7. Februar 1945 sogar von einem ungarischen Kriegsrichter, Hauptmann László Göbölös, verhört. Die Prozedur fand im Kommandanturgebäude des Hauptlagers statt, der Verhörende interessierte sich vor allem für den derzeit bereits in Sopronkőhida gefangen gehaltenen Generalleutnant Kálmán Hardy, insbesondere für dessen Rolle bei der Vorbereitung des geplanten Kriegsaustritts Ungarns.[149] Bornemissza zufolge zeigte sich Kriegsrichter Göbölös tief ergriffen, „obwohl er das eigentliche Lagerleben nicht, nur Steine schleppende Häftlinge [...], Todesgestalten zu Gesicht bekam".[150] Bornemissza notierte auch die „Tagesordnung" im Gefängnis: Zwischen 4.30 und 7.30 Uhr Wecken durch die Tagwache, die Zelle in Ordnung bringen, sich in der Waschkabine auf dem Korridor waschen, Frühstück. Zwischen 11 und 13.30 Uhr hat man das Mittagessen verteilt, zwischen 12.30 und 15.30 die WC-Kübel aus den Zellen geholt. Irgendwann zwischen 16 und 19.30 Uhr bekamen die Häftlinge ihr dürftiges Abendbrot, in der Zeit zwischen 20 und 22 Uhr gab es schließlich eine halbe Stunde Rundgang auf dem Hof. War der winzige Hof infolge von Hinrichtungen nicht gerade „besetzt", durften die einzelnen Häftlingsgruppen ihren Abendspaziergang auch früher absolvieren. Den Tag rundeten schließlich die nicht selten bis Mitternacht währenden Attacken des SS-Rottenführers Rommel ab. Der SS-Mann vom Wachpersonal im „Bunker" schlug zur „Maßregelung" der Delinquenten mit dem „Ochsenziemer" auf die nackten Körperteile der Häftlinge ein, was meist starke Blutungen verursachte und schreckliche Klageschreie hervorrief. Die SS-Männer „wieherten vor Lachen über die sich vor Schmerzen krümmenden Menschen", erinnerte sich Bornemissza an die entsetzliche Szenerie.

Generalleutnant Károly Lázár wurde aus zwei Gründen zum „Bewohner" der Zelle 31 im Bunkerbau. Er war für die Absicherung des geplanten „Kriegsaustritts" Ungarns durch die Streitkräfte verantwortlich, beziehungsweise ließ er nach dem Einmarsch der deutschen Truppen die die Residenz Horthys belagernden deutschen Wehrmachtssoldaten von der Budaer Burg aus beschießen. Der aus der Wiener Gestapo-Zentrale nach Mauthausen überführte ungarische Offizier verbrachte 71 Tage im Bunkerbau, danach wurde er wieder auf ungarisches Territorium, in das Gefängnis Sopronkőhida an der Westgrenze gebracht.[15] Zelle Nr. 7 bewohnte ab Ende Jänner der bis zur deutschen Besetzung amtierende ungarische Ex-Premier Miklós Kállay.

Als die beiden anderen prominenten Gefangenen, „Niki" Horthy und Félix Bornemissza, in ihren Privatzellen seiner Stimme vom Korridor her gewahr wurden, empfanden sie eine erheiternde Abwechslung. „Er sprach mit Lagerkommandant Ziereis. Und der gab schließlich seine Einwilligung, dass Kállays Sohn András, ein Oberleutnant der Leibgarde [Er war an der Abwehr des deutschen Angriffs auf die Budaer Residenz des Reichsverwesers unter Skorzenys Kommando beteiligt, Anm. des Autors], ihn besuchen dürfe. Der Besuch kam später auch zustande."[152] Miklós Kállay kam mit Gepäck in Mauthausen an. Pritsche und Hocker aus Holz, Teller, Gläser und Löffel, ja sogar eine Klingel gehörten zu seiner Zellenausstattung. Er durfte seine gewohnte Zigarrenmarke rauchen, die Tagesordnung musste allerdings auch von ihm eingehalten werden. Seinen umfassenden Memoiren zufolge bekam der Ex-Ministerpräsident von seiner Zelle aus recht wenig zu Gesicht. Möglicherweise nahm er die schreckliche Realität des Bunkers erst später, als alles schon vorbei war, richtig wahr.

In manchen Nächten hörte ich schwere Schritte, lautes Gerede unter meinem Fenster, bisweilen auch ungarisches Reden. Meistens drang da ein starker Gasgeruch durchs offene Fenster zu mir, aber ich wollte das Schreckliche, worüber die Leute erzählten, eigentlich immer noch nicht wahrhaben. Mein ganzes bisheriges Leben, mein Geist, mein gesamtes Umfeld lagen von all dem derart weit entfernt, dass ich Derartiges für schlicht unmöglich hielt.[153]

Dabei war das Unmögliche möglich, und in der Unterwelt des Bunkerbaus erinnern bis heute kleine Marmortafeln, Namen, verblasste Porträts und Blumensträuße an das Unvergessliche.

Félix Bornemissza berichtet ehrlich und sein menschlich-moralisches Verhalten verleiht seinen Worten Glaubwürdigkeit.

Unter meiner Zelle wurden die Hinzurichtenden entblößt. Sie mussten nämlich nackt in die Gaskammer, von wo ihre Leichen dann direkt ins Krematorium gelangten. Die Klageschreie anzuhören, war unerträglich. Und wer sich nicht ausziehen wollte, wurde einfach erschossen. Doch nicht nur der Anblick und das grausame Geschrei, sondern auch der durch die undichten Fensterritzen ziehende Krematoriumsrauch, der Gestank verbrannter Haut und Haare machten meine Lage kaum erträglich; und es wurde nur noch schlimmer durch den nagenden Gedanken, wann ich wohl an die Reihe käme?

Bornemissza wurde durch das Kellergeschoß des Bunkerbaus geführt und er sah die Gaskammer. Einmal haben sie es mir auch angedroht; ich soll nicht allzu viel schauen und fragen, sonst würde auch ich nur als Rauch und Dunst das Lager verlassen." Er wusste davon, dass *auch im hinteren Teil des Gebäudes Hinrichtungen stattfanden. Die unglücklichen Häftlinge wurden einzeln hingeführt, als hätten sie lediglich eine Untersuchung beim Augenarzt. Sobald aber die Tür hinter ihrem Rücken zuging, löschte ein Genickschuss ihr Leben aus. [...] Im Kellerge-*

schoß gab es – mit dem Krematorium direkt verbunden – einen Medizinsaal, auf dessen Tisch mit Marmorplatte gewisse Leichen „zu wissenschaftlichen Zwecken" obduziert wurden.[154] Generalleutnant András Kállay (109.711) wurde Mitte Oktober ins KLM eingeliefert. Wie er der Strenge des Arrestgebäudes entkam und warum er mit einer Nummer versehen als „Schutzhäftling" registriert wurde, ist nicht bekannt. Der gutaussehende junge Mann von 25 Jahren ordnete sich sehr bald und problemlos in die enge Gruppe der „Prominenten" ein. Dank ihrer raschen Hilfe war er bereits drei Tage nach seiner Ankunft beinah mit allem Nötigen versorgt.

Er hatte schon ein eigenes Bett und ordentliche Kleidung, besaß Zigaretten und Lebensmittel. Man griff ihm unter die Arme, vertrat seine Interessen, man warnte und schützte ihn vor jeder Unannehmlichkeit. Und auch, dass er der Sohn des ungarischen Ministerpräsidenten Miklós Kállay war, wog schwer. Das beeindruckte die Einbrecher ebenso wie die Wiener Feuerwehrleute, ganz zu schweigen von dem Chef der Bankfiliale in Pécs, dem Textilkaufmann aus Siklós oder dem Lebensmittelhändler aus Barcs – und ihresgleichen – die sich tief geehrt fühlten, wenn er sich mit ihnen [...] überhaupt in ein Gespräch einließ. Was allerdings nicht all zu oft geschah. Und wenn doch, dann ging es um Geschäfte.[155]

Zu dieser Art von „Kastenzusammenhalt" setzte Sándor Millok in seinem Erinnerungsbericht einen Kontrapunkt, indem er einige bei jüdischen „Schutzhäftlingen" beobachtete Gegenbeispiele festhielt.

Von der jüdischen Solidarität habe ich in Mauthausen kaum etwas gemerkt. Sie haben sich beschimpft, gerauft, geärgert. Der Oberrabbiner wurde nicht ein bisschen weniger bespöttelt als der Pferdehändler aus Tab. Nicht einmal ihre Religion verlieh ihnen genügend seelische Kraft um zusammenzuhalten.[156]

Milloks Bilanz erfordert eine Ergänzung, zumal sie die erheblichen Unterschiede in der allgemeinen Lage und „Behandlung" der beiden Häftlingskategorien im Lager nicht berücksichtigen. Sogar zwischen den ungarischen „politischen Juden" und den in den Außenlagern hart schuftenden, nur eine Nummer bedeutenden Juden klaffte eine riesige Kluft hinsichtlich der Überlebenschancen.

Für Manó Buchinger blieb die unerträgliche Enge unvergesslich:

Man solle sich vorstellen, in einem Raum schlafen, essen, reden, schreien, streiten fünf-, ja zehnmal so viel Leute, als dort überhaupt Platz haben. Man bedenke, wie es dort Wochen, Monate und Jahre lang zugegangen ist. Man war niemals allein, man konnte ja nicht, nicht einmal nachts. Wir konnten keine eigenen Gedanken haben, keinen einzigen Moment nur für uns alleine. Wir konnten den Lärm, die Worte und Geräusche fremder Menschen für keine Minute loswerden, ausschalten [...] Man kann sich wohl denken, wie sich die Nerven unter diesen Umständen aufreiben, es lässt sich kaum bestreiten, dass einer in dieser Situation seinen Nachbarn mit der Zeit langweilig findet und hassen lernt, Zorn für seinen besten Freund und natürlich vor allem für sich selber empfindet.[157]

Dass bei den sowohl in ihrer ethnischen als auch in ihrer sozialen Zusammensetzung heterogenen Häftlingen das Prinzip des „Jeder gegen Jeden" Raum und im täglichen Kampf ums Überleben immer mehr die Oberhand gewann, war ohne Zweifel die logische Folge des Lagerlebens. Der in der Soziologie als Entsozialisierung bezeichnete Prozess machte sich auch bei den ungarischen Lagerinsassen bemerkbar – unabhängig von Schulbildung, Erziehung oder allgemeiner Bildung. Es kam in der Persönlichkeit eines jeden Häftlings zu gewissen, manchmal kleineren, manchmal größeren Veränderungen, deren Abfolge indessen jeweils die gleiche war. Schon die Inhaftierung durch die Gestapo, die seelischen und physischen Torturen, die sich schrittweise vertiefende Ausgrenzung, die man bis zur Einlieferung in ein Konzentrationslager durchmachen musste, war ein zutiefst erschütterndes Erlebnis für die Häftlinge, die ja unbarmherzig von ihren Nächsten, Familienangehörigen und Freunden getrennt worden waren.

Die meisten von ihnen versuchten dann erst im Lager, dem massiven Druck der Verhältnisse mit aller Kraft Widerstand zu leisten, bemühten sich trotz alledem weiterhin die Verhaltensformen ihres früheren Lebens zu befolgen und ihre Moral und Menschlichkeit zu bewahren. Doch alles Bemühen war umsonst. Viele mussten die Verzerrung ihrer Persönlichkeit erleben, noch mehr brachen später infolge der steten Ängste, Nöte und Unsicherheit völlig zusammen. Die ungarischen politischen Häftlinge wurden im Zuge ihrer mehrmaligen Überstellungen oft gemeinsam mit den „alten" Lagerinsassen einquartiert. Es fällt bei ihnen besonders auf – ist geradezu von Tag zu Tag, von Stunde zu Stunde nachvollziehbar – wie ihr Ego die Merkmale jener Denk- und nicht selten auch Verhaltensweisen annahm, vor denen es ihnen zu Beginn ihrer Lagerexistenz besonders graute, nämlich die der Lagerbewachung.

Im harten Winter 1944 nahm die Hungersnot stark zu. Nicht nur die dürftigen Essensrationen, sondern auch die Häftlinge selber „schrumpften" zusehends. Um ihren beißenden Hunger einigermaßen zu stillen, haben viele die scheußliche Suppe gierig verschlungen und immer mehr Wasser getrunken – Folge davon waren aufgedunsene Wangen und angeschwollene Beine. Andere klagten über Hautausschlag, Furunkel oder Abszesse. Die am meisten Hunger Leidenden scheuten sich nicht einmal davor, die rohen Rote-Rüben- und Wurzel- Schalen, an denen Mist und schmutzige Erde klebten, vom Boden aufzusammeln und in ihren Mund zu stopfen. „Am häufigsten bückte sich einer der vermögendsten Kaufleute Budapests, um die Abfälle vom Boden aufzuheben und zu essen. [...] Auch um faule Brotstücke wurde regelrecht gebettelt." Doch Buchinger fügte noch hinzu, „es gab freilich auch Schamhafte und Unbeholfene, diese hungerten schlichtweg noch mehr als die anderen."[158] Die überwiegende Mehrheit der ungarischen Häftlinge – nach Sándor Millok waren es 95 Prozent – erfüllte zunehmend ein einziger Gedanke, Herzenswunsch, Traum: Essen. Ihr häufigstes Gesprächsthema wurde die Nahrung. (Die geschwächten, zerlumpten Häftlinge erzählten einander mit inbrünstiger Leidenschaft, was sie wo und wie je verzehrt hatten, worauf sie im Augenblick den größten Appetit hätten und womit sie sich nach ihrer Heimkehr voll stopfen würden.)

Der aus der südungarischen Stadt Pécs deportierte Oberarzt Győző Balázs (73.784) stellte seinen Häftlingskameraden für mehrere Monate „kulinarische Traummenüs" zusammen, die dann ausgiebig, sehnsüchtig, voller Inbrunst diskutiert wurden. Millok erhielt von dem Gourmet der Baracke ebenfalls eine mit Sorgfalt und Fingerspitzengefühl für zwei Monate zusammengestellte Speisenfolge.

Litt ich sehr unter Langeweile oder unter nagendem Hunger, nahm ich einfach die Menükarte in die Hand und studierte sie mit tiefster Andacht. Manche Gerichte wiegten mich in süße Träumereien, meine Nase roch herrliche Düfte und meine Zunge schmeckte Köstliches. Die Sehnsucht nach gewissen Speisen blieb in mir besonders lebendig.[159]

An der Schwelle des Todes, bei ständiger Hungersnot und Abnormität wurden in Kreisen ungarischer „Schutzhäftlinge" die üblichen beliebten Männerthemen wie Frauen, Liebe, Abenteuer, Flirt ganz vermieden. Dafür wurde die allgemein verbreitete Homosexualität ein verblüffendes Erlebnis für sie. Unter den „alten" Häftlingsfunktionären der einzelnen Baracken, den Lagerältesten gab es kaum welche, die keine Neigung zu Menschen des gleichen Geschlechts entwickelt hätten. Die meisten von ihnen verlangten infolge der langjährigen Haft nach zwei, drei

„Jungen" zu gleicher Zeit. „Sie umgeben sich mit 15-, 16-jährigen russischen oder polnischen Kindern, sie kleiden, liebkosen, füttern sie und treiben mit ihnen ganz ohne Schamgefühl, in fast aller Öffentlichkeit ihr Unwesen."[160] Manó Buchinger beobachtete in der Anhängerschaft um den Blockältesten der Baracke 2, Leo genannt, junge Männer. In der Triebwelt des Lagers fanden mitunter auch heiße „Männerparties" statt. Rátkai und Parragi konnten manchmal beim „Hauptweib" des zuständigen Kapos dies und jenes zugunsten ihrer ungarischen Kameraden erledigen.

Im KLM waren freilich auch „echte" Homosexuelle inhaftiert. Sie mussten auf ihrer Häftlingskleidung einen rosaroten Winkel (ein Dreieck, das viel größer war als das Erkennungszeichen anderer Häftlingskategorien in Mauthausen!) tragen. Sie wurden von ihren Kameraden bisweilen ebenso unmenschlich behandelt wie von ihren Wächtern. Sie hatten ständig unendliche physische und seelische Quälereien zu erdulden, allein weil sie früher nach anderen geschlechtlichen Normen gelebt haben. („Sie haben sich der dringenden Pflicht der Fortpflanzung der arischen Rasse entzogen.") Die SS erarbeitete im Hauptlager eine „Sonderregelung für läufige Schweine" – ein SS-Ausdruck für Homosexuelle, die von der Wiener Gestapo in ihrer Abteilung Nr. 2 als „Unkeusche und Aberrante" registriert waren. Das offene Verhältnis der Kapos und Blockältesten mit minderjährigen Jungen ließ die SS Mannschaft da gegen kalt. Es wurde allgemein als normal und natürlich, als ein gewöhnliches Ersatzmittel angesehen und daher auch weitgehend geduldet. Dafür hielt man die Paarbeziehung zwischen Gleichgeschlechtlichen im normalen Leben für „skandalös" und abscheulich, für ein moralisches Verbrechen, das rigoros zu verfolgen war. Aus diesem den Häftlingsfunktionären eingeräumten „Vorzug" konnte die Lager-SS wohl einen erheblichen Nutzen ziehen. Die privilegierte Minderheit diente ja eher zuverlässig, mit „ausgeglichenen" Bediensteten lief das ganze System geschmierter. Um die „Rosaroten" war es dem gegenüber vollkommen anders bestellt: Sie bildeten die absolut niedrigste Kaste innerhalb der Häftlingsgesellschaft des KLM, eine eigene Klasse der Ausgestoßenen, denen ihre ehemaligen Häftlingskameraden selbst Jahrzehnte nach den gemeinsam erlebten Schrecken die Schicksalsgemeinschaft verweigerten.[161]

Das Häftlingsbordell im Hauptlager diente vor allem der gut ernährten „Lageraristokratie", ihre heterosexuellen Triebe auszuleben. Das waren die am Leben der Häftlingsschar nagenden Blockältesten, Blockschreiber, Kapos, und sog. Lagerfeuerwehrmänner. Den Erinnerungen ungarischer politischer Häftlinge zufolge gestaltete sich das Häftlingsbordell folgendermaßen: Die „Liebesminütchen" im Bordell hatten ihren festen Preis (eine Gelegenheit kostete 1 Reichsmark), den die Kundschaft in der Schreibstube einzuzahlen hatte. Dort erhielten sie einen Bordellschein, der für einen bestimmten Tag, einen fixen Termin bei einer im Voraus bestimmten, durch eine Ziffer bezeichnete Zwangsprostituierte ausgestellt war. Das Einlösen des Scheins war allerdings infolge der riesigen Nachfrage stark gehemmt. „Meistens musste der vom Liebesrausch erfasste Kandidat acht bis zehn Tage warten, bis sein Verlangen bei der ihm vorgeschriebenen Dame in der ebenfalls festgelegten Zeit von max. 15 Minuten endlich Befriedigung fand."[162]

Im ersten Quartal des Jahres 1945 wurden zwanzig größere Einlieferungen registriert. Im Jänner trafen – in offenen Güterwagen in unbeschreiblich angeschlagenem körperlichem und seelischem Zustand – vier Menschentransporte aus Auschwitz, 300 Häftlinge aus Krakau sowie je ein ungarisches und italienisches Kontingent ein. Im Auschwitzer Transport vom 30. 1. befanden sich zahlreiche – darunter auch ungarische – Kinder. Im Februar gab es Neuzugänge aus Auschwitz, Groß-Rosen und Sachsenhausen, aber auch aus den italienischen Städten Triest und Bozen. Eichmanns Stab deportierte erneut aus der Slowakei: Am 12. wurden 124 slowakische Juden aus Trenčín eingeliefert, am 20. weitere 172 Personen aus Bratislava. Um diese Zeit wurde auch der ungarische Schauspieler István Egri, zuvor Mitglied des renommierten Budapester Theaters Vígszínház, aus Auschwitz überstellt. Er leistete fortan im Außenlager Ebensee beim Stollenbau Schwerstarbeit.

Ende des Monats belief sich der Mauthausener Häftlingsbestand auf über 135.000. Am 2. März traf der letzte Transport aus Auschwitz ein. Am Tag darauf kamen 2.700 Häftlinge aus Groß-Rosen an, ihre Zahl schrumpfte dennoch bis nach der Registrierung in Ebensee auf 2048! Am 9. wurden 1.799 aus Ravensbrück überführte weibliche Häftlinge, am 17. wieder 107 Deportierte aus der Slowakei registriert.[163] Andrzej Strzeleckis Ermittlungen zufolge wurden in den ersten drei Monaten des letzten Kriegsjahres aus dem wegen des Vormarschs der Sowjetarmee geräumten KL Auschwitz rund 9.000 Häftlinge ins KLM evakuiert.[164]

Zu Beginn des Jahres mussten ungarische Häftlinge ungeahnte Gräuel über sich ergehen lassen. Ungefähr 150 „politische" Juden hatten sich zur „Begrüßung des Neujahrs" vor Block 4 an die Steinmauer zu stellen und wurden aus diesem feierlichen Anlass von einem volltrunkenen SS-Mann nacheinander mit harten Faustschlägen zusammengeschlagen. Rabbiner Spiegel aus Esztergom erlag später der hierbei erlittenen Gehirnerschütterung, auch Herman Glück konnte seine Verletzungen, mehrfache Rippenbrüche, nicht überleben.[165] Der erboste Unterscharführer, ein ungarnstämmiger Donauschwabe, suchte später auch Block 16 auf, wo unter anderen ungarische „Prominente" beherbergt waren. Während er die ungarischen „Verräter" und „Judenfreunde" immerfort wüst beschimpfte, versetzte er dem 62-jährigen Lagerinsassen Lajos Szentivány eine Ohrfeige, so dass dieser aus Mund und Nase heftig zu bluten begann.[166]

Später wurde János Lukács vom Lagerfeuerwehrmann Zischek mit dem Knüppel brutal misshandelt, der 62-jährige ehemalige Bankbeamte hat seine Verletzungen nicht überlebt. Zum Neujahr – wie überhaupt an Sonntagen – hielt Károly Rátkai in der Baracke einen protestantischen Gottesdienst ab. Seine innigen, seelenvollen und herzenswarmen Andachten trieben jedes Mal Tränen in die Augen seiner Zuhörerschaft. Seine auch Katholiken und Juden umfassende Gelegenheitsgemeinde wuchs in jenen entsetzlich hoffnungslosen kalten Wintertagen stetig an, denn es gab viele, die in ihrer Aussichtslosigkeit den Allmächtigen suchten, in der rigiden Realität jedoch nicht zu ihm finden konnten. Indem sie den Herrn, Gott im Himmel gemeinsam anflehten, empfanden sie doch etwas seelische Befriedigung, ein wenig Trost im Leiden. Diesen seelsorgerischen Dienst an den Nächsten schätzte auch Sándor Millok hoch, sah ihn jedoch im Zusammenhang mit der Lagerrealität. „Noch klangen die schönen Worte nicht aus, noch hatten wir Rátkais Predigt im Ohr. Doch kaum fünf Minuten später kläfften sie sich schon an, die vorhin tief bewegten, zu Tränen gerührten Christen fletschten wie ausgehungerte Hunde die Zähne."[167]

Kurz darauf wurden die Ungarn Zeugen zweier außerordentlich erschütternder, aufwühlender Ereignisse. Das Szenario der Schrecken begann am 2. Februar 1945, als Hunderte von ausgemergelten, beinahe zu Tode gequälten und zum Erschlagen verurteilten Häftlinge der Baracke 20 – die meisten waren sowjetische Offiziere, hauptsächlich Flieger – kurz nach Mitternacht ausbrachen. Der verzweifelte Entschluss zu fliehen war im Grunde dem Selbstmord gleichzusetzen, eine höchst heldenhafte Tat, die doch einen blassen Hoffnungsschimmer bedeutete. (Die meisten versuchten in nördliche Richtung zu entkommen, das Protektorat Böhmen und Mähren zu erreichen.) Ausgemergelte, geschwächte, in Lumpen

gehüllte Schattenfiguren kletterten über Mauer und stromführende Sta-
cheldrähte, stürmten die mit Maschinengewehr bewaffneten SS-Posten
und rannten barfuß oder in Holzpantinen ins Tal hinunter – um ihr Leben. Die SS und die alarmierte Lagerfeuerwehr starteten sofort eine
Großfahndung. Im 20-30 cm hohen Schnee wurde überall, auf Feldern
wie in Tannenwäldern nach den Flüchtenden gesucht. Später bezeichnete
man die groß angelegte Suchaktion als Mühlviertler „Hasenjagd", wobei
die meist polnischen Lagerfeuerwehrmänner die in Bösartigkeit kaum zu
übertreffenden „Treiber" gestellt haben. (Die bei der Jagd verletzten, verwundeten, „zur Strecke gebrachten" Häftlinge wurden von diesen Un-
menschen geradezu wollüstig erschlagen.) Die Massenflucht überraschte
die Lagerkommandantur.

Die SS und die regionalen NS-Organe traf besonders peinlich, dass
sich an der bisher absolut geglaubten Isoliertheit des KLM nun eine Kluft
auftat, ein Riss abzeichnete! Man musste sogar die örtliche Bevölkerung
über die Vorkommnisse benachrichtigen, Radio Linz brachte einen –
allerdings entstellten – Bericht über den Ausbruch. Laut erhaltener Dokumentation handelte es sich bei den Entsprungenen um nummernmä-
ßig nicht erfasste Häftlinge der so genannten Aktion K („Kugel-Aktion"),
vor allem um Kriegsgefangene und ergriffene Deserteure. (Unter den „K-
Häftlingen" herrschte eine hohe Sterblichkeit; in den Wintermonaten
1944 mussten sie jeden Morgen 20 bis 30 verstorbene Kameraden aus der
Baracke ins Krematorium schaffen.[168]) Am Tag vor dem Ausbruch wurden beim Appell 570 Häftlinge gezählt. 75 Schwerkranke konnten sich
an dem Fluchtversuch nicht beteiligen, außer ihnen sind einige nicht
fluchtwillige Personen und selbstverständlich das Blockpersonal zurück-
geblieben. (Umsonst. Ungeachtet von Absicht und Verhaltensweise der
einzelnen wurden alle unbarmherzig getötet.) Am der „Hasenjagd", dem
Einfangen von 419 Flüchtigen nahmen der SS-Kommandanturstab, SA-
Einheiten, Mitglieder der NSDAP, Einheimische und Hitlerjugend-
Gruppen teil. Am 3. Februar 1945 ging schon der Bericht nach Berlin,
300 Geflüchtete seien bereits wieder ergriffen, „davon 57 lebend". Bis auf
17 oder 19, elf von ihnen sind namentlich bekannt, sind schließlich alle
wieder ergriffen worden. Die meisten wurden an Ort und Stelle erschossen, grausam niedergemetzelt. Die Überlebenden konnten sich mit Hilfe
österreichischer und tschechischer Bauernfamilien retten, möglicherweise
eilten ihnen auch Landsleute – ukrainische „Zivilarbeiter" – zur Hilfe. Als
einmalig erwies sich das Glück von Wladimir Sosjedko und Iwan Bakla-

now: Die beiden konnten sich bis Kriegsende in den Wäldern der Umgebung verborgen halten.[169] Auf die „Hasenjagd" nach den aus der Baracke 20 Geflüchteten folgte am 16. Februar eine weitere Gräueltat – Massenmord durch Nachtfrost. Einen Tag zuvor wurde ein ganzes Heer von Neuzugängen ins KLM eingeliefert: 2690 aus Groß-Rosen überstellte Häftlinge wurden von Nummer 127.346 bis 130.047 registriert, weitere 2494 aus Sachsenhausen erhielten die Häftlingsnummern von 130.149 bis 132.643.[170] Der enorme Zuwachs stellte die Lager-SS vor eine beinahe unlösbare Schwierigkeiten. Doch rasch zeigte sich die „Abhilfe". Von den in Reih und Glied stehenden Massen meldeten sich 200 bis 250 Häftlinge krank; diese ließ man trotz beißender Kälte sich nackt ausziehen, vor der Baracke 4 in Fünferreihen antreten und strammstehen. Da einige sich ab und zu in die Hände schlugen, sich abrieben oder Freiübungen machten, also versuchten, sich durch Bewegung wenigstens ein wenig zu wärmen, gingen immer wieder Feuerwehrleute durch die Reihen, um die Fröstelnden mit ihren Knüppeln zu maßregeln.

Das Lagervolk glaubte, die Unglücklichen kämen später in die Badeanstalt und die peinliche Tortur nähme endlich ein Ende. Es kam jedoch anders. Die entblößte Häftlingsschar stand bis zum Einbruch des Abends an der Mauer hinter der Küchenbaracke aufgestellt. Manche schrieen und jammerten, andere flehten ihre Peiniger an. Alles umsonst. Die Männer von der Lagerfeuerwehr schlugen von Zeit zu Zeit – einander abwechselnd – auf sie ein, die besonders laut Klagenden wurden mit dem Knüppel einfach niedergeschlagen. Spät am Abend wurden dann die bereits halb erfrorenen Massen ins Bad getrieben, wo sie eine eiskalte Dusche erwartete. Nachher mussten sie wieder raus in die knirschende Kälte. Wer einige Stunden später noch am Leben war, wurde erneut mit kaltem Wasser übergossen. So erfand man eine Abart der Massenvernichtung. Über die Folgen berichteten zwei Augenzeugen, Andor Wortmann und Mihály Major, Anwälte aus Pécs:

Als wir am nächsten Morgen unsere tägliche Fr999harbeit verrichteten – unter anderem die Asche aus dem Krematorium entfernten – sahen wir, dass der Boden zwischen Küchenbaracke und Mauer weitgehend von Leichen bedeckt war. Viele von den Herumliegenden waren nur bewusstlos, einige versuchten sogar sich aufzurichten. Doch sobald jemand sich bewegte, wurde er von zwei SS-Henkern sofort in Arbeit genommen und solange mit Knüppeln geschlagen, bis die Schergen in ihm keinen Hauch

*Leben mehr vermuteten. Einige Häftlinge hatten noch die Kraft, auf die
Beine zu kommen und wenigstens zu versuchen, in Richtung Hof laufend
zu entkommen.* Diese letzte Anstrengung der zum Tode Geprügelten bot
*einen fürchterlichen Anblick – wie sie sich halb erfroren, mit starrem, von
Blutkrusten bedecktem Körper fortbewegten und schließlich doch alle
brutalst erschlagen worden sind.*[171]
Die Zeugenaussage des Strafverteidigers József Domonkos bestätigt
diesen Bericht. Häftling Nr. 66.198 passierte am darauf folgenden Tag
beim Mülltransport – seinem täglichen Arbeitseinsatz – dreimal den Platz
zwischen Krematorium und Lager. Er konnte dabei beobachten, wie die
Leichen von einer Einsatzgruppe auf Handkarren in mehreren Fuhren
zum „Krema" gefahren und auf den Treppen entladen wurden. *Ich kann
mit Sicherheit behaupten, dass einige Menschenkörper auf der
Karre noch leicht zuckten. Ich sah, wie auf den Treppen zum Krematorium ein Körper auf dem anderen lag, der obere mit dem Kopf nach unten und der untere mit dem Kopf nach oben. Die Füße des oberen ruhten
demnach auf dem Kopf des unten liegenden. Ich sah, wem diese Lage unerträglich war, der schob langsam das fremde Bein von seinem Kopf auf
die Schulter des neben ihm liegenden Kameraden. Später sah ich, dass der
Platz hinter der Küche, der an die Feuerwehrkaserne grenzte, mit Spritzen von Blut und Mist bereinigt wurde. Die Außenwand des Küchenge-
bäudes, die bis zu anderthalb Meter mit Blut beschmiert und Hirn be-
spritzt war, wurde ebenfalls gesäubert. Die Blutspuren waren aber auch
nachher noch zu entdecken.*[172]
In beiden Transporten befanden sich auch ungarische Häftlinge; aus
Sachsenhausen kamen zum Beispiel Mitglieder von Arbeitskompanien,
die Anfang Dezember vom rechtsradikalen Verteidigungsminister Ungarns Károly Beregdy (Partei der Pfeilkreuzler) an die Deutschen ausgeliefert worden waren.[173] Bei den erhalten gebliebenen Transportlisten sind
mehrere Blätter verschollen bzw. unleserlich. Die lesbaren Stellen lassen
209 ungarische Juden identifizieren. Sie tragen die Namen von 25
Schutzhäftlingen und eines BV-Häftlings aus Ungarn. Außerdem stößt
man auch auf Namen einiger ungarischer Zigeuner: Lajos Horváth, 16,
aus Garamkövesd (Nr. 130.974), András Németh (Nr. 131.596), 15, aus
Kispest und József Petrovics, 63, Forstarbeiter aus Bánfa, der bei der Registrierung die Häftlingsnummer 131.717 erhielt.[174]
Die ungarischen Häftlinge des Hauptlagers erfuhren von den „Neuzugängen" einige Neuigkeiten und Nachrichten, die sie erneut hoffen lie-

ßen. Von Kameraden, die in verborgenen Ecken einzelner Lagerwerkstätten heimlich Rundfunksendungen lauschten, wurden sie außerdem nach und nach über die tatsächliche Kriegslage in Kenntnis gesetzt. Sie wussten, dass die Deutschen die ungarische Hauptstadt nicht halten konnten und dass nach Pest auch der Stadtteil Buda aufgegeben worden ist, sie ahnten das nahende Ende, den Zusammenbruch des Großdeutschen Reiches und ahnten Furchtbares. Während die Kämpfe am Rhein ihre Zuversicht stärkten, mehrten die zunehmenden Gräueltaten im Lager andererseits ihre schrecklichen Ängste und Befürchtungen. Wenn die SSler ungeachtet des bevorstehenden Zusammenbruchs derart ungehemmt töten, wozu sind sie dann noch fähig? Was kommt, wenn die zum Morden dressierten Verbrecher endgültig in die Zwickmühle geraten? Oder werden vielleicht NS-Flugzeuge zu guter Letzt die Todesfabrik durch Bomben zerstören? Hungersnot, Liquidierungsgefahr und Kriegslage waren im Frühjahr 1945 für alle Häftlinge die drei existenziellen Fragen.

Es folgten furchtbare Zeiten. Ende Februar, Anfang März wurde die Situation von Tag zu Tag undurchsichtiger und gefährlicher. Wären keine Häftlingsscharen aus den liquidierten Konzentrationslagern hinzugekommen, hätten die Lagerinsassen kaum etwas von der sich ändernden Kriegslage erfahren können, hätte allenfalls die stete Verschlechterung der Versorgung mit Lebensmitteln Schlussfolgerungen zugelassen. Viele andere dachten indes, die heißersehnte Änderung, der so lange erhoffte tatsächliche Durchbruch hinter den Mauern des Lagers ist doch ausgeblieben. Denn innerhalb der Mauern schien das Leben unverändert: In der „Todesfestung" herrschte nach wie vor ein geschäftiges Treiben, als wäre draußen in der Welt alles in bester Ordnung. Die SSler bauten, organisierten, spielten weiterhin als Übermenschen ihre grausamen Spielchen. Inmitten dieses Wahnsinns rechneten viele Ungarn mit ihrem Leben ab und machten ihr Testament. József Domonkos und Sándor Millok beispielsweise vertrauten ihrem Kameraden József Litván ihren letzten Willen an.[175] Am 15. März zählte das KLM insgesamt 82.486 registrierte männliche Häftlinge. Beinahe ein Viertel davon, insgesamt 20.304 Männer waren im Hauptlager gefangen gehalten, die anderen 62.182 Personen in den umliegenden Außenlagern.

Die Häftlingsschar setzte sich nach Häftlingskategorien folgendermaßen zusammen:[176]

Bibelforscher	106
Homosexuelle	68
Wehrmachtsangehörige	243
Geistliche	13
spanische Republikaner	2.191
Zivilarbeiter (v.a. Sowjetbürger)	17.232
Juden (Ungarn, Polen und andere)	15.118
Asoziale (Deutsche, Österreicher)	551
Verbrecher	1.502
Politische Häftlinge	2.867
Zigeuner	200
Sowjetische Kriegsgefangene	5.144
Schutzhäftlinge	37.251
Gesamt	**82.486**

Die „Schutzhäftlinge" nach ihrer Zahl und nationalen Zugehörigkeit:

Polen	19.548
Franzosen	4.665
Italiener	3.860
Jugoslawen	3.399
Deutsche, Österreicher, Luxemburger	2.224
Tschechen	973
Griechen	557
Letten	387
Slowaken	388
Belgier	355
Holländer	219
Sowjetbürger	133
Ungarn	119
Litauen	89
Staatenlose	72
Sonstige	263
Gesamt	**37.251**

Die SS ließ 1945 weitere Außenlager des KLM errichten. Die wichtigsten Daten zu den sechs neu gegründeten Außenlagern, errichtet zwischen 2. Februar und 28. April 1945, fasst folgende Tabelle zusammen:[177]

Name des Außenlagers	„Auftraggebende" Firmen	Art des Arbeitseinsatzes	Gründung	Schließung	Höchster Häftlingstand
Grein	Baufirma Koller	Kellerumbau in Maschinenhallen, Barackenbau	2.2.1945	19.2.1945	120
Gunskirchen (Wels I)	RSHA	kein Arbeitseinsatz; Sammellager	3.12.1945	5.5.1945	12.000 bis 15.000
Amstetten (Männer)	unbekannt	Aufräumung, Bahnhofsreparaturarbeiten	19.3.1945	18.4.1945	2.966
Amstetten (Frauen)	unbekannt	Aufräumung, Bahnhofsreparaturarbeiten	20.3.1945	18.4.1945	500
Enns	unbekannt, vermutl. Gauleiter August Eigruber	Bunkerbau	10.4.1945	19.4.1945	etwa 2.000
Schiff (Donauhafen Mauthausen)	SS-WVHA	kein Arbeitseinsatz; Auffanglager	28.4.1945	5. 5.1945	736

Inzwischen wurden weitere Gruppen ungarischer politischer Häftlinge eingeliefert. Über Wien kam ein Transport mit unbekannter Stärke aus Zalaegerszeg. Am 10. Februar 1945 erreichten 108 Häftlinge der Wiener Gestapo das Mauthausener Hauptlager, unter ihnen der 1925 in Budapest geborene Sándor Elődi (Häftling Nr. 127.038), der 68 Jahre alte Kaufmann Izsó Goldarbeiter (Nr. 127.126) und zwei weitere Ungarn, die zuvor vier Monate Gestapo-Haft durchlitten hatten. Infolge einer Anzeige des Verwalters im Collegium Hungaricum von Wien wurden die Stipendiaten István Foltiny und Rezső Lőcs am 18. Oktober 1944 wegen kriegs- und deutschfeindlicher Behauptungen festgenommen. Als Dr. Zsigmond Varga, reformierter Pfarrer der ungarischen Kolonie in Wien, von der Festnahme erfuhr, meldete er sich freiwillig der Gestapo. (In sei-

Abb. 14: Gedenktafel für Dr. Zsigmond Varga in Gusen

nen Predigten verurteilte er den Faschismus und bezeichnete die Fort-
führung des Krieges als unsinnig, mehr noch als verbrecherisch.) Der
Pfarrer wurde auf der Stelle verhaftet, dann mit Lőcs zusammen ins KLM
eingeliefert. Der junge Geistliche mit der Häftlingsnummer 127.117
starb drei Wochen später am 5. März im Alter von kaum 36 Jahren in
Gusen.[178] Im November 1997 wurde zu seinen Ehren in der oberösterreichischen Gemeinde eine Gedenktafel enthüllt.

Am 15. Februar kam ein Menschentransport aus dem Lager Sachsenhausen in Mauthausen an. Unter den „Neuzugängen" – selbst die Leichen der bei den Strapazen der Bahnfahrt verstorbenen Häftlinge wurden
auf das Bergplateau befördert – befand sich der Ungar István Radó (28),
der wegen seiner Hilfeleistung für belgische Widerstandskämpfer den
„Zorn" der Gestapo auf sich gezogen hatte. Seine Geschichte stellt ein
Musterbeispiel für den bisweilen nahezu rätselhaften Wirrwarr von Anordnungen nationalsozialistischer Behörden dar. Der ungarische Chemiker wurde ohne Verfahren eingekerkert, und als er in Mauthausen ankam,
hatte er schon drei Jahre Gefängnis in Belgien und Haft in zwei verschiedenen Konzentrationslagern hinter sich. In der Quarantäne des KLM

101

hatte der unter Nr. 131.394 registrierte Häftling mit einer schweren Blutvergiftung zu kämpfen. Zu seiner Verblüffung wurde er eines Tages in die Politische Abteilung beordert, wo er zu seiner noch größeren Überraschung zu hören bekam, seine Haft sei nun verbüßt. Darüber erhielt er sogar eine Bescheinigung, und am 9. März durfte er in Zivilkleidung, mit Lebensmitteln und zehn Mark „Fahrgeld" versorgt (und mit der Verpflichtung, sich in der Nähe zur Arbeit anzumelden) das Lager verlassen.

Es ist unmöglich, die genaue Zahl der weiblichen Häftlinge im Hauptlager zu ermitteln, da zahlreiche nicht registriert wurden. Im Jänner 1945 wurde lediglich ein Frauentransport registriert. Von den 78 aus Auschwitz überstellten, am 27. dieses Monats in Mauthausen eintreffenden weiblichen Häftlingen wurden 77 ins Außenlager Lenzing weitergeleitet. Auch im Februar registrierte die Schreibstube kaum weiblichen „Zugang": allenfalls eine Französin und drei Frauen aus Auschwitz. Dagegen traf am 7. März eine ganze Schar weiblicher Häftlinge aus Ravensbrück ein: Nach fünf Tagen Irrfahrt kamen 1.981 halb erfrorene, ausgehungerte Jammergestalten in Mauthausen an, die unendlichen Strapazen in eiskalten Viehwagons forderten 120 Tote. Nach der vorhandenen SS-Statistik handelte es sich dabei um 1.247 „Schutzhäftlinge", 144 „Asoziale", 447 Zigeunerinnen (davon 98 Mütter mit ihren Kindern: 93 Söhnen und 88 Töchtern) und 129 Jüdinnen. Am nächsten Tag wurden jedoch „offiziell" nur noch 1.799 weibliche „Neuzugänge" gezählt, die Spuren der restlichen 182 Frauen verlieren sich im Dunkeln.[179] Nach ihrer Staatsangehörigkeit befanden sich unter den „Ravensbrücker" Frauen 578 Französinnen, 468 Reichsdeutsche (u.a. Zigeunerinnen aus dem Burgenland), 291 Belgierinnen und 288 Ungarinnen als zahlenmäßig stärkste nationale Gruppen. Säuglinge und Kleinkinder der Sinti und Roma wurden in der Statistik der SS allerdings nicht erfasst. Sie wurden nämlich in unbekannter Anzahl von den SS-Männern gleich nach ihrer Ankunft noch am Bahnhof oder bei der sich zwei Tage hinziehenden Registrierung im Beisein ihrer Mütter erschlagen.

Nur ein verstecktes Kind konnte diesen „Empfang" überleben.[180] Die „Ravensbrücker" wurden im Hauptlager in den vorn und hinten mit je einer Steinmauer umgrenzten Baracken 16, 17 und 18 zwischen Zentral- und Lager 2 einquartiert. (Zuvor wurden die hier untergebrachten männlichen Häftlinge zum Arbeitseinsatz nach Gusen überstellt.) Die Ankunft der Frauen erregte Unruhe: Viele suchten unter ihnen nach ihren Angehörigen, hofften auf Wiedersehen. Selbst Frauentransporte mussten eine

Nacht auf dem Platz hinter dem Häftlingsbad unter freiem Himmel verbringen, eh sie zum Baden zugelassen wurden bzw. in die Baracken durften. Die Badeprozedur begann in den frühen Morgenstunden.

Es spielte sich – vor den Augen von Károly Peyer und Károly Rátkai – ein „fürchterliches, empörendes, schmachvolles und niederträchtiges" Szenario ab:

„Vor dem Bad drängeln Tausende und Abertausende in Lumpen gehüllte Frauengestalten, alle blass im Gesicht und mit Ringschatten um die Augen, die mit markerschütterndem Geschrei sich niedertrampelnd und einander in die Haare greifend versuchen, die zum Bad führenden Treppen noch vor ihren Kameradinnen zu erreichen." Inzwischen schlugen ehemalige Zwangsprostituierte des Lagers mit Gummiknüppeln wild auf sie ein. [Das Häftlingsbordell wurde im März aufgelöst, die Zwangsprostituierten wurden den Frauenwachmannschaften zugeteilt; Anm. d. Autors] Viele Frauen stürzten die Treppe hinunter und landeten mit blutenden Kopfwunden, mit ausgeschlagenen Zähnen und blutigem Mund im Souterrain, wo sich das Bad befand.

Im Kellergeschoß „reißen Einbrecher und Raubmörder, gemeine Zuchthäusler mit grünem Winkel, im Beisein von acht bis zehn zu allem fähigen SS-Unteroffizieren die aus Auschwitz, Birkenau, Groß-Rosen oder Hirtenberg stammenden Häftlingslumpen von den Frauenkörpern. Die älteren Frauen werden dabei ausgelacht und mit dem Fuß getreten. Die jüngeren müssen unsittliche Belästigungen erleiden."

Diese körperliche und seelische Tortur beklagten auch die ungarischen Jüdinnen, als sie nach dem Baden in zerfetzten Männerhemden und -unterhosen aus dem Keller kamen. Károly Peyer dachte an seine Tochter und brach in Tränen aus, schließt Rátkai die Schilderung der Szene.[181]

Der am 27. Jänner 1945 registrierte und bis zum Eintreffen der „Ravensbrückerinnen" sich kaum ändernde Gesamtstand der weiblichen KLM-Häftlinge (1.008 Personen) stieg am 10. März auf 2.830 und sank am 17. desselben Monats, nachdem 692 Frauenhäftlinge nach Bergen-Belsen verlegt worden sind, wieder auf 2.295. Die letzte vollständige Statistik über die weiblichen Häftlinge im KLM-Imperium stammt vom 31. März. Von den insgesamt 2.252 registrierten Frauen waren 1.453 „Schutzhäftlinge" (größtenteils aus Frankreich, Belgien, Polen und der Sowjetunion), 608 Jüdinnen (aus Polen und Ungarn), 79 Zigeunerinnen, 62 „Asoziale", 43 Bibelforscherinnen, 5 Spanische Republikanerinnen und 2 Kriminelle.[182]

Eine lückenhaft vorhandene Aufstellung beweist, dass dem nach Bergen-Belsen abgeschobenen Transport auch Ungarinnen angehörten. Die Schneiderin Éva Fried (21) war Nr. 1.694 auf der Transportliste, ihr folgten mit Nr. 1.702 Frau L. Frisch, 30, Hausfrau, sowie sechs ungarische Zigeunerinnen: die 42-jährige Tagelöhnerin Frau M. Gabcsu (Nr. 1.705), die 14-jährige Arbeiterin Rózsi Gágyor (Nr. 1.710) und vier Arbeiterinnen mit dem Familiennamen Galyas und den Transportnummern 1.711-1.714: Ida (29), Ilona (21), Irma (31) und Terézia (58). Aranka Horváth (36) wurde unter der Nummer 1.884 in der Liste registriert. Es folgten ihr wiederum ungarische Zigeunerinnen mit dem Berufsvermerk Arbeiterin, so Erzsi und Eta Horváth (16 bzw. 15 Jahre, Nr. 1.888 und 1.889), Margit Horváth (34, Nr. 1.897), Mária Horváth (35, Nr. 1.900). Ebenfalls als ungarische Zigeunerin wurde die 16-jährige Piroska Horváth (Nr. 1.905, ohne Beruf) verzeichnet. Die dreiseitige Liste führt im Weiteren Namen ungarischer Jüdinnen auf.

Genannt werden Ilona Katz, (23, Näherin von Beruf, Nr. 1.970), Éva Kertész, 16-jährige Schülerin (Nr. 1.978), Edit Király (23, Hausfrau, Nr. 1.984), dann vier Personen mit dem Familiennamen Klein (Nrn. 1.988-1.991): Gerda (34, Kosmetikerin), Jolán (21, Arbeiterin), Magda (37, Hausfrau) und eine weitere Magda (18, Arbeiterin). Als Bibelforscherin wurde die 42-jährige Hausmagd Júlia Kiss (Nr. 1.985) eingestuft, während im Fall der gleichnamigen Arbeiterin (50, Nr. 1.886) und des Lehrmädchens Ottília Kiss (21, Nr. 1.887) kein Haftgrund angegeben wurde.[183] Es dürfte kein Zufall gewesen sein, dass alle Mütter mit Kleinkind sowie alle nicht einsatzfähigen und betagten Frauen mit diesem Transport weitergeschickt worden sind. Das überaus mangelhaft erhaltene Aktenmaterial dokumentiert im Folgenden die Ankunft von 400 Ungarinnen, in Wirklichkeit müssten es Ende März bzw. in der ersten Aprilhälfte jedoch wesentlich mehr gewesen sein. Die Frauen wurden – wie die Männer – in Fußmarsch nach Gunskirchen weitergeleitet, wobei sie – auch später im katastrophalen Waldlager – enorme Verluste erlitten. Im April 1945 häuften sich die tragischen Ereignisse im KLM. Am 8. dieses Monats wurden 30 Tschechinnen mit Gas getötet. Am 11. wurden fünfzehn „in Polizeihaft genommene" Frauen eingeliefert. Ab Mitte April kamen in mehreren Gruppen weibliche Häftlinge aus dem evakuierten Außenlager Hirtenberg. Am 15. wurde das Eintreffen von 221 „Neuzugängen" aus dem Lager Dora-Mittelbau und einer Gruppe aus Maria Lanzendorf bei Wien registriert. Über letztere sind keine genauen Zahlen vorhanden, fest steht allerdings, dass sie alle Gefangene der Gestapo gewesen sind. Fakt ist ferner, dass am 17. April etwa 250 Häftlinge – Männer, Frauen und Kinder – in den Gaskammern der SS endeten. Doch am 22. tat sich nun ein Hoffnungsschimmer auf: 756 weibliche Häftlinge wurden dem Schweizer Roten Kreuz übergeben und von der Hilfsorganisation aus dem KLM abtransportiert – ein Vorzeichen der nahenden Befreiung. Dem Thema Frauen im KLM widmete sich der österreichische Historiker Andreas Baumgartner, dessen Forschungsergebnisse insgesamt 4.065 Namen belegen.[184] Folgende Statistiken bieten Zahl und Zusammensetzung der größeten Gruppen nach Kategorie bzw. Alter:

„Schutzhäftlinge"	2.050	50,43 %
Jüdinnen	885	21,77 %
Zigeunerinnen	443	10,90 %
unbekannt	440	10,82 %
„Asoziale"	175	4,31 %
unter 15 Jahren	280	6,89 %
zwischen 16 und 25	1.611	39,63 %
zwischen 26 und 35	997	24,53 %
zwischen 36 und 45	653	16,06 %
zwischen 46 und 55	354	8,71 %
zwischen 56 und 65	83	2,04 %
über 66 Jahre	5	0,12 %
unbekanntes	82	2,02 %
Gesamt	**4.065**	**100,00 %**

Das Schicksal der Kinder und Jugendlichen im KLM entzieht sich der Forschung weitgehend. Einige sollen sich bei der Registrierung zwei, drei Jahre älter ausgegeben haben, als sie in der Wirklichkeit waren, um so als arbeitsfähig befunden und in Arbeitskommandos eingeteilt zu werden. Dieser „Trick" machte sich erst bei der Selektion an den Rampen von Auschwitz bewährt und wurde seither zur lebensrettenden Praxis. Zahlreiche Kinder und Jugendlichen konnten sich im KLM vor der Vernichtung aber eher mit Hilfe anderweitiger „Praktiken" retten, indem sie nämlich zu Günstlingen homosexueller Häftlingsfunktionäre geworden sind.

Abb. 15: Sándor Millok vor (oben) und nach (unten) der Inhaftierung

Die solcherart, d. h. zwangsweise prostituierten Burschen fanden in der Lagerrealität keinen sittlichen Halt, sondern versanken vielmehr immer tiefer in dem moralischen Sumpf. Eifrig halfen sie ihren „Vorgesetzten", die Ordnung in der Baracke aufrechtzuerhalten. In der Baracke 24 zum Beispiel hatten die ungarischen politischen Häftlinge von fünf, sechs etwa 14-jährigen Kindern, den „Lieblingen" des Kapos, besonders viel zu erleiden. „Diese Burschen quälten uns aus Spiel und Spaß. Sie schlugen uns auf den Kopf, traten uns mit den Füßen, stellten uns ein Bein oder bespuckten uns. Für sie war das nur Spielerei", aber für die wenigstens etwas Erholung suchenden Häftlinge bedeutete dies eine unerträgliche körperliche und seelische Tortur. József Nádass zufolge waren Hass und Grausamkeit für diese Jünglinge ebenfalls kein fremder Begriff mehr.[185]

Es gab freilich nur wenige derart Bevorzugte. Die überwiegende Mehrheit landete im Bereich hinter dem Revier innerhalb des Lagers III. Fünf Holzbaracken ohne Waschanlage und WC bildeten das „Quartier". Die aus aller Herren Ländern zusammengetriebenen jüdischen Kinder und Jugendlichen lagerten hier auf der bloßen Erde, es stand ihnen lediglich je eine Decke zur Verfügung. Tief berührt brachte Sándor Millok zu Papier: „Das SS-System wäre seinem Ruf nicht würdig, wenn es in diesem höllischen Dreck, Gestank und Gesudel nicht gerade die teuersten Schätze der Menschheit, die Kinder untergebracht hätte."[186]

Die Kinder klagten nicht, hatten auch keine Angst. Bis sie hierher gelangt waren, hatten sie viele ihrer Altersgenossen sterben gesehen. Sie fürchteten den Tod nicht mehr, das Sterben war für sie bereits alltäglich. Nicht einer von ihnen musste mit ansehen, wie seine Eltern und besten Kameraden ermordet wurden. Sándor Millok, Károly Rassay und Antal Graf Sigray suchten gemeinsam die „kleinen Häftlinge" auf. Die auf dem klebrigen Boden hockenden ungarischen Kinder kannten nur noch ein paar Soldatenlieder aus dem Radio, doch die einst von ihren Müttern gehörten und gelernten Kinderweisen waren längst in ihr Unterbewusstsein versunken. Als sie erfuhren, wer die „neugierigen Besucher" waren, begannen sie wie auf Anhieb das vertonte Gedicht des Mihály Vörösmarty, eine jedem Ungarn viel bedeutende Hymne zu singen: „Von Lieb und Treu zu Vaterland / bleib, Ungar, stets erfüllt"...[187]

Nach der letzten Aufstellung gab es am 31. März 1945 im KLM insgesamt 15.046 Kinder und Jugendliche. Die zahlenmäßig größten Gruppen der Häftlinge unter 20 Jahren bildeten die ausländischen Zivilarbeiter (5.809 an der Zahl, meist Ukrainer und Russen), die aus politischen Gründen Inhaftierten (5.053) und die Juden (3.654). Unter den minderjährigen KLM-Häftlingen befanden sich – unter anderem – auch 23 Zigeunerkinder und 330 junge sowjetische Kriegsgefangene.[188]

Abb. 16: KZ-Gedenkstätte Mauthausen: Denkmal für die ermordeten und gefangenen Ungarn

107

III. ZWANGSARBEIT IN DEN AUSSENLAGERN DES KONZENTRATONSLAGERS MAUTHAUSEN

Die Außenlager des Konzentrationslagers Mauthausen

Amstetten

Im niederösterreichischen Amstetten existierten die Außenlager des KLM kaum einen Monat lang, vom 19. März bis zum 18. April 1945.[189] Am 18. März kam eine große Häftlingsgruppe in der Stadt an, lauter Männer, deren Aufgabe es war, Aufräumungsarbeiten am Bahnhof zu verrichten und die durch Bombenangriffe stark beschädigten Gleisanlagen möglichst rasch wieder in betriebsfähigen Zustand zu bringen. Offiziell nannte man diesen Arbeitseinsatz „Bahnbau I". Nach einer erhaltenen Transportliste wurden am darauf folgenden Tag auch 500 weibliche KLM-Häftlinge nach Amstetten dirigiert, um dort unter der Bezeichnung „Bahnbau II" die gleiche Arbeit wie ihre männlichen Leidgenossen auszuführen. 400 Frauen wurden im Block 17 untergebracht, die restlichen 100 im Block 18.[190] 495 Frauen – also fast alle – sind namentlich erfasst. Die größte nationale Gruppe unter ihnen bildeten mit 109 Personen (22,02 %) die Französinnen, ihnen folgten die Russinnen (107 Frauen, 21,62 %). Nach den 91 Ungarinnen (18,38 %) war die belgische Nationalität (77 weibliche Häftlinge, 15,56 %) die nächststärkste, danach folgten die Polinnen und die Deutschen, die durch 41 bzw. 34 Personen (8,28 und 6,87 %) vertreten waren.[191] Im Amstettener Arbeitskommando waren auch weibliche Häftlinge anderer Nationalität eingesetzt, so je eine Engländerin, Lettin, Norwegerin, Rumänin, Spanierin und Amerikanerin. Nach Ankunft der Häftlinge wurde die Stadt erneut Ziel eines schweren Bombenangriffs, dem zahllose von den schutzlosen Häftlingen – 34 Frauen und noch viel mehr Männer – zum Opfer fielen.[192]

Nach Transportliste überstellte der Rapportführer am 23. März 1945 1.500 männliche Häftlinge des Hauptlagers nach Amstetten. Unter ihnen waren 21 Häftlingsfunktionäre. Bei näherer Betrachtung dieser privilegierten Gruppe, konkret nach Zusammensetzung ihrer nationaler

Zugehörigkeit, lässt sich auch auf die Lage der ungarischen Häftlinge schließen. Sowohl der Schreiber (Fritz Grosse, Nr. 53.318) als auch der Oberkapo im Außenlager waren als reichsdeutsche Schutzhäftlinge registriert, das sechsköpfige Blockpersonal stellten ebenfalls Schutzhäftlinge, fünf von ihnen hatten deutsche Nationalität und einer war tschechischer Herkunft. Die drei Blockschreiber, die drei Blockältesten und die beiden Friseure waren ebenfalls Schutzhäftlinge und, abgesehen von einem tschechischen Friseur, alle deutscher Abstammung. Beide Ärzte wie auch die drei Sanitäter wurden als Juden registriert, bei ersteren waren Polen und Frankreich als Herkunftsland angegeben. Unter den Krankenpflegern war neben zwei Tschechen schließlich auch einen jüdischer Ungar: Jenő Weiss (Häftlingsnummer 134.877).[193]

Die Masse der „gewöhnlichen" Häftlinge zeigte indessen, was das Herkunftsland der Lagerinsassen anbelangt, ein recht buntes Bild. In dieser zusammengewürfelten Gesellschaft von 1.479 Personen war Ungarn durch 105 Häftlinge „vertreten". In den Dokumenten taucht unter der Häftlingsnummer 110.957 der Name eines ehemaligen Zuchthaussträflings auf, dann – nach vier ungarischen Schutzhäftlingen – stößt man auf die Namen von 100 „U-Juden". Bevor der aus Huszt deportierte Ignác Berkovits (21) nach Amstetten kam, war er in Auschwitz-Birkenau und im Mauthausen Außenlager Melk Häftling gewesen. Im Vergleich zu dortigem Stollenbau bedeutete ihm der Stationsbau keine allzu große körperliche Belastung, dafür litt der junge Mann um so mehr unter Hunger. „Wir hungerten fürchterlich, sie gaben ja nur hundert Gramm Brot und ein Viertel Liter Suppe. [...] Ab und zu gelang uns, am Bahnhof Mais oder rohe Kartoffeln zu besorgen, manchmal nur Kartoffelschalen."[194]

Um die Arbeiten in Amstetten voranzutreiben, wurden am 2. April 500 Häftlinge, vorwiegend Russen, aus dem nahe gelegenen Melk überstellt. Sie nahmen in Lagerräumen der Eisenbahn, inmitten des angehäuften Materialgutes Quartier.[195] Trost für die miserablen Umstände, Stärkung für ihre Ausdauer fanden sie in den deutlich zunehmenden Vorzeichen der nahen NS-Niederlage: Durch die Stadt zogen unendliche Karawanen von sich rasch zurückziehenden, geschlagenen Wehrmachtseinheiten und fliehenden Zivilisten. Das Außenlager Amstetten, wo der Stand männlicher Häftlinge bei 2.966 lag, wurde am 18. April aufgelöst.[196] Die „Glücklicheren" wurden per Eisenbahn, andere wiederum auf dem Wasserweg, mit Schleppern nach Ebensee transportiert. Am schwersten hatten es die in Fußmarsch gesetzten Häftlingsgruppen. Viele von ihnen gelangten als lebendige Tote ans Ziel. Die in Amstetten evakuierten Ungarn leisteten bis zum endgültigen Zusammenbruch in Ebensee Zwangsarbeit.

Ebensee

Ebensee war das erste Außenlager des KLM, das zum Ausbau eines unterirdischen Stollensystems für die Rüstungsindustrie errichtet wurde. Es lag etwa 100 Kilometer von Mauthausen entfernt, im oberösterreichischen Salzkammergut. Das ab November 1943 anderthalb Jahre lang existierende Außenlager zählt zu jenen, in denen eine große Zahl an Häftlingen untergebracht wurde. In dem malerischen Tal zwischen Traunsee und Bad Ischl brach die Firma Hatschek von 1909 an Steine von den Felsen. Als im Frühjahr 1943 nach einem gut getarnten Versteck für die unterirdische Rüstungsindustrie gesucht wurde, fanden hier die Landvermesser einen idealen Ort dafür. Sowohl die dichte Bewaldung des Bergrückens als auch die geologischen und topographischen Gegebenheiten sprachen für das Vorhaben, hier Stollen von einer Länge von sieben Kilometern in den Berg zu treiben. Die ersten 63 Häftlinge, die ursprünglich im KLM und danach im Außenlager Redl-Zipf Arbeitseinsatz leisteten, trafen am 18. November 1943 zum Lageraufbau ein. Am nächsten Tag kam dann eine wesentlich größere Häftlingsgruppe aus Mauthausen an. Die über vierhundert Männer – Polen, Russen, Jugoslawen, Griechen und Deutsche – wurden in einem früher als Weberei dienenden Gebäude untergebracht.[197] Eine Reihe von Baufirmen richtete sich ein. Unter Anleitung von Zivilangestellten begannen die von der SS „geliehenen" Bauarbeiter, sprich KZ-Häftlinge, unter hohem Zeitdruck Stollen in den Fels zu treiben.

Die in Arbeitskommandos eingeteilten Häftlinge legten Straßen und verschiedene Leitungen an, die zur Baustelle führten, bauten die Kanalisation aus und errichteten Steinmauern. Andere waren beim Abholzen im Wald eingesetzt. Um die Arbeit zu beschleunigen, wurden bald Maschinen herangefahren. Der Ausbau der riesigen unterirdischen Werkhallen ging unter Anleitung und Weisung von Vorarbeitern der Deutschen Bergwerks- und Hüttenbaugesellschaft (DBHG), „Meister" genannt, forciert voran.

In der Waldzone außerhalb der Gemeinde standen schon sehr bald die ersten fünfzehn Holzbaracken. Nach und nach entstanden die unter den Bäumen gut versteckten Wohnblocks, vier Baracken als „Krankenrevier", etliche Nebengebäude und ein Platz für die zweimal am Tag abgehaltene Häftlingszählung. Das ganze wurde mit einem drei Meter hohen Stacheldrahtzaun umgeben, der vom ersten Augenblick an Hochspannungsstrom führte. Die Häftlinge trugen Holzschuhe und blau-weiß oder grau-weiß gestreifte Häftlingskleidung aus derbem Wollstoff. Und obwohl diese „Ausrüstung" den besonderen Umständen und harten Arbeitsverhältnissen nicht lange standhielt, konnte sie – vor allem ab Winter 1944 – nicht ersetzt werden. So mussten die meisten täglich in Fetzen ausrücken, den steilen und steinernen „Löwengang"[198] zum Stolleneingang in jämmerlichen, mit Draht und Bindfaden zusammengehaltenen Lumpen zurücklegen. Offene Wunden, allerlei Verletzungen plagten fast alle. Das Bohren, die dabei abstürzenden Felsblöcke, das Schleppen des gewonnenen Baumaterials führte zu schweren Unfällen, forderte zahlreiche Opfer. Doch die Verluste zählten nicht. In Ebensee war doch die überwiegende Mehrheit der Häftlinge bis zum Kriegsende ohnehin nicht freizulassen oder erhielt bei ihrer Inhaftierung den Vermerk „Rückkehr unerwünscht".[199]

Schon wenige Wochen nach Gründung des Außenlagers galten zehn Prozent der Häftlinge bereits als völlig erschöpft, d.h. nicht mehr arbeitsfähig, somit wurde ihre ohnehin mickrige Essenration ab sofort gekürzt. Die Arbeitsunfähigen wurden da noch nach Mauthausen zurück überstellt. Für die meisten wurde dies die Endstation. Die erste Eintragung das Totenbuch stammt vom 6. Dezember 1943. Als das Lager im Februar 1944 vier Kilometer vom Ort Ebensee angelegt wurde, rechnete die SS wohl bereits mit einer ansteigenden Sterberate und ließ auch ein Krematorium errichten. Die Öfen waren ab 13. Juli 1944 tatsächlich ständig in Betrieb. Anfang 1945 erreichte das Lager seine vollständige Ausdehnung. Sie bestand nun aus 32 Unterkunftsbaracken (je mit Doppelstockpritschen), zwei Werkstattbaracken, zwei Krankenbaracken (die eine extra für Genesende), aus Wäscherei und Trockenkammer, Häftlingsküche und Lebensmittellager, Schreibstube mit „Kantine", Lagerbüro und dem „Krema". Der Rahmen für das heute noch stehende Eingangstor wurde aus Beton gegossen. Für die Unterbringung der Wachmannschaft mussten die Häftlinge elf Wohnbaracken außerhalb des Lagers bauen.

Das Stollensystem von Ebensee sollte im Zuge der Forcierung des Raketenprogramms errichtet werden, zum Zweck der geheimen Entwicklung der in der Göbbels'schen Propaganda zu „kriegsentscheidenen

Wunderwaffen" hochstilisierten Raketen A4 (bzw. V2) und A9. Der Mitte September 1943 beschlossene Stollenbau für ein Raketen-Entwicklungswerk wurde unter dem Decknamen „Zement" gestartet.[200] Nach „Dora-Mittelbau" sollte der Komplex in Ebensee das zweitbedeutendste unterirdische Werk werden. Teil „A" des Stollensystems war – infolge der nunmehr permanenten feindlichen Luftangriffe – ursprünglich für die Unterbringung der Anlagen des Raketen-Entwicklungswerks Peenemünde vorgesehen, während im Abschnitt „B" die technische Kontrolle von Fertigprodukten vorgenommen werden sollte. Der Ausbau dieses zweiten Betriebsteils ging schleppend voran, zur Zeit der Schließung des Lagers im Mai 1945 waren die Pläne lediglich bis zu sechzig Prozent realisiert.

Das Vorhaben, das Raketenprogramm von Peenemünde nach Ebensee zu verlegen, wurde Sommer 1944 angesichts der Kriegslage verworfen. Im Stollenabschnitt „A" richtete man stattdessen eine aus Frankreich entwendete Ölraffinerie ein, die die Tarnbezeichnung „Dachs II" erhielt. Hier sollten in Frankreich, Polen und Italien abmontierte Maschinen und Einrichtungen den Reichsinteressen dienen. (Das alles war bis nach Kriegsende – bis 1947 und dann wieder zwischen 1949 und 1952 – in Betrieb.) Die Destillationsanlage mit dem Decknamen „Iltis" stellte Flugbenzin her. Das Reich brauchte immer mehr luftsichere, unterirdische Produktionsstätten. Der Rüstungsstab musste wegen des Vormarschs der Sowjetarmee die Rüstungskapazität aus Ungarn abziehen und sicherstellen. (Ein Teil des Maschinenparks der Flugzeugfabrik „Dunai Repülőgépgyár" wurde Ende des Jahres samt zuständiger Arbeiterschaft tatsächlich nach Melk und Ebensee verlegt. „Man behandelte sie haargenau so wie die Deportierten."[201]) In den Stollen Nr. 4 und 5 des Abschnitts „B" wurde schließlich an über 200 Maschinen gearbeitet. Die Steyr-Daimler-Puch AG. produzierte hier bis Kriegsende Kugellager und Teile für Lkw- und Panzermotoren, während in den Stollen 1 und 2 im Auftrag der zum Konzern gehörenden Nibelungenwerke Panzerbremstrommeln hergestellt wurden. Häftlinge bedienten die riesigen Destillationsanlagen, die in unterirdischen Gängen im Seeberg verborgen waren. Sie wurden aber auch im Auftrag zahlreicher Klein- und Mittelbetriebe eingesetzt. Diese Bau- und Produktionsfirmen forderten von der SS Tag für Tag präzise aufgelistet die gerade benötigten Arbeitskräfte an. Die Abrechnung geschah dann jeweils unter Berücksichtigung der Berufsausbildung und Arbeitsfähigkeit der „ausgeliehenen" Häftlinge, die jeweils unter Führung

Abb. 17: Stollen für das Raketenprogramm im Außenlager Ebensee

von Kapos anrückten. Aus den letzten Kriegsmonaten sind solche Dokumente der täglichen Häftlingsanforderung erhalten geblieben.[202]

Kurz bevor die ersten ungarischen Häftlinge im Außenlager eingetroffen waren, wurde der für sadistische Gräueltaten berüchtigte Lagerkommandant SS-Obersturmführer Otto Riemer abgesetzt. Bei seinem Ausscheiden aus dem Lager am 23. Mai 1944 schoss Riemer gemeinsam mit einem anderen, ebenfalls in alkoholisiertem Zustand befindlichen SS-Angehörigen unter die vom Arbeitseinsatz einrückenden Häftlinge. Laut Hans Maršalek wurden sechs von ihnen sofort getötet, nach Florian Freund soll es dabei mindestens acht Opfer gegeben haben.[203] Dreißig Häftlinge erlagen in den späteren Tagen ihren bei der Schießerei erlittenen schweren Verletzungen. Sein Nachfolger SS-Obersturmführer Anton Ganz, 45, war seit 1931 Mitglied der NSDAP. Zunächst (ab 1932) gehörte er der Allgemeinen SS an, nach abgeschlossener Ausbildung erhielt er dann 1940 den Offiziersdienstgrad Oberscharführer der Waffen-SS. Anton Ganz diente in Mauthausen, Ternberg, Wiener Neustadt und zuletzt wieder in der Lagerkommandantur des KLM. Seine unbarmherzigen Befehle entsprachen der SS-Mentalität voll und ganz.

Unter seiner Kommandantur im Mai 1944 führten vier SS-Führer, 128 SS-Unterführer und eine 475 Mann starke Wachmannschaft[204] – meistens versetzte Wehrmachtssoldaten – Aufsicht über das Heer von etwa 5.000 Häftlingen. Der Lagerführer zögerte keinen Augenblick, für die kleinsten Makel, für noch so belanglose oder an den Haaren herbeigezogene Versäumnisse Menschen erhängen zu lassen, ja, kaltblütig erteilte er Befehle zur Massenexekution. Er beteiligte sich ebenfalls an bestialischen Morden.[205] Anton Ganz kannte nur zwei Arten von Häftlingen: arbeitsfähige oder tote. Um die Zahl letzterer zu erhöhen, hat er persönlich alles ihm zu Kräften Stehende getan. In den ersten Tagen des Mai 1945 ließ er 2.167 Leichen in zwei Massengräbern zu verscharren.[206] (Die Kapazität des Krematoriums reichte mittlerweile nicht mehr aus, am 3. Mai wurde es stillgelegt.) Beim Einmarsch der amerikanischen Soldaten am 6. Mai lagen etwa 400 Leichen auf dem Platz vor der Verbrennungsanlage, weitere 600 bis 800 fand man in den Baracken und anderswo im Lagerareal gestapelt.

Abb. 18: Leichen vor einer Krematoriumsbaracke, Außenlager Ebensee Mai 1945

115

Die ersten ungarischen Häftlinge in diesem Außenlager des KLM waren deportierte Juden. Sie kamen Anfang Juni 1944 per Güterzug über Mauthausen aus Auschwitz-Birkenau an,[207] als zusätzliche Arbeitskräfte nach zwei großen Transporten italienischer und französischer Häftlinge. Sie wurden ausschließlich aufgrund ihrer Arbeitsfähigkeit und Berufsbildung ausgewählt, wobei auf die Körperkraft besonders geachtet wurde. Nach diesen 1.500 ungarischen Juden wurden bis Anfang 1945 keine bedeutenden „Judentransporte" nach Ebensee überstellt, jüdische Häftlinge gelangten lediglich in geringfügiger Anzahl mit anderen Häftlingsgruppen ans Ufer des Traunsees. Im Juli wurden sowjetische Kriegsgefangene, im Herbst vor allem Polen eingeliefert.

Aus der Transportliste vom 19. Oktober 1944 geht hervor, dass unter den 1.000 eingetroffenen Häftlingen die Polen mit 440 Personen (davon 54 jüdisch) bzw. die Sowjetbürger (230) in der Mehrheit waren. Ihnen folgten die Jugoslawen (184 politische Häftlinge) und die Italiener (47). Zum Transport gehörten 38 Juden aus Ungarn.[208] Ungarn kamen auch „auf Umwegen" nach Ebensee. Bezeichnend ist etwa die Geschichte von Tamás Kristó Nagy. Der Student ist gemeinsam mit fliehenden Arzt- und Apothekerfamilien aus Hódmezővásárhely (Südostungarn) mit einem Zug des Militärspitals nach Szombathely (nahe der Reichsgrenze) gefahren, wo sie in einem geräumten Schulgebäude untergebracht wurden. Am 10. Dezember wurde Kristó Nagy auf der Straße festgenommen. Bei den „Brüdern" der Pfeilkreuzlerpartei halfen weder Ausweise verschiedenster Art noch das herzzerreißendste Anflehen. Man hat ihn und 15 etwa Gleichaltrige kurzerhand für Fahnenflüchtige erklärt und auf dem Bahnhof von Szombathely gemeinsam mit einigen Männern um die 40 in Güterwagen verfrachtet. Sie landeten in der Tiefe des Berghangs bei Ebensee, wo sie in ihren bald zu Lumpen gewordenen Kleidungsstücken als Lorenschieber ihr Dasein fristeten.[209] In der behandelten Zeitspanne ab Juni 1944 wurden in Ebensee 16 Transporte registriert. (Im gesamten Jahr trafen 31 Transporte mit insgesamt 11.532 Häftlingen ein.) Bemerkenswert ist dabei, dass die ersten drei Transporte ausschließlich aus Ungarn bestanden und dass bis auf den Transport vom 25. September, dessen Ausgangsort wiederum Oranienburg war, alle aus Mauthausen überstellt wurden.[210]

Datum des Eintreffens (1944)	Zugänge	Häftlingsstand
02. 06.	479	5.369
10. 06.	579	5.466
14. 06.	500	5.959
22. 06.	1	5.936
03. 07.	100	5.858
04. 07.	55	5.904
24. 07.	670	6.435
25. 07.	1	6.434
11. 08.	1	6.421
10. 09.	780	7.151
11. 09.	750	7.901
23. 09.	700	8.392
25. 09.	1	8.306
19. 10.	1.000	9.240
16. 11.	1	9.176
16. 11.	176	9.352

Das tägliche Arbeitspensum restlos zu erfüllen, war für jeden obligatorisch. Um dies noch besser überprüfen, die eingesetzten Häftlinge penibel kontrollieren und vor Ort bestrafen zu können, wurde Ende 1944 eine SS-Sondereinheit, die so genannte Stollenwache ins Leben gerufen. Da die ausgehungerten, von verschiedenen Verletzungen und Krankheiten geplagten, immer schwächeren Häftlinge massenhaft ausfielen, herrschte ein ungestillter Bedarf an „massivem Arbeitseinsatz". Um diese Zeit wurde sogar in Erwägung gezogen, Flüchtlinge aus Südosteuropa in Ebensee Zwangsarbeit leisten zu lassen.[211]

Im Interesse der gewünschten Leistungssteigerung wurde das Verhältnis zwischen Zivilarbeiter und Häftling von eins zu fünf bis eins zu zehn festgelegt. Die Zahl der Arbeitskräfte in den Stollen zwischen 12. und 18. Februar 1945:[212]

Arbeitskräfte	Anzahl	Anteil in %
Reichsdeutsche Zivilarbeiter	1.168	11,8
Techniker	219	2,2
Ausländische Zwangsarbeiter	1.231	12,5
Kriegsgefangene	356	3,6
Häftlinge	6.916	69,9
Gesamt	**9.890**	**100,0**

Zwischen 3. Jänner und 4. Mai 1945 trafen insgesamt 31 Menschentransporte in Ebensee ein. (Oft weit über den eigenen Bedarf an Arbeitskräften, denn das Hauptlager war nicht mehr imstande, die Häftlingsschar aus den im Osten evakuierten Konzentrationslagern aufzunehmen.) Am 29. Jänner zum Beispiel traf ein großer Transport ein. Die 1.999 Häftlinge kamen über Mauthausen aus Auschwitz-Birkenau, von wo sie am 18. Jänner größtenteils in offenen Viehwagons auf den Weg geschickt wurden. Die Armseligen blieben während der ganzen Odyssee so gut wie unversorgt. Von den 31 Transporten waren übrigens nur noch vier aus dem KLM überführt. Acht kamen aus Melk, fünf aus St. Valentin, bei vier Transporten war Redl-Zipf, bei zwei weiteren Wels der Ausgangsort, und es stammte je eine „Lieferung" aus Wolfsberg, Nordhausen, Amstetten, Leibnitz, Dachau und Sachsenhausen. Schließlich stammten die beiden letzten Transporte, sie kamen am 4. Mai in Ebensee an, mit 206 bzw. 214 Häftlingen gar aus dem fernen Neuengamme. 1945 wurden insgesamt 15.616 Häftlinge in Ebensee registriert. Von den 31 Transporten kamen 21 aus verschiedenen Außenlagern des KLM. Beim Eintreffen des ersten Transports betrug der Häftlingsstand im Lager 8.884, nach der letzten „Lieferung" belief er sich auf 16.468.[213]

Pál Bleyer, 45, Budapester Angestellter, wurde am 28. April 1944 aus Bácstopolya nach Auschwitz-Birkenau verschleppt. Bei einer Selektion zum Arbeitseinsatz kam er mit einem Transport von 1500 Häftlingen nach Wolfsberg in Niedersachsen. Nach der Evakuierung des Lagers im Februar 1945 musste er erst einen langen und mühseligen Fußmarsch durchmachen, dann eine nicht minder leidvolle Bahnfahrt, bis er am 3. März Ebensee erreichte. Im Außenlager des KL Stutthof, in Trutenau *hat man uns in offene Viehwagons verfrachtet und nach Ebensee transportiert." Unterwegs starben etwa 300. Die letzten 24 Stunden verbrachten wir im offenen Güterwagen bei ständigem Schneefall. Nach der Ankunft in Ebensee wurden die Wagons entladen und die Leichen und die Gehunfähigen, so wie es kam, ohne Absonderung wieder auf Lastwagen verladen und zum Krematorium gefahren. Wer noch am Leben war, starb entweder noch während der Autofahrt oder beim Entladen (sie wurden einfach heruntergeworfen).*

Auch die Gesunden marschierten zum Krematorium, wo sie 24 Stunden ohne Essen und Trinken im Freien verbleiben mussten, bis sie endlich ins Bad hineingelassen wurden. Nach der Desinfektion wurden die Leute in vier Baracken untergebracht, dann ein paar Tage später nach Arbeitskraft selektiert. Die Arbeitsunfähigen versammelte man in einer Baracke, wo sie fast ohne Ausnahme umkamen. Schwerkranke wurden vom Blockpersonal (es handelte sich meistens um Kriminelle) erschlagen. Einmal inspizierte der SS-Wachmann in Begleitung seines großen Schäferhundes, den er sogleich gegen die auf dem Boden liegenden Kranken aufhetzte. Die Zahl der täglichen Todesopfer schätze ich auf zweihundert.[214]

In diesem Außenlager erreichten die deportierten Ungarn, denen es gelungen ist, die Selektion in Auschwitz zu überleben, mit 37 Jahren ein beachtenswert höheres Durchschnittsalter. Damit überboten sie sowohl ihre jugoslawischen als auch die aus Warschau eingelieferten polnischen Häftlingskameraden (Durchschnittsalter 31 bzw. 35 Jahre). Was den Anteil einzelner Nationen im Lager anbelangt, hatten in den Herbstmonaten die Polen die Spitzenstellung (35 %), ihnen folgten die Häftlinge aus der Sowjetunion (30 %), dann die ungarischen Juden (15 %). Die Franzosen, Italiener und Jugoslawen erreichten 6, 5 bzw. 4 Prozent des Häftlingsstandes.[215] In Ebensee waren Bürger aus 16 Ländern gefangen gehalten.

Neueren Forschungen zufolge trugen nicht nur das menschenunwürdige Lagerleben, die täglich zu absolvierende Schwerstarbeit, die allgemeine Hoffnungslosigkeit dazu bei, dass sich unter den Häftlingen immer wieder welche zu bereitwilligen Handlangerdiensten finden ließen. Sogar die nationale Zusammensetzung der Häftlingsschar spielte dabei eine nicht zu unterschätzende Rolle, und die Schergen konnten zu jeder Zeit auch auf die zwischen den einzelnen Nationalitäten auflodernden Gegensätze, Feindlichkeiten bauen. Denn es gehört in das Reich der Legenden, dass die Ausgestoßenen die außerordentlichen, beinahe unvorstellbaren physischen und seelischen Qualen als eine intakte Gemeinschaft erlebt hätte. Gegen Kameradschaft und Solidarität wirkte auch das von der SS aufgestellte und behütete System der „Häftlingsselbstverwaltung". Häftlinge mit grünem Winkel an ihrer Oberkleidung (Lagerkennzeichen für Kriminelle) führten mit den ein rotes Dreieck an der Jacke tragenden Politischen einen zähen steten Kampf um die bevorzugten Posten der Lagerfunktionäre.

Kleinere, aus wenigen Personen bestehende Solidaritätsgruppen, die aus Selbstwehr, aus erkanntem gemeinsamem Interesse gelegentlich zusammenhielten, gab es allerdings auch. Diese teilten sich Leid und Gut, sprachen einander Mut zu und konnten dadurch all die Schicksalsschläge leichter ertragen. Und wohl auch erfolgreicher, denn diese „Selbsthilfegruppen" hatten, so zeigt die Statistik, wesentlich größere Überlebenschancen. Es gab aber auch reichliche Beispiele für die „Kehrseite" des menschlichen Zusammenlebens, für Feindseligkeiten. Diese führten bisweilen zu Explosionen, etwa die krassen Gegensätze zwischen Sowjetbürgern und Polen (nach Befreiung des Lagers haben sich diese beiden Parteien sogar angeschossen) oder die vom Münchener Abkommen geschürten Spannungen zwischen Tschechen und Franzosen. Auch ansonsten offenbarten sich – zwischen den Kapos und sonstigen Privilegierten bzw. ihren „Untergeordneten" sowie infolge unterschiedlicher Einweisungsgründe und Nationalität der Häftlinge – die verschiedensten Arten und Nuancen von Bevorzugung, Diskriminierung, bis hin zur Verfolgung. Trotz alledem galten die schlimmsten Atrozitäten, die ewigen Misshandlungen von Seiten des Wachpersonals oder der Häftlingsfunktionäre zum größten Teil den Juden. Die meist ukrainischen und polnischen Kapos setzten den im Lager von den SS-Angehörigen geschürten Hass und ihre eigenen Vorurteile eifrig in die Tat um. Sie misshandelten die ihnen zugeteilten ungarischen Juden nach Lust und Laune. Diese mussten nicht nur Schläge und Fußtritte ihrer Vorgesetzten erdulden, sondern beim Aus- und Einrücken der Arbeitskommandos – zum Vergnügen der Aufsicht übenden SS-Männern – auch Hundebisse erleiden.[216]

Izrael Dresler aus Kassa (43) war beim Stollenbau eingesetzt:

Am furchtbarsten war die Nachtarbeit, denn anschließend musste man sofort zum Appell. Bei Nachtschicht kamen wir in der Regel um das Mittagessen. Schlafen konnte man trotzdem nicht, denn in der Baracke herrschte reges Treiben. [...] Man hat uns ohne jeden Anlass grob behandelt, brutal zusammengeschlagen, sogar bei der Arbeit. Am häufigsten waren die Schläge auf Kopf mit einem Gummiknüppel. Da war jeder schon dermaßen geschwächt, dass er nicht mehr viel brauchte um zu sterben.[217]

Die zügellose Brutalität im Lager lernten freilich auch andere Häftlinge kennen. Nachdem Italien der Achse" abtrünnig geworden, erteilten die SSler und ihre Helfershelfer den italienischen Häftlingen „Sonderschläge". Diese Extrabehandlung kostete vielen das Leben.

Wer ins Revier kam, krepierte innerhalb weniger Tage. Medizinische Betreuung gab es keine. Vier Kranke lagen in einem Bett, und unter jedem Bett zwei weitere Pflegebedürftige. Sollte ein Schwerkranker viel zu lange mit dem Tod gekämpft haben, wurde er nackt ausgezogen und auf eine gesonderte Pritsche gelegt [...] nach einigen Stunden starb er, auf ein

Stück Holzbrett liegend ohne Kleidung und Zudecke in ungeheiztem Raum. Wer nur konnte, rückte auch halbtot mit seinem Arbeitskommando aus; selbst die Ärzte haben jedem abgeraten, sich ins Spital einweisen zu lassen.[218] Die tiefe Verzweiflung, die beinahe unerträglichen körperlichen und seelischen Qualen ließen viele in Lethargie verfallen. Am 6. Juni 1944 erhängte sich der ungarische Jude Miklós Gelb, vermutlich als erster der verhältnismäßig wenigen ungarischen Selbstmörder in Ebensee. Am 27. Juni schied der ebenfalls jüdische Ervin Frankfurter auf gleiche Weise aus dem Leben. (Die Selbstmordfälle wurden in den offiziellen Lagerberichten gemeldet, es ist aber genauso wenig auszuschließen, dass es sich in Wirklichkeit um Mordtaten der Kapos handelte.) Am 21. Juli wurde Zsigmond Braun von einem Wachmann – laut offizieller Darstellung „auf der Flucht" erschossen. „Unter gleichen Umständen" erschoss ein gewisser Schuch von der SS-Wache am 23. August 1944 zwei ungarische Juden namens Ábrahám Reiner und Lázár Mendel. Bei diesen Todesfällen handelte sich im Grunde um spontane Tötungen.[219] (In der vorhandenen Dokumentation findet sich keinerlei Hinweis auf gelungene ungarische Fluchtversuche.) Die Schießerei auf schutzlose Häftlinge brachte nicht nur etwas Abwechslung in den „eintönigen" Wachdienst, sondern wurde nicht selten mit Lob der Lagerkommandantur oder gar einer Geldprämie honoriert.

Im Hinblick auf Einsatzort und täglichen Einsatz zeichneten sich enorme Unterschiede ab. (Für alle „gleich" war nur die „Verpflegung" mit einer Tagesration von 700-800 Kalorien.) Als besonders anstrengend und gefährlich galt der Einsatz im Steinbruch; die zehn, elf Stunden währende tägliche Schwerstarbeit führte zu schweren Verletzungen und forderte zahlreiche Opfer. (Nicht minder aufreibend war der „Außeneinsatz", der Transport von riesigen Felsblöcken. Andere mühten sich mit der Fertigstellung zentnerschwerer Betonelemente für den Stollenbau ab.) Unter den hinunterstürzenden Steinmassen fanden viele den Tod, etwa am 1. Oktober István Gál und Jenő Eisenberger, am 29. dieses Monats Márton Czalovits, am 3. Februar 1945 Sándor Böhm. Eine tödliche Verletzung zogen sich Ede Kohn (17. Februar) und Fülöp Mittelmann (16. März) zu. „Selbstmord" bei der Arbeit begingen nach der offiziellen Meldung zwei ungarische Häftlinge: Mihály Davidovics am 16. und Vilmos Hacker am 20. Februar. Einen Tag zuvor wurden Miksa Weissmann und Móric Freund von SS-Angehörigen „auf der Flucht" erschossen.[220] Doch in

Ebensee erntete auch der „natürliche" Tod. Der Lagerarzt der Kalkstein-
bergwerke Solvay, ein SS-Unterscharführer, verbuchte am 17. April 1945
in seiner Tagesmeldung 98 Todesfälle. Davon waren 22 ungarische Juden;
in 18 Fällen wurde „akute Herzschwäche" als Todesursache angegeben,
während je zwei Häftlinge an Lungenentzündung bzw. an einer Infek-
tionskrankheit starben.[221] Im Häftlingsstand des Arbeitslagers „Zement"
wurde am 21. April ein Rückgang von 127 Personen festgehalten, unter
den Verstorbenen registrierte man 33 ungarische Juden.[222] Unter den ver-
fälschten Todesursachen kommen „Kreislaufkollaps" und „Herzmuskel-
entzündung" besonders häufig vor. Der aus Munkács (heute Muka-
čevo/Ukraine) deportierte Vilmos Selmanovits gelangte mit dem Wolfs-
berger Transport nach Ebensee. Nach seiner Rückkehr nach Ungarn erinnerte sich der 20-jährige vor allem an die unablässige Hungersnot im
Außenlager sowie an „die um sich greifende Typhusepidemie, doch Unzählige erlagen auch der Entkräftung. Einmal in der Nacht schnitten russische Häftlinge ein Stück Fleisch aus den Leichen und kochten sich etwas
davon. [...] Der ganze Hof war meistens mit Leichenhaufen bedeckt."[223]

Um ihren beißenden Hunger zu stillen, aßen die Häftlinge sogar
Gras, ja, wahllos einfach alles, was sie nur vorfanden. Triebe und Blätter
von Busch und Baum, Frösche und Schnecken aus der ganzen Umgebung. Sie sammelten das aus den Viehwagons sickernde Viehsalz von der
Erde auf, überhaupt jeglichen Müll. Begehrt war alles Kaubare, von „organisierten" Kohlenstücken bis zum Karbid, einer Delikatesse in der Tiefe
der Stollen.

Der Hunger brachte neue Nahrung auf den Speisezettel. Manche ent-
deckten, es sei herrlich und obendrein noch gesund, an einem Stück As-
phalt zu kauen. Es gebe nicht nur den Kaumuskeln Arbeit, sondern be-
ruhige auch das Nervensystem. Wer nur konnte, hat ja auch den ganzen
Tag am Teer gekaut, als wäre das ein Kaugummi bester Qualität gewesen.
Wer dann mit einem Teerstück im Mund erwischt wurde, der wurde so
lange geprügelt, bis auch seine Haut so schwarz wie Pech geworden ist.
Unsere Betreuer mögen ausgerechnet haben, wenn jeder von uns 50
Gramm Asphalt in den Mund nimmt, macht das am Tag eine halbe
Tonne, im Jahr sogar über 150 Tonnen aus; kein Wunder, dass die Sün-
der entsprechend rigorose Strafen erhielten. Eine Gruppe hatte im Stein-
bruch Einsatz und stieß dort auf irgendein weiches Gestein. Man konnte
daran kauen und es hinterschlucken, denn es zerfiel im Munde wie Brot.
Man brachte davon auch ins Lager und verteilte das ,Mitbringsel' unter

den Häftlingskameraden. Kurz darauf war dieser Stein schon ebenso begehrt wie das Brot. Und nun begann man auch damit Handel zu treiben, nicht jeder konnte halt zu diesem Schatz kommen. Einige erklärten uns, das Ding enthalte Fett und sei daher nahrhaft. Auch ich besorgte mir ein wenig von der ,Götterspeise' und war glücklich damit", erinnerte sich József Weisz, Holzhändler aus Dés (Häftlingsnummer 72.196) an die verschiedenen Arten vom „Lebensmittelersatz" zurück.[224] Das Totenbuch des Außenlagers Ebensee hat ein Luxemburger Häftling namens Camille Scholtes vor der befohlenen Vernichtung mutig versteckt und gerettet. Das Dokument gibt neben der Nummerierung über Todestag, Häftlingsnummer, Haftgrund, Namen (!) und Sterbeort Auskunft.[225] Die ersten eingetragenen ungarischen Opfer:

Nr. 486	8. 6. 1944	68.058	U-Jude Berkovits, Bernát	Krankenstube
Nr. 497	13. 6. 1944	68.497	U-Jude Ladányi, Jen	Krankenstube
Nr. 499	14. 6. 1944	70.369	U-Jude Tremer, Nándor	Krankenstube

Die statistische Bilanz aller Eintragungen im Jahr 1944 lässt uns feststellen, dass 95,8 % der in Ebensee umgekommenen, respektive ermordeten Juden aus Ungarn deportiert wurden. 4,2 Prozent der Opfer stammten aus Polen. Das am 22. Dezember 1943 begonnene Totenregister hört am 6. März 1945 auf. An diesem Tag dokumentierte es den Tod von vier ungarischen Häftlingen. Die beiden letzten Eintragungen unter Nummer 2.326/27 verkünden, dass die aus Ungarn verschleppten Juden Joachim Heimlich (Häftlingsnummer 69.972) und József Klausner (103.554) aus dem Leben schieden. Im Hinblick auf die Häftlingskategorien im Lager Ebensee hatten die Juden die prozentual höchsten Verluste zu erleiden. Von 8.078 jüdischen Häftlingen haben 3.110 nicht überlebt, was 38,5 % ausmacht.[226] Die nächsthöchste Sterberate verzeichnen mit 32,415 % die Politischen; von 9.901 Häftlingen dieser Kategorie starben 3.210.

Der österreichische Zeithistoriker Florian Freund befasste sich eingehend mit der Sterblichkeit namentlich erfasster politischer Häftlinge unterschiedlicher Nationalität.[227] Aus seiner Aufstellung geht hervor, dass von den „Politischen" die Sowjetbürger, die Italiener und die Polen die wohl schlechteste Behandlung erfuhren. Reichsdeutsche, Tschechen und Spanier hingegen erfreuten sich meistens bevorzugter Stellung im Lager und damit auch zusätzlicher Chancen zum Überleben. Seine Forschungen ergaben folgende Statistik nach Nationalität der Häftlinge:

123

Gesamtzahl politischer Häftlinge		Tote	Sterblichkeit in %
Sowjetbürger	698	375	53,72
Italiener	813	414	50,92
Polen	4.675	1.681	35,96
Jugoslawen	816	228	27,94
Griechen	252	61	24,21
Franzosen	1.315	297	22,59
Ungarn	29	6	20,69
Reichsdeutsche	551	50	9,07
Tschechen	109	6	5,50
Spanier	222	2	0,90
Andere	421	90	21,38

In KZ Ebensee wurden in der Zeit von Einrichtung bis Befreiung des Lagers über 27.000 Häftlinge eingewiesen. Davon kamen mehr als 8.200, knapp ein Drittel, um; 7.113 Opfer sind namentlich bekannt. Die statistische Ermittlung der Todesopfer[228] nach Nationalität lässt unter anderem deren Einstufung, Lebensbedingungen und Überlebenschancen erahnen bzw. anschaulich darstellen:

Nationalität	Gesamtzahl	Tote	Sterblichkeit in %
Italiener	955	512	53,61
Ungarn	4.118	1.855	45,05
Polen	7.845	2.499	31,85
Griechen	400	118	29,50
Jugoslawen	829	235	28,35
Sowjetbürger	5.297	1.039	24,84
Tschechen	197	35	19,61
Reichsdeutsche	1.251	144	17,77
Spanier	222	2	0,90
Andere	922	295	32,00
Gesamt	23.562	7.113	30,19

Ebensee bedeutete für eine der grandiosesten „Geheimaktionen des Reichs" und ihre Träger, die Mitarbeiter der Geldfälscherwerkstatt, lediglich Endstation. Dennoch wäre die Chronik des Lagers ohne Erwähnung dieser einmaligen „Aktion" unvollständig. Die Vorgeschichte reicht bis

1939 zurück. Damals beschloss ein enger Führungsstab des Deutschen Reiches, die nationale Währung der Engländer zu unterhöhlen, indem englische Pfundnoten bei Nacht und Nebel gefälscht und serienweise in Umlauf gebracht werden sollten. Das groß angelegte Fälschungsprojekt lief im nächsten Jahr unter dem Decknamen „Aktion Andreas" in Eberswalde bei Berlin an – mit Mischung und Produktion des Rohstoffes für das englische Geldpapier.[229] Gleichzeitig arbeiteten Deutschlands bestqualifizierte Graveure, die militärisch eingezogen und vereidigt worden waren, an den nötigen Druckklischees. Aufsicht über dieses streng geheime Unternehmen hatte der Deutsche Sicherheitsdienst. Mittlerweile begann man auch mit der Fälschung von Reisepässen. Diese waren für das erfolgreichen Wirken der Geheimdienstagenten erforderlich und verlangten von ihren Herstellern eine ebenfalls hochkarätige Präzisionsarbeit. Die deutschen Agenten waren sodann meist mit Pässen unterwegs, die den Kontrollen jeglicher Grenzgendarmerie standhielten. Ebenso „standfest" erwiesen sich die in Eberswalde mit harter Arbeit hergestellten Falschgelder. Als diese im März 1941 endlich in Umlauf gebracht worden sind, bestanden sie brillant die Probe. Kein Schweizer Bankangestellter zweifelte auch nur einen Moment an ihrer Echtheit. Der Schwindel hätte ohnehin nur auffliegen können, wenn zwei gleich nummerierte Scheine – ein echter und einer „aus der deutschen Produktion" – gleichzeitig bei einer Bank eingereicht worden wären, an einer und derselben Kasse aufgetaucht wäre. Die Wahrscheinlichkeit war jedoch gleich Null, das Risiko gering und getrost einzugehen. (Die Deutschen haben zuvor alle früheren bedeutenden Geldfälschungen eingehend studiert! SS-Obergruppenführer Reinhard Heydrich, Chef des NS-Sicherheitshauptamts, wertete u.a. auch den seinerzeit international viel Aufsehen erregenden ungarischen Fälschungsskandal 1925 geradezu wissenschaftlich aus. Damals wurden in Ungarn Schweizer Franken kopiert.) Anfangs sollten die Falschgelder vorläufig noch nicht die geplante Abwertung des Pfund Sterling bewirken, sondern vielmehr die steigenden Kosten für die im Ausland tätigen deutschen Geheimagenten decken.

Im Interesse des ungestörten Weiterwirkens wurde die immer bessere Fälschungen hervorbringende Werkstatt Ende Mai, Anfang Juni 1942 in das Konzentrationslager Oranienburg-Sachsenhausen verlegt. Da ihre Tätigkeit von nun an SS-Sturmbannführer Bernhard Krüger verantwortete, erhielt die Aktion die neue Tarnbezeichnung „Bernhard".[230]

Nach allgemeiner Durchsicht der Häftlingskartei hat man April 1943 alle Auschwitz-Birkenauer Lagerinsassen, die in ihrem Zivilleben den Beruf Reprofotograf, Retuscheur, Chemiker oder Drucker ausübten, „ausgehoben". Zur großen Überraschung der vor Angst erstarrten, um ihr nacktes Leben bangenden „Auserwählten" erfuhren sie im Verhalten der Totenkopf-Männer nun ab sofort eine riesige Änderung. Sie waren für diese plötzlich nicht mehr nur eine bloße Häftlingsnummer! Die SS-Angehörigen nannten sie bei Namen und sprachen sie mit Herrn an, als bekannt gegeben wurde, dass Berlin ihr nächster Bestimmungsort sei, wo sie unter hervorragenden Bedingungen arbeiten würden und dass es dort den entsprechende Leistung bringenden Fachleuten auch blendend gehen würde. Nach vier Wochen Quarantäne wurden sie tatsächlich nach Sachsenhausen überführt. Zusammen mit einigen Neuzugängen von Häftlingen, die in ihrem Berufsleben Drucker, Grafiker, Kunstmaler oder Banker gewesen sind, wurden sie dem neuen Fälscherkommando zugeteilt. Sie trugen nicht die übliche gestreifte Häftlingskleidung, sondern die der Werksarbeiter. Die unmittelbare Leitung und Aufsicht des Kommandos wurde SS-Hauptscharführer Fritz Werner anvertraut. Erst jetzt erfuhren die „neuen" Häftlinge, worin ihre Aufgabe bestand, dass sie in der modernen Druckerei (die abgeriegelten Lagerblöcke 18 und 19 waren bestens ausgerüstet) hauptsächlich falsche Pfund Sterling Banknoten produzieren sollten. SS-Sturmbannführer Krügers „Empfangsrede" klang allerdings viel versprechend: „Die meisten von euch rettete ich vor dem sicheren Tod, und ihr werdet sehen, ihr habt einen guten Kauf gemacht. Arbeitet gut..."[231] Die Väter dieser Aktion waren wirklich auf alles bedacht. Sie setzten ausschließlich Juden ein, die in Konzentrationslagern zu dieser „Vertrauensarbeit" erkoren worden sind. Anfangs waren in der Werkstatt 28 Fachleute tätig, ihre stetig zunehmende Zahl erreichte schließlich rund 150. Krüger verlangte absolute Arbeitsdisziplin, die makellose Erfüllung all seiner Befehle. Er selber leistete ebenfalls eine geradezu penibel präzise Führungstätigkeit. Die technischen Neuerungen führten zu immer besseren Ergebnissen: Die hergestellten 5-, 10-, 20- und 50-Pfundscheine glichen denen von der Englischen Nationalbank bis ins kleinste Detail. Sogar Mathematiker wurden in Anspruch genommen. Diese erschlossen das System der in England verwendeten Banknotennummerierung, und so kam es, dass bei der Serienproduktion die Ziffernverteilung jener der Englischen Nationalbank immer um hundert bis zweihundert voraus war.

Es gelang ihnen echte Gleichzeitigkeit und Parallelität zu erzielen. Von den kleinen Banknoten (fünf und zehn Pfund Sterling) wurden über drei Millionen Exemplare produziert, während die falschen Zwanziger und Fünfziger in mehr als sieben Millionen Exemplaren die Druckerei verließen und durch verschiedene Kanäle die Finanzwelt und Wirtschaftsmärkte erreichten.

Nach unserem ursprünglichen Plan wollten wir einen „Luftangriff" vortäuschen, wobei aus den Flugzeugen statt Bomben riesige Mengen vom Falschgeld über die Insel zerstreut werden sollte. Das hätte die englische Währung auf eine starke Probe gestellt. Doch in Anbetracht unserer mangelnden Treibstoffvorräte wurde die Luftaktion wieder verworfen, erinnerte sich Walter Schellenberg, einst Chef des deutschen Sicherheitsdienstes, an das Vorhaben zurück.[232]

Ende 1943 wurde die Werkstatt vergrößert, die Produktion erweitert, mit dem „Vertrieb" befasste sich fortan eine Sonderabteilung. Die Agenten des deutschen Sicherheitsdienstes kauften auf „legalen" Wegen oder auf dem Schwarzmarkt immer größere Mengen von Gold, Edelstein, Schmuck und Valuten an. Das „deutsche" Pfund Sterling erbrachte in gut zwanzig Ländern, wo das Falschgeld in Umlauf war, beträchtliche Gewinne. Adolf Burger zufolge machte der Gesamtwert der Fälschungen mindestens 48 Millionen Dollar oder 192 Millionen Reichsmark aus.[233]

Rechnet man etwa Wechselkurse des Schwarzmarktes oder die Wertsteigerung durch Tausch gegen Gold hinzu, dürfte diese beachtenswerte Summe noch viel beträchtlichere Höhen erreicht haben. Ohne Zweifel erwies sich die Aktion Bernhard als eine überaus fruchtbringende Geldanlage. Die dabei gesammelten reichen Erfahrungen ermöglichten später, das florierende Unternehmen auszuweiten: In der Werkstatt wurden fortan auch jugoslawische Banknoten, allerlei Anleihescheine, Briefmarken und unzählige „Dokumente" offiziellen und privaten Charakters, etwa Soldbücher jeglichen Landes mit fachmännischer Perfektion hergestellt. Und die Aufzählung ließe sich noch lange fortsetzen. Besonders große Sorgfalt wurde auf die Fälschung britischer Briefmarken verwendet. Die NS-Propaganda eines Goebbels machte für eventuell enthüllte Fälschungen andere verantwortlich.

Die gefälschten Banknoten überfluteten bereits Ende 1943 ganz Großbritannien. Es wurden immer mehr, so dass die nach Kriegsende noch kursierenden falschen stolze vierzig Prozent der echten Banknoten ausmachten! Die Englische Nationalbank zog am 24. März 1945 alle

Währungseinheiten im Wert von über zehn Pfund Sterling aus dem Verkehr bzw. erklärte sie mit Gültigkeit ab 30. April für nichtig. Später wurden auch die Fünf-Pfund-Scheine außer Kraft gesetzt bzw. neue herausgegeben.[234] Ende 1944 begann man mit den Vorbereitungen für die Serienproduktion des gefälschten US-Dollars. Dieses Vorhaben bedurfte nun einer völlig neuen, noch nie da gewesenen Technologie. Die hervorragendsten deutschen Experten des Lichtdruckverfahrens wurden ab sofort zum Kommando beordert. In fieberhaftem Tempo gelang es zwar in sage und schreibe 250 Versuchen die Herstellungsmethode des „passenden" 100-Dollarscheins herauszufinden, bis jedoch Bernhard Krüger den Produktionsplan (in zwei Schichten von je zehn Stunden sollten täglich Banknoten im Wert von einer Million Dollar gedruckt werden) ausarbeitete, spielten bereits die bis knapp vor Berlin vorgerückten Einheiten der Roten Armee die Begleitmusik. Auf Befehl aus Berlin stellte das Fälscherkommando am 21. Februar 1945 seine Tätigkeit ein. Alles in der Werkstatt Befindliche – Maschinen und Einrichtungen, Werkzeug, Halbfertigprodukte und Material – wurden sorgfältigst eingepackt und in sechzehn Eisenbahnwagons geladen. (Einer der Güterwagen verbarg, in wasserdichte Kisten gelagert, Zehntausende gefälschte Pfundscheine.)

Am 24. dieses Monats setzte sich der geheimnisvolle Sonderzug in Bewegung. Selbst den sechzehn SS-Angehörigen der Begleitwache blieb der Bestimmungsort verborgen. Schließlich kam der „Gespensterzug" – über Prag und Linz – in einer düsteren Nacht in Mauthausen an. Das Verladen nahm ganze zehn Tage in Anspruch. Die Maschinen blieben vorübergehend im Lokschuppen am Bahnhof gelagert, alles andere wurde ins Hauptlager transportiert.[235] Die Werkstattarbeiter, die das Ende der Aktion vorausgesehen und um ihr persönliches Schicksals immer mehr gebangt haben, wurden ebenso wie in Sachsenhausen bei Oranienburg auch im KLM hermetisch abgeriegelt. Sie wurden in jenem von den Lagerinsassen mit Furcht gemiedenen Block 20 untergebracht, der seit dem 3. Februar, seit dem heldenhaften, aber auch folgenschweren Ausbruch der sowjetischen Häftlinge leer stand.

Mauthausen kannte nur einer von ihnen: Der 58-jährige staatenlose Salomon (Sollij) Smoljanow war nämlich bis zum 26. August 1944 Häftling der Baracke 18 gewesen. Smoljanow konnte begabt zeichnen und in Öl malen. Er fertigte beachtliche Kopien von Bildern deutscher Durchschnittsmaler an, sein Talent reichte aber auch für verblüffend gute Rembrandt-Fälschungen. Er brachte es bis zum „Hofmaler" der SS-Offiziere, bis er aufgrund seines „Fachkönnens" nach Sachsenhausen überstellt wurde.[236] Als einziger Professioneller im Kommando sollte er bei der Dollarfälschung als Retuscheur eingesetzt werden. Aus Sicht der Deutschen galt er demnach als wertvoller Häftling.[237] Wochen vergingen mit Warten unter strenger Bewachung. Am 25. März kam endlich der Geheimbefehl, innerhalb von drei Tagen wieder alles einzupacken, aufzuladen. Es herrschte eine unvorstellbare Hektik, untermalt durch derbe Schimpfworte, das Tempo beschleunigende Schläge. Das erste Mal erfuhren die bisher Privilegierten von ihren Überwachern Misshandlungen und Brutalität. Nach fünf Stunden Bahnfahrt (die Häftlinge in offenen Güterwagen) erreichte das Kommando die nächste Station seiner Odyssee: das in einem oberösterreichischen Innviertel liegende Mauthausener Außenlager Redl-Zipf, mit der Tarnbezeichnung auch Schlier genannt.

Die „Fälscherbrigade" machte sich in gereizter Atmosphäre an die Arbeit, die wertvolle Ladung (sie verfügten sogar über moderne Generatoren und Scheinwerfer) in der Nähe der Bahnstation in 24stündigem Einsatz abzuladen, sich in dem nur aus wenigen Baracken bestehenden, eigenhändig umzäunten Lager einzurichten. Die Mitglieder des Kommandos galten für „Reichsgeheimnisträger" und erhielten daher lange Zeit keine „lokale" Häftlingsnummer zugeteilt.[238]

Als im Herbst 1963 aus der Tiefe des berühmt-berüchtigten Toplitzsees in der Obersteiermark achtzehn Kisten ans Tageslicht gelangten, kam aus einer von ihnen – neben einer großen Menge gefälschter Pfundnoten – auch die Standliste des KLM vom 14. April 1945 zum Vorschein. Aus diesem heute in Wien aufbewahrten Dokument geht hervor, dass das Fälscherkommando am 13. April in Redl-Zipf an kam und es galt von nun an, mit Mauthausener Häftlingsnummern, als Außenkommando „Schlier"[239]. Die Transportliste enthält die Angaben zu Person und Beruf von 141 Häftlingen aus 12 Ländern (Häftlingsnummer zwischen 138.328 und 138.535). Dieser Aufstellung zufolge waren in der Werkstatt nahezu 60 Professionen vertreten! Im Kommando befanden sich vorwiegend Polen (54). Nach ihnen waren Reichsdeutsche und Ungarn (27 bzw. 15 Häftlinge) am stärksten vertreten, gefolgt von Russen und Holländern.

In der Berufsstatistik waren die Buchdrucker am häufigsten – gefolgt von Fotografen, Buchbindern, Graveuren und anderen Spezialisten des

Metall- und Steinschneidens. Unter den ungarischen Kommandoangehörigen gab es je vier Buchdrucker und Reproduktionsfachleute, drei Steindrucker, zwei Buchbinder und ein Lichtdrucker. Ihr Durchschnittsalter lag bei 44 Jahren; István S., Steindrucker aus Nagyvárad, (Häftlingsnummer 138.396) war mit seinen 21 Jahren der jüngste von ihnen, der aus Máramaros stammende 60-jährige Buchbinder Henrik W. (138.523) der älteste. Insgesamt sechs Wochen verbrachte das Fälscherkommando in Redl-Zipf alias „Schlier".

Alles wurde sorgfältig vorbereitet – die neue Werkstatt in zwei Baracken fachmännisch eingerichtet, der Boden für die Druckmaschinen aus Beton gegossen – zur Dollarproduktion (planmäßiger Start am 1. Mai) kam es aber nicht. Stattdessen kam der Befehl, eine Grube von je 5 Meter Länge, Breite und Tiefe auszuheben.

Sechs Häftlinge wurden inzwischen einem Sonderkommando zugeteilt. Sie hatten in den vier, fünf Kilometer weit in den Fels getriebenen, gut getarnten Bergstollen riesige Mengen gefälschter Pfundscheine bester Qualität, die von Anbeginn dort versteckten worden sind, auszupacken. (Später wurde alles wieder auf Lastwagen geladen und abtransportiert. Erst viel später stellte sich heraus, dass die ganze Ladung in einem See versenkt worden war.) Hier trafen sie noch ein letztes Mal den seit Sachsenhausen nicht mehr gesehenen Sturmbannführer Krüger an. Der Leiter der Fälschungsaktion zeigte sein freundliches Gesicht. Er reichte jedem die Hand und erzählte den – verblüfften – „Jungs", in drei Wochen gebe es schon eine veränderte Lage, sie würden frei sein.[240]

Schließlich wurden alle für überflüssig gehaltenen Mittel und Gegenstände, all die übrig gebliebenen, nicht abtransportierten Banknoten, Halbfertigerzeugnisse, Produktionsanleitungen, Berechnungen, überhaupt jedes beschriftete oder bedruckte Papier in die Grube geworfen und in mehreren Stunden bei penibler SS-Kontrolle zu Staub und Asche verbrannt. Sogar die Maschinen wurden bis zur Unkenntlichkeit beschädigt.[241] Einer der Häftlinge, der Zeichner Karl Sussman aus Wien, erkrankte Ende April schwer. Auf Befehl von SS-Hauptscharführer Werner wurde ihm im Krankenrevier eine tödliche Doppeldosis Evipan-Injektion verabreicht.[242] Die Evakuierung des Lagers nahm ihren Anfang. Das Arbeitskommando wurde in Gruppen eingeteilt, die am 4. Mai 1945 in der Früh auf Lastautos das Lager verließen. Ziel vorerst unbekannt.

In den ersten Maitagen mochte sich jeder einzelne Träger des „Reichsgeheimnisses", darunter Häftlinge und Wächter des „Geldateliers", in den Krallen des Todes fühlen. Jeder war bemüht, so gut es nur ging, sein nacktes Leben zu retten. (Unterwegs war jedem klar geworden, dass Hitlers Reich und die Wehrmacht unmittelbar vor dem Zusammenbruch standen.) Endlich hielten die Fahrzeuge in Ebensee, vor dem kleinen Quartierareal der SS oberhalb des Lagers. Das Chaos war nahezu vollständig, es gab nichts zu essen und zu trinken, die Versorgung funktionierte nicht mehr. Am nächsten Tag, den 5. Mai, hielt Lagerkommandant Ganz beim Morgenappell eine Ansprache. Er redete die Häftlinge mit „Meine Herren" an und versuchte sämtliche Lagerinsassen zum Rückzug in die unterirdischen Gänge zu überreden. Doch die Häftlinge müssen die Absicht, die Stollen nebst Gefangener und technischer Einrichtung in die Luft zu jagen, rechtzeitig erkannt haben, denn sie gehorchten nicht, und die SS-Obrigkeit hatte zur gewaltsamen Durchführung nunmehr weder Kraft noch Zeit.²⁴³ Zum Glück der „Geldfälscher" wurden sie in der sich zuspitzenden Lage nicht weiter beachtet, sondern einfach zu den anderen Häftlingen gerechnet.

Die Lagerordnung zerfiel von Stunde zu Stunde. Die Erkundungsjeeps der US Army näherten sich, die SS-Angehörigen und Mitglieder des Wachpersonals ergriffen die Flucht in Richtung Bad Ischl. Den Wachdienst übernahmen formell eine örtliche Volkssturmgruppe und einige Wehrmachtssoldaten. Der Strom im Drahtzaun wurde abgeschaltet. Infolge der Verwüstungen der abziehenden SS gab es keine Wasserversorgung. Alle noch gehfähigen Häftlinge, die die im Lager herrschende Lethargie zu überwinden vermochten, drängten zum Appellplatz, um über das Trauntal Ausschau nach den Befreiern zu halten. Im Sturm unbändiger Emotionen begann das Lynchen. Einige zurückgebliebene SSler und etliche Lagerfunktionäre wurden mit bloßen Händen umgebracht, andere zertreten. Im Blutrausch der Rache wurden die zermanschten Körperteile und Köpfe ihrer bisherigen Peiniger überall im Lager zerstreut. Einen qualvollen Tod starb auch der Kapo des Lazaretts namens Otto. Der mehrfache Mörder wurde niedergeschlagen und lebend in den angeheizten Ofen des Krematoriums geworfen.²⁴⁴

Die Hoffnung auf die nahe Befreiung stärkte die organisierte Solidarität. Was noch bis vor kurzem mit dem Tode bestraft, bildeten sich überall im Lager auf nationaler oder politischer Grundlage Solidaritätsresp. Widerstandsgruppen. Manche „bastelten" Flaggen, da sie durch die am 23. April abgeworfenen und ins Lager geschmuggelten Flugblätter über die sich nähernden US-Truppen Bescheid wussten. Diese zur Begrüßung der Befreier improvisierten Fahnen wurden bereits in der Nacht vom 5. Mai ausgehängt und in erster Linie am Appellplatz gehisst. Die „Politischen" riefen zur Beratung und stellten ein vorwiegend aus Kommunisten bestehendes internationales Häftlingskommitee auf, das Waffen einsammeln ließ und eine neue Postenkette aus Häftlingen organisierte.

Nach der Einnahme von Traunkirchen fuhren sechs Jeeps und drei gepanzerte Kampffahrzeuge mit insgesamt 30 US-Soldaten unter Kommando des Leutnants Ross R. Courtright nach Ebensee. Obzwar aus den Fenstern, an den Häuserwänden als Zeichen der Kapitulation überall weiße Leinen hingen, fuhr die Autokolonne vorsichtig weiter. Über die Traun-Brücke hinweg erreichten sie den Eingang des Konzentrationslagers. Das massive Tor öffnete sich sofort. Im nächsten Augenblick umringten, umarmten und küssten Scharen von in derbe Sackleinen gehüllten Skeletten die verblüfften Soldaten, die vor Anblick und Gestank gelähmt kaum vorwärts kamen. Es war Sonntag, der 6. Mai, 10.45 Uhr.[245]

Im Hinblick auf das weitere Schicksal der im Fälscherkommando eingesetzten ungarischen Häftlinge lässt sich lediglich feststellen, dass die meisten in die erneut rumänische Stadt Nagyvárad/Oradea Mare (deutsch: Großwardein) zurückkehrten. Am 12. April 1987 erschien in der Rubrik „Leserbriefe" der Budapester Wochenzeitschrift „Magyarország" die Mitteilung, der pensionierte Direktor der Mahn- und Gedenkstätte KL Sachsenhausen suche ehemalige ungarische Häftlinge des Fälscherkommandos bzw. ihre Nachkommen. Kein einziger soll sich auf diesen Aufruf hin gemeldet haben.

Seit Kriegsende hält sich hartnäckig die Legende, der 388 Meter breite und 1,92 Kilometer lange Toplitzsee im steirischen Ausseer Land berge etliche Geheimnisse der SS und speziell der Fälschungsaktion. Die mythische Aura der Gegend gründet sich tatsächlich auf nationalsozialistische Machenschaften. 1943 haben die Deutschen hier eine Geheimwaffe der Kriegsmarine getestet. Im April 1945 versenkten die Nazis irgendwelche Kisten im See, was den Legenden weiteren Nährstoff verlieh. Die mehrfach unternommenen Versuchen, die Kisten aus 103 Meter Tiefe ans Tageslicht zu holen, kostete bislang sieben Tauchern das Leben. 1959 wurden im Auftrag des deutschen Nachrichtenmagazins „Stern" in der Tat einige Truhen prall voll von falschen Banknoten der englischen Währung aus dem Wasser gehoben, 1963 gelang den Österreichern das Gleiche. Seither kam aus dem Toplitzsee nichts Wertvolles zum

Abb. 19: Befreite Häftlinge in einer Baracke des Außenlagers Ebensee, Mai 1945

Vorschein, obwohl das Abenteuer „Schatzsuche" immer wieder neuen Anlauf nahm. In den Jahren 1983-1986 erforschte das deutsche Tauch-boot Geo den Seeboden. 1987 stieß man am steilen Felsufer auf einen Bunker aus dem 2. Weltkrieg, doch selbst hier wurde nichts gefunden. Wie wenig diese Misserfolge anderen die Experimentierlust nehmen, zeigt folgende, unter internationalem Aufsehen verfolgte Aktion: Einige Mitarbeiter des in Los Angeles ansässigen Simon Wiesenthal Centers ver-muteten in der Tiefe des Sees wasserdicht verpackte Papierrollen, die un-ter anderem die bei Schweizer Banken geführten Kontonummern ehe-maliger SS- und NS-Parteiführer enthalten und folglich über den Ver-bleib des seinerzeit dem europäischen Judentum entrissenen Vermögens informieren sollten.[246] Das höchst aufwändige Unterfangen wurde sogar vom Jüdischen Weltkongress mitfinanziert. Sommer 2000 wurde die Ex-pedition endlich unter Einsatz des namhaften Taucherteams Oceaneering aus Maryland und der High-Tech-Robotkamera Phantom gestartet. Die mit lautstarker amerikanischer Medienkampagne (CBS-TV) angekündigten Unterwasserforschungen endeten rasch und erfolglos.

Gunskirchen

Das kurze Bestehen des Arbeitslagers der Waffen-SS Gunskirchen fällt in die etwa sechs letzten Monate der Existenz des Mauthausener Lagerimperiums. Das offiziell am 12. März 1945 errichtete Außenlager befand sich in einem dichten Fichtenwald in der Nähe von Gunskirchen, im so genannten Hochholz der Gemeinde Edt bei Lambach.[247] Die Baulichkeiten ließen noch viel mehr als alle anderen in seiner Art zu wünschen übrig, es diente als Sammel- und Auffanglager jüdischer KLM-Häftlinge. Die ersten Häftlinge, etwa 400 Personen, wurden schon im November 1944 nach Gunskirchen überstellt. Hier hat man sie – vorwiegend Polen und Russen – in der geräumten Volksschule einquartiert. Das fortan als „Waldlager I" bzw. „Waldwerke I" bezeichnete Gebäude wurde gleich nach der Ankunft mit Stacheldraht umzäunt und rund um die Uhr bewacht. Bürgermeister Franz Hochhuber erhielt mittlerweile von der Verwaltungsführung Gau Oberdonau, so die damalige Bezeichnung für Oberösterreich, die Weisung, durch Holzfällen Baumaterial für zehn größere Baracken bereitzustellen, um die erforderlichen Rahmenbedingungen für Rüstungsproduktion zu schaffen.[248] Die Hunger leidende Häftlingsschar rückte Tag für Tag in das unberührte Waldstück zum Abholzen aus. Dabei galten ähnliche „Maßregeln" wie in Mauthausen. Dorfbewohner waren Augenzeugen von grausamen Szenen. Ein SS-Mann schoss beispielsweise auf einen Häftling, nur weil dieser am Ackerrand eine Rübe vom Boden aufhob. Als der Mann zusammenbrach, ließ er die Leiche zur Abschreckung an Ort und Stelle liegen. Einen anderen Unglücklichen erschoss er auf den Treppen der Volksschule.[249]

Die gefällten Baumstämme wurden im Sägewerk Hochhuber zu Schnittholz verarbeitet. Die Bauern der Gemeinde hatten die Latten und die Balken in den Wald zurück zu transportieren, später übernahmen vor der Sowjetarmee hierher geflohene „Volksdeutsche" diese Arbeit. Inmitten des dichten Nadelwaldes wurde auch betoniert, möglicherweise zum Zweck des Latrinen- und Zisternenbaus, denn Wasserleitung und Kanalisation gab es nicht, in der näheren Umgebung floss nicht einmal ein Bach. Alle Baracken waren aus dem örtlichen Bauholz errichtet. Anfang März hieß die offizielle Bezeichnung für das Lager noch Außenkommando Notbehelfsheimbau Gunskirchen, ab dem 12. März galt die Einrichtung als SS-Arbeitslager. Die ersten ungarischen Häftlinge trafen ebenfalls an diesem Tag ein. Unter neun Häftlingen mit dem Beruf Zimmermann gab es einen, unter den 22 Tischlern vier ungarische Juden.[250] Über die SS-Wache und Kommandantur des Waldlager I (Volksschule) und II (im Bau) liegen nur wenige Angaben vor. Fest steht, dass mehrere SS-Angehörige und Lagergendarmen in Dorfhäusern einquartiert waren. Der Lagerkommandant, ein SS-Scharführer, meldete am 9. April 1945 dem Hauptlager den Tod eines polnischen Häftlings aus dem Waldkommando: „auf der Flucht" erschossen. Als Lagerarzt wirkte neben ihm SS-Obersturmführer Dr. Hermann Richter, der für seine früheren pseudomedizinischen Versuche berühmt-berüchtigt geworden ist. Dass in den letzten Wochen SS-Obersturmführer Heidingsfelder Lagerführer in Gunskirchen gewesen wäre – wie es in einem 1945 aus Kleinmünchen datierten Brief des Mauthausener SS-Hauptsturmführers Xaver Strauß steht – widerspricht der Aussage mehrerer ehemaliger Häftlinge.[251]

Als im Frühjahr nunmehr täglich Tausende – darunter massenhaft ungarische Juden aus früheren Arbeitsdivisionen, nicht registrierte Zwangsarbeiter sowie Häftlinge zahlreicher Nationalitäten aus den evakuierten Außenlagern – ins Hauptlager eingeliefert worden sind, herrschten im KLM zunehmend chaotische Verhältnisse. Hunderte und Aberhunderte Neuzugänge blieben unregistriert und ohne Versorgung, ja, sie fanden nicht einmal in den Zelten Platz. Die nunmehr unerträglich kritische Lage schrie nach einer raschen Lösung. Lagerkommandant Ziereis beschloss schließlich am 14. April mit seinem Stab, die neu zugekommene Häftlingsschar nach Gunskirchen zu überstellen. Die Weisung galt auch für die ungarischen jüdischen Häftlinge des „überfüllten" Todeslagers, unabhängig vom Geschlecht und Alter. Wann die ersten 5.000 Häftlinge in Kolonnen zu je 500 Mann in Marsch gesetzt worden sind, ist unbekannt. Fest steht allerdings, dass eine sich kilometerlang hinziehende Fußkolonne am 15. und 16. dieses Monats über die Dörfer St. Florian, Ansfelden, Pucking, Weißkirchen und Schleißheim sowie an Wels vorbei in Richtung Gunskirchen zog. Das mittlerweile auch mit dem Tarnnamen „Waldwerke" bezeichnete Lager mögen die ersten größeren Häftlingsgruppen, die den anstrengenden „Todesmarsch" samt Grausamkeiten der Begleitwache überlebten, am 17. und 18. April erreicht haben. Die vorhandene Lagerdokumentation bestätigt dies zwar nicht, dafür berichtet aber eine Eintragung der Gendarmerie Wels vom 17. April, dass „über 1.000 streng bewachte Häftlinge" durch die Stadt zogen, „die meisten waren Juden".[252] Die meisten der in strengem Fußmarsch getriebenen Parias befanden sich in überaus schlechtem Körperzustand, da sie vor ihrer „Konzentration" in Mauthausen an dem von Bratislava bis zur Drau verlaufenen Ostwallbau Zwangsarbeit leisten mussten (der Stellungsbau wurde vom 24. März 1945 an nach und nach eingestellt). Die übrigen stammten aus den Anfang April evakuierten Außenlagern im Raum Wien und dem östlichen Niederösterreich und der Steiermark (Peggau, Leibnitz, Floridsdorf I und II, Hirtenberg, Melk, Amstetten, Wiener Neustadt, Wiener Neudorf u.a.m.). In diesen Lagern fand vor der Evakuierung eine Art Selektion statt, bei der Kranke und Gehunfähige durch Kugel oder Injektion ins Herz aus dem Leben geschafft wurden. Jeder Fußkolonne zog eine sich aus dem Wachpersonal rekrutierende „SS-Liquidierungsgruppe" hinterher, um Zurückbleibende, zu Boden Sinkende mit Gewehrkolben, Gummistock oder Pistole sofort zu erledigen. Beim Morden unterstützten sie mitunter auch österreichische Angehörige des so genannten Volkssturms.

Wie etwa am 8. April vor Eisenerz. Eine Fußkolonne ungarischer Juden bewegte sich aus Richtung Vordernberg auf der steilen Straße mit einem Gefälle von 18% bei Schnee mühsam voran. Als die Marschierenden in den Nachmittagsstunden den Pass bei Präbichl erreichten, wurden sie von blutrünstigen, aufgehetzten Volksstürmern der lokalen Organisation empfangen (Kommandeur Otto Christandl war zuvor Kreisleiter der NSDAP von Leoben), die in die Reihen der Vorbeiziehenden zu schießen begannen; die Häftlinge versuchten verzweifelt zu flüchten. Das nach Kriegsende durchgeführte Gerichtsverfahren bestätigte, dass innerhalb von 45 Minuten mindestens 200 jüdische Menschen durch die Kugeln des Einsatzkommandos des Volkssturms getroffen wurden und verletzt, blutend in den Schnee sanken. Am nächsten Tag setzte die Kolonne – darunter mehrere Hundert Frauen – den anstrengenden Fußmarsch in Richtung Hieflau fort; diese Etappe forderte weitere zehn Opfer.[253] Diese war nur eine der vielen vorbeiziehenden Fußkolonnen. Die Getriebenen hatten auch andere Strapazen auszustehen. Schon vor Marschantritt bekamen sie – wenn überhaupt genug vorhanden war – in vier Tagen pro Kopf zwei Kartoffeln und eine Schüssel Suppe. Die in Liezen erhalten gebliebene Essenzuteilungsliste liefert einen erschütternden Beweis. Die rund 8.000 aus Szombathely nach Mauthausen „transportierten" Juden

Abb. 20: Die „Serbenhalle" des Außenlagers Wiener Neustadt, Juli 2002

erhielten demnach insgesamt 196 Kilogramm Brot zugeteilt. Für die Kartoffelsuppe der gesamten Häftlingsschar wurden sage und schreibe ganze 2 Kilo Mehl und 800 Gramm Fett verbraucht![254]

In seinem Erinnerungsbericht „Ein Stückchen Brot" schilderte Béla Bodó die Leiden beim Fußmarsch:

Seit drei Wochen schon marschiere ich immerzu. Nicht wie ein Mensch, der zwei Beine hat. Eher so, als würde sich eine zentnerschwere Last auf zwei Streichhölzern, ein Berg auf Zwirnsfäden fort bewegen. Meine Sohlen sind blutige Wunden, ich übrigens auch, und manchmal frage ich mich, wozu eigentlich weitergehen? Vielleicht, um kein abschreckender 20-Schritt-Wegweiser zu werden: Um nicht als Leiche am Straßenrand zu liegen, mit Kopfschuss zur Strecke gebracht, und dass aus meinem Kopf durch die von der Kugel geschlagene Öffnung kein Blut rinne und als rotes Bächlein den Weg in die weite Welt suche... Deshalb gehe ich. Straße, Leiche, Straße, Leiche; vor uns einer mit Gewehr, hinter uns ebenso. Zu hundert marschierten wir los, bei der Ankunft sind wir siebzig. Hinter uns machen sich wieder Hundert auf den Weg, wie viele werden wohl ankommen? So schleppen sich Tausende und Abertausende Häftlinge von der Morgendämmerung bis spät in die Nacht, wir sammeln Schnecken an den Hängen Österreichs, pflücken Sauerampfer auf der Wiese, stopfen in

137

*uns ölhaltige gelbe Rapsblüten, falls wir zu welchen kommen und die da
nicht sehen, dass wir uns bücken. Ich gehe, gehe weiter, mein Körper ist
zentnerschwer vor Müdigkeit, ein Berg auf Zwirnsfäden. Wochenlang
laufen die Kameraden mit: das Leid, die Qual und der Tod begleiten
mich bis nach Gunskirchen, bis in den Wald hinein.*[255]
Béla Pichler (31, zuvor Beamter in Budapest) dachte auf dem von Leichen gesäumten Weg,

*ihnen geht es vielleicht schon besser, denn sie haben alle irdischen Lei-
den bereits hinter sich. Oft empfand ich Neid und die Versuchung,
mich zu diesen Verstummten zu gesellen. Ich hatte das Gefühl, ihnen
ein Verbrechen anzutun, wenn ich am Leben bleibe. Doch diese Emp-
findungen verstummten allmählich und verschwanden schließlich vollkommen, ich wurde stumpf und apathisch. Ich ging mechanisch vorwärts.*[256]

Die Marschkolonnen, die der Bevölkerung als ein Haufen unverbes-
serliche Verbrecher angekündigt, als Hunde und Schweine beschimpft
wurden, legten die 55 Kilometer lange Strecke zwischen Mauthausen und
Gunskirchen-Edt – die letzten Reste ihrer Lebenskraft aufzehrend – in
drei Tagen zurück. Die Bewaffneten der Begleitwache zeigten nicht einmal unmittelbar vor dem Ziel Barmherzigkeit. Die Gunskirchener Hausfrau Luise Weberberger sah, dass zwei aus der Kolonne bei den Ortsbe-
wohnern um ein Stück Brot bettelten. Ein SS-Mann ließ sie sofort aus
der Reihe treten und erschoss sie ohne zu zögern gleich am Wegrand.[257]

Ungarn befanden sich auch in jenen Mauthausener Häftlingsgruppen, die am 26. bzw. am 29. April 1945 als letzte nach Gunskirchen in
Marsch gesetzt wurden. (Am 29. war das Zeltlager so gut wie aufgelöst,
von den größtenteils unregistrierten Massen wurden 2.808 Häftlinge „ab-
geschrieben".[258])

Die Budapester Schülerin Judit Hruza wurde mit ihrer Mutter von
bewaffneten „Kampfbrüdern" der ungarischen Pfeilkreuzlerpartei verschleppt. Vom 23. Oktober 1944 an leisteten die beiden fünf Monate
lang auf ungarischem Boden Zwangsarbeit, danach wurden sie nach
Rechnitz an der Grenze deportiert. Von dort mussten sie mit einem 17
Tage währenden Fußmarsch nach Mauthausen bzw. wieder weiter nach
Gunskirchen, wo sie am 28. April ankamen.[259] Im dichten Nadelwald
standen sechs, sieben große Holzbauten, eine Baracke diente SS-Zwe-
cken. Das für höchstens 4.500-5.000 Insassen konzipierte Außenlager
fasste um diese Zeit mindestens dreimal so viele Häftlinge. Es herrschte

ein unvorstellbares Gedränge, das nach dem mühsamen Fußmarsch den Gepeinigten keine Spur von Erleichterung bescherte. Die Häftlinge saßen und lagen, so gut sie konnten, dicht nebeneinander. Es gab zwar eine Zisterne und eine bewachte Vorratskammer, jedoch kein Bad, und auch andere „gewöhnliche" Einrichtungen eines SS-Lagers fehlten. Erst in den allerletzten Wochen stand eine Lagerküche zur Verfügung. Die beängstigende Wasserknappheit, die nicht einmal unzureichenden Sanitäranlagen und die bestenfalls notdürftige Versorgung – das bisschen

Abb. 21: Jenő Zucker (Ende April 1945 zwischen Gunskirchen und Mauthausen ermordet)

Rübenbrühe und 1/7 Brot pro Tag reichten allenfalls zum langsamen Sterben – verursachten qualvolle Erkrankungen der Verdauungsorgane, führten zu schwerem Durchfall, Dysenterie, zum täglich zunehmender Massentod. Zusätzliche Essenrationen gab es nur für jene, die sich mit der Beseitigung der Leichen abplagten. Béla Bodó wartete in dem „nach Kadaver riechenden Wald" nicht nur auf den Tod, sondern erwartete vor allem die „Fütterung um fünf Uhr nachmittags". Er, der die Hölle doch überlebte, konnte nachher unmöglich begreiflich machen,

wie es eigentlich ist, wenn das Hunger leidende Skelett von einem Tag zum anderen fastet, um dann zwei Bissen in den Mund zu kriegen. Wie das ist, wenn er vierundzwanzig Stunden hungerte und danach zwei kurze Minuten isst. Sich vierundzwanzig Stunden lang quält, um sich für zwei Minuten im siebenten Himmel zu fühlen. [...] Vierundzwanzig Stunden lang sagt er sich immer wieder, jetzt ist es aber soweit, der Tod ist gekommen, er verliert die ganze Welt, und dann klammert er sich an den Strohhalm des Zwei-Minuten-Essens, an diesen brüchigen Strohhalm, um dann wieder in den tiefschwarzen Abgrund des fürchterlichen, hoffnungslosen Wartens zu versinken.[260]

Durch die Enge verbreiteten sich die blutsaugenden Insekten eine unerträgliche Weise, so dass die meisten klagten, sie würden „von den Läusen aufgefressen". Der Zahntechniker Gyula Steiner, ehemals Mitglied einer Arbeitsdivision, gab nach Kriegsende zu Protokoll, „wir wagten es kaum zu hoffen, von hier einmal lebend rauszukommen".[261]

József Lebovits, 39, Schuster: „Eines Morgens wache ich auf und sehe, dass ich zwischen zwei Leichen sitze. Die Armen fielen nicht um, wir saßen ja so dicht nebeneinander."[262] Das alles hatte zur Folge, dass ein Teil der Menschen seinen moralischen Halt, den letzten Rest seiner menschlichen Würde verlor. Faustkämpfe, Schlägereien, Fußtritte um ein Stückchen Brot waren keine Seltenheit. Vor lauter Schmerzen und Ängsten begannen viele, laut zu klagen und zu jammern. Andere bekamen in der Nacht Wut- und Wahnsinnsanfälle. Manche rangen mit Halluzinationen. Wieder andere verwünschten Gott und die Welt, schimpften und fluchten ununterbrochen. Sie wurden zu allem fähigen Menschenwracks.

Der 24 Jahre alte Pál Bródi leistete ab Oktober 1944 militärischen Arbeitsdienst. Bis Gunskirchen bei Wels hatte er einen langen Weg hinter sich (Bereck, Volóc, Beskidenpass, Dezember 1944 Kaschau, Festungsbau bei Nagycenk, Wiener Neustadt, Mauthausen).

In meiner Gruppe waren wir Männer, Frauen, Kinder und Alte gemischt. Essen gab es erst am dritten Tag, selbst dann nur eine ungenießbare, verdorbene Rübensuppe. Wir sammelten am Wegrand Gras, Raps und Grünmais, natürlich sehr darauf achtend, dass die SS-Führer dies nicht merkten, denn der Ertappte wurde auf der Stelle erschossen. Wir mussten aber auch sehr aufpassen, unsere Müdigkeit auf keinen Fall preiszugeben, denn sobald sie merkten, dass jemand vor Erschöpfung zu wanken begann, wurde er zum Graben geführt und mit einem Genickschuss erledigt. Von den fünfhundert in Marsch gesetzten Häftlingen meiner Gruppe erreichten 140 Gunskirchen [...] In der ursprünglich für sechs- bis achthundert Mann gebauten Baracke waren wir 2.500 zusammengepfercht, auf nacktem Betonboden. Man konnte nur stehen oder bestenfalls mit hochgezogenen Beinen sitzen. [...] Wir hatten nicht einmal Kraft, aufs Klo hinauszugehen.[263]

Ervin Hirsch, 37, Beamter, wurde Oktober 1942 zum waffenlosen Militärdienst einberufen. Seine Dienstzeit begann ebenfalls in Bereck; Ende März 1945 wurde er aus Kőszeg nach Mauthausen deportiert. Über Gunskirchen „weiß ich nichts, denn ich befand mich, wie alle anderen auch, in einem Zustand, den wir nur als Vegetieren bezeichnen können. Wir erwarteten jeden Tag unseren Tod."[264] Aus Kőszeg kam auch der Journalist Géza K. Havas, der seine Schicksalsgefährten immer wieder mit positiven Frontmeldungen, hoffnungsfrohen Informationen tröstete, am Leben hielt. Er starb am 25. April.[265]

Der Budapester Drucker György Bányai kam nach vier Jahren Festungsbau im Verband einer Arbeitsdivision bei Sopron über Mauthausen nach Gunskirchen. „Die überwiegende Mehrheit [der Kameraden aus seiner ehemaligen Kompanie] krepierte infolge Hungersnot und Flecktyphus. Ihre Leichen wurden einfach auf den Hof geschmissen und erst Tage später abgeholt. Hier habe ich das erste Mal geschändete Leichen gesehen, wo das Fleisch von den ausgemergelten Menschen zu Nahrungszwecken herausgeschnitten war."[266]

Auch Lajos Márkus, ehemals Mitglied einer „Schutzkompanie", lernte in Gunskirchen die Hölle auf Erden kennen. Nach seiner Aussage sollen die Jupos (im Häftlingsjargon Bezeichnung für die jüdischen Kapos der Arbeitslager zum Ostwallbau) die ohnehin geringen Essensrationen geplündert haben. Daran ist eigentlich nichts verwunderlich, doch der ehemalige Gunskirchener Häftling wusste auch anderes zu berichten: *[S]ogar die Ärzteschaft benimmt sich unwürdig. Die Doktoren hausen extra, speisen auch abgesondert, aber bestehen darauf, dass die Brot- und sonstige Lebensmittelration der am Tag Verstorbenen niemandem anders als ihnen ausgehändigt wird. Mit welchem Recht, das weiß keiner [...]. Außer dass sie die Kranken untersuchen, geben sie nur Ratschläge, aber es ist von ihnen weder Behandlung noch Arzneien zu erwarten. Wer unbedingt Medizin haben will, der kauft sie sich für eine Suppenration oder ein Stückchen Brot. An dem Tag isst er natürlich nichts, er muss sie sich ja vom Mund absparen.*[267]

Die meisten Überlebenden beklagten in ihren Aussagen den beinahe ständigen Regen im Waldlager, der die Erde zum Matsch werden ließ. „[D]as Wasser fließt in die Baracken hinein, Schlamm und Pfützen überall. Hier essen wir, hier schlafen wir, und wir beneiden die Schweine, die daheim in sorgsam geputzten Ställen grunzen."[268] In den Pfützen vor den Baracken lagen – oft halbnackte – Leichen; wer hinausging, musste auf sie treten. Anfang Mai 1945 drang der Kriegslärm immer öfter und intensiver bis ins Waldlager. Die SS ließ in Windeseile Massengräber ausheben und möglichst viele Leichen verscharren. Immer mehr SS-Angehörige zogen sich zurück, verschwanden allmählich. Protokollen zufolge hielt ein SS-Hauptsturmführer bis zuletzt aus; er sandte schließlich eine Delegation mit weißer Fahne aus und bot den Amerikanern an, das Außenlager, die Häftlinge unversehrt zu überlassen – im Tausch gegen sein Leben.[269] Am 3. Mai kamen Mitarbeiter des Internationalen Roten Kreuzes ins Lager; für ihre „Liebespakete" mit drei Kilogramm Lebensmittel[270] bzw. dafür, was die Kapos davon übriggelassen haben, begann ein regelrechter Nahkampf. Aus den Erinnerungen geht hervor, dass der 4. dieses Monats einen günstigen Wetterumschwung mit sich brachte, es wurde immer milder und freundlicher. Am Lagertor flatterte eine weiße Flagge. Gegen 5 Uhr nachmittags trafen über die Salzburger Landstraße zwei gepanzerte Fahrzeuge ein, Vorboten der 71. Division der 3. US-Army. Die Soldaten schauten sich kurz um und fuhren wieder ab. Abends gegen 19 Uhr zogen größere US-Einheiten in Gunskirchen ein. Am nächsten Tag waren in der Gemeinde bereits 1.300 Soldaten einquartiert, die Häftlinge des „Waldlager I" (Volksschule) wurden freigelassen.[271] Von der Existenz der Vernichtungsanstalt inmitten des Waldes hatten die Amerikaner zuvor nichts gewusst. Den Befreier bot sich ein unbeschreiblicher, zutiefst erschütternder, unwahrscheinlicher Anblick, den mehrere US-Offiziere in ihren Dienstmeldungen festhielten.[272] Anstatt dieser sollen hier jedoch die unvermittelten Eindrücke eines einfachen US-Frontsoldaten stehen, seine rauen Worte sollen seine und die Betroffenheit aller Augenzeugen zum Ausdruck bringen. David Ichelson berichtete:

In den Waldpartien um das Lager herum lagen überall, wo man hinschaute, halb verfaulte, nur zum Teil mit Fetzen bedeckte Leichen. Zwischen ihnen immer wieder große Haufen Kot, dessen Gestank die nasskalte Waldluft durchzog. In den düsteren Baracken lagen auf zerstreutem Stroh Leichen herum. Neben ihnen Sterbende, die keinen Schritt mehr laufen konnten, nachdem die SS-Wache vor drei Tagen verschwunden war. Die Haut der Kadaver war locker und ranzig, ihr Gesicht fiel ein. Die offenen Augen lagen tief in den Augenhöhlen, aus ihrem offenen Mund ragten nur noch Zahnstümpfe empor. Sie hatten auffallend dünne Glieder, so dass die Knochen fast die Haut durchbohrten. Sie lagen verkrümmt, wie sie bei ihrem Todeskampf erstarrten. Ihre als Kleid bezeichneten Lumpen hielt nur der Dreck zusammen. Viele waren mangelhaft gekleidet, ihnen haben vermutlich die noch lebenden Kameraden die etwas besseren ‚Kleidungsstücke' ausgezogen. Selbst Läuse verließen die leblosen Körper.

David Ichelson bewachte danach mit seinem Zug in Gefangenschaft geratene Wehrmachtssoldaten, die Massenbeerdigung ist ihre schreckliche Aufgabe gewesen.

Es gab nicht einmal einen vagen Versuch, die Leichen zu zählen oder gar zu identifizieren. Man konnte keinen Schritt tun, um nicht auf einen Leichnam zu stoßen. Wir begruben sie in riesigen, zimmergroßen Grä-

bern von drei mal sechs Körperlängen. Wir warfen die einen auf die anderen, bemüht, diese den Magen stark herausfordernde Arbeit möglichst rasch hinter uns zu bringen. Begraben wurde von einfachen deutschen Soldaten. Vorher haben sie mit dem Lager nichts zu tun gehabt. Ein paar von ihnen spielten Erkrankungen vor, um von der fürchterlichen Aufgabe befreit zu werden. Einer verweigerte die Arbeit, worauf er kurzerhand erschossen wurde. Wir warfen ihn ohne viel Faxen mit ins Massengrab. Seine eingeschüchterten Kameraden haben danach die Scheißarbeit klaglos verrichtet. Sobald die zimmer- bis garagengroßen Gruben bis zur Hälfte mit Leichen gefüllt waren, wurden sie zugeschüttet. Wir machten uns an das nächste Massengrab. Wir hatten nicht schwer zu schleppen, denn die waren ja nur Haut und Knochen.[273]

Captain J. D. Pletcher von der Kommandantur der 71. Division brachte zu Papier, dass er unter den Schattengestalten des Lager Gunskirchen mehrere englisch sprechende Ungarn antraf, die ihn durch „die tiefsten Gänge der Hölle" geführt haben. Er gewann den Eindruck, „in dem Lager waren vor allem ungarische Intellektuelle, darunter zahlreiche hervorragende Ärzte, Anwälte und andere gebildete Köpfe".[274] In Anbetracht dessen, dass sich die Budapester Arbeitskompanien, die erst durch die Gesandtschaften neutraler Staaten in Ungarn unter „Schutz" gestellt, Ende November 1944 dann doch deportiert wurden, hauptsächlich aus Intellektuellen rekrutierten, scheint seine Behauptung authentisch zu sein. Mehrere dieser namhaften Persönlichkeiten verstarben in den ersten Wochen der heiß ersehnten wiedererlangten Freiheit infolge allgemeiner Entkräftung und verschiedener Krankheiten.

An der Landstraße unweit des Lagers erblickte man am 5. Mai 1945 überall nunmehr befreite Häftlinge, die am Straßenrand saßen oder sich mühsam wegschleppten. Viele von der Anstrengung völlig Entkräftete lagen im Graben. Das Lebensmittellager in der Nähe der Bahnstation wurde aufgebrochen, für den Besitz der dort vorgefundenen Schätze wurden die Ausgemergelten handgreiflich. Gierig und wahllos verschlangen sie Rüben und Zucker aus dem Lager sowie den begehrten Inhalt von Fleischkonserven und sonstigen Päckchen, die amerikanische Soldaten ihnen aus eilig vorbeifahrenden Fahrzeugen zuwarfen.[275] Halb dem Wahn verfallen, aßen sie vom rohen Fleisch eines Pferdekadavers. Alles, was zu kauen war, fraßen sie auf, sogar die Schachteln der Zigaretten. „Trotz aller Leiden und Schmerzen strahlten ihre Augen vor Freude und Dankbarkeit, dass die Amerikaner endlich einmal da sind."[276]

143

Gusen

Aus ungarischer Sicht „verdient" neben Ebensee und Melk das ab Dezember 1939 in der Nähe von Steinbrüchen aufgebaute Lager Gusen besondere Beachtung. Gusen I lag von Mauthausen sechs, vom Dorf Langenstein zwei Kilometer entfernt. Seine Barackenreihen entstanden zwischen März 1940 und Ende 1943. Östlich der Häftlingsbaracken wurde der Appellplatz angelegt, wo die Lagerinsassen bis Sommer 1944 dreimal, danach nur noch zweimal am Tag antreten mussten. Ab 9. März 1940 waren 448 polnische Häftlinge aus Buchenwald beim Lageraufbau eingesetzt. Die offizielle Einrichtung des Lagers Gusen erfolgte am 25. Mai, zu diesem Zeitpunkt bildeten 212 Häftlinge – vor allem Deutsche und Österreicher – die Stammbelegschaft. Am selben Tag wurden dann auch 1.084 Polen aus Dachau eingeliefert.

Die Häftlinge wurden zunächst in den Steinbrüchen von Gusen, Kastenhof und Pierbauer sowie in der Ziegelei Lungitz eingesetzt. Infolge des zunehmenden Bedarfs an Baumaterial wurden diese Arbeitskommandos durch eine weitere Häftlingsschar (4.000 Polen, größtenteils „Intelligenzler") ergänzt. In den sieben Monaten vom 1. Juni bis zum 31. Dezember 1940 zählte man in Gusen 1.507 Tote.[277] Im Oktober bzw. zwischen dem 12. und 15. November dieses Jahres wurden im Hauptlager Mauthausen weitere 240 aus Gusen überführte polnische Offiziere und Schüler/Studenten getötet.[278] Allein diese Angaben streichen die besondere Bedeutung der ungarischen Emigration für polnische Flüchtlinge – Militärangehörige wie Zivilisten – deutlich heraus! Die erste Einäscherung soll im Außenlager Gusen am 29. Jänner 1941 stattgefunden haben. Es folgten in mehreren Etappen Erweiterungen, bis das mit Verbrennungsöfen der Erfurter Firma Topf & Söhne ausgestattete Krematorium ab September mit voller Kapazität arbeitete. In seiner unmittelbaren Nähe wurde auch eine weitere „obligatorische" KZ-Einrichtung, die „offizielle" Hinrichtungsstätte angelegt.

1943 erhielt Gusen einen Bahnanschluss, indem vom Bahnhof St. Georgen Schienen zum Steinbruch Kastenhof gelegt wurden. Eine weitere „Investition", die Errichtung des sog. Industriehofes diente der Rüstungsindustrie und bediente die Werkhallen der Messerschmitt GmbH. und der Steyr-Daimler-Puch AG. Die Produktion der letzteren wurde unter der Tarnbezeichnung Georgenmühle I, II, III und IV durchgeführt. In den modern eingerichteten Werkhallen wurde mit hochqualifizierter Arbeitsorganisation für die Wehrmacht allerlei Waffentypen hergestellt,

Abb. 22: Konzentrationslager Gusen, nach der Befreiung

Abb. 23: Appellplatz Gusen, nach der Befreiung

von Maschinengewehren K 98 und Maschinenpistolen bis hin zu Flug-
zeugmotorteilen. Es ist als eine Gusener „Eigenart" anzusehen, dass die
Arbeitskräfte nicht oder zumindest kaum verlegt worden sind, statt dessen wurden Rohstoff und Maschinen zu ihnen befördert. Die Gefange-

145

nen wurden beim Einsatz brutal gejagt, weit über das Mögliche hinaus ausgenützt, unbarmherzig „verbraucht". 1944 wurde Gusen durch zwei Filiallager erweitert. Gusen II wurde am 19. März in St. Georgen zur Unterbringung von nahezu 10.000 Häftlingen gegründet, die in forciertem Tempo vierzehn Stollen in den Berg zu treiben hatten. Am 16. Dezember wurde auch das kaum ausgebaute, Wasser wie auch Kanalisation entbehrende Gusen III in Lungitz nördlich von St. Georgen für 262 Lagerinsassen in Betrieb genommen. Nun begann eine rücksichtslose Ausbeutung der Häftlinge, dieser modernen Sklaven, die von früh bis spät, brutal gehetzt, Stollen von je sieben Kilometer Länge, sechs bis acht Meter Breite und zehn bis fünfzehn Meter Höhe in die Granitberge der Umgegend trieben. Die Tarnnamen durften auch hier nicht fehlen: Neben Stollenbau begegnet man auch Bezeichnungen wie Bergkristallbau, während die Rüstungsproduktion Tarnnamen wie Bergkristall-Fertigung oder Esche erhielt.

Die grauenvollen Lebens- und Arbeitsbedingungen brachten die Gefangenen in einen katastrophalen Gesundheitszustand. Nach Gusener „Regel" mussten alle an Seuchen Erkrankten, bei der Arbeit schwer Verletzten oder durch einen Unfall invalid Gewordenen getötet werden, die dauerhaft Arbeitsunfähigen hatten das gleiche Schicksal zu befürchten. (Im Lagerjargon nannte man die gesundheitlich Geschwächten „Muselmänner" oder „Kretiner".) Wer von ihnen in die Baracke 30 eingewiesen wurde, endete durch eine Spritze ins Herz. Die Baracke 31 aber zog sich den Beinamen „Bahnhof" zu. Hier wurden die Ausgewählten erst einmal von den Kapos tüchtig zusammengeschlagen, dann in den Tod geschickt. Ab Juli 1941 wurden die Arbeitsunfähigen statt in das von der SS versprochene „Sanatorium Dachau" in die Gaskammer von Schloss Hartheim geschickt. In einer isolierten Baracke wurden Häftlinge auch vor Ort mit Zyklon B vergast. Eine andere von der SS bevorzugte Vernichtungsmethode war es, die „zum Tode verurteilten" Opfer entblößt, nach einer kalten Dusche unter freiem Himmel erfrieren zu lassen. Zwischen März und Mai 1942 wurden auch Gaswagen als Mordmaschinen eingesetzt: die in den Innenraum der geschlossenen Lastkraftwagen geleiteten Abgase bereiteten den Insassen einen qualvollen Tod.[279] Die Kapos bedienten sich mit besonderer Vorliebe folgenden grausamen Methoden: Nachdem der niedergeschlagene Häftling zu Boden gefallen war, traten ihm ihre Peiniger immer wieder auf den Hals, bis der Armselige erstickte. Ebenso „beliebt" war das Ertränken, wobei der Kopf des

Opfers in die Wassertonne des Waschraums gedrückt worden ist.[280] Der „Wassertod", das Ertränken galt innerhalb des Mauthausener Lagerimperiums für eine Gusener „Spezialität". Im Außenlager Gusen II war es üblich, die Arbeitsunfähigen mit einem tödlichen Schlag mit dem Beil oder Steinhammer aus dem Wege zu schaffen. All diese maßlosen, unbegreiflichen Gräueltaten sollten eine durch Angst geschürte eiserne Disziplin, das Halten und sogar die Steigerung des unmenschlichen Arbeitstempos und überhaupt das oberste Ziel „Vernichtung durch Arbeit" erzwingen.

Zwischen 1942 und 1944 entstand eine Reihe von Werkstätten und Werkhallen, in denen verschiedene Einzelteile für das Jagdflugzeug Me 109 hergestellt wurden. Die Produktion des Düsenflugzeugs Me 262 lief Anfang 1944 an. In einem bombensicheren Stollen liefen aerodynamische Modellversuche für die Raketenrüstung der Wehrmacht; mit welchem Erfolg ist jedoch nicht bekannt. In den insgesamt 18 unterirdischen Werkhallen wurden durch den Arbeitseinsatz von Gefangenen aus 29 Nationen bis in die ersten Maitage 1945 Rüstungsgüter hergestellt. Die ersten ungarischen Häftlinge, tausend jüdische Menschen aus einem der aus Auschwitz-Birkenau nach Mauthausen überführten Transporte, trafen am 28. Mai 1944 in Gusen ein. (Jüdische Häftlinge überhaupt gab es in diesem Lager ab 1941. Sie hatten zu jeder Zeit generell die schlimmsten, die anstrengendsten Arbeiten zu verrichten. Kein Wunder, dass sie innerhalb weniger Wochen starben.) Vor dem „Arbeitseinsatz" der „U-Juden" bei „Bergkristall" gelang es keinem ihrer Schicksals- und Glaubensgefährten, Arbeit und Lager, die Schreckensherrschaft der SS und der vollkommen verkommen Häftlingsfunktionäre (zumeist mit grünem Dreieck gekennzeichnete Kriminelle deutscher oder österreichischer Nationalität) zu überleben. Wer hatte denn eigentlich Chancen, dem Terror der Lager-SS zu entkommen? In erster Linie Deutsche und Österreicher, die nach dem Schock der ersten Monate zu irgendeiner Lagerfunktion kamen oder in ein Arbeitskommando mit geschütztem Arbeitsplatz gelangten. Häftlinge, die als verlängerte Arme der SS irgendeine Aufgabe in der sog. Lagerverwaltung auf sich genommen haben. Schließlich jene, die über eine höhere, „brauchbare" Berufsausbildung verfügten, etwa mehrerer Fremdsprachen mächtig oder in Maschinschreiben bewandert waren, technische Zeichner, Ärzte und Pfleger, Maler und Grafiker. Und natürlich alle mit in der Rüstungsindustrie anwendbaren Fertigkeiten: Schweißer, Schlosser, Mechaniker und Tischler.

Zwischen 1940 und 1942 hatten die nicht deutschstämmigen Häftlinge wohl minimale Chancen zu überleben. (Eine Ausnahme könnten da allenfalls die besonders gut qualifizierten Fachkräfte der Innenkommandos gebildet haben.) Berufliches Können bot einen möglichen Schutz vor dem sonst sicheren Tod. Starke nationale Solidarität, etwa unter Polen und Spaniern konnten gelegentlich ebenfalls Leben retten. Ab der massenhaften Einlieferung ungarischer Häftlinge kam es durchaus darauf an, zu welchem Zeitpunkt jemand zum schwersten Arbeitseinsatz beordert worden war, denn die letzten Monate der Gefangenschaft ab Ende 1944 bedeuteten nichts anderes mehr als einen verzweifelten Wettkampf gegen den Tod.

Ab 1943 waren in Gusen auch aus der Sowjetunion verschleppte Kinder und Jugendliche im Einsatz. Etwa 700 dieser zwölf bis 16 Jahre alten „Steinmetzlehrlinge" wurde in Aussicht gestellt, sich „nach dem siegreichen Krieg" niederlassen und „an den Großbauten des Führers" als Steinmetz arbeiten zu dürfen. Ihre Geschichte ist bis heute nicht aufgearbeitet. Im Häftlingsstand des Gusener Lagers zeigt sich in der Zeitspanne von März 1943 bis zum 31. Jänner 1944 eine Differenz von ca. 2.000 resp. 1.500 Personen[281]:

Datum	unter 20	20-30	30-40	40-50	50-60	über 60	Summe
31.3.1943	771	2.464	2.313	1.020	253	19	6.840
31.7.1943	1.268	3.412	2.779	1.102	289	39	8.889
31.1.1944	956	2.904	2.214	1.071	200	12	7.357

Die ersten Monate des Jahres 1944 brachten viele Änderungen ins Leben des Außenlagers. Unter der Leitung des „Jägerstabs" an der Spitze mit Ingenieur Dr. Hans Kammler lief die Rüstungsindustrie immer mehr auf Hochtouren, was wiederum zunehmende Aufmerksamkeit und Kontrolle von Seiten der Obrigkeit nach sich zog. Durch die Errichtung von Gusen II bzw. „Bergkristall" stieg der Häftlingsstand auf 10.494 am 31. März 1944. Diese Zahl wurde durch das Eintreffen der ungarischen Transporte weiter in die Höhe getrieben: Am 31. Mai zählte man 13.475 Häftlinge, einen Monat später bereits 16.221. Um Bauarbeiten und Produktion zu begutachten, stattete Reichsjustizminister Dr. Otto Thierack Gusen am 17. Februar 1944 einen Besuch ab. Nicht minder hochrangig war die Fortsetzung: Nach SS-Obergruppenführer Oswald Pohl, Leiter des SS-WVHA, (8. Mai) kamen der Reichsführer-SS Heinrich Himmler

Abb. 24: Visite Heinrich Himmlers im Hauptlager Mauthausen, SS-Foto, 1941

(2. Juni) sowie der Reichsminister für Rüstung und Kriegsproduktion Albert Speer (6. Juli), nach Gusen. Ab Jänner 1944 wurde der für den Häftlingseinsatz in die Reichskasse zu zahlende Tagestarif angehoben. Rüstungs- und Einzelbetriebe hatten statt der bisherigen 1,5 Reichsmark pro Tag und Hilfskraft nunmehr drei, in Gusen II sogar vier Reichsmark zu zahlen, für einen Facharbeiterhäftling wurde fortan statt 2,50 Reichsmark fünf bzw. sechs Reichsmark (Gusen II) berechnet. (Bemerkenswerterweise bezahlte die in SS-Besitz befindliche Deutsche Erd- und Steinwerke GmbH, DESt, mit 0,50 bzw. 1,50 Reichsmark pro Hilfs- und Facharbeiterhäftling über einen niedrigeren Lohnsatz.) Das SS-WVHA kalkulierte für die tägliche Versorgung eines Häftlings circa 0,60 Reichsmark, für die Abnutzung der Häftlingskleidung 0,10 und für sonstige Kostenausgaben (Quartier, Bewachung usw.) 0,60 Reichsmark. Somit „verschlang" die Haltung der Häftlinge pro Kopf und Tag insgesamt 1,30 Reichsmark.[282]

Zur massenhaften Einlieferung von aus dem besetzten Ungarn deportierten Häftlingen kam es ab 28. Mai 1944. Da trafen u.a. per Eisenbahn 2.000 ungarische Deportierte aus Auschwitz-Birkenau im KLM ein, sie erhielten die Häftlingsnummern zwischen 66.964 und 68.963 zugeteilt. Von ihnen wurde ein Transport von nahezu 1.000 Gefangenen aus dem Hauptlager nach Gusen überstellt, was auch das im Außenlager geführte Totenbuch des „Krankenreviers" bestätigt. Ab Juni werden darin auch ungarische Opfer registriert: Die Eintragung Nr. 16.714 des Sterberegisters meldete den am 1. Juni 1944 durch einen „Herzschlag" eingetretenen Tod von Sándor Krajczler, geboren am 30. Dezember 1897 in Miskolc, Häftlingsnummer 67.617. Eintragung Nr. 16.718 vom 4. Juni registriert das Ableben von Ernő Sándor Krauszman (Todesursache wie oben). Am darauf folgenden Tag kam Sándor Weißberg ums Leben, der am 5. April 1902 geborene Budapester (Häftlingsnummer 67.174) wurde laut Totenbuch Nr. 16.723 „auf der Flucht" erschossen.[283]

Der „U-Jude" József Berkovits starb am 7. Juni, laut Vermerk wurde er „überfahren".[284] Im ersten ungarischen Häftlingstransport befanden sich zahlreiche Jugendliche. Márton Moskovits aus Szolyva, einer von den Überlebenden aus dieser Gruppe, war damals erst 15 Jahre alt (Häftlingsnummer 66.988), Ábrahám Weisel aus Ökörmező (67.587) ein Jahr älter, Izidor Berkovits aus Szolyva (67.610) 20, Jenő Moskovics aus Beregsom (67.774) 17, Ignác Deutsch aus Szolyva (67.888) 14 Jahre. Zwei weitere Überlebende, Háim Kleinmann aus Duszina (67.742) und Jakab Meizlik (67.958), zählten um diese Zeit 15 bzw. 14 Jahre. Diese Jugendlichen waren alle an den Auschwitzer Rampen von ihren Familienangehörigen getrennt, dann in Viehwagons nach Mauthausen transportiert worden, und von dort mussten sie nach ihrer Registrierung zu Fuß ins Lager Gusen II marschieren.[285] Dort arbeiteten sie in zwei oder drei Schichten im Stollenbau. „Damals gab es da sehr viele Juden aus Győr und Nyíregyháza im Einsatz, von ihnen ist kaum jemand übrig geblieben", gab Izidor Berkovits nach seiner Heimkehr zu Protokoll.[286] Emil Herczog aus Beszterce kam nach zwei Jahren unbewaffnetem Arbeitsdienst bei der ungarischen Armee über Auschwitz-Birkenau und Mauthausen gemeinsam mit seinem Vater (von Beruf Arzt) am 13. Juni in Gusen an. Der 20-jährige (Häftlingsnummer 71.882) wurde von dem österreichischen Unternehmer Ing. Pötsch „ausgeliehen". Mit seinen Kameraden rückte er aus dem Barackenlager fortan täglich zum Arbeitsplatz (Gusen II) aus.

Wir arbeiteten mit Pressluftbohrern. Allein der Bohrer wog mindestens fünfzehn Kilo, zudem mussten wir an den Schultern infolge der Pressluft ständige Schläge erleiden. Der Einsatz dauerte täglich zwölf Stunden, die

Mittagsstunde der Essenverteilung inbegriffen. Wir bekamen einen Liter Rübensuppe. [...] Unser unmittelbarer Vorgesetzter – ein Österreicher mit rundem Gesicht, schwarzen Augen und stechendem Blick – konnte nicht normal reden, nur schreien. Seine harmloseste Strafe war der Fußtritt. Die Gruppe [nach dem Unternehmer die Pötsch-Gruppe genannt, Anm. des Autors] arbeitete verstreut, so konnte der Aufseher einen nicht ununterbrochen im Auge behalten. Deswegen pflegte er die Entfernung von einem zum anderen im Laufschritt zurückzulegen, um denjenigen immer auch zu erwischen, der es überhaupt wagte, sich ein paar Minütchen Pause zu gönnen.[287]

Dem 18-jährigen József Klein aus Alsóverecke blieb die im Nebenlager gültige Häftlingshierarchie am meisten in Erinnerung, da die Juden auf der untersten Stufe standen:

Nach vier Wochen besserte sich die Lage etwas. Wir erhielten je ein halbes Brot und auch von den anderen Sachen nunmehr genauso viel wie die Russen und die anderen Häftlinge verschiedener Nationalität. Beim Essen erlangten wir Gleichheit, nur bei der Arbeit machte man Unterschiede, uns teilte man immer zum schwierigsten Einsatz ein. Wie ich das aushielt, weiß ich selber nicht.[288]

Die großen Anforderungen beim Einsatz, die vielen Verletzungen und Todesfälle führten, wie eine andere Quelle berichtet, zu raschen Änderungen in den einzelnen Arbeitskommandos. Die Gruppen jüdischer Neuzugänge, noch Anfänger im Lagerleben, waren den erfahrenen Lagerfunktionären völlig ausgeliefert. Doch das seltsame System ließ die ungarischen Juden alsbald anderswo zum Einsatz kommen. In den neuen Arbeitskommandos wurde ihnen meist die gleiche Behandlung und Versorgung zuteil wie den anderen Häftlingen, allenfalls wurden sie im Einsatz weiterhin benachteiligt, je nach Lust und Laune der Kapos.[289] Nach Aussage von Móric Stein aus Halubina, damals 18 Jahre alt, hatte die Barackenbewohner nach der zwölfstündigen Schwerstarbeit auch noch Attacken durch die Kapos zu erleiden. Auch „ließen sie uns nicht schlafen, stets ärgerten sie uns mit irgend etwas, so dass wir keine Ruhe finden konnten. Tag für Tag haben sie sechs, sieben von uns hingerichtet."[290]

Nachdem er sich in dem Mauthausener Steinbruch eine schwere Verletzung zugezogen hatte, wurde der ebenfalls 18-jährige Herman Friedmann aus Hársfalva nach Gusen II überführt und dort zuerst dem Strafkommando zugeteilt. Er schuftete stets in der Nachtschicht im Stollenbau, wofür neben den Schlägen eine kärgliche Tagesration Nahrung – ein

151

Viertel (eventuell mit Sägemehl angereichertes) Brot und irgendeine als Spinatsuppe bezeichnete warme Brühe – die Belohnung waren. Später wurde er aus dem Strafkommando versetzt: Als Mitglied des Ausbaukommandos rückte er zum Bau einer Flugzeughalle aus, im so genannten Christoph-Kommando wurde er bei Planierungsarbeiten getötet. Im Lagerquartier machte Friedmann die Erfahrung, dass allein die Anmeldung zum Arzt jedem Häftling zum Verhängnis würde. Die Häftlingsnummer wurde vom Barackenaufseher *aufs Bett des Betreffenden geschrieben. Abends wurde kontrolliert und wessen Nummer da aufgeschrieben war, wurde dann mitgenommen und umgebracht. Diese Hinrichtungen (Ertränken im Wasserfass, Anmerkung des Autors) hatte ein gewisser Kleppner, ein Jude aus Szatmár, durchzuführen. Täglich gab es zehn bis zwölf solche Fälle. Alle zwei Wochen wurden die Schwachen und Kranken aussortiert und nach Gusen I gebracht, um sie im dortigen Krematorium zu verbrennen.*[291]

Die auf Basis der täglichen Appelle angelegten Tagesrapporte von Ende Juni zeugen von der Zunahme ungarischer Tragödien. Am 22. und 25. Juni wurde je ein U-Jude von der Wache erschossen, am 26. wurden Imre Kardos, Ödön Perl, Miklós Klein und József Flesch von zwei SS-Wächtern ebenfalls „auf der Flucht" erschossen. Am nächsten Tag endete Gyula Ferenczi auf gleiche Weise.[292] Am 27. um 1.20 Uhr erlitt Lajos Friedmann (67.722) einen schweren „Arbeitsunfall". Der tödlich Verunglückte vollendete nicht einmal sein 16. Lebensjahr. Zwei Tage später starben sechs ungarische Juden „eines natürlichen Todes", am 1. Juli waren es weitere vier. Am 21. Juli waren vier von den fünf Opfern des Lagers Ungarn. Am selben Tag starb infolge eines Arbeitsunfalls der 19-jährige Bernát Indig (69.739) aus dem zweiten Auschwitzer Transport. Fünf ungarische Jugendliche finden wir unter den Toten des 23. Juli. Am Tag danach verunglückte András Brüll (74.014)[293] tödlich. Die zuletzt genannten Opfer waren mit dem vierten Auschwitz-Transport am 19. Juni im KLM angekommen. Unter den ungarischen Häftlingen der älteren Generation, den Fünfzigern und Sechzigern gab es enorme Verluste, doch mittlerweile forderte das Lagerleben sogar von den Jungen etliche Opfer. Unter den sieben ungarischen Häftlingen, die am 30. Juli ums Leben kamen, waren drei Jugendliche: Dávid Friedmann (67.719), 18 Jahre, Sámuel Jakabovics (67.791) und Izrael Klein (67.596), beide 17 Jahre alt. Dem Tagesrapport vom 11. August zufolge hatte sich am 9. August Häftling Nr. 67.183 alias Ábrahám Farkas (19 Jahre) erhängt. Ebenso entfloh am 30. August Gyula Neumann (51 Jahre, Nr. 69.566) der rauhen Realität.[294] (Vermutlich wurden sie vom Kapo irgendwie „aus dem Weg geräumt".) Etliche Überlebende erwähnten in ihren Erinnerungsberichten, dass orthodoxe Juden die körperlichen und seelischen Belastungen im Allgemeinen doch besser ertrugen. Einer kümmerte sich um den Anderen, sie beschützten einander, hielten fest zusammen.

An der Spitze der Terrormaschinerie stand vom Februar 1939 bis zum Zusammenbruch SS-Standartenführer Franz Ziereis, Kommandant des Hauptlagers KLM. Seine Stellvertreter in Gusen, die seine Anweisungen stets strikt befolgten und sofort in die Tat umsetzen ließen, waren die 1. Schutzhaftlagerführer des KLM Karl Chmielewski und Fritz Seidler. Die elf bis dreizehn Wachkompanien der Gusener SS zählten zwischen 1.650 und 1.900 Mann. Die grauen oder schwarzen Uniformen schmückten neben dem obligatorischen Abzeichen mit dem SS-Totenkopf die Buchstaben KL, die als Abkürzung für Konzentrationslager auf den Sonderauftrag ihrer Träger verwiesen. In Gusen II bestand die Wachmannschaft aus Soldaten der deutschen Luftwaffe, allein der für die Tagesmeldungen verantwortliche Rapportführer gehörte dem SS-Verband an. In Gusen dienten folgende SS-Angehörige als Rapport- oder Arbeitsdienstführer: Streitwieser, Kirchner, Isenberg, Priestenberger, Gangstadter, Damaschke, Kluge, Groß, Killermann und Füssl. Zum Stab gehörten außerdem sieben SS-Ärzte. Im Führungsapparat war sogar die DEST vertreten, von ihren leitenden Funktionären sind SS-Obersturmbannführer Mummenthey, SS-Hauptsturmführer Walter und SS-Obersturmbannführer Wolfram namentlich bekannt. Anfang 1945 bestand die Wachmannschaft aus rund 3.000 Personen, die sich neben Angehörigen der SS und der Luftwaffe nunmehr auch aus Wehrmachtssoldaten rekrutierten. In den vorhandenen Tagesmeldungen tauchen auch weiterhin immer wieder die Namen ungarischer Opfer auf.

Am 21. September wurde der Tod dreier jüdischer Ungarn gemeldet, zwei von ihnen waren 18 Jahre alt. Das jüngste der insgesamt vier ungarischen Opfer vom nächsten Tag war 21 Jahre, das älteste starb im Alter von 64 Jahren.[295] Die Meldung vom 19. Oktober erwähnt zum ersten Mal auch ungarische Opfer des „Erholungslagers" Hartheim, die in den geheimen Gaskammern des Schlosses getötet wurden. Unter den im Bericht erwähnten zehn „Todesfällen" des Vortages befanden sich Dávid Adlerstein (45 Jahre, Nr. 67.606), Jenő Balázs (54 Jahre, Nr. 73.967) und Sámuel Deutsch (42 Jahre, Nr. 67.709). Diese Meldungen belegen als

153

stumme Zeugen, dass in Hartheim – wo im Jahre 1944 698 Menschen ermordet wurden – mehrere hundert ungarische Gusen-Häftlinge durch Giftgas erstickt worden sind.[296] Ihr tragisches Ende blieb ein gutes halbes Jahrhundert verborgen. Nachstehende Tabelle soll jene Angaben, die den verheimlichten Gastod ungarischer Juden beweisen, statistisch darlegen.

Monat		Tag	Zahl der Vergasten	davon Ungarn	in Prozent
1944	Oktober	19.	11	5	45,4
		20.	14	4	28,5
		21.	13	3	23,0
		25.	14	3	21,3
		27.	12	5	41,6
		31.	16	13	81,2
	November	1.	20	17	85,0
		16.	48	42	87,4
		17.	10	9	90,0
		28.	38	38	100,0
	Dezember	20.	19	19	100,0
		21.	36	36	100,0
		22.	24	24	100,0
		29.	14	9	64,3
1945	Jänner	2.	28	12	42,8
		3.	22	12	54,5
		4.	34	18	52,9
		5.	36	30	83,3
		6.	13	10	76,9
Gesamt			**422**	**309**	**73,2**

Einige Memoiren erwähnen, wie misstrauisch die schwerkranken Lagerhäftlinge reagierten, als sie von der Möglichkeit erfuhren, ins Erholungsheim zum „Aufpäppeln" oder gar in „Urlaub" zu fahren. Sie fragten sich, wie die SS ein „Erholungsheim" betreiben konnten, ohne den geringsten Aufwand gegen die Hungersnot und den organisierten Diebstahl zu unternehmen und ohne die Verteilung der spärlichen und nahezu vitaminlosen Tagesrationen zu kontrollieren. Warum halfen sie denn nicht mit entsprechender medizinischer Betreuung vor Ort? Warum nur im „Sanatorium"? Und warum kehrten jene, die schon ins „Erholungsheim" gebracht worden waren, vom „Aufpäppeln" nie zurück? Diese Fragen blieben unbeantwortet. Viele erkannten die Gefahr, die das Erscheinen des „Blauwagens", eines Autobusses mit zugezogenen Vorhängen, für die Kandidaten des „Genesungsurlaubs" bedeutete. Sie versuchten sich vor der angeordneten Selektion zu verstecken, ihre kranken Freunde möglichst zu retten. Vielleicht war es die Hoffnung aus der irdischen Hölle fliehen zu können, die einige schwerkranke, Heilung suchende Ungarn dazu brachte, sich trotz alledem zum „Genesungstransport" zu melden? Oder war das nur eine Folge der allgemeinen Apathie, der Verzicht auf alles und der Abschied von allem?

Abb. 25: Schloss Hartheim

In den letzten Monaten des Bestehens von Gusen veränderte sich der Häftlingsstand ständig, der Höchststand wurde Ende Februar 1945 erreicht.

Datum	Häftlingsstand [297]
31. 12. 1944	24.266
31. 1. 1945	23.730
28. 2. 1945	26.311
30. 3. 1945	23.951

Im Dezember 1944 verschlechterte sich die ohnehin katastrophale Versorgung. Auch die Kleidervorräte wurden knapp, Verbrauchtes konnte kaum mehr durch Neues ersetzt werden. Manche Häftlinge in guter körperlicher Verfassung entwendeten ihren schwächeren Schicksalsgefährten bzw. den „Neuzugängen" das gerade am meisten Benötigte; sie waren vor allem auf Schuhwerk bedacht, aber gefragt war eigentlich alles Nutzbare. Eine Zeitlang wurden in den Außenlagern die noch brauchbaren Teile fremder Armeeuniformen aus der Kriegsbeute sowie Kleidungsstücke der hingerichteten und sonst wie verstorbenen Häftlinge verteilt. Trotz strengsten Verbots wickelten viele von Zementsäcken Papierfetzen um ihre frierenden Glieder oder bedeckten damit ihre verwundeten Körperteile. Diese „Behandlung" führte bei etlichen Häftlingen zu schweren Infektionen. Bei wem solche Fetzen gefunden wurden, der konnte mit brutalem Prügel und Fußtritten rechnen, die häufig Rippenbrüche und Kopfverletzungen verursachten. Vielen anderen machten Erfrierungen an Füßen und Beinen, sich ausbreitende Eiterungen, schmerzhafte Abszesse und die Attacken der Läuse zu schaffen.

Die Aufseher der Häftlingsschar zeigten sich von all dem wenig betroffen. Géza Steimetz aus Mátészalka, ein damals 20 Jahre alter Gusener Häftling, berichtete nach seiner Heimkehr über eine „Winteridee" seines Kapos, eines deutschen Kriminellen.

Es kam vor, dass der Kapo, dem es erlaubt war, extra zu kochen, Brennholz brauchte. Da es aber verboten war, Holz ins Lager zu bringen, hat er sich folgendes einfallen lassen. Er erschlug ein, zwei Leute vom Kommando bei der Arbeit und ließ die anderen aus großen Holzstücken Bahren basteln, damit die Leichen von zwei Leuten vorschriftsmäßig zum Lagerkrematorium gebracht werden können. Zwei Leute mussten die Unglücklichen so tragen. Auf diese Weise war es möglich, Holz ins Lager zu schaffen, das dann der Kapo für seine eigenen Zwecke verwenden konnte.[298]

Infolge dieser unmenschlichen Umstände wurden in den Außenlagern Gusen I, II und III im Jahre 1944 insgesamt 4.789 Todesopfer registriert.[299] Am 20. Jänner 1945 gab es auf Gusen II einen Bombenangriff, der das Leben von 53 Häftlingen forderte.[300] Aus den kommenden Monaten liegen nur wenige Angaben über ungarische Häftlinge vor. Zu diesen sporadischen Belegen gehört eine Transportliste vom 6. Februar 1945, die unter den Häftlingsnummern 122.574 (Dávid Adler, geboren am 28. Juli 1925 in Máramarossziget) bis 123.374 (Miklós Zichirmann) Namen und Angaben ungarischer Häftlinge enthält. Der Transport ging von Gusen nach Hannover-Mühlenberg in Norddeutschland.[301] Am 11. Februar 1945 wurden 108 Gefangene der Wiener Gestapo in Mauthausen registriert. Unter den „Neuzugängen" befanden sich auch Ungarn: der 20-jährige Elektriker Sándor Elődi (127.038), der 68-jährige Kaufmann Izsó Goldarbeiter (127.126) und zwei Männer, die vier Monate Gestapo-Haft hinter sich hatten. Diese beiden Stipendiaten des Wiener Collegium Hungaricum, István Foltiny und Rezső Lőcs, wurden am 18. Oktober 1944 wegen vermeintlicher Äußerungen gegen den Krieg und die Nazis denunziert und in Haft genommen. Um sie zu retten, meldete sich der – bereits früher erwähnte – reformierte Pfarrer der ungarischen Kolonie in Wien, Dr. Zsigmond Varga, unverzüglich freiwillig bei der Gestapo. (Der Geistliche machte in seinen Predigten keinen Hehl daraus, dass er den Faschismus verurteilte und die weitere Kriegsführung für sinnlos, ja sogar für verbrecherisch hielt.) Foltinyi wurde zwar freigelassen, Varga jedoch inhaftiert und später mit Lőcs zusammen nach Mauthausen bzw. Gusen gebracht. Der kaum 36 Jahre alte Pfarrer (Häftlingsnummer 127.117) hielt es knapp drei Wochen in der Hölle aus, er verstarb am 5. März.[302] Rudolf Lőcs, 24, Universitätsassistent (127.071), hat Lager und Arbeitskommando überlebt. Nach offizieller Meldung begingen am 29. März zwei ungarische Häftlinge – Bertalan Göndör, 37 Jahre (114.782) und Benedek Hoffmann, 36 Jahre (114.826) – Selbstmord durch Erhängen.[303]

Mitte April 1945 stieg die Sterberate plötzlich rapid an – man registrierte bis 200 Tote am Tag. Ab 27. Februar waren die schwerkranken Häftlinge zu Hunderten in das mittlerweile vergrößerte „Russenlager" (Krankenrevier) des Hauptlagers gebracht worden[304]. Die SS hat aber auch in Gusen „ihre Schuldigkeit getan". In der Nacht vom 21. auf den 22. April wurde vom Kapo des Desinfektionskommandos Rudolf Fiegl die Vergasung 659 kranker Insassen der Baracke 31 durchgeführt.[305] Der 20 Jahre alte Häftling Bernát Benyovits aus Ublya, der mit einem evakuierten Transport aus dem besetzten Polen am 28. Jänner 1945 nach Mauthausen gekommen und von dort nach Gusen weitergeleitet worden war[306], war zur Zeit der Vergasung in der benachbarten Baracke 32 einquartiert: „Wir haben die schrecklichen Todesschreie der Kranken gehört. Am kommenden Morgen sahen wir dann, wie die Häftlinge unter SS-Führung die Armen zum Krematorium schleppten! Hier wurden da 800 Menschen vernichtet!"[307] Nach Benyovits gab es unter den Opfern etwa 300 Juden, der Rest waren Polen, Franzosen, Italiener. Einen Tag später wurden in Gusen II weitere 600 kranke Häftlinge mit Äxten und Stöcken erschlagen.[308]

Zu dieser Zeit arbeiteten auch ungarische Juden, die früher im Verband der ungarischen Honvéd-Armee Arbeitsdienst geleistet hatten, in den unterirdischen Betrieben von Gusen II. Ferenc Klein (114.878) war einer von ihnen. Er schuftete täglich zwölf Stunden an einer Rohr- und Blechbiegemaschine im Aluminiumwerk. Nach Mauthausen kam er am 8. Jänner 1945 mit einem 609 Deportierte umfassenden Transport, zuvor hatte er am Festungsbau bei Harka in Westungarn Zwangsarbeit geleistet. Seine schon aus geographischer Sicht bewegte Zwangsarbeiter-Laufbahn steht beispielhaft für das Schicksal zahlreicher ungarischer Juden, die bei der ungarischen Armee „waffenlosen Dienst", Zwangsarbeit zu leisten hatten. Ferenc Klein wurde am 17. November 1942 in Pécs einberufen. An 25. November wurde er in Mohács in die Behelfskompanie 104/8 eingeteilt. Stationen seiner Kompanie im Jahr 1943: Sátorhely–Feketelapu–Pécs–Bereck–Sándortető–Majlátető–Ojtoz–Ojtoztető–Kányád–Csíkszereda–Nagyvárad–Pécs (10. 11.)–Kisdárda–Kiskőszeg; im Jahr 1944: Újvidék (bis 10. 5.)–Szeged–Hódmezővásárhely–Nagyvárad–Szatmártető–Királyhágó–Körösmező–Geszti–Máramarossziget–Tiszaborkút–Bánréve (im November wurde die Kompanie den Deutschen übergeben)–ferner Kópháza (7. 12.), Harka und Mauthausen. Als erfahrener Schlosser konnte Klein bei der Bearbeitung von Duraluminiumplatten und -röhren die vorgeschriebene Tagesnorm stets erfüllen. Mit seinen Leistungen war der Vorarbeiter, ein deutscher Zivilist, derart zufrieden, dass er den Häftling bei den wiederholten Betriebskontrollen immer wieder in Schutz nahm und ihn immer wieder zur Belohnung vorschlug. So erhielt Klein mehrfach so genannte Prämienscheine im Wert von 1 bis 3 Reichsmark, die in der Häftlingskantine einzulösen waren, sowie gelegentlich auch zusätzliche Lebensmittelzuteilungen.[309]

Nach einem aus Gusen stammenden und von polnischen ehemaligen politischen Häftlingen in Warschau aufbewahrten Originaldokument[310] nahmen die ungarischen Häftlinge von Gusen I, II und III eine Woche vor der Befreiung den sechsten Rang in der Statistik der vertretenen Nationen ein. Die genaue Aufstellung der Insassen der drei Außenlager aus Sicht ihrer nationalen Zugehörigkeit gemäß dem Stand vom 27. April 1945:

	Häftlingszahl	Prozent	Politische	Juden	Roma
Polen	8.352	36,6	6.347	1.354	4
Sowjetbürger	7.796	34,2	386	8	1
Italiener	1.343	5,9	1.302	29	–
Deutsche	1.254	5,5	391	44	71
Franzosen	980	4,3	908	64	–
Ungarn	881	3,9	11	843	–
Jugoslawen	880	3,9	872	4	–
Spanier	610	2,7	30	–	1
Tschechoslowaken	272	1,2	167	82	3
Griechen	116	0,5	35	81	–
Andere	283	1,3	193	76	8
Gesamt	**22.767**	**100,0**	**10.642**	**2.585**	**88**

Die letzte Änderungsmeldung vom 4. Mai hält gegenüber dem 27. April eine Verringerung der Häftlingszahl um 2.280 (10 %) auf 20.487 fest. Gusen I, II und III forderten in den ersten vier Monaten des Jahres (bis zum 4. Mai 1945) insgesamt 8.834 Tote. Den offiziellen Statistiken zufolge wurden in der Zeit seines Bestehens (25. Juni 1940–4. Mai 1945) 67.667 Deportierte nach Gusen transportiert. 59.167 davon waren dort langfristig in Haft. Zumindest 35.725 Todesopfer wurden im Außenlager Gusen registriert, das sind 60,3 %; das Schicksal von weiteren 1.655 Häftlingen ist unbekannt. Aus dieser letzten Änderungsmeldung geht hervor, dass der Anteil der ungarischen Häftlinge innerhalb einer Woche von knapp vier Prozent auf 0,8 gesunken ist. Von den 20.487 registrierten Lagerinsassen waren 8.271 Polen, 8.046 Sowjetbürger, 1188 Deutsche (und Österreicher) sind nur mehr 173 Ungarn. Es liegen keinerlei Angaben darüber vor, wie viele der nicht erfassten 708 Personen mit ungarischer Staatsangehörigkeit gestorben sind. Vermutlich wurde der Großteil der marschfähigen ungarischen Häftlinge ins Hauptlager überstellt und dort, zusammengepfercht mit den vom grenznahen Festungsbau hierher gebrachten ehemaligen ungarischen Zwangsarbeiter, im überfüllten Zeitlager untergebracht.[311] Am 28. und 29. April 1945 wurden sie dann in Richtung Gunskirchen, der „Endstation" der Deportation, in Marsch gesetzt. Über die Betreffenden liegen keine Angaben vor. Fest steht nur, dass im Zeltlager am 29. dieses Monats um 2.808 Häftlinge weniger registriert worden sind, die „ins Waldlager überstellt" wurden.[312] Ab dem 29. April häuften sich die Vorzeichen des nahen Zusammenbruchs. Die Lagerdokumentation wurde verbrannt, das für das „Krema" verantwortliche Kommando nach Mauthausen gebracht und am 2. Mai erschossen. Am 3. Mai stellten bewaffnete Angehörige der Wiener Feuerwehr und eine andere Aufsichtsgruppe die Wache. Die meisten SSler, bislang Herren über Leben und Tod, zogen in den Abendstunden dieses Tages ab. Zur Freude aller „verschwanden" sie einfach aus dem Lager. Am darauf folgenden Tag rückten die Arbeitskommandos nur zögernd und stark reduziert aus. Des Öfteren konnte man Kampflärm hören. Die Häftlinge lauschten gespannt. Mehrere kletterten auf die Barackendächer, um Ausschau zu halten, andere sammelten Neuigkeiten, polnische und französische Häftlinge bildeten kleinere Gruppen, um den Empfang der Befreier organisiert vorzubereiten.

Doch die Absicht der SS war, die in die Bergstollen gedrängten Häftlinge durch Sprengungen der Stollen zu „liquidieren". Der Plan dieses

GUNSKIRCHENI·
MAGYAR MARTI-
ROK EMLÉKÉRE
NACIZMUS ÖLDÖZÖTTEINEK ·
BIZOTTSAGA

ZUM ANDENKEN
DER UNGARISCHEN
MÄRTYRER VON
GUNSKIRCHEN ·
LANDESORGANISATION DER
NAZIVERVOLGTEN IN UNGARN

Abb. 26: Gedenkstein für die ungarischen Märtyrer von Gunskirchen bei der Baracke 19 des KLM

letzten Gewaltverbrechens sickerte jedoch durch. Ein beachtlicher Teil der Todeskandidaten rüstete sich für den Widerstand und nahm sich vor, das Ausrücken zu verweigern. Mittlerweile waren so manche auch außerhalb des Stacheldrahtes um ihre Rettung bemüht. Der Beauftragte des Internationalen Roten Kreuzes Louis Haefliger, ein mutiger Nazigegner, hielt sich seit nahezu zwei Wochen in der Umgebung des Hauptlagers und in St. Georgen auf und erreichte schließlich sogar, mit dem mittlerweile ziemlich verunsicherten Lagerkommandanten Franz Ziereis verhandeln zu können.[313]

Ebenfalls auf Haefligers Rat ist zurückzuführen, dass St. Georgens Vizebürgermeister Aschenbrenner, der eine geschlossene bewaffnete Verteidigung ohnehin für unsinnig hielt, die vorbereiteten Straßensperren am Vormittag des 5. Mai doch nicht aufstellen ließ. Infolgedessen konnten die US-Einheiten ungestört in Gusen einziehen. Unter Führung und Verantwortung des damit nicht wenig riskierenden IRK-Mannes Haefliger fuhr ein US-Panzerwagen zur Mittagszeit in das Lager, wo sich die Insassen gerade zum Appell versammelten hatten. Ein US-Soldat rief kurz und bündig den Häftlingen zu: „Sie sind frei!". Jubel brach aus. Die eingesammelten Waffen des Wachpersonals wurden von den Amerikanern mit Benzin übergossen und angezündet. Die entwaffneten Wächter und Soldaten wurden in Kolonnen in Marsch gesetzt.

Die US-Armee nahm das Umfeld von Gusen ohne Verluste ein. Im Lager selbst begannen die zahlenmäßig dominierenden polnischen Häftlinge ihre Nationalflagge zu hissen und ihre Nationalhymne sowie immer wieder den so genannten Gusener Marsch zu singen, den einer ihrer Mithäftlinge komponiert hatte.[314] Die Franzosen und viele andere sangen die Marseillaise. Der Gesang war noch nicht zu Ende, als eine Eruption der Rache, gespeist durch das angestaute Leid, die erlittenen Diskriminerungen und brutalen Misshandlungen, ausbrach. Die Lynchjustiz seitens der befreiten Häftlinge griff immer mehr um sich und richtete sich zu allererst gegen die Deutschen und Österreicher. Vergebens versuchten sich einige Lagerfunktionäre zu verstecken, sie wurden aufgestöbert und mit bloßen Händen und Füßen brutal getötet.[315] Alle SS-Häuser und Warenlager wurden von der aufgebrachten Menge gestürmt. Die Lage normalisierte sich einigermaßen erst nach dem 8. Mai 1945, nachdem die Amerikaner sich einquartiert hatten und eine organisierte Häftlingswache aufgestellt worden war.

Auch die Bevölkerung der Umgebung blieb nicht verschont. Die ausgemergelten Lagerinsassen (allen voran die Polen) drangen in die Bauernhäuser ein, machten sich breit und verschlangen alles Essbare, nach und nach sogar das Vieh und die Vorräte auf.[316] Inzwischen beorderten die US-Behörden die Gemeindevorsteher zur „Lagerschau". Alle mussten dann zusammen mit den NSDAP-Mitgliedern Massengräber ausheben und Leichen zu den Gräbern tragen und begraben. In den Transport der Leichen wurden auch einige Bauern mit Pferdewagen einbezogen.

Hirtenberg

Dieses Außenlager des KLM befand sich bei Baden in Niederösterreich und wurde ursprünglich als „Arbeitslager der Waffen-SS Hirtenberg, Gustloff Werke Niederdonau" bezeichnet. In Hirtenberg, einem Gemeinde am Beginn Triestingtals, gab es seit längerem eine Munitionsfabrik. Ab 1939 waren hier – da viele Arbeiter zum Militärdienst einberufen worden waren – zunehmend Kriegsgefangene bzw. ab 1941 aus der Ukraine verschleppte Zwangsarbeiterinnen beschäftigt. Am Rand der Gemeinde, östlich des Friedhofs, entstand nach und nach eine Barackenanlage, von wo die Häftlingskommandos unter SS-Begleitung zum täglichen Einsatz ausrückten. Für die Wache außerhalb des Lagers war eine 24köpfige SS-Mannschaft unter SS-Hauptsturmführer Schröder verantwortlich, während die Aufsicht bei der Arbeit von der Werkschutztruppe und gewiss auch von einigen SS-Aufseherinnen durchgeführt wurde.

Erste offizielle Erwähnung fand das Außenlager Hirtenberg im Zusammenhang mit einem am 28. September 1944 aus Auschwitz-Birkenau eingetroffenen Häftlingstransport. Von den 400 im KLM registrierten Frauen und Mädchen wurden 391 nach Hirtenberg überstellt, die übrigen neun blieben in Mauthausen, um in der „Hollerith"-Abteilung zur Häftlingsdaten-Verarbeitung nach dem Lochkartensystem ausgebildet zu werden.[317] Am 23. November wurden acht weibliche Häftlinge aus dem Frauenkonzentrationslager Ravensbrück und drei aus Auschwitz-Birkenau in das KLM eingeliefert. Zwei der drei Auschwitzer Zugänge waren Ungarinnen: Die Krankenschwestern Ilonka Weisz aus Kolozsvár (heute: Cluj/Rumänien) und Edit Farkas aus Dés erhielten bei der – aus welchem Grund auch immer erst am 12. Dezember 1944 durchgeführten – Registrierung die Häftlingsnummern 961 und 962 und gehörten gemeinsam mit der slowakischen Ärztin Irene Janowitz (960) vermutlich zu der Hirtenberger Sanitätergruppe. Diese weiblichen Häftlinge hatte man am 27. Dezember in das Außenlager verlegt.[318]

Hirtenberg verfügte nach dem Stand vom 27. Jänner 1945 über insgesamt 402 weibliche Häftlinge. 194 von ihnen (48,26 Prozent) waren in „Schutzhaft" genommene Russinnen (in den meisten Fällen handelte es sich um Gestapo-Häftlinge), ihnen folgten 101 Italienerinnen (25,12 Prozent) und 95 Polinnen (23,63 Prozent). Die erwähnten Nationalitäten dominierten im Frauenlager; zu den Angehörigen anderer Nationen gehörten fünf Deportierte aus Jugoslawien, drei Ungarinnen, zwei Kroatinnen und je eine Deutsche und Slowakin. Bis auf elf wurden sie alle als „Schutzhäftlinge" registriert, d. h. 97,76 Prozent der Insassinnen wurden aus „politischen Gründen" in Haft genommen. Das Durchschnittsalter lag bei 23 Jahren. Mit 16 bzw. 58 Jahren stellten zwei Polinnen die „Altersgrenzen" dar.[319]

Das Hirtenberger Außenlager des KLM wurde um den 1. April 1945 herum evakuiert. Zu diesem Zeitpunkt marschierten bereits die Häftlingskolonnen aus dem geräumten KL Hinterbrühl bei Wien nach Mauthausen; nun wurden auch die Hirtenberger in Marsch gesetzt. Sie hatten bis zum Hauptlager eine 170 Kilometer lange Strecke zurückzulegen. Die einzelnen Gruppen erreichten am 18. und 19. April das KLM – wenn überhaupt. Denn die Brutalität wurde nicht einmal während des anstrengenden Fußmarsches geringer. Wo sie vorbeizogen, war die Landstraße von Leichen gesäumt. In der Nacht ergriffen mehrere verzweifelte Häftlinge die Flucht, einige mit zumindest vorläufigem Erfolg. Schließlich gelangten 342 Häftlinge ins Lager. Dort waren die meisten noch am 24. April 1945 in verschiedene Arbeitskommandos vom Friseur bis Wäscherei eingeteilt worden, ehe sie befreit wurden.

Hinterbrühl

Das Arbeitslager Hinterbrühl bei Mödling entstand, als die SS sich vornahm, die in der Nähe gelegene berühmte Seegrotte für Kriegszwecke auszubauen und darin Betriebe der Rüstungsindustrie anzusiedeln. In den Jahren zwischen 1840 und 1912 war hier ein Gipswerk in Betrieb. Später, ab 1932 war das unterirdische Labyrinth der Seegrotte eine beliebte touristische Sehenswürdigkeit des Wienerwaldes; in einer romantischen unterirdischen Kahnfahrten konnte man sie besichtigen. Heute ist sie erneut eine gefragte Attraktion. Die SS ließ die Grotte im Sommer 1943 vermessen und erklärte eine Fläche von 15.000 Quadratmeter als zur unterirdischen Produktion geeignet. Im Februar 1944 wurden für das Raketenbauprojekt A4 erneut Vermessungen durchgeführt, der Eingang zur Grotte wurde abgeriegelt. Die Umbauten begannen. Unter Anleitung von Ingenieur Karl Ungerböck wurde das Wasser aus der Grotte gepumpt, der Grund trockengelegt, planiert und betoniert. Die Häftlinge hatten in forciertem Tempo alle Voraussetzungen für die Kriegsproduktion nach den Vorstellungen der Heinkel-Werke (dieses Unternehmen übernahm auch das Kellersystem der einstigen Abtei Furth bei Krems), der Firma Telefunken und anderer zu schaffen. Die Vorbereitungen liefen ebenfalls geheim. Die Baukosten wurden auf 800.000 Reichsmark angesetzt, der Arbeitskräftebedarf belief sich auf 700 Personen. Für die umfassende technische Planung waren Ingenieure und Techniker der Wiener Heinkel-Werke verantwortlich. Ziel war es, mit der Herstellung des Düsenjägers He 162 möglichst rasch anfangen zu können. Im Oktober rückten sogar Pioniere an, die unter Mitarbeit der Häftlinge die Stollen verbreitern und einen neuen Stollen in den Berg treiben mussten.

Das Außenlager des KLM (laut Unterlagen der SS: „KZ Mauthausen, Außenkommando Hinterbrühl") wurde im September auf einer Grundfläche von nahezu 9.000 Quadratmeter aufgebaut. Für das Lagergelände war ein Brachland ohne Bauernhöfe oder Wohnhäuser auserkoren worden; die einzigen Bewohner in dieser Gegend, eine Familie namens Fuchs, „veräußerte" Haus und Boden rasch, nachdem sie von den Behörden dazu aufgefordert worden war. An dem abseits gelegenen Ort gab es keinen Verkehr. Auf das abgeriegelte Gelände verwiesen Schilder wie „Sperrgebiet" oder „Achtung, Lebensgefahr, Hochspannung". Deshalb glaubten die meisten Ortsbewohner dem Propagandaspruch der Nationalsozialisten, wonach das Lager ein Ort sei, „wo schwere Gewaltverbrecher und Staatsfeinde gefangen gehalten sind". Das von Häftlingen der

KLM-„Filiale" Floridsdorf aufgebaute Außenlager bestand aus zwei Teilen. Das so genannte Unterlager umfasste drei Baracken und den Appellplatz. In der Baracke auf der linken Seite waren Lebensmittelmagazin und Küche untergebracht, auf der rechten befanden sich die Lagerschreibstube und das „Büro des Häftlingsvorstands". In der mittleren wohnten die „gewöhnlichen" Häftlinge. Zu dem etwas höher gelegenen Oberlager führte ein 200 Meter langer Korridor. In diesem Lagerteil befanden sich vier Baracken mit verschiedenen Werkstätten, dem Krankenrevier sowie Wasch- und Desinfektionsräumen. Das ganze Areal war von einem zwei Meter hohen, unter Hochspannung stehenden Zaun umgeben. Bei eventuellem Stromausfall oder einem Fluchtversuch wurden automatisch die aus einem eigenen Generator gespeisten Scheinwerfer eingeschaltet. Die typischen Wachtürme durften auch nicht fehlen. In den vier primitiven Wohnbaracken mit Betonboden und einer Grundfläche von 12 x 64 Meter wurden dreistöckige Bettgestellen aus Holz aufgestellt. Zwei, manchmal sogar drei Häftlinge teilten sich eine Pritsche, die Häftlingsfunktionäre hatten hingegen eigene Schlafstellen mit Strohsäcken. Die übliche armselige Rübensuppe, die den Häftlingen bei zwölf Stunden täglicher Schwerstarbeit zustand, versuchten viele durch allerlei scheinbar essbaren Zusatz zu ergänzen.

Der 28-jährige Lagerführer, SS-Untersturmbannführer Anton Streitwieser[320], beschlagnahmte das in der Zone zwischen den beiden Lagerteilen gelegene frühere Fuchs-Haus (heute Johannesgasse 20) zur Unterbringung der Lagerkommandantur, der Lagerverwaltung und der niederen SS-Offiziere. Er selbst zog mit seiner Gattin und Rapportführer Bühner in eine abgelegene Villa mit schönem Garten. 40 Angehörige der Wachtruppe wurden außerhalb des Lagerareals, 150 Meter von der Häftlingsbaracke IV entfernt, einquartiert. Der Gesamt- und der Höchststand des Lagers in der Bau- und Produktionsphase sind mangels Unterlagen nicht zu ermitteln. In Bezug auf die nationale Zusammensetzung lässt sich allerdings feststellen, dass Russen (Ukrainer) und polnische Widerstandskämpfer den anderen nationalen Gruppen im Lager zahlenmäßig weit überlegen waren. Ihnen folgten die Deutschen (Österreicher) und die Italiener. Außerdem befanden sich Jugoslawen, Griechen, Tschechen, Ungarn und Franzosen im KL Hinterbrühl. Zwei Drittel aller Gefangenen hatten ihr vierzigstes Lebensjahr noch nicht erreicht. Ende 1944 gab es unter ihnen sogar je einen 14-jährigen italienischen und polnischen Buben. Als am 21. September mit der „Auffüllung" des Lagers begonnen wurde, kamen die meisten aus dem Stammlager über Schwechat, wo Heinkel ebenfalls tätig war, nach Hinterbrühl. Den niedrigsten Rang in der Lagerhierarchie nahmen die Juden ein. Sie hatten die schlechtesten Arbeits- und Lebensbedingungen und sogar von ihren Häftlingskameraden so manches zu erdulden. Zu den Eigenheiten von Hinterbrühl gehörte, dass die Lagerfunktionäre fast ohne Ausnahme aus dem Gaunermilieu stammten, also professionelle Verbrecher waren. Der 24 Jahre alte, aus Floridsdorf überstellte Franz Pavela trug als erster Anweisungshäftling, wie die Oberkapos im Lager und bei Außenkommandos sowie die für die Baracken, Werkstätten und Küche verantwortlichen Kapos ein grünes Dreieck als Erkennungszeichen. Lagerkommandant Streitwieser hatte gut gewählt: Pavela diente als eifriger Handlanger der „Sklavenhalter" und handelte ausschließlich nach Lust und Laune der SS. Er forderte eine geradezu schikanöse „Ordnung", die er bedingungs- und schonungslos einhalten ließ. Zur Durchsetzung dieser „Ordnung" war er zu jeder Zeit bereit, die Häftlinge bestialisch zu „behandeln".[321]

Die Heinkel AG besaß zu dieser Zeit rund um Wien herum vier große Flugzeugbetriebe[322], in denen etwa 2.500 Häftlinge beschäftigt waren:
1. Schwechat-Heidfeld: Wo heute der Wiener Flughafen liegt, waren 1943 72 Werkshallen zur Entwicklung und Produktion des Flugzeugs He 219 errichtet worden.
2. Floridsdorf-Jedlesee, sog. Gambrinus-Keller: Ab Juni 1944 wurde unter dem Decknamen „Julius" im Keller der ehemaligen Bierbrauerei eine 5.000 Quadratmeter große Produktionsfläche zur Herstellung des Nachtjägers der He 219 bzw. des Prototyps von He 162 gebaut.
3. Hinterbrühl: Unterirdische Einrichtung mit der Tarnbezeichnung „Languste".

Im drei Stockwerke tiefen Keller der Bierbrauerei von Schwechat wurden auf einem Produktionsfläche von 3.000 Quadratmetern Flugzeugbauteile hergestellt. Die Heinkel-Arbeitslager finden in den meisten erhalten gebliebenen Unterlagen generell als „Wien-Floridsdorf" Erwähnung, während die Bezeichnung „Wien-Hinterbrühl" nur vereinzelt vorkommt. Dieser Umstand stellt die Geschichtsforschung vor eine recht schwierige Aufgabe. Nach kritischer Analyse der vorhandenen Dokumentation sowie aufgrund von Aussagen des Lagerältesten Franz Pavela und anderer ehemaliger Häftlinge[323] lässt sich die Zahl der Häftlinge, die in der

Hinterbrühl Zwangsarbeit geleistet auf 1.000 bis 1.200 schätzen; die Zahl jüdischer Häftlinge lag bei 200. Nach Angaben von Reinhard Steiner zählte Hinterbrühl am 15. November 1944 bereits mehr als 500 Lagerinsassen. 373 von ihnen – 116 internierte Zivilisten und 257 Häftlinge – waren bei der Fertigung des Prototyps der „siegentscheidenden" He 162 eingesetzt, während die anderen die Serienproduktion vorzubereiten hatten. (In den drei für Heinkel produzierenden Lagern leisteten insgesamt 157 internierte Zivilarbeiter und 590 Häftlinge Zwangsarbeit.) Bis zum 14. Dezember 1944 trafen weitere Häftlingsgruppen ein, darunter etliche dringend angeforderte Facharbeiter. Mit diesen 530 Zugängen[324] stieg die Häftlingszahl auf etwa 1.000. Die Heinkel-Werke rechneten Produktionsleistung der eingesetzten Häftlinge sowie Ausfall durch Erkrankung oder körperliche Schwäche in Arbeitsstunden ab. Das waren bis zum 15. Dezember bereits 92.800 Stunden. An die Stelle der 92, für die Produktion ausgefallenen, Arbeitskräfte traten ab 22. Dezember 236 Häftlinge aus Mauthausen, da aber die Firma damit noch nicht zufrieden war, wurden am 26. Dezember weitere 150 Häftlinge aus Wiener Neustadt nach Hinterbrühl gebracht.

Der allerletzte Transport traf am 7. März 1945 im Lager ein. Es handelte sich um knapp 200 ehemalige Auschwitz-Birkenauer Häftlinge, die von einem Wiener Bahnhof aus per Lastwagen eingeliefert wurden. Der Häftlingsstand der so genannten Heinkel-Lager wies in den letzten Kriegswochen enorme Schwankungen auf, der von Hinterbrühl lässt sich Mitte März auf 1.200 schätzen.[325] Aus der Produktionszeit wissen wir auch über den Lageralltag etwas mehr. Nach dem Morgenappell um halb fünf begann für die Häftlinge der tägliche Kampf ums Überleben.

Die größte Gefahr waren dabei einerseits das brutale Vorgehen der SS-Bewacher, der Kapos (ausschließlich deutsche bzw. österreichische Kriminelle) und mancher Zivilangestellter der Firmen, andererseits die mehr als ungünstigen Arbeitsbedingungen 35 Meter tief unter der Erde in den feucht-nassen, sauerstoffarmen Stollen. Etwas Erleichterung brachte mancherorts die Nachtschicht. Nach Mitternacht legten sich viele Kapos und zivile Vorarbeiter irgendwo zum Schlafen nieder. Mutige Häftlinge nutzten die Gelegenheit und stellten Wachen auf, die durch Warnzeichen „Gefahr" zu melden hatten, während sich die anderen ausruhten, leise unterhielten, entlausten oder sich etwas Essbares aus den „organisierten" Kartoffeln oder anderen „Zutaten" zu kochen versuchten. In den anderen Außenkommandos wäre so etwas unmöglich gewesen.

Marian Siczynski aus Polen kam in diesen ruhigeren Morgenstunden meistens mit dem ungarischen Häftling, Miksa Kuhn (53, Nr. 103.598), ins Gespräch. Ab und zu kochten sich die beiden heimlich auch etwas. Anfang März erzählte einmal der völlig entkräftete und entmutigte ungarische Freund beim schwachen Licht der nächtlichen Beleuchtung, er habe irgendwo in einem Winkel seine längst, schon vor Kriegsbeginn verstorbene Tochter erblickt. Siczynski erschrak, denn er empfand selbst die greifbare Nähe des Todes. Kuhn wurde kurz darauf ins sogenannte „Spital" eingeliefert, seine irdischen Leiden nahmen am 12. März ein trauriges Ende.[326] Zivilangestellte der Unternehmen haben jedes Mal enorm viel riskiert, wenn sie den Häftlingen gegenüber ein Zeichen der Menschlichkeit erkennen ließen. Der ehemalige ungarische Häftling Sámuel Krainer berichtet zum Beispiel von einem Schichtleiter der Heinkel-Werke Schwechat-Wien, der als Häftling in einem Konzentrationslager landete, nur weil er einem Hungernden Brot zukommen ließ.[327] Trotz alledem zeichneten sich Ende März im Verhalten mehrerer Werksleiter und Zivilarbeiter gewisse Änderungen ab, das heißt, sie ahnten das nahe Kriegsende.

Eine geheime Weisung aus dem Stammlager – „kein Häftling dürfte in Feindeshand fallen"[328] – ordnete am 31. März 1945 an, das Lager unverzüglich zu räumen und zu diesem Zweck die marschunfähigen Häftlinge durch Spritzen zu liquidieren. Für die Durchführung der Evakuierung war SS-Hauptsturmführer Kurt Schmutzler voll verantwortlich. In der Nacht wurden 50 Kranke durch Benzininjektionen ins Herz getötet, sie alle starben innerhalb weniger Minuten einen qualvollen Tod. Verfehlte der Sanitäter – Häftlingsärzte weigerten sich – das Herz und traf stattdessen die Lunge, erlitt der Patient einen zehn Minuten währenden fürchterlichen Todeskampf. Trotz aller Eile nahmen sich die SSler die Zeit, die Goldzähne der Ermordeten „einzusammeln". Die größtenteils nackten Leichen[329] wurden dann bei Tagesanbruch von den Kapos in zwei eiligst ausgehobenen Gruben am Zaun entlang mit Kalk bedeckt und verscharrt.

Wer noch aus dem Grab Lebenszeichen gab, wurde sofort von der SS kaltblütig erschossen. Die SS ließ durch Sprengungen die elektrischen Leitungen lahm legen. Die Häftlinge des evakuierten Lagers (ergänzt durch andere Kommandos; Anm. d. Autors), insgesamt 1.884 Gehfähige, wurden am 1. April in Marsch gesetzt; damit weitete sich der SS-Terror nunmehr auch auf die Landstraßen aus. Die vorhandenen Meldungen berichten mit penibler Präzision über die „täglichen Verluste". Registriert wurden meistens Anzahl und Namen der unterwegs Erschossenen: Auf dem Evakuierungsmarsch aus Hinterbrühl in das Hauptlager kamen am ersten Tag einer, am zweiten 45, am dritten vier, am vierten 19, am fünften 13, am sechsten 42 und am siebenten Tag siebzehn Häftlinge ums Leben. Weitere acht fanden den Tod durch Erschießen, jedoch sind diese Opfer nicht namentlich erfasst worden.[330] In dieser Marschwoche wurden folglich 150 Häftlinge ermordet, wie viele Verluste es aber tatsächlich gegeben hat, ist mangels Quellen unbekannt. Aufgrund verstreuter Angaben ist anzunehmen, dass die Hinterbrühler Marschkolonne – vermutlich bei ihrer Ankunft im KLM am 10. April – 204 Tote und 56 Geflohene zählte. Dieser Verlust übertraf den der Evakuierungsmärsche aus anderen Heinkel-Lagern mehrfach.

Lenzing

Das in Lenzing errichtete Außenlager des KLM war ein reines Frauenlager. Die Insassinnen arbeiteten in der örtlichen Kunstfaserfabrik, der einstigen Papierfabrik, die erst nach dem Anschluss „arisiert" worden war, dann in die Verwaltung der Thüringischen Zellwolle AG überging. 1939 wurde in der oberösterreichischen Gemeinde Anlagen für die Rüstungsindustrie ausgebaut. Dabei kam es zur Gründung der Zellwolle AG Lenzing. Aus Kunstfasern wurden hier diverse Stoffe erzeugt, vor allem Kunstseide für Militärfallschirme. Gleichzeitig wurde ein Barackenlager zur Unterbringung der im Herbst eingetroffenen ersten Zwangsarbeitergruppen errichtet. Wie in allen Rüstungs- und Grundstoffbetrieben des Reichs mussten auch hier Kriegsgefangene und „Ostarbeiter" die überaus gesundheitsschädigende und gefährliche Arbeit verrichten.

Mit Anstieg der Produktion wurde 1941 im Ort Pettighofen ein zweites Lager errichtet, dessen Häftlinge, darunter auch zahlreiche Jugendliche[331], von den lokalen Bauern und Unternehmern als Arbeitskräfte „gemietet" werden konnten. 1943 führten die Lenzing AG und das KLM eine rege Korrespondenz über die Wiederverwertung der bei der Kunstfasererzeugung entstandenen Neben- bzw. Abfallprodukte. Eigentlich ging es dabei um deren Nutzung bei der Häftlingsernährung. Mit Hilfe von Hefepilzen und chemische Prozesse verarbeitete man die Abfallstoffe zu „Lebensmitteln", die zwar die klangvollen Phantasienamen wie Mycel-Wurst oder Biosyn-Wurst trugen, aber bei den in das Experiment einbezogenen Häftlingen (in Mauthausen, Dachau, Buchenwald und

Sachsenhausen) schwere Entzündungen der Verdauungsorgane verursachte. Die „Testpersonen" wurden massenweise arbeitsunfähig, so dass der „Versuch" schon nach drei Monaten zwangsläufig eingestellt wurde. Von da an erhielt jeder wieder die „Normalkost".[332] Im Herbst 1944 wurde beschlossen, in Lenzing ein KLM-Außenlager einzurichten. Der erste Transport – zehn Eisenbahnwagons voll weiblicher Häftlinge in Begleitung von zwanzig SS-Wachleuten – fuhr am 30. Oktober morgens in den Lenzinger Bahnhof ein. Die Frauen waren zuvor am Ausgangsort Auschwitz nach mehrfacher Selektion am 27. Oktober zu fünfzig in Güterwagons gepfercht, deren „Ausstattung" lediglich aus zwei Kübeln bestand. Sie waren ohne Reiseproviant unterwegs, auch wussten sie nichts über ihr „Reiseziel". Nach ihrer Ankunft mussten die erschöpften Frauen sofort zum Appell antreten, dann in Fußmärschen weiter nach Pettighofen. Als Quartier diente ihnen die mit Doppelstockbetten eingerichtete Werkshalle auf einem mit hohen Mauern und Stacheldraht abgesicherten ehemaligen Fabrikgeländes. Die in Gruppen eingeteilten Häftlingsfrauen hatten die Anweisungen der SS-Aufseherinnen strengstens zu befolgen. Ihre deutschkundigen Kameradinnen fungierten als Dolmetscher.

Die 500 „Zugänge" wurden am 3. November von SS-Offizieren aus dem KLM registriert, und damit war das Außenlager offiziell eröffnet.[333] Aus diesem Anlass hielt ein SS-Angehöriger vor der angetretenen Häftlingsschar eine Ansprache über die Strafen bei „Pflichtverweigerung". Zu den angedrohten Strafmaßnahmen gehörte auch die „vollständige Enthaarung" der Schuldigen. Diese erweckte bei vielen Frauen Skepsis, hatten sie doch ihre Reise in Auschwitz mit kaum ein Zentimeter langen Haaren angetreten. Der Lenzinger Lagerführer Karl Gieseler – sein SS-Dienstgrad ist unbekannt – kam mit dem ersten Häftlingstransport in seine neue Dienststelle. Die Wachmannschaft bestand sowohl aus männlichen als auch aus weiblichen SS-Angehörigen; erstere stellten die äußere Postenkette um das Lager, letztere – unter ihnen mehrere Österreicherinnen, die die Häftlinge wahllos und brutal misshandelten – sorgten innerhalb des Lagerareals für „Ordnung und Disziplin". Neben dem obligatorischen Appellstehen bedeutete schon das tägliche, je 45 Minuten dauernde Aus- und Einrücken der Außenkommandos eine große körperliche Belastung. Hinzu kam der schwere und gefährliche Arbeitseinsatz, der den Arbeiterinnen ständige Aufmerksamkeit abverlangte. Sie hatten schließlich mit höchst giftigen Chemikalien zu tun gehabt. Die einzelnen Produktionsgänge kontrollierten zivile Vorarbeiter und Schichtmeister. Nach drei Wochen täglichem Einsatz standen den todmüden Sklavinnen zwei Ruhetage zu. Die Lagerkost war auch hier „die übliche"; das monotone Menü konnte man nur ab und zu ein wenig aufbessern, indem man Fleisch von den bei Bombardements krepierten Pferden in der Suppe mitkochte. All das führte natürlich zu häufigen Erkrankungen. Sich krank zu melden, war jedoch äußerst riskant, denn das konnte sehr wohl die Überstellung nach Mauthausen, also den sicheren Tod bedeuten. Wie ein erhaltenes Dokument beweist, durfte gemäß einer Anweisung der SS die tägliche Zahl der Kranken im Außenlager Lenzing 50 niemals übersteigen.[334] Unter den körperlich geschwächten Lagerinsassinnen waren die typischen Stigmata wie Hungerödeme, Hautkrankheiten und Magersucht stark verbreitet.

Das Lager blieb auch nicht von der Tuberkulose verschont, mangels Medikamenten war trotz aller Anstrengung der Häftlingsärztin keine Aussicht auf Heilung. Ein Großteil des ersten „Menschentransportes" bestand aus Ungarinnen. Aus ihren Reihen meldete man auch den ersten Verlust: Am 5. Jänner 1945 starb eine 18-jährige ungarische Jüdin. Als am 11. Jänner eine Häftlingskolonne in den frühen Morgenstunden zum Arbeitseinsatz ausrückte, kam es auf der Strecke zwischen Pettighofen und Lenzing am Bahnübergang zu einem schweren Verkehrsunfall. Da die SS-Aufseherinnen die Kolonne trotz schlechter Sichtverhältnisse – bei morgendlicher Finsternis und dichtem Schneefall – über die Schienen trieben, trugen sie die Verantwortung für das Eisenbahnunglück, das fünf Todesopfer forderte. Neben Margit Frank (37), die am Unfallort tödlich verunglückte, starben Lenke Herschkovits (34), Magda Hochhauser (36)[335] und Margit Kertész (39) noch am selben Tag, während Gitta Büchler (37) vier Tage später in das Totenbuch eingetragen wurde. In diesem ist auch das Ableben einer 19-jährigen Ungarin am 28. März dokumentiert.[336] Am 25. Jänner 1945 traf der letzte große „Menschentransport" aus Auschwitz im KLM ein. Unter den 5.700 „Neuzugängen" befanden sich lediglich 78 Frauen, von denen 54 gleich am nächsten Tag nach Lenzing gebracht wurden. Am 31. Jänner kamen weitere 23 weibliche Häftlinge hinzu, und damit erreichte das Frauenlager mit 577 Personen seinen Höchststand.[337] Nach den Angaben von Andreas Baumgartner stammte die überwiegende Mehrheit der Häftlingsfrauen aus Ungarn.[338]

Nationalität	Häftlingszahl	In Prozent
Ungarinnen	323	55,98
Polinnen	65	11,27
Tschechinnen	58	10,05
Deutsche	39	6,76
Russinnen	38	6,59
Slowakinnen	35	6,07
Holländerinnen	12	2,08

Außerdem waren unter ihnen je zwei Jugoslawinnen und Staatenlose bzw. je eine Belgierin, Französin und Litauerin. 528 Frauen (91,51 Prozent) waren als Jüdinnen kategorisiert, 49 (8,49 Prozent) als „Schutzhäftlinge". Am 4. Mai 1945 ließ die SS-Oberaufseherin wie gewohnt einen Appell abhalten, bei dem sie – eher ungewöhnlich – eine Ansprache hielt. Sie gab bekannt, ihre Aufgabe wäre „mit Anrücken des Feindes abgeschlossen". Am darauf folgenden Tag zogen die äußeren Bewachungsorgane ab. Auch die Oberaufseherin verließ das Lager mit dem Fahrrad. Die Häftlinge blieben hinter verschlossenen Türen allein zurück. Als der französische Arzt Dr. Paul Le Caër, ehemaliger Häftling des mittlerweile befreiten KLM-Außenlagers Redl-Zipf, am 8. Mai mit Hilfe von US-Soldaten das Lagertor öffnete, fand er 562 völlig entkräftete Kreaturen vor. Monsieur Le Caër leistete mit Unterstützung der Amerikaner in den ersten Tagen nach der Befreiung des Lagers auch tatkräftig Hilfe.

Loibl-Pass

Die mit viel Aufwand gebaute, kurvenreiche Loiblpassstraße mündet in Kärnten in den Loibltunnel. Mit dem Bau dieses strategisch hochwichtigen Straßentunnels, der Klagenfurt mit Ljubljana verbindet, wurde am 29. März 1943 begonnen. An der Nord-Süd-Verbindung mit Anschluss der Reichsfernverkehrsstraße Nr. 333 bauten anfangs Zivilarbeiter, ab 2. Juni 1943 KZ-Häftlinge, die von der Universale Hoch- und Tiefbau-AG vertraglich „ausgeliehen" worden waren. Lager gab es sowohl an der Nordseite als auch am – im heutigen Slowenien liegenden – südlichen Ausgang des Tunnels. Kommandant beider Lager war SS-Obersturmführer Winkler. Der Verkehrskorridor entstand so unter Blut und Tränen ausgenutzter und leidender Häftlinge, die den Tunnel errichteten. Bereits am 4. Dezember 1943 kam es – in Anwesenheit von Kärntens Gauleiter Rainer – zum Durchbruch der beiden Vortriebe (je 1.500 Meter). Durch die zunehmend für Nazi-Deutschland beunruhigende Kriegslage sah man sich jedoch im Herbst 1944 dazu gezwungen, die Einstellung des Tunnelbaus bzw. den Abzug der Häftlinge – je nach Bauphase waren insgesamt zwischen 600 und 1.294 Häftlinge eingesetzt[339] – ernsthaft in Erwägung zu ziehen. Doch es kam anders: Albert Speer höchstpersönlich wandte sich am 24. November 1944 an SS-Gruppenführer Kammler, um den geplanten Abzug von 98 zu Fachkräften ausgebildeten Häftlingen zu stoppen. Die Bauarbeiten dauerten nun bis Ende April 1945 an. Der nicht ganz fertiggestellte, aber immerhin befahrbare Straßentunnel spielte beim Rückzug der Wehrmacht aus Jugoslawien eine entscheidende Rolle.

Die gewalttätigen Lagerwächter vom Loibl-Pass und ihre Handlanger, mit der SS kollaborierende Funktionshäftlinge, wurden zwischen dem 2. September und 10. Oktober 1947 in Klagenfurt von einem englischen Militärgericht zur Rechenschaft gezogen.[340] Im Beweisverfahren wurden drei – mit der üblichen deutschen Perfektion nach gültigem Bürgerrecht verfasste – Verträge vorgelegt, die alle eindeutig klarstellten, dass es den Firmen um das maximale Ausschöpfen der Leiharbeitskräfte bei kleinstem Aufwand ging. Die in der Zeit zwischen 24. November 1943 und 6. Juli 1944 abgeschlossenen Verträge sicherten der Firma Universale Bau AG enorme Vorteile, hohe Profite und ansonsten schwer zu rekrutierende Arbeitskräfte.[341] Die Baufirma wollte nichts dem Zufall überlassen, sondern ließ die zu erwartende Leistung der Häftlinge und den möglichen Gewinn im Voraus kalkulieren – und danach auch in der Praxis überprüfen. Man ging davon aus, dass 3 Prozent der eingesetzten Häftlinge möglicherweise gar die Durchschnittsleistung der Zivilarbeiter schaffen könnten, während von der Hälfte der Häftlinge zwei Drittel und von den übrigen 47 Prozent die Hälfte des „normalen" Arbeitspensums zu erwarten sei. Insgesamt rechnete man mit einer Durchschnittsleistung von 60 Prozent. Das seltene und wertvolle Dokument zeugt vom eiskalten Kalkül. Folgende Kosten und Ausgaben wurden berechnet:

– vier bis sechs Reichsmark Entgelt für die von der SS gelieferten Arbeitskräfte pro Tag;
– mit der SS im Voraus vereinbarte Kosten der „Häftlingsbetreuung" (Krankenversorgung, Anmerkung des Autors);
– festgelegter Krankendurchschnitt (7,5 Prozent);
– Lagerpersonal, inkl. Lagerführer, Barackenvorsteher, Schreiber, Stuben- und Küchenpersonal;
– Prämiierung der Häftlinge zur Steigerung der Leistung;[342]

– die Zeiten des Aus- und Einrückens, die bei der Arbeitszeit fehlen, Appelle zur Kontrolle des Häftlingsstandes, Verluste infolge wechselhafter Witterung;

– Unterhalt der an den Bauarbeiten nicht direkt teilnehmenden Kapos, die die Häftlinge beaufsichtigen und sie zu höheren Arbeitsleistung antreiben;

– durchschnittliche Unterhaltskosten der SS-Bewachungsorgane.

1944 kalkulierte man die Gesamtkosten für einen Häftlingshilfsarbeiter auf 5,18 Reichsmark und für einen Facharbeiter auf 7,41 Reichsmark pro Tag, es wurden aber aufgrund der tatsächlichen Leistungen schließlich nur sechzig Prozent der kalkulierten Werte ausgezahlt. Die wirklichen Gesamtkosten dieses großen Bauprojekts und den wirklichen Ertrag aus der Häftlingsarbeit können jetzt nicht mehr berechnet werden, da Belege oder Rechnungen, die die wirkliche Leistung der eingesetzten Häftlinge beweisen könnten, nicht vorliegen bzw. nicht zugänglich sind. Das KLM-Arbeitslager „Loiblpass Süd" bestand aus sechs Wohnbaracken, zwei WC-Anlagen, einer Waschanlage, einer Wirtschaftsbaracke und zwei Holzhütten. Das Häftlingsareal war mit dem üblichen Stacheldrahtzaun und Wachtürmen umgeben; für die SS errichtete man ein eigenes Lager, ebenso für die Zivilarbeiter und die Polizeikräfte. In Bezug auf das Arbeitslager entsprach „Loiblpass Nord" seinem südlichen Pendant. Die Zivilarbeiter hatten auch hier Sonderquartiere, dafür waren SS- und Polizei-Angehörige zusammen in drei Baracken einquartiert. Aus dem präzise geführten Inventarverzeichnis geht hervor, dass für das leibliche Wohl der SS-Leute volle Lagermagazine und Schweineställe sorgten. Im Umkreis der Baustelle tauchten hin und wieder bewaffnete Tito-Partisanen auf, die für die Loiblpass-Häftlinge als wahre Hoffnungsschimmer erschienen. Dies gab vielen den Mut zu fliehen, und ihrer Anwesenheit war auch die auffallend hohe Erfolgsquote bei Fluchtversuchen zu verdanken: Von 29 Ausbrüchen waren 24 erfolgreich.[343]

Am Tunnelbau waren auch ungarische Häftlinge beteiligt, über die jedoch kaum verwertbare Daten vorliegen. Der damals 19 Jahre alte Márton Izlovits kam nach Auschwitz-Birkenau und Mauthausen – er wurde aus dem Spital des Hauptlagers extra zu dieser Arbeit ins Lager Loiblpass abkommandiert. Da weniger jugoslawische politische Häftlinge, als ursprünglich angefordert, zur Verfügung standen, schickte die SS noch fünfzehn Juden auf den Loiblpass. Der aus dem Munkácser Ghetto deportierte Izlovits – aus Loibl war er zuerst nach Mauthausen zurückgebracht worden, danach leistete er in Melk und Ebensee Zwangsarbeit – gab am 4. Juli 1945 in Budapest zu Protokoll: unter den 700 bis 800 Häftlingen „waren wir die einzigen Juden. Anfangs ließen sie uns das merken, später aber verschwand der Unterschied, das heißt man hat uns genauso wie die anderen behandelt." Das vielleicht Wichtigste, das er hinzu fügte ist: „Wir bekamen ordentlich zu essen."[344]

Melk

Das Lager Melk war in Folge der immer häufigeren Luftangriffe der Alliierten errichtet worden. Die Strategen der deutschen Rüstungsindustrie hatte im Februar 1944 beschlossen, noch im folgenden Monat umfangreiche Bauarbeiten für den Steyr-Daimler-Puch-Konzern und die Flugmotorenwerke Ostmark in Angriff zu nehmen. Als Standort wurde Roggendorf-Loosdorf bei Melk in Niederösterreich (damals Gau Niederdonau) auserkoren. Für diesen Standort sprachen die besonders günstigen geologischen Gegebenheiten des Wachbergs (Sandstein), aber auch die guten Verkehrsverbindungen und die gesicherte Energieversorgung. Das gesamte Stollenlabyrinth von Melk sollte nach Planung 150.000 Quadratmeter einnehmen, wovon eine 65.000 Quadratmeter große Fläche bereits in der ersten Bauphase fertig zu stellen war. Im unterirdischen Tunnelsystem wollte man die Kugellager- und Flugzeugmotorenerzeugung unterbringen, aber auch die Nibelungenwerke in St. Valentin wurden bei der Planung berücksichtigt. Der Vorstand der Steyr-Daimler-Puch AG, die 1944 mit 49.915 Beschäftigten einen Rekordumsatz von 456,596 Millionen Reichsmark verbuchen konnte, verfolgte das Vorhaben mit größter Aufmerksamkeit, da die Verlagerung der Standorte eine sichere Produktion garantierte. Die für den Stollenbau nötigen Arbeitskräfte wurden von der SS angefordert: Der erste, 500 Mann zählende Häftlingstransport traf am 21. April 1944 in Melk ein.

Der Steyr-Konzern war neben dem Großvorhaben Melk – Tarnname: „Projekt Quarz" – gleichzeitig an zwei weiteren, allerdings kleineren Stollenbauprojekten interessiert: In Peggau und in Aflenz bei Leibnitz in der Steiermark hatte das KLM für die dort eingesetzten Häftlinge je ein Außenlager errichtet und betrieben. Allein für die Steyrwerke-AG entstanden im Verlauf des Krieges acht Häftlingslager. Vertreter des Konzerns berieten sich im März mit Angehörigen der SS und beschlossen, so rasch wie möglich auch in Melk ein Barackenlager einzurichten. Als

Abb. 27: Außenlager Melk

Standort wurde das Gelände zwischen Roggendorf bei Melk und der Westbahnstrecke in direkter Nähe zum künftigen Tunneleingang gewählt. Da aber der Bau des für 7.000 Häftlinge geplanten Lagers viel zu material- und zeitaufwändig erschien, suchte man nach einer billigeren und raschen Lösung. Die Wahl fiel auf eine von der Wehrmacht freigegebene Pionierkaserne. Sie wurde sofort für Lagerzwecke umfunktioniert, und als die ersten Häftlinge im April ankamen, konnte man sie schon völlig isoliert, auf einem durch einen Stacheldrahtzaun abgeriegelten Gelände – später kamen auch Wachtürmen hinzu – sicher unterbringen. In einem anderen Teil des Objekts befanden sich die Räumlichkeiten der SS-Lagerleitung und des Wachpersonals. Im Sommer wurden mehrere Barackenreihen gebaut, daneben das Krankenrevier und die Werkstätte. Die hohe Sterblichkeit verlangte bald nach einem eigenen Krematorium. Das im Herbst in Betrieb genommene Krematorium verfügte über einen 17 Meter hohen Schornstein, die Koksöfen von der Firma „Topf und Söhne Erfurt" – die gleichen Typen verwendete man im Hauptlager Mauthausen und in den Außenlagern Ebensee und Gusen – wurden von polnischen Häftlingen bedient.

175

Die größte Herausforderung war aber, in dem weichen Sandstein ein weitläufiges unterirdisches Stollensystem zu errichten. Es wurden schließlich sechs Stollen (von A bis F) fertiggestellt und der Kriegsproduktion übergeben. Für die technische Ausrüstung sorgte die Steyrwerke AG, und im November 1944 konnte die Kugellagererzeugung auf einer Produktionsfläche von 2.700 m² erfolgreich anlaufen. Zur Zeit des Höchststands an Arbeitskräften (30. Jänner 1945: 10.352 Häftlinge) waren die Gefangenen außer beim Stollenbau auch beim Siedlungsbau, im Hochwasserschutz, beim Ausbau der Wasser- und Kabelleitung sowie bei der Produktion von Bauholz eingesetzt. Im März 1945 arbeiteten in Melk 2.700 Beschäftigte in der Rüstungsproduktion (8.000 m² Produktionsfläche). Ihr Arbeitseinsatz wurde nach Wunsch der einzelnen Bau- und Rüstungsfirmen im Hauptlager entschieden und koordiniert. Alle neuen Arbeitskräfte wurden im Hauptlager registriert und erst nach einer Übergangszeit in der Mauthausener Quarantäne zum Einsatz nach Melk überstellt, wo sie ihre KLM-Häftlingsnummern weiter trugen. Ins Männerlager Melk wurden vom 21. April 1944 bis zu seiner Schließung Mitte April 1945 insgesamt 14.390 Häftlinge „aufgenommen".[345] Die am Bauvorhaben beteiligten Firmen hatten ihre Arbeitskraft-Wünsche an die Quarz GmbH., ein Tochterunternehmen von Steyr-Daimler-Puch AG., zu richten. Von deren Abteilung „Arbeitseinsatz" wurden nicht nur diese Anforderungen an die entsprechende Stelle weitergeleitet, sondern auch die „Kosten" verrechnet und den jeweiligen Firmen in Rechnung gestellt. Als oberste Instanz für die Koordinierung diente der SS-Sonderstab Kammler.

Gefangene aus 26 Ländern verrichteten hier Zwangsarbeit. Anhand von 4.767 namentlich bekannten Häftlinge lässt sich die nationalen Zusammensetzung der Häftlingsgruppen feststellen. Polen, Ungarn, Franzosen sowie Russen und Ukrainer waren die zahlenmäßig größten Gruppen. Ihnen folgten Deutsche, Italiener und Griechen sowie Deportierte aus dem besetzten Jugoslawien.[346] In kleinerer Zahl waren Albaner, Ägypter, Belgier, Dänen, Esten und Holländer, Letten, Litauer, Luxemburger, Norweger, Portugiesen, Rumänen und Spanier vertreten. Aber es gab auch Häftlinge aus der Schweiz und der zerschlagenen Tschechoslowakei, ja sogar welche aus der Türkei und den USA. Die SS registrierte nahezu ein Drittel aller in Melk eingesetzten Arbeitssklaven als Juden.[347]

Die Juden nahmen, gemeinsam mit Sinti und Roma, auch hier den „untersten Rang" in der rassistisch geprägten Häftlingshierarchie ein. Sie waren sowohl ihren Wächtern als auch ihren Häftlingskameraden wehrlos ausgesetzt und standen daher permanent unter Druck. Nicht-jüdische Deutsche und Österreicher, zumeist Kriminelle, wurden von den SSlern zumindest als „menschenähnliche Sorte" angesehen und schon deswegen gern als Funktionäre der „Lagerverwaltung" eingesetzt. Damit konnte die SS einerseits das Wachpersonal einigermaßen entlasten, andererseits gelang es ihr so, die Häftlingssolidarität zu unterbinden und eine lückenlose Kontrolle zu gewährleisten. Dass zwischen den „Politischen" und den „Kriminellen" auch in diesem Außenlager ein dauerhafter, mitunter unerbittlicher Konkurrenzkampf herrschte, kam ebenfalls den SS-Leuten zugute. Beachtenswerterweise – und beispiellos im Mauthausener Lagerimperium – bekleideten französische politische Häftlinge, die mit dem ersten Transport nach Melk gekommen waren, wichtige Positionen in der Lageradministration. Aufgrund ihrer Ausbildung und Berufspraxis waren sie in der Schreibstube eingesetzt, wo sie mitunter Häftlingsangelegenheiten verwalten konnten. Es gelang den „Politischen" außerdem, im Herbst die vielleicht mächtigste Häftlingsfunktion, die des Lagerältesten zu erreichen. Dies alles bot ihnen bei größter Vorsicht hin und wieder die Möglichkeit, zugunsten ihrer Häftlingskameraden einzugreifen; doch später wurden solche Gelegenheiten infolge der zunehmend härteren Bedingungen, der sich zuspitzenden Verfolgung und der immer mangelhafteren Versorgung immer seltener.

Der erste ungarische Häftlingstransport bestand weitgehend aus jüdischen Männern unter 30 Jahren. Aus den Statistiken und Meldungen geht hervor, dass ein Teil der am 28. Mai 1944 in Mauthausen registrierten Ungarn (Häftlingsnummern 66.964-68.963) in der ersten Junihälfte zum Arbeitseinsatz nach Melk überstellt wurde. Eine Transportliste vom 13. Juni bekundet die Ankunft von 975 aus Auschwitz kommenden ungarischen Juden. Innerhalb einer Woche (bis zum 17. Juni) stieg der Häftlingsstand in diesem Außenlager von 1.912 auf 3.869, ein beachtenswerter Zuwachs, der die Verantwortlichen des Melker Großbauvorhabens höchst erfreute.[348] Die Bauarbeiten gingen zügig voran, Mitte Juni waren bereits die Schachtbauer am Werk (Firma Schachtbau). Im Laufe dieses Monats kamen insgesamt 3.145 Neuzugänge nach Melk – die höchste registrierte Zahl überhaupt seit dem Bestehens des Lagers – die meisten waren ungarische Juden.[349] Am 8. Juli erlebte Melk einen heftigen Bombenangriff der US-Luftwaffe, wodurch sich die Häftlingszahl, Ende Juni noch bei 4.200 gelegen, um mindestens zehn Prozent verringerte. Mehr als 200 Häftlinge fielen dem Bombardement zum Opfer, nahezu genauso viele erlitten schwere Verletzungen. Unter den Opfern finden wir (am 8. Juli) 144 ungarische Juden, etwa Lajos Weisz, Jenő Hirsch, Mózes Baruch oder Jakab Rosenfeld. An ihren Verletzungen starben später noch weitere 32 ungarische Häftlinge: 6 davon am 10. Juli, acht am 12., 7 am 13. und 5 am 15.; zu den am 16. Juli Verstorbenen zählten Jenő Deutsch, Manó Ullman und Károly Neu, Vilmos Hirsch erlag am 20. Juli seinen im Bombenhagel zugezogenen Verletzungen; ihnen folgten am 22. Jenő Mandi und am 25. ein weiterer ungarischer Jude. Der ungarische Arzt Dr. Hugó Spitzer (Häftlingsnummer 64.264) arbeitete zu dieser Zeit im Krankenrevier des Hauptlagers. Seinem Bericht ist zu entnehmen, dass die von Bombensplittern getroffenen Häftlinge am 8. Juli abends von Melk nach Mauthausen gebracht wurden, „die seelenlosen Barbaren jedoch ließen diese Armseligen ohne medizinische Betreuung draußen auf dem Appellplatz liegen, und sehr viele von ihnen verbluteten." Erst am nächsten Morgen seien die noch Lebenden ins Revier gebracht worden, aber für etliche, so für den Oberrabbiner Dr. Ernő Winkler aus Nagykanizsa, gab es keine Hilfe mehr, denn ihr enormer Blutverlust konnte nicht ersetzt werden.[35]

Ende Juli 1944 kam es erneut zu Bombardements. Dem Luftangriff vom 22. Juli fielen acht ungarische Häftlinge zum Opfer, ein weiterer starb zwei Tage später an seinen Verletzungen. Der Angriff am 25. Juli forderte das Leben zahlreicher Häftlinge, unter ihnen befand sich jedoch kein Ungar. Am 27. Juli wurde der Tod zweier Ungarn als Folge des Kriegsgeschehens vom 22. dieses Monats registriert.[351] Die nun fehlenden Arbeitskräfte mussten dringend ersetzt werden. So forderte die Firma Quarz nun vom Mutterlager neue Häftlinge an, und Ende Juli kamen bereits zwei Transporte mit rund 1.000 Gefangenen nach Melk. Doch selbst der „Nachschub" dieser Größenordnung konnte den hohen Arbeitskräftebedarf nur zum Teil zufrieden stellen. Da der anstrengende unterirdische Einsatz sehr schnell zu Entkräftung und Erkrankung führte, hat KLM-Kommandant Ziereis in der zweiten Augusthälfte weitere 2.291 Häftlinge nach Melk geschickt bzw. 230 Erkrankte „wieder aufgenommen".[352]

Die Häftlingszahl erreichte Mitte September 1944 den Stand, der eigentlich schon für Juni vorgesehen war: 7.000. Die täglichen Anstrengungen und die allgemeine Entkräftung führte bei den am Projekt beteiligten Firmen zu einem zunehmenden Bedarf an Arbeitskräften. Der

Häftlingsstand des Außenlagers sprang – durch 1.196 bzw. 2.519 „Neuzugänge" im Dezember 1944 und Jänner 1945 – Ende Januar 1945 auf über 10.000 Mann an.[353] Der letzte große Transport mit 2.000 Häftlingen traf am 29. Jänner ein. Die meist jüdischen „Zugänge" waren Überlebende aus Auschwitz und hatten eine langwierige und mühselige Bahnreise hinter sich. Im Gegensatz zur bisherigen Praxis spielten Berufsausbildung und Arbeitsfähigkeit bei der Auswahl der nach Melk überstellten Häftlinge nun keine Rolle mehr. So konnte passieren, dass mit dem Transport auch 119 Kinder unter 15 Jahren – vor allem polnischer, ungarischer[354] und russischer Nationalität – nach Melk gelangten. Zwei von ihnen waren gerade erst neun Jahre alt. Danach trafen aus unbekannten Gründen nur noch sechs neue Häftlinge in Melk ein.

Eine weitere Besonderheit von Melk war es, dass die auf der nationalsozialistischen Rassentheorie beruhende Lagerordnung ein von anderen Lagern abweichendes „ortspezifisches Kolorit" aufwies. So wurden beispielsweise manche ungarische und polnische Juden im Hinblick auf ihre „Tauglichkeit" bevorzugt behandelt und sogar zu Funktionären gemacht. Ein Jude war etwa auch der Blockälteste und Schreiber von Block 5 (Judenbaracke). Mehrere Ungarn bekleideten – undenkbar in einem Mauthausener Lager – das Amt des Schreibers, ein Jude war sogar in der Kantine beschäftigt. Aber dieses „Glück" wurde freilich nur sehr wenigen zuteil. Die überwiegende Mehrheit schleppte sich Tag für Tag in lumpigen, stinkenden Fetzen, ihre wunden Füße in Holzpantoffeln gesteckt, auf dem Kopf kahl geschoren zum Einsatz.

Für jede Kleinigkeit wurden wir zusammengeschlagen. Wenn wir uns bei beißender Kälte zum Beispiel ein Stück Papier auf den Rücken legten, erhielten wir auch dafür brutale Schläge. Oder wenn der Streifen von Stirn bis zum Nacken nicht vorschriftsmäßig genug geschoren war, gab es 25 Hiebe als Belohnung. Jeder musste zum Arbeitseinsatz ausrücken, verschont blieb nicht einmal der Kranke mit hohem Fieber von 39-40 Grad Celsius. Höchstens er starb unterwegs, und wir lasen seine Leiche beim Einrücken auf.[355]
Der aus Balassagyarmat deportierte Anwalt Dr. György Zilczer (Häftlingsnummer 73.753) schilderte nach seiner Rückkehr:

In der kleinen Bergstadt zehn Kilometer von Melk entfernt mussten wir ein Werk errichten. Das heißt: zunächst einen Tunnel in den Berg treiben und auszementieren, dann darin vier Betriebe einrichten. Wir hatten acht Stunden Einsatz am Tag, das Aus- und Einrücken zum Arbeitsplatz und zurück ins Lager nahm je vier Stunden in Anspruch, und etwa vier Stunden waren für die täglichen Disziplinarübungen und Appelle reserviert. Es blieben also acht Stunden für die Nachtruhe, doch die obligatorische Körperpflege, das Rasieren und das Desinfizieren gingen auf Kosten der Ruhezeit, kostete uns wertvolle Schlafminuten. Der Arbeitseinsatz war enorm Kräfte zehrend. Selbst Männer in bester physischer Verfassung, die doch von daheim aus an derart extreme Anstrengung gewohnt waren, konnten es – insbesondere bei dieser recht miserablen Ernährung – nicht länger als höchstens drei Monate aushalten. So kam es, dass von den 19 Menschen, die wir hier zusammen ankamen und gemeinsam mit der Arbeit begannen, lediglich zwei, ich und noch einer, überlebten. Ich konnte auch nur dadurch entkommen, dass ich nach fünf Wochen verlegt wurde und keine physische Arbeit mehr zu verrichten hatte. Ich wurde zum Blockschreiber.[356]

Die Ernährung unterlag dort erheblichen Schwankungen. Es gab Zeiten, wo man sie fast schmackhaft nennen konnte und gar die Portionen nicht zu knapp gerieten. Es gab dann aber auch solche, wo wir nur einen Teller Blätterbrühe für den ganzen Tag bekamen. Die Brotration betrug manchmal 400 Gramm pro Tag, bis sie sich allmählich auf 100 Gramm verringerte. Unser Brot wurde natürlich nicht aus Getreidemehl gebacken.

Als die Kost als gut zu bezeichnen war, hatten wir auch zum Frühstück Suppe; zu Mittag gab es Suppe und Fleisch und abends Brot mit Margarine und Salami. Der Arzt meinte jedoch, wir erhielten nicht einmal in den allerbesten Zeiten soviel Kalorien, wie viel wir mit unserer Schwerstarbeit verbraucht hatten.[357]

Die Aussage eines ehemaligen Häftlings in Melk (Nr. 73.753) lässt uns die „Möglichkeiten" eines ehrlichen, mit seinen Schicksalsgefährten solidarischen Barackenschreibers erkennen:

Die Blockschreiber waren allesamt Politische, als solche galten auch die ungarischen Juden. Abgesehen von ein, zwei Ausnahmen waren diese Menschen bei den Häftlingen sehr populär. Sie retteten viele von ihnen. Pál Rácz aus Ungvár (heute Užgorod, Ukraine), István Radó aus Kalocsa, der Budapester Arzt Dr. Ferenc Fellner, Sándor Fischer aus Szatmár und der Marineoffizier Ferenc Paul retteten unter Einsatz ihres Lebens mindestens fünfzig Männer vor dem Tod.[358] Bei einer Revision im Revier stimmte der Krankenbestand um acht Personen nicht. Der Lagerführer befahl, acht Menschen zu liquidieren, so wollte er nun die Statis-

tik richtig stellen. Mit Hilfe von Rechtsanwalt Dr. Hermann Hofstädt aus Berlin, der in Melk der Lagerälteste war (besagter Häftling bekleidete in Wirklichkeit das Amt des ersten Lagerschreibers; Anm. d. Autors) und ungeachtet der nationalen oder religiösen Zugehörigkeit mindestens Tausend Leute vor der Verwesung gerettet hat, schmuggelten wir – Pál Rácz, Sándor Fischer und ich – noch in dieser Nacht acht Leichen in das Spital. Acht Gesündere wurden dafür aus dem Revier gestohlen. Schließlich hat der Kommandostab des Krankenhauses gemeldet, die acht Leichen seien die liquidierten Personen.[359]

Es gab aber auch Gegenbeispiele. Der Fall von Dr. Hirsch gehört zu dieser Kategorie. Diesen Lungenfacharzt hatten französische Ärzte aus kollegialem Mitgefühl ins Revier „hinein gerettet", indem sie ihn in das 15-köpfige Ärztekollegium des Krankenhauses aufnahmen. Ihrem Schützling gelang es, sich bei den SSlern beliebt zu machen, und bald durfte er sie sogar behandeln. Er nahm auch an der Selektion von Schwerkranken teil, wo es um nichts weniger als Leben und Tod ging. Als französischen und griechischen Chirurgen es ablehnten, SS-Unterscharführer Christian Wohlrab bei den brutalen Amputationen zu assistieren, fanden sich andere Ärzte, die dem Druck, der auf sie ausgeübt wurde nicht widerstehen konnten. Diese waren zur Verblüffung und Verzweiflung ihrer Häftlingskameraden vor allem deportierte ungarische Ärzte, die bei den Amputationen mitwirkten. Die Belastung von Dr. Hirsch, Dr. Wertheimer und des Medizinstudenten Miklós Weiss wurde umso größer, als sie auf diesem Gebiet über keinerlei praktische Erfahrung verfügten.[360]

Viele im KLM-Imperium hielten die Juden für feige Menschen, die nur schwer für Widerstands- und Solidaritätsaktionen zu gewinnen waren. Diese Einschätzung bedeutete für etliche jüdische Häftlinge eine zusätzliche seelische Belastung.

Ein Ereignis im Außenlager Melk beweist jedoch allerdings das Gegenteil. Das dortige illegale, vorwiegend aus französischen Häftlingen bestehende, militärische Widerstandskommitee nahm nämlich zu einer Gruppe ungarischer Juden Kontakt auf und gewann sie für eine außerordentlich gefährliche Aktion: Sie sollten Waffen ins Lager schmuggeln. Der Gruppe gelang das Unmögliche, die Widerstandskämpfer kamen so zu ihren Waffen. Wie dieses mehr als gewagte Unternehmen durchgeführt wurde, blieb jedoch vorerst selbst ihnen ein Geheimnis. Erst nach der Befreiung erfuhr die Öffentlichkeit von dieser einmaligen Tat der Un-

garn, und erntete bei zahlreichen Mithäftlingen Erschütterung und Anerkennung.[361] Eines natürlichen Todes sind im Nebenlager Melk nur wenige Lagerinsassen gestorben. Auch wenn ihr Durchschnittsalter niedrig war, ist
dies als Erklärung sicher nicht ausreichend. Die tägliche Schwerstarbeit,
die Brutalität der SS-Schurken und ihrer Helfershelfer taten das ihrige
und forderten zahlreiche Opfer. Wie wir bereits aufgezeigt haben, machten die Juden 30 Prozent der Gesamtzahl aller Häftlinge aus, in der Ster-
bestatistik erreichte ihr Anteil jedoch 43 Prozent! Die meisten der insgesamt 2.044 jüdischen Opfer im Außenlager Melk starben zwischen Oktober 1944 und Jänner 1945, in einem Zeitraum, da in Melk keine jüdischen „Neuzugänge" registriert wurden. Es war kein Geheimnis, was für
ein Schicksal ihnen zugeteilt war. Auch außerhalb des Lagerzauns wusste
man darüber Bescheid. Ein alter österreichischer Einsatzleiter wandte sich
einmal im Winter an den auch bei großer Kälte in Lumpen schaufelnden
Ferenc Pollak (Häftlingsnummer 68.681):

„Wie alt bist du denn? Du siehst sehr jung aus."
„Vierzehn", antwortete ich.
Er schüttelte den Kopf.
„Hast du denn schon so jung einen Mord auf dem Gewissen?"
*„Nein, nein!", protestierte ich, vorsichtig um mich schauend, damit kei-
ner merkt, dass ich mit ihm rede.*
„Jude bin ich... Deshalb bin ich hier."
„Na, das ist ja noch schlimmer", antwortete er.[362]

Der Häftlingstod hatte in Melk viele unterschiedliche Ursachen. Man
starb an Verletzungen, an unbehandelten Krankheiten, bei Arbeitsunfäl-
len, man wurde erschlagen, durch Knüppelhiebe oder Herzinjektion in
den Tod geschickt, „auf der Flucht erschossen" oder im Schloss Hartheim
vergast. Die Todesursachen wurden permanent bewusst verfälscht. Die
offiziellen Eintragungen im Totenregister sind eintönig, sie führen immer
wieder Herz- oder Kreislaufschwäche und ähnliches als Todesursache an.
„Auf der Flucht" fanden auch etliche ungarische Häftlinge den Tod: am
5. Juli 1944 Mózes Lazarovits, am 21. Mór Levendel, am 5. September
„ein Jude". In Wirklichkeit wurden sie von den SS-Wachen einfach aus
Zeitvertreib, nach Lust und Laune erschossen. Zahlreiche Mordfälle wurden als „Selbstmord durch den Strang" registriert: am 6. Juli 1944 József
Somogyi, am 6. August Sándor Weintraub, am 26. dieses Monats Alfréd
Weinberger, am 30. Oktober Lajos Hansmann und am 11. Jänner 1945

Artur Neubrunn. „Arbeitsunfälle" führten zum Tod von Viktor Ordentlich und Dávid Jäger (am 9. November 1944) sowie Lipót Krug und Salomon Spalter (am 3. und 5. Februar 1945). Außerdem wurden am 2. Februar 41 Todesfälle durch Gift gemeldet, die Opfer wurden nicht namentlich erfasst.[363]

Dr. Sándor Puder war noch im Frühjahr 1944 Arzt des Staatlichen Lungensanatoriums im nordungarischen Mátra-Gebirge gewesen. Dort wurde er von SS-Oberscharführer Márton Zöldi als Jude „enttarnt". Der frühere Gendarmerie-Hauptmann zerriss Puders Papiere und ließ ihn, nachdem er sein Opfer brutal misshandelt hatte, nach Hatvan ins Ghetto bringen. Der Arzt landete schließlich in Melk, wo er mit Gummiknüppel derart zusammengeschlagen wurde, dass er blutüberströmt stürzte und sich dabei den linken Arm brach. Nach einer kurzen Behandlung im Krankenrevier wurde er als Facharzt für Lunge und Atemwege zurückbehalten. Er berichtete später:

Ich erhielt ein Krankenzimmer mit 120 an Lungenentzündung erkrankten Patienten. Es mangelte besonders stark an den speziellen Medikamenten für Schwerkranke, aber neben den Lungenarzneien waren auch die Herzmedikamente knapp. Daher starben etwa 40 bis 50 Prozent der Erkrankten.[364]

Dr. Puder zufolge war es der allgemeinen Entkräftung zuzuschreiben, dass die Häftlinge gegen Krankheitserreger gar keine Immunität mehr besaßen. Durchfall, Ruhr, Paratyphus standen auf der Tagesordnung und forderten zahlreiche Todesopfer. „Vereiterte Entzündungen im Bindegewebe (Phlegmone) waren besonders häufig, und sie kamen in Varianten vor, denen früher nicht einmal die Chirurgen begegnet waren." Bronchialkatarrh, chronische Erkältungen hatten im Lager schwerwiegende Folgen. Dr. Zilczer, Schreiber in Melk, schilderte diese Zustände mit folgenden Worten:

Die häufigste Todesursache war, dass im Krankenhaus vier Patienten, Ruhr- und Lungenkranke gemischt, auf einem 70 cm breiten Bett neben- und aufeinander lagen. Anfangs gab es nur zweierlei Heilmittel: Hypermangan und eine bräunliche Salbe. Nur die mit mindestens 39,5 Grad Celsius Fieber hatten überhaupt Chance, ins Spital aufgenommen zu werden; die nur 39,4 hatten, mussten zum Einsatz ausrücken. Fiel jemand in diesem fiebrigen Zustand zusammen, wurde er von den SS-Männern vor Augen der Kameraden als Saboteur zu Tode geprügelt.[365]

Eine berüchtigte Figur des Krankenreviers war ab September 1944 der SS-Sanitätsdienstgrad Gottlieb Musikant. Die von diesem damals 41-jährigen Ungeheuer verübten Verbrechen füllen mehrere dicht beschriebene Seiten.[366] Ein Beispiel: Einen schwachen und kranken ungarischen Häftling, der zum dritten Mal um eine eine medizinische Untersuchung bat, misshandelte der Obersanitäter mit Faustschlägen und Fußtritten derart brutal, dass der Arme an Ort und Stelle starb, nachdem er vor die Tür geworfen worden war.[367] Zur hohen Todesrate in diesem Außenlager hat der Obersanitäter Musikant wesentlich beigetragen.[368]

Anfangs, zur Zeit des Lageraufbaus, stand SS-Untersturmführer Anton Streitwieser an der Spitze des SS-Kommandos Melk. Streitwieser wurde im Mai versetzt, um den bei einem Luftangriff auf die Heinkel-Werke Schwechat ums Leben gekommenen SS-Untersturmführer Engelhardt zu ersetzen. Seinen Posten in Melk nahm SS-Obersturmführer Julius Ludolph ein. Er zeigte sich seinem Vorgänger in allem ebenbürtig. Der nicht minder grausame Ludolph war jederzeit zu jeder Art Brutalität bereit, den Ansporn dazu verschaffte er sich mit Alkohol. Seine Handlungen ließen oft auf Verrücktheit schließen, in Wahrheit aber waren sie nur dem Ziel untergeordnet, die Arbeitskraft der Häftlinge bis zum Äußersten auszunutzen und sie dann zu vernichten. Unter Obersturmführer Ludolphs Kommando standen Hunderte von SS-Angehörigen, Wehrmachtssoldaten und von der Luftwaffe beigestellte Wachsoldaten. Ende Jänner 1945 wurde die Zahl Melker Bewachungsorgane weiter aufgestockt. Das zusätzliche Wachpersonal der SS und die Kapos, die mit den aus Auschwitz evakuierten Häftlingen nach Melk kamen, waren für ihre Grausamkeit berüchtigt. Ihr Kompanieführer, SS-Obersturmführer Wilhelm Reischenbeck, wurde allgemein nur als „Bluthund" bezeichnet.[369] Nach einer Aufstellung vom 27. März 1945 sorgten insgesamt 570 Personen in Wachmannschaft und Kommandanturstab für die Bewachung von 8.343 Häftlingen. Der Kommandanturstab bestand aus drei Führern und 97 Unterführern, die übrigen, 470 an der Zahl, stellten die Wachtruppen.[370] Letztere durften das Häftlingslager nicht betreten, sie dienten der äußeren Postenkette oder als Begleit- und Wachpersonal von Außenkommandos.

Anfang 1945 war auch Dr. Miklós Nyiszli Häftling im KLM-Imperium. Nach der Quarantäne im Hauptlager wurde er erst nach Melk, dann nach Ebensee überstellt. Früher war er als Obduktionsarzt bei Dr. Mengele in Auschwitz eingesetzt (Häftlingsnummer A-8450). Er fertigte zahlreiche Obduktions- und gerichtsmedizinische Protokolle an, die an das „Forschungsinstitut für Rassenbiologie und Anthropologie" nach Berlin-Dahlem weitergeleitet wurden.

Im Lager Melk wurden 29 Fluchtversuche registriert, in zwei Fällen handelte es sich um Ungarn. Am 6. September 1944 unternahm der 23-jährige Sanitäter Rezső Horváth, „Schutzhäftling" Nr. 79.199, diesen überaus riskanten Schritt, am 10. Oktober versuchte es der U-Jude Miklós Dávid (70.509). Letzterer, ein 26 Jahre alter Schneider wurde drei Tage später gefasst und am 26. im Totenbuch eingetragen.[371]

In der zweiten Hälfte von März 1945 begann man wegen der unaufhaltsam vorrückenden Roten Armee mit der Demontage von Maschinen und Einrichtungen, die später teilweise nach Steyr und Linz oder in den Westen geliefert wurden. In den ersten Apriltagen lief auch die Evakuierung der Häftlinge an. Am 2. April wurden 500 Häftlinge per Bahn nach Amstetten und am 11. April 1.500 Kranke und Jugendliche ins Hauptlager überstellt. Zwei Transporte gingen nach Ebensee: 4.402 Häftlinge am 13. April, an dem Tag, als Wien von der Roten Armee eingenommen wurde, und 1.499 Lagerinsassen am 15. dieses Monats, nach dem Fall von St. Pölten.

In den Ebenseeer Transporten befanden sich zahlreiche Ungarn. Von den am 13. April Evakuierten hatte die erste Gruppe den leichteren Weg. Die 2.000 Häftlinge kamen nach einer Bahnfahrt schon am nächsten Tag an. 2.402 Häftlinge dagegen wurden unter dem Kommando von SS-Hauptsturmführer Dimmel und in Begleitung von 100 SS-Männern auf Donauschleppern nach Linz befördert, von dort mussten sie die übrigen 70 Kilometer zu Fuß zurücklegen. 21 von den Getriebenen kamen unterwegs durch die Strapazen oder durch Schüsse des Wachpersonals ums Leben, weitere 15 oder 16 Häftlinge flüchteten, die meisten bei Lambach. Die Marschkolonne erreichte erst am 20. April das Außenlager Ebensee. Durch den Strom der sich zurückziehenden Wehrmachttruppen schien es zunächst unmöglich, das Lager Melk zu räumen, d. h. die letzten Gruppen wie geplant am 15. abzutransportieren. Schließlich gelang es SS-Obersturmführer Reischenbeck doch, einen aus 35 Wagons bestehenden Güterzug aufzutreiben. Die 150 bis 200köpfige SS-Wachmannschaft trieb nicht nur die Massen von Häftlingen in die Wagons, sondern ließ auch alle Habseligkeiten und Lebensmittelvorräte der SS-Angehörigen darin unterbringen. In jedem Wagon „reisten" 60 bis 100 Häftlinge zusammengepfercht, die meisten mussten stehen. Sie erhielten während der zweitägigen Bahnfahrt bis Ebensee keinen Tropfen Wasser. 25 Personen aus diesem Transport konnten bei Dunkelheit durch ein aufgebrochenes Wagondach fliehen. Mutige russische Flüchtlinge hatten dabei zwei SS-Männer niedergeschlagen.[372] Als Vergeltung befahl der betrunkene Reischenbeck, nach Ankunft in Ebensee 40 bis 50 Häftlinge an Ort und Stelle zu erschießen. Die Todeskandidaten waren schon ausgewählt, die Durchführung der Exekution unterblieb jedoch, vor allem aufgrund des unmittelbaren Heranrücken der Front.

Die letzte Gruppe verließ das mittlerweile völlig geräumte Außenlager am Abend des 25. März 1945. Die 55 Männer, meist Lagerfunktionäre (unter ihnen Lagerschreiber Hofstädt), hatten erst am Nachmittag die Anweisung erhalten, die noch funktionstüchtigen Leitungen zu zerstören, doch dies wurde wenig später – unter Bedacht auf die Verteidigungschancen der sich nähernden Wehrmachtstruppen – zurückgezogen. SS-Obersturmführer Ludolph ließ die gesamte Büroausrüstung (inklusive Häftlingskarteien) und die komplette Lagerküche auf zwei Lastwagen laden, alle anderen Sachen wurden mit Pferdewagen abtransportiert. Die verschiedenen Gruppen trafen zwischen 17. und 21. April in Ebensee ein.

Dieses Außenlager des KLM wurde in der zweiten Aprilhälfte immer mehr zum Auffanglager zahlreicher Evakuierungstransporte. In Ebensee herrschten um diese Zeit bereits katastrophale Verhältnisse, die sich durch die 5.839 Zugänge aus Melk noch verschlechterten. Der Sensenmann hielt auch hier unter ihnen reiche Ernte. Nach einer SS-Aufstellung wurden während des einjährigen Bestehens des Außenlagers Melk 4.801 Tote registriert. Unter den Opfern befanden sich 1.575 Polen, 1.432 Ungarn, 546 Franzosen, 388 Sowjetbürger und 302 Italiener. Im Krematorium wurden 3.500 bis 4.000 Leichen eingeäschert.[373] Von den ungarischen Opfern waren – nach den im Lager üblichen Häftlingskategorien – 1.421 Juden, 7 Kriminelle und 4 „Schutzhäftlinge".[374] Die erst teilweise ausgebaute Melker Kugellagererzeugung kostete durchschnittlich täglich 13 Häftlingen das Leben.

Gesamtzahl der ungarischen Opfer in den Außenlagern des KLM

Die bei unseren Nachforschungen gesammelten Angaben bestätigen, dass die ungarischen Zwangsarbeiter in den untersuchten Außenlagern des KLM bei ihrem Einsatz auf den verschiedenen Arbeitsplätzen oft brutale Misshandlungen, andauerndem Hunger und außerordentliche physische wie seelische Belastungen erleiden mussten. Die im Sommer 1944 oder später eintreffenden jüdischen Häftlinge wurden von den SS-Angehörigen am schlechtesten und brutalsten behandelt, und bisweilen standen ihnen sogar ihre Schicksalsgefährten anderer Nationalität böse und feindselig gegenüber. Auch der Umstand, sich als „Spätzugäng" in der gefestigten Lagerhierarchie eingliedern zu müssen, stellte die Ungarn vor eine schwere, nahezu unlösbare Aufgabe.

In den meisten Lagern (offizielle Bezeichnung war „Arbeitslager der Waffen-SS") entwickelten sich spezifische Methoden des Folterns und des Tötens. Die berüchtigtsten Anstalten waren Ebensee, Gusen und Melk. Ab Herbst 1944 verschlechterte sich überall die Versorgung mit Lebensmitteln, Kleidung, Verbandzeug und Arzneimitteln kontinuierlich, was naturgemäß die körperliche und psychische Verfassung der Häftlinge stark beeinträchtigte und die ohnehin hohe Sterberate weiter ansteigen ließ. Trotz all dieser Missstände entstand hier ein beachtenswertes Industrie- und Wirtschaftspotential, dessen Fortbestehen und Inbetriebhaltung Österreich nach Kriegsende einige Vorteile verschaffen sollte.

In den behandelten Außenlagern des Konzentrationslagers Mauthausen belief sich die Gesamtzahl der ungarischen Opfer auf 7.200 bis 7.300.

IV. KAMPF DER DEPORTIERTEN UM IHRE RÜCKKEHR

Mai–Juni 1945: Die ersten Gruppen

In der Geschichte des Mauthausener Konzentrationslagers widersprechen sich die Berichte ungarischer Zeitzeugen, welche die ersten Tage nach der Befreiung betreffen. Mehrere bringen später, nach der „endgültigen" amerikanischen Übernahme des Lagers, Erlebtes mit der Ankunft der ersten zwei amerikanischen Panzerfahrzeuge in Verbindung. Wir erwähnten, dass sich ein kleines Kommando unter Sergeant Kosiek am 5. Mai von der Anhöhe wieder zurückzog. Mehrere hundert (sie wurden zum größten Teil in den letzten Wochen ins Hauptlager kommandiert) unbewaffnete Feuerwehrmänner, zur Wache eingeteilte Uniformierte, wurden nach Gusen, in die amerikanische Kriegsgefangenschaft gebracht. Mit dem Ende der SS-Herrschaft kam eine nie zuvor gesehene Bewegung ins Mauthausener Lager. Am raschesten handelten – auch in Gusen – die erfahrensten und am besten informierten, die sich bereits zuvor illegal organisierten Häftlinge aus der ehemaligen spanischen Republik. Sie nahmen sofort die von den geflohenen Wachmannschaften weggeworfenen Waffen an sich und brachen am 5. Mai die SS-Waffenkammer auf. Mit Armbinden versehene bewaffnete Männer besetzten innerhalb weniger Stunden die gesamte Lagermauer. Über dem Haupttor wurde zuerst eine Rote, später die rot-gelb-violette Fahne der spanischen Republik aufgezogen. Dies barg für die Häftlinge des Hauptlagers noch eine gewisse Gefahr, da doch die motorisierten SS-Einheiten jeden Augenblick zurückkehren konnten, um auf den Anhöhen rund um Mauthausen in Verteidigungsstellung zu beziehen.

Inzwischen bildeten sich aus Spaniern, sowjetischen und jugoslawischen Gefangenen weitere bewaffnete Gruppen. Auch kleinere polnische Gruppierungen (auch einige Kapos) besorgten sich Waffen. Alle Gruppen versuchten, versteckte SS-Soldaten aufzuspüren, und einige Griechen wurden auch gegenüber der lokalen Bevölkerung tätlich. Die meisten bewaffneten Häftlingsgruppen wurden zuerst vom österreichischen Oberst Heinrich Kodré befehligt, der in den ersten Stunden der Freiheit von General Szilárd Bakay aus dem Mauthausner Bunkerbau befreit wurde. Die Stärke der sowjetischen Gruppen wuchs schnell, die Befehlsgewalt über sie wurde am 6. Mai um 15.30 Uhr an den sowjetischen Major Andrej Pirogov – der

Abb. 28: Erste Aufnahme von ungarischen Schutzhäftlingen nach der Befreiung, 6. oder 7. Mai 1945

sich bis zum Tag davor noch im Krankenlager befunden hatte – übergeben. Die Amerikaner zeigten sich kaum in der Umgebung des Lagers, doch der Lärm ihrer Fahrzeuge war überall gut zu hören.

Mehrere Punkte Mauthausens und die nahe Donaubrücke wurden von Häftlingen bewacht, die mit Gewehren und Handgranaten ausgerüstet waren. Am 6. Mai begannen sie über die Donau hinweg einen Schusswechsel mit SS-Soldaten, in dem der Spanier Badian ums Leben kam. Nahe des Ortes Schwertberg kam es zu einem Scharmützel mit Wehrmachtssoldaten. Ein junger ungarischer Oberleutnant wurde dabei tödlich verletzt, und am örtlichen Friedhof begraben.

Inzwischen bildete das Hauptquartier der bewaffneten Häftlinge eine Kurierkette, mit deren Hilfe die einzelnen Gruppen genauestens über die örtliche Situation informiert wurden. Am 6. des Monats erfuhren sie, dass am Nachmittag amerikanische Truppen in Ebensee eingezogen waren und auch die Gefangenen der Außenlager Redl-Zipf und Wels befreit hatten. Am folgenden Tag kehrten die Amerikaner auf die Hügelkette und nach Gusen zurück und bis zum Abend erfüllten sich die großen Hoffnungen der dortigen Häftlinge, endgültig befreit zu werden.

Abb. 29: Apellplatz nach der Befreiung des Konzentrationslagers Mauthausen durch die US-Army

Die Einheiten gehörten zur 11. Panzerkompanie der 3. amerikanischen Armee unter der Führung von General George S. Patton. Der Befehlshaber der US-Truppen, die das Hauptlager erreichten, war Oberst Richard R. Seibel. Noch am 5. Mai hatten die Spanier einen Begrüßungstext mit Hammer und Sichel (dieses sog. Befreiungstransparent ist auf den Filmen, die beim Einzug der Amerikaner gemacht wurden, mehrmals zu sehen) am Eingangstor des Hauptlagers befestigt.

Der Gefühlszustand der ehemaligen Häftlinge ist, wie man sich vorstellen kann, nicht zu beschreiben. Eine große Menge fand sich erleichtert, voller Freude und Begeisterung bei der neuerlichen Ankunft der Amerikaner auf dem Appellplatz ein. Viele spazierten singend zwischen den Baracken, in den bis dahin streng bewachten Winkeln des Lagers herum. Wer am Abend des 7. Mai imstande war, sich auf den Beinen zu halten, verließ den Block, schleppte sich zum Lagereingang, um jetzt endlich die wiedererlangte Freiheit zu genießen und die weiße flatternde Fahne auf den „Zinnen" zu betrachten. An diesen oft beschworenen, in tausend Variationen vorgestellten und traumgleichen Zustand teilzunehmen, hatten die ehemaligen Häftlinge in jedem Moment des unmenschlichen Da-

191

Abb. 30: Essensausgabe an befreite weibliche Häftlinge im „Russenlager" nach der Befreiung; Mai 1945

seins erhofft. Auch Ungarn befanden sich unter der Masse, es gibt aber keine Aufzeichnungen darüber, ob sie auch an den ersten Aktionen der bewaffneten Gruppen teilgenommen haben.

Vielen von ihnen zitterten vor Freude Hände und Füße, so Augenzeuge Sándor Millok: „Sie umzingelten die Panzer, küssten die staubigen Kanonenrohre, streichelten die Soldaten, hatten jegliche Selbstbeherrschung verloren."[375] Diese Sklavenarmee gab sich einem einzigen Gefühl hin, der Freude über die lang ersehnten Freiheit. Die meisten von ihnen hatten gehofft, dass sich auf einen Schlag alles veränderte und sie in Kürze ein neues Leben beginnen könnten.

Die Wirklichkeit der folgenden Wochen und Monate führte zur Ernüchterung und zeigte, dass vorerst noch wenig von den Träumen realisierbar war. Der einjährige Kampf ums Überleben wurde bei den Ungarn vom Kampf um die Heimkehr abgelöst. Zunächst versuchten viele ehemalige Häftlinge mit ihren Peinigern abzurechnen. Die Rufe nach der lang ersehnten Rache wurde unter den von ihren Ketten Befreiten immer lauter. In der Euphorie der Befreiung wurden viele von Wut und Zügellosigkeit übermannt. Sie legten jedwede Selbstbeherrschung ab und be-

Abb. 31: Befreite Häftlinge im „Russenlager" nach der Befreiung

gannen, wie immer sie konnten, Leute zu lynchen. Viele der „Sklaventreiber" wurden erschlagen, andere „Kerkermeister" wurden erwürgt oder von den Massen zu Tode getrampelt. Die Anführer der Racheaktionen suchten alle Baracken ab, und dabei wurden auch Unschuldige zu Opfern. Solches geschah etwa auch in der Baracke 5, die von Ungarn bewohnt wurde. Drei Männer wurden herausgezerrt, einer davon war den Ungarn gänzlich unbekannt; den totenbleichen Hauptmann Tibor Versényi konnte György Parragi im letzten Moment aus den Händen der blutdürstigen Meute befreien.

Schwieriger war es mit Félix Bornemissza, der schon aus mehreren Wunden blutete, sein Kopf, sein Gesicht war blau-grün-violett, auch aus den Augenhöhlen blutete er, doch die Massen wollten trotzdem nicht von ihm ablassen. Parragi weinte, flehte, schwor, dass es sich um eine Verwechslung handle, dass Bornemissza weder Deutscher noch SSler, sondern ein ungarischer politischer Gefangener sei.[376]

Irgendwie gelang es dann doch, den ehemaligen Direktor des Freihafens Csepel, der im Bunker gefangen gehalten wurde, aus den Klauen des Mobs zu befreien und so sein Leben zu retten.

193

Über die Zahl der Menschen, die gelyncht wurden, können nicht einmal Vermutungen angestellt werden. Am 7. Mai ordneten die Amerikaner in Mauthausen die Beisetzung von mehr als 500 Leichen an. Die Einäscherungen war eingestellt worden, wahrscheinlich war von den zahlreichen inzwischen verstorbenen Kranken die Rede. Die Gräber wurden von den aus der Umgebung dorthin befohlenen Bürgermeistern und Mitgliedern der NSDAP neben dem „Russenlager" ausgehoben. Sie mussten die Toten auch einsammeln und zu den Gräbern tragen. Dies wurde in allen von den Amerikanern besetzten Gebieten angeordnet. Viele ehemalige Häftlinge aus dem Haupt- und den Außenlagern stürmten geradezu die umliegenden Ortschaften und Höfe. Unter dem Vorwand des „Kleider- und Lebensmittelorganisierens" unternahmen sie Raubzüge und begingen zahlreiche Gewalttaten. Schonungslos wurde den Bauern alles weggenommen, was den Häftlingen in die Hände fiel. Tabakwaren waren besonders gefragt, die des öfteren Grund dieser kleinerer „Unternehmungen" war. Am meisten hatte die Bevölkerung östlich der Linie Mauthausen – Gaisbach – Wartberg zu erleiden, weil sich die örtlichen Behörden und militärischen Verbände den Plünderungen nicht entgegenstellten. Rund um Mauthausen traten vereinzelt bewaffnete Häftlingsgarden gegen die hauptsächlich polnischen und sowjetischen Ex-Häftlinge auf, die besonders brutal vorgingen, Wohnungen verwüsteten und anzündeten. Diese „schwarzen Schafe" trafen bei ihren Lagerkollegen auf Unverständnis und Ablehnung, was in bitteren und heftigen Auseinandersetzungen gipfelte. Die Lage beruhigte sich erst, nachdem die amerikanischen Militärbehörden Patrouillen einsetzten.

Die Amerikaner waren zweifellos entschlossen, Ordnung zu schaffen, doch es mangelte viel zu oft an Erfahrung. Die Aufgaben waren nämlich viel komplizierter als erwartet. Die US-Truppen versprachen, die Lager innerhalb weniger Wochen aufzulösen und alle Gefangen rasch nach Hause zu schicken. Sie standen jedoch zahlreichen schwierigen Aufgaben und der unberechenbaren Stimmung einer vielfach gequälten, verbitterten und unvorstellbar verwilderten Menge gegenüber. Man ließ die Waffen einsammeln. Doch das war nicht genug. Die Militärbehörde war gezwungen, eine strenge „Hausordnung" mit einer Vielzahl von Verboten zu erlassen. Doch die ausgehungerten Massen wollten nicht wirklich gehorchen, obwohl Colonel Seibel verlautbaren ließ, dass es „in Kürze so viel zu essen gibt, dass nichts mehr außerhalb des Lagers organisiert und extra gekocht werden muss". Die US-Kommandantur veranlasste eine interne Mobilisierung des Hauptlagers. Frauen und Kranke wurden jenseits der Mauern, in den bisherigen SS-Unterkünften, untergebracht. Die Menschen wurden nach ihrer nationalen Zugehörigkeit in den Baracken untergebracht, danach wurde je ein Vertreter gewählt, der die Gemeinschaft gegenüber den Amerikanern zu vertreten hatte.

Die ungarischen Männer wurden aus dem Block 5 in den Block 15, der sich in der hinteren rechten Ecke des Lagers Nr. 1 befand, übersiedelt. Der „Blockvorsitzende" („blokk elöljáró") war Károly Rátkai, der Zimmerkommandant Ignác Mérő.[37] Zum Schreiber wurde József Litván gewählt. Den „alten" ungarischen politischen Gefangenen schlossen sich die ungarischen Juden an, ehemalige Arbeitsdienstler, die bis dahin in den Lagern II und III des Hauptlagers unter menschenunwürdigen Zuständen ausgeharrt hatten. Aus dem „Russenlager" kamen ebenfalls einige hinauf ins Hauptlager, und so wurde auch die Baracke 14 „magyarisiert". Vorsitzender dieser Baracke wurde der 44-jährige Andor Löbl, ehemaliger Budapester Privatangestellter, der aus Bucsu zum Arbeitsdienst deportiert worden war.[378] Colonel Seibel versuchte zuerst, das noch illegal gegründete Internationale Häftlingskomitee aufzulösen, indem er ein Komitee aufstellen ließ, das seinen Vorstellungen entsprach.[379] Da der Häftlingsvertreter Szilárd Bakay bei Seibel auf Widerstand stieß, trug er dazu bei, dass die einzige Vertretung der befreiten Häftlinge des Konzentrationslagers Mauthausen unter einem neuen Namen – das bis heute bestehende Internationale Mauthausen Komitee (IMK) – auftrat. Das IMK leistete umfangreiche gemeinnützige Arbeit, seine Organisationstätigkeit war im Alltag unentbehrlich.

In dem internationalen Komitee übernahm der angesehene Károly Peyer die gemeinnützige Arbeit, die mit nicht wenigen neuen Herausforderungen, Verhandlungen und undankbaren Aufgaben einherging. So wollte damals zum Beispiel keiner mehr arbeiten, und verpflichten konnte man keinen dazu. Das Lager aber erstickte im Mist und riesigen Haufen verlauster Fetzen. Der Ausbruch neuer Seuchen drohte. Die strengen Verordnungen umgehend kletterten viele über die unbewachten Mauern und verübten Diebstähle in der Umgebung. Peyer wurde von einem fünfköpfigen Unterkomitee unterstützt, das am 9. oder 10. Mai gegründet wurde. Die fünf Mitglieder waren Imre Györki, György Parragi, Károly Rátkai, Hugó Spitzer und Béla Waldmann. 20 ungarische Ordner wurden hinzugezogen. Zu ihrem Leiter wurde der Pécser Rechtsanwalt Imre Kisfaludi ernannt, nachdem Oberleutnant András Kállay von der Mehrheit abgelehnt worden war.[380] Laut Sándor Millok meldeten sich 14 Ungarn, um in einer Aktion außerhalb des Lagers versteckte Ssler gefangen zu nehmen. Es wurden tatsächlich einige SS-Männer aufgegriffen, daran erinnerte sich György Parragi. Auch jener Rapportführer wurde ins Lager zurück gebracht, der Gusztáv Gratz jahrelang misshandelt hatte. Parragi versetzte ihm, laut eigener Bekundung, im Namen aller Ungarn, einen kräftigen Faustschlag, der ihnen wohltat und Genugtuung leistete.[381]

In diesen ruhelosen Tagen der Selbstjustiz waren unter den Ungarn die körperliche Schwäche, der nicht enden wollende Durchfall und das damit einhergehende Fieber die größten Probleme. Die Amerikaner hatten inzwischen die Müllhaufen weggeräumt. Sie bestreuten jeden und alles mit einem desinfizierenden „Läusepulver". Eine bedeutende Verbesserung war auch die Tatsache, dass sie flüssige Schonkost kochen ließen und dadurch dem Wassermangel ein Ende setzten. Die Kommandantur entschied, nur den Kranken, die sich schon sehr nach Heimkehr sehnten, die Abreise zu erlauben.

Unter Schwächeanfällen und großem Gewichtsverlust hatten auch Károly Peyer, Károly Rassay und Sándor Millok zu leiden. Seelische Qualen und Horrorbilder waren für die ehemaligen Häftlingen im Block 15 auch weiterhin existenziell: Wann und wie werden sie heimkehren können? Was geht wohl jetzt in Ungarn vor, nachdem die Front weiter gezogen war? Wie geht es ihren Familien? Ungewissheit herrschte auch über ihre eigene Situation. Von Heimtransporten der Gefangenen großer Nationen waren schon erste Pläne zu hören, über den Heimtransport der Ungarn schwieg man jedoch. Um die Spannung ein bisschen zu lösen, hielt Rátkai für die gläubigen Ungarn einen Dankgottesdienst. Inzwischen riefen auch die polnischen Pfarrer zur Messe, sie hatten im Lager sogar eine Kapelle errichtet. Aus einem erhaltenen Teil seiner Rede ist die Sehnsucht nach einer Heimkehr klar ersichtlich: „Wir, die erniedrigten, an Leib und Seele zermürbten Söhne des allmächtigen Vaters, glauben, dass jenes Land, in das dieser schmale Weg und das enge Tor führt, uns so empfängt, wie das Vaterhaus, wie eine ganz andere Welt. Aus der Hölle auf Erden, in der wir bis jetzt lebten, gelangen wir ins Himmelreich".[382] Dieser wichtige und schöne Trost wurde später von der Realität widerlegt.

Innerhalb weniger Tage erreichten die Sanitätseinheiten der US-Truppen das Lager. Sie halfen den kranken Häftlingen, die kaum Nahrung zu sich nehmen konnten. Am Ende der ersten Maiwoche wurden im Krankenlager des KLM 5.435, in Gusen 2.100, in Linz 650, in Steyr 180, in

Ebensee 3.942 und in Gunskirchen rund 8.000 (!) Kranke gezählt. Viel geringer war die Zahl der Kranken – die genauen Daten sind nicht bekannt – in den befreiten Außenlagern Klagenfurt, Lenzing, Loiblpass, Mittersill und Passau. Auf Lastwagen brachte man Unmengen von Lebensmitteln, Verbandszeug und Medikamenten in die Lager. Eine umfassende Desinfektion wurde durchgeführt. Die Behandlung von mehr als 20.000 Kranken wurde vorbildlich organisiert, sie fand in provisorischen Feldspitälern, in requirierten Privathäusern, kirchlichen Institutionen und in den lokalen Krankenhäusern statt. Viele Überlebende erinnern sich auch an die Hilfsbereitschaft der Bevölkerung, an Mädchen und Frauen der Umgebung, die bei der Krankenpflege mithalfen.

Auch die bis dahin internierten Ärzte und Pfleger – die nun über eine gute Ausrüstung verfügten – halfen bei der Krankenbetreuung. Für viele Hunderte kam die Hilfe jedoch zu spät. In Ebensee richteten die Amerikaner ihren Sanitätsdienst am 9. Mai 1945 ein. Die tägliche Sterberate lag bis dahin bei 350, am 10. Mai betrug sie nur noch 150. Dazu trug der Umstand bei, dass 440 Schwerkranke ins Militärkrankenhaus Bad Ischl überstellt wurden. Am 11. Mai starben 22, am Tag darauf 18 Lagerinsassen. Am 13. Mai zählte der Sanitätsdienst 2.012 Patienten, davon waren 641 „nicht transportfähig". Die Ungarn kämpften mit Unterernährung, Diarrhöe, Lungenentzündung, TBC, Herzschwäche und weiteren Krankheiten, die chirurgische Eingriffe notwendig machten. Insgesamt wurden nach dem 4. Mai 2.671 ehemalige Häftlinge in Ebensee begraben.[383]

Zwischen 5. Mai und 4. Juni verstarben in Gusen 1.042 Menschen, in Mauthausen zwischen 5. und 8. Mai 644. Bis zum August gab es in den beiden Lagern insgesamt 3.162 Tote,[384] obwohl in der Umgebung an jedem dafür geeigneten Ort Kranke gepflegt wurden und alle denklichen Mittel zum Einsatz kamen. Wie aus einem Brief hervorgeht, den Károly Peyer nach Zürich schickte um weitere Hilfe zu erbitten, hielten sich damals im Stammlager 16.000 ehemalige Inhaftierte auf. Davon waren ungefähr 1.000 – unter ihnen 800 Juden – ungarischer Abstammung. Peyer unterschätzte die Zahl der Ungarn, die sich in den Außenlagern Mauthausens aufhielten, als er sie mit „weiteren 2.000-3.000" angab. „Wo sich die weiteren zehntausenden Ungarn befinden, ist noch nicht festzustellen, da sich der größte Teil von ihnen in den von Russen besetzten Gebieten befindet."[385]

Über Rátkais Gruppe, die aus 487 Personen bestand – zum größten Teil kranke Mädchen und Frauen – wusste er Bescheid, ebenso über eine unbekannte Zahl von Ungarn, die dem Elend des Russenlagers entkommen waren.[386] In weiteren zeitgenössischen Berichten sind unterschiedliche Angaben zu finden. Der Leiter der „Politischen Polizeiabteilung" in Budapest („Politikai Rendészeti Osztály"), Gábor Péter, berichtete von „ca. 200 bekannten ungarischen Politikern und mehr als 1.000 anderen ungarischen Deportierten"; laut dem heimgekehrten Sándor Millok siechten „noch rund 1.400" in Mauthausen dahin. György Parragi sprach von einer ähnlichen Zahl, aber zusätzlich noch von 500 jüdischen Frauen und Arbeitsdienstlern.[387]

Die Festung des Todes war nun, nachdem der Druck gewichen war, von lautem Leben erfüllt, nicht aber der ungarische Block. Viele Ungarn waren mit der Festigung ihrer Persönlichkeit, der Wiederherstellung ihrer Gesundheit beschäftigt, viele quälten sich mit Zukunftsfragen, fallweise auch mit der Findung ihrer selbst. Die Gebrochensten hatten einen Kampf mit ihrem nationalen und religiösen Selbstverständnis auszufechten. In den letzten Wochen hatten viele auch den letzten Funken ihres Glaubens an Gott verloren. Andere kamen zum Schluss, dass sie nie wieder nach Ungarn zurückkehren würden, wo man sie beraubt, erniedrigt und mit der gesamten Familie verstoßen hatte. Oder vielleicht nur solange, bis sie ihre verschleppten Angehörigen wieder gefunden hätten, um danach auszuwandern. Ihre Entscheidung ist auch in dem Zusammenhang bemerkenswert, dass bis zu ihrer Ankunft in Mauthausen „es kaum einen unter ihnen gab, der in seinem Taschen nicht ein kleines Band in den Nationalfarben bei sich getragen hätte".[388]

Die Ungarn litten mit wenigen Ausnahmen an einer der vielen Seuchen, sie wurden also von körperlichem und seelischem Leid geplagt, und das zu einer Zeit als andere ihre Sachen packten und sich auf den bereits organisierten Heimtransport vorbereiteten. Die nationalen Lagerausschüsse standen mit den Zivil- und mit den Militärbehörden ihres Länder in Verbindung; die Amerikaner stellten Lastwägen zur Verfügung und bemühten sich um eine rasche Ausstellung von Genehmigungen und Personalausweisen.

Die erste Gruppe, die nach einer großen Abschiedsfeier das Lager am 16. Mai 1945 organisiert verließ, war die sowjetische. Aus diesem Anlass standen die ehemaligen Häftlinge noch zwei Stunden lang auf dem Appellplatz, ein Vertreter jeder Nation sprach zu der Menge. Am 18. Mai kehrten 478 Österreicher mit den im Mauthausener Steinbruch abgestellten Lastwagen der Wiener Feuerwehr nach Hause zurück. Auf neunzehn Donauschiffen machten sich am 20. Mai die jugoslawischen und die slowakischen Lagerinsassen (und auch die Kriegsgefangenen) auf den Heimweg.

Auch das IMK trat beim Abschied der sowjetischen Gruppe – im Namen der politischen Gefangenen und für die 15 nationalen Komitees – auf, sprach „den siegreichen alliierten Nationen, die die Freiheit brachten" seinen Dank aus, und betonte, dass die internationale Solidarität, die in den letzten Wochen im Lager herrschte, fortgesetzt werden müsse. Das Manifest des Komitees hielt fest, dass die befreiten Häftlinge in Zukunft „im Interesse der unteilbaren Freiheit jedes Volkes, des gegenseitigen Verständnisses untereinander, im Interesse des Aufbaus einer gerechten und freien neuen Welt tätig sein möchten".[389] György Parragi sprach im Namen der Ungarn.

Die Amerikaner ließen die leeren russischen Baracken von früheren SSlern putzen. Ab und zu schossen sie den seufzenden, schwitzenden, nicht flink genug arbeitenden SS-Männern vor die Füße. „Dabei zuzuschauen war eine Riesenhetz, als die gefallenen Halbgötter wie feige Nichtsnutze in ihrer Angst meterhoch in die Luft hüpften", schrieb Millok über diese Lagerereignisse.[390]

Mit dem Heimtransport – größere Gruppen wurden mit Lastwagen und Bussen weggebracht – begann sich das Aussehen des Lagers schnell zu verändern, die Anlagen wurden zerlegt. So nahmen sich viele ehemalige Häftlinge „persönliche Erinnerungsstücke" mit (Holztafeln, Barackennummern, kleinere und größere Ausrüstungsgegenstände), die Tschechen sogar zwei Ölöfen aus dem Krematorium, einen automatischen Galgen und den dazugehörigen aufklappbaren Tisch. Es verschwanden auch die Türen der Gaskammer, Fliesen und Brauseköpfe.[391]

Die Ungarn diskutierten immer heftiger über die Zusammensetzung der ersten Heimkehrergruppe. Die erste Liste wurde – angeblich auf amerikanisches Verlangen hin – im Geheimen zusammengestellt. Darauf waren 12 prominente ungarische Namen zu finden, „damit jemand zu Hause die Auflösung des Lagers urgieren könne". Ein anderes Mal erbaten die Amerikaner eine schnelle Meldung über die Personenzahl und „wie viele zu Fuß zum Bahnhof gehen könnten und wie viele transportiert werden müssten". Doch auch dies war blinder Alarm, ebenso wie Béla Waldmanns Information über die baldige Einschiffung. (Im nahen Linz lagen zahlreiche ungarische Schiffe vor Anker. Die Mannschaft verzögerte mit Ausreden immer wieder ihre Abreise, sie wollte vorerst überhaupt nicht nach Hause. – Anm. d. Autors) Die Folgen schilderte Millok so: „Riesige Begeisterung, Umarmungen, Freude. Bis zum Abend stellte sich jedoch heraus, dass vom administrativen Standpunkt aus die Abreise undurchführbar ist."[392] Félix Bornemissza (später auch Károly Peyer und Sándor Szemere) wollten tatsächlich ungarische Schiffe nach Mauthausen bringen lassen, doch alle ihrer Versuche scheiterten. Die Lage war neuerlich gespannt und General Szilárd Bakay, der aus dem Bunkerbau befreit worden war, begann – nach der Erinnerungen von József Domonkos – einen Fluchtplan auszuarbeiten. Verwirklicht wurde dieser aber nicht. Die erste Wende geschah am 15. Mai 1945. Mit einem Personenauto waren Gábor Péter, Zoltán Bíró, und der jüngere Bruder von Mátyás Rákosi, dem Generalsekretär der Ungarischen Kommunistischen Partei (MKP), sowie ein sowjetischer Major und ein Gesandter des Internationalen Roten Kreuzes aus Budapest in das Stammlager Mauthausen gekommen. Wegen deren Parteizugehörigkeit suchten sie zuerst nach József Domonkos und László Rajk und informierten sich über den Heimtransport der ungarischen politischen Gefangenen. Rajk war nicht in Mauthausen, so brachten sie heimlich nur Domonkos nach Hause.[393] Aufgrund einer ebenfalls geheimen Intervention verschwand plötzlich Generalleutnant Szilárd Bakay, der am 18. Jänner 1945 im „hungaristischen" Ungarn degradiert worden war. Ihn und Generalmajor Rudolf Andorka, Botschafter a. D., holten sowjetische Offiziere aus dem Lager ab.[394]

In der Budapester Presse (in den Zeitungen „Magyar Nemzet", „Népszava", „Világ", „Kossuth Népe") erschienen ab 18. Mai Nachrichten über die ungarischen Gefangenen des Konzentrationslagers Mauthausen, das zuerst noch fälschlich als Maldhausen bezeichnet wurde. Erst am 22. Mai wurde in „Világ" der Name des KLM richtig geschrieben. Sándor Millok traf mit einer 16köpfigen Gruppe, in PKWs und auf Lastwagen, am Abend des 21. Mai in Budapest ein. Die Gruppe – Manó Buchinger, Sándor Büchler, Árpád Gáspár, Imre Györki, Zoltán Klár, József Litván, Ignác MérQ, Sándor Millok, József Nádass, György Parragi, Károly Rátkai, Károly Schwarcz, Hugó Spitzer, Gyula Szántó, Dániel Várnai und Péter Várnai – verbrachte ihre erste Nacht in der Zentrale der Sozialdemokratischen Partei im Palace Hotel. Am nächsten Tag gingen alle nach Hause. Der Bericht der „Magyar Nemzet" vom 23. Mai hob sich von jenen der anderen Blätter ab. Die Informationen darüber stammten von Vilmos Zentai, dem Vertreter der Sozialdemokratischen Partei, der die ehemaligen Mauthausenhäftlinge geholt hatte. Zentai berichtete über prominente Ungarn, die noch in Mauthausen festsaßen, über den verstorbenen Professor Frigyes Fellner und über Leó Budai Goldberger. György Parragi bezeichnete in seiner Erklärung vom 23. Mai 1945 in der Zeitung „Világ" die kleinen Menschen als seine Kameraden. Er erinnerte an die Leiden und an die Durchhaltekraft der ungarischen Juden und auch an die Mauthausener Gaskammer. Er übte Kritik an der Tatsache, dass die Mannschaften der ungarischen Dampfschiffe, die in Linz vor Anker lagen, mit phantasievollen Ausreden die Heimkehr der Ungarn immer wieder verzögerten, obwohl sie eine Vielzahl von ihnen zurück in die Heimat hätten bringen können. Am darauffolgenden Tag beschrieb er die Hölle des KLM, von den dort gequälten Frauen und Kindern. Damals las man auch davon, dass in dieser Angelegenheit „Mátyás Rákosi neue Schritte unternommen hat". In deren Folge würden „aller Wahrscheinlichkeit nach noch im Monat Mai die deportierten Ungarn auch aus Mauthausen nach Hause transportiert".[395]

Der Wahrheitsgehalt dieses Zitats des Generalsekretärs der MKP ist umstritten. Rákosi, der verzweifelt seine Abstammung geheim zu halten versuchte, war auch in dieser Frage vom Zynismus geprägt. Im April 1945 hatte er eine unrichtige und stark antisemitische Meldung an Georgi Dimitrov gesandt:

Eine neue Gefahr bedeuten die heimgekehrten Juden, die im Arbeitsdienst gestanden sind und jetzt wieder nach Hause kommen. Sie täuschen vor, dass sie von Geburt an Antifaschisten waren und treten unserer Partei bei. Sie haben fast ohne Ausnahme keinerlei Ahnung davon, was der Kommunismus ist, sie sind hingegen intelligent, geschickt, und ihnen gelingt es in den Dörfern und Kleinstädten und bei der Polizei innerhalb kurzer Zeit bedeutendem Einfluss zu erlangen. Wir kämpfen gegen diese Gefahr, und deshalb betrachtet man uns in einigen Städten schon als Antisemiten.[396]

Am Abend des 23. Mai stießen amerikanische Soldaten in einem Jagdhütte am Phyrn in Oberösterreich auf Franz Ziereis. Auf seiner Flucht war der Befehlshaber des KLM durch Schüsse am Arm, im Rücken und am Bauch getroffen worden. Er wurde nach Gusen in das 131st Evacuation Hospital der US-Army gebracht und mehrere Male verhört. Dabei wurden Protokolle aufgenommen, die später in mehreren Sprachen, ergänzt und mit Fußnoten versehen, erschienen. Ziereis starb an seinen Verletzungen. Seine Leiche wurde von polnischen Ex-Häftlingen rittlings auf den Drahtzaun des früheren Außenlagers Gusen gesetzt und zur Schau gestellt.

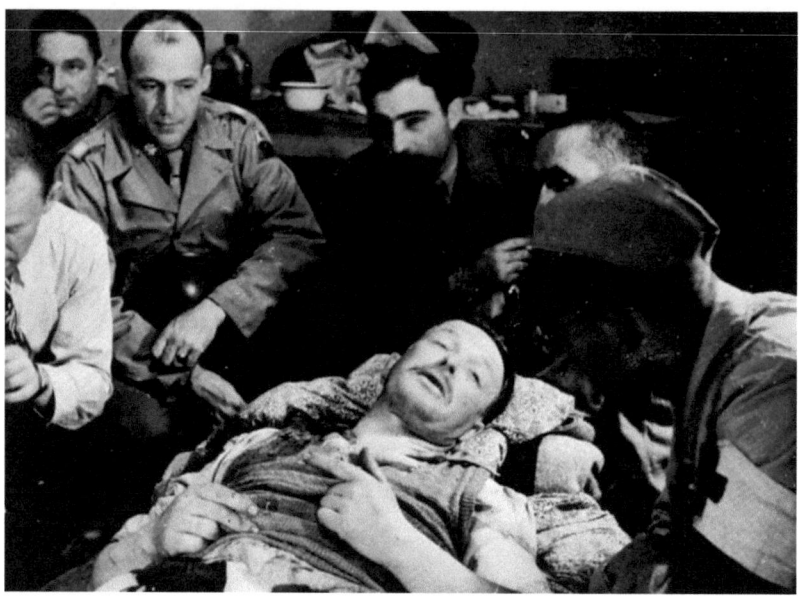

Abb. 32: Verletzter Lagerkommandant Franz Ziereis bei seiner Einvernahme in Gusen, 24. Mai 1945

In Budapest versuchten die Sanitätsbehörden den Heimtransport der Mauthausener Ungarn zu organisieren. Das war eine sehr schwere Aufgabe. Am 21. April schickten sie schließlich einen Sanitätszug nach Österreich. Der Sanitätszug Nr. 1 konnte aber erst am 26. April aus Budapest abfahren und erreichte Wiener Neustadt erst am 4. Mai. Der aus nur sechs Wagons bestehende Zug bewegte sich also im Schneckentempo, die Ausrüstung war äußerst mangelhaft. Schließlich wurde den verschleppten Ungarn durch die Mannschaft des Sanitätszuges in Zusammenarbeit mit dem Internationalen Roten Kreuz geholfen, wie Dr. István Kiss in dramatischen Bildern berichtete.[397] Oberst Seibel versprach damals im übrigen, dass er alle Ungarn nach eingehender Pflege mit „Militärlastwagen, eventuell in Flugzeugen nach Ungarn schicken würde." [398]

Károly Peyer versuchte mehrere Male vergeblich, die Kapitäne der ungarischen Schiffe, die in Linz ankerten, zum Heimtransport seiner Kameraden zu bewegen. Nach diesem Misserfolg brach er selbst am 19. April mit einem PKW nach Budapest auf. Er wurde von Imre Bálint, András Ebergényi und Bertalan Papp-Koleszár begleitet. Bei Krems gab das

Auto den Geist auf. Peyer, der nur noch 49 Kilogramm wog und ständig mit Schwächenfällen zu kämpfen hatte, gelang es schließlich, per Schiff und Bahn Wien zu erreichen. Dort kümmerten sich Staatskanzler Karl Renner und Wiens Bürgermeister Theodor Körner persönlich um ihn. Auf einem Pferdewagen schlug er sich später bis Mosonszolnok durch und versuchte beim reformierten Pastor in Újrónafő wieder zu Kräften zu kommen. Am 30. Mai erreichte er endlich seine Budapester Wohnung, von wo ihn die Gestapo rund ein Jahr davor verschleppt hatte.[39] An diesem Tag informierte Papp- Koleszár bereits den Ministerpräsidenten Miklós Béla Dálnoki, und drängte ihn, die Gefangenen aus Mauthausen nach Hause holen zu lassen. Er hatte auch zahlreiche Briefe von befreiten Deportierten bei sich, die über die Redaktion der „Magyar Nemzet" weitergeleitet wurden.

In den Erklärungen Peyers vom Juni taucht ein Element auf, dass sich bei seinen heimgekehrten Mithäftlingen kaum zeigte: „Das liegt schon alles in der Vergangenheit, darüber werden wir nicht mehr sprechen." Diese erzählten von der Vorgeschichte, zogen Lehren und Schlussfolgerungen, schlossen sich der öffentlichen Diskussion an. Das war auch notwendig, denn in einigen Gebieten Ungarns – „jenseits von Szolnok", wie „Világ" berichtete – kümmerten sich die Behörden absolut nicht um jene ehemals Deportierten, denen es bereits gelungen war in die Heimat durchzuschlagen; diese Heimkehrer waren seelisch gebrochen, krank und ausgehungert. „Pfeilkreuzler-Möbel für die heimgekehrten Deportierten" forderte ein Journalist der „Világ"[400] und vergaß dabei jede Vorgeschichte, etwa die groß angelegten Enteignungen durch ungarische Behörden vor der Deportation. Das inzwischen gegründete „Amt für Volksfürsorge" („Népgondozó Hivatal") hatte Verhandlungen über den Heimtransport eingeleitet, die aber noch keinen Erfolg zeigten.

In der Hauptstadt gründeten die Journalisten den Verein „emigriert, deportiert, interniert" und wählten einen Vorstand. In der Hauptversammlung wurde verkündet, dass „es gelungen ist, für die deportierten Journalisten Baugründe zu erwirken". Parragi lehnte das „nationale Geschenk" selbstbewusst ab, obwohl seine finanzielle Lage, so wie die vieler hunderttausender Ungarn, äußerst trist war. Die organisierte „Verteilung" hielt er für eines der Charakteristika des vergangenen Systems. Seine Mauthausener Erlebnisse und Leiden seien nicht mit „Grundstücken, schnellen Karrieren, gewinnbringenden öffentlichen Posten oder Posten in der Wirtschaft wettzumachen. Mauthausen, die Deportation kann man nicht zu einer kalten Frage des Inkassos degradieren. Um mit den Worten eines Dichters zu sprechen, Mauthausen ‚bedeutet für uns den heiligen Schmerz' schrieb er. Die Schenkung von Grundstücken lehnte er öffentlich ab. Die Gestapo-Haft „kann keinen Profit bedeuten, denn dann ist der ‚heilige Schmerz' des Herzens nicht länger die Ruhe des Gewissens."[401] Inzwischen erreichten immer mehr kleinere und größere Gruppen Ungarn. In Budapest wurden sie mit siebensprachigen Plakaten zuerst in den 8. Bezirk, Szentkirályi utca, geleitet, in die dort eingerichtete „Empfangsstation". Man versuchte dort 700 durch Ungarn heimkehrende Ausländer zu versorgen.[402]

Der Vorstand der „Pester Israelitischen Glaubensgemeinschaft" („Pesti Izraelita Hitközség" – PIH) begann schon im März, sich mit der Organisation der Rückkehr der jüdischen ehemaligen Häftlinge zu beschäftigen. Mit Petitionen bei der ungarischen Regierung urgierte Béla Miklós den Heimtransport der Deportierten, ihre Versorgung während der Reise und die Vorbereitung der medizinischen Behandlung. Die Stadt Újpest (heute Teil von Budapest) schickte eine offizielle Delegation nach Auschwitz-Birkenau. István Béres, Pál Kirsch und Géza Tulla kehrten am 8. Mai zurück und berichteten, dass es ihrem Eindruck nach „in der Weltgeschichte keinen anderen Massenmord gibt, der auf so beispiellose Weise kaltblütig und methodisch durchgeführt wurde". Sie fotografierten die Gaskammern und die Ruinen der Krematorien und stellten aus dem Beweismaterial eine Ausstellung zusammen.[403]

Die Sorge und der Schmerz der Angehörigen der ungarischen Deportierten fand in der Öffentlichkeit erst wirklich Beachtung, als die Heimgekehrten über die bis dahin unbekannten SS-Lager erzählten. Die Kuriere des amerikanischen Joint Distribution Committee[404] brachten Nachricht von den fast 8.000 ungarischen Gefangenen des Lagers Theresienstadt, von den Leiden der „geschützten" Hundertschaften der Ende November 1944 deportierten Arbeitsdienstler und deren Tod.

Laut Pressemeldung brach eine erste Kommission unter der Leitung von Jenő Zetinger nach Österreich auf, um die aus Budapest und anderen ungarischen Städten verschleppten Ungarn aufzuspüren. Das Komitee erreichte zwar nur Wiener Neustadt, jedoch berichtete es tatsachengetreu über das unterwegs Erlebte und das im Frauenlager Lichtenwörth Gesehene. Lebensmittel, Ärzte und Medikamente wurde für die Heimkehrer gefordert, eine Hilfe zur Heimkehr für die Pester Frauen im Lager

Lichtenwörth, weil „man zu hunderten in Fetzen gehüllte fiebrige Menschen mit erfrorenen Füßen auf den Landstraßen taumeln sieht."[405] Am 28. Mai wurden 14 Waisenkinder aus einem Wiener Krankenhaus nach Budapest gebracht,[406] was großes Aufsehen erregte. Der Rechtsanwalt Dr. János Vázsonyi bekam am 10. Juni Nachricht über Lagerhaft und Tod seines Kampfgenossen im Widerstand, Albert Szent-Györgyi, sowie über die Misshandlungen und das Ableben von Andor Szentmiklóssy, Gesandter a. D. und ständiger Vertreter des ungarischen Außenministers in Dachau.[407] Die Leser von „Magyar Nemzet" erfuhren am 12. Juni 1945 von der Rückkehr Graf Antal Sigrays aus dem KLM; er zog sich in Iváncsa, Komitat Fejér, auf seinen Landsitz zurück. „Népszava" berichtete am 14. Juni, dass 64 Mädchen aus ihrer Lagerhaft in Auschwitz zurückgekehrt waren; sie waren eine Woche unterwegs gewesen, ehe sie am Budapester Keleti-Bahnhof ankamen.

Imre Bálint berichtete über das in Mauthausen Erlebte in der Zeitung „Világ", Károly Rátkai in der „Demokrácia"; Rátkai fasste die Erinnerungen seines Leides später im Buch „Két torony" („Zwei Türme") zusammen.

Ende Juni wurde immer öfter von Zügen mit Deportierten berichtet, die die Heimat erreichten. Die Ungarn hatten die Lage erkannt und gaben sich als Slowaken, Rumänen oder Jugoslawen aus, denn als Ungarn hätte man sie kaum in den Zug steigen lassen. Die Ungarn wurden, was ihren Heimtransport betraf, weiterhin vertröstet. Bis zum Ende des Monats kamen drei Züge aus Theresienstadt mit größtenteils jugoslawischen und rumänischen Deportierten nach Budapest zurück. Mit ihnen kehrte auch – aufgrund erfolgreicher Verhandlungen des Zionistischen Budapester Rettungsausschusses – ein Teil der Debreziner und Szegediner jüdischen Familien aus Strasshof an der Nordbahn (bei Wien) nach Ungarn zurück. Ihnen war „das Glück hold".

Mit dem zweiten Zug kehrte András Sebestyén, der ehemalige Direktor von der Zeitung „Az Est" („Am Abend") zurück, mit dem dritten der Journalist Endre György, der später viel über den Arbeitsdienst und seine Erlebnisse während der Deportation schrieb. Am 30. Mai kamen 200 Juden aus Mauthausen nach Budapest zurück. Auch der Schriftsteller Géza Hegedűs überlebte und schrieb später, so wie Endre Vészi, mehrere Bücher über das grausame Schicksal der Deportierten.

Der Schriftsteller, Poet und Übersetzer Zoltán Körmendi kehrte nicht mehr nach Hause zurück, der Novellist, Dichter und Übersetzer Andor

Endre Gelléri starb in Hörsching. Im Welser Militärlazarett fand der Lyriker Lajos Vándor 32-jährig den Tod. Die Überlebenden hatten während ihrer Heimreise weitere Prüfungen zu bestehen. Die meisten erreichten Budapest im Juni 1945. Bis zum 30. Juni wurden offiziell registriert:

bis 30. April	9.000
im Mai	12.758
im Juni	25.678
insgesamt	47.436 [404]

Am 26. Juni beschloss ein „Kreis der von der Gestapo Arretierten" („Gestapo Fogházviseltek Köre" – GFK) seine Statuten – Zweck dieses Vereins ist laut Statuten „der Zusammenschluss jener, die im Jahre 1944 von der deutschen Gestapo im 2. Bezirk Budapests, im Gefängnis Gyorskocsi utca gefangen gehalten wurden"; zum Generalsekretär wurde György Parragi gewählt. (Der Zeitpunkt der Gründung ist unbekannt. Der Vorstand hielt häufig Sitzungen ab, am 26. Mai fand bereits die vierte Sitzung statt.) Der GFK versuchte die Ungarn und Polen, die nach der deutschen Annexion von den deutschen Sicherheitsorganen aus politischen Gründen inhaftiert wurden, auszuforschen und in der Organisation zusammenzufassen. Und man begann damit die Namen der Ermordeten und Verstorbenen zu dokumentieren und offizielle Gedenkveranstaltungen zu unternehmen. Auf den Versammlungen wurden stets Reden zu Ehren von jeweils vier ehemaligen Kameraden gehalten. Zur gleichen Zeit wurde auch der „Kreis der im B-Pavillon Kistarcsa Arretierten" („A kistarcsai B pavillonban őrzött letartóztatottak köre") aktiv, der von Dr. Andor Ullmann geleitet wurde. Er kooperierte mit dem GFK, dessen Geschäftsführer Jenő Erdős war, doch vereinigte sich nicht mit diesem. Den zwei Kreisen gehörten am 26. Juni 526 ehemalige Gestapo-Häftlinge an. 495 waren ordentliche Mitglieder, davon 140 Frauen und 356, die in der Gyorskocsi utca inhaftiert gewesen waren.[409] Bis Ende Juni 1945 schlossen sich 81 Personen (65 Männer und 16 Frauen), die aus den Konzentrationslagern der SS heimgekehrt waren, dem GFK an. 19 waren aus Auschwitz-Birkenau, 30 aus anderen Lagern, 32 aus Mauthausen zurückgekehrt. Im Folgenden die Namen der ehemaligen Mauthausener Häftlinge:

Ervin Alberti	Géza Malasits
Dr. Rudolf Andorka	József Márton
Jenő Frenkel	Zsigmond Nyikos
Pál Friedmann	Dr. Sándor Országh
Árpád Gáspár	Dr. Frigyes Párkányi
György Gold	György Perlaki
Dr. Imre Györki	János Pogány
Dr. Miklós Halmi	Dr. Kálmán Rátz
Dr. Ármin Herzog	Imre Sásdi
Stanislaw Huda	Gyula Somogyváry
Dr. Elek Kertész	Károly Schwarcz
Dr. Zoltán Klár	Imre Steiner
József Litván	Dr. Antal Szapáry
Dr. Vilmos Lukács	Dr. Pál Szvatkó
Dr. Zoltán Lusztig	Dr. György Tenczer

Der GFK hatte seinen Sitz in Budapest – 5. Bezirk, Bajcsy-Zsilinszky u. – und reichte am 15. Juni eine schriftliche Vorlage beim Außenministerium ein. Man forderte die Herausgabe der Gestapo-Funktionäre vom Svábhegy und der Gyorskocsi utca (auch die Namen der ungarischen Spitzel der Gestapo wurden registriert – Anm. d. Autors), damit „die Genannten vom Budapester Volksgericht verurteilt werden könnten". Die Mitglieder des GFK, die Mitgliedsbeitrag zahlten, starteten eine Hilfsaktion – sie erhielten Lebensmittel vom Internationalen Roten Kreuz. Die Schauspielerinnen Kornélia Holitscher und Katalin Karády, stifteten für Bedürftige je 2.000 Pengő, „und betonten, dass sie wenn immer notwendig, weitere Summen zur Verfügung stellen würden".[41]

Von den 350 anwesenden Mitgliedern wurde am 26. Juni ein ordentlicher Vorstand gewählt, der den provisorischen geschäftsführenden Ausschuss ablöste: vom Ausschuss wurden Lipót Baranyai, Dr. Gyula Bencze, Jenő Erdős, Géza Malasits, Ferenc Nagy, Dr. Gyula Kornis und Dr. István Perényi, aus dem Kreis der Mitglieder Dr. Rudolf Andorka, Dr. József Antall, Lipót Baranyai, Dr. Gyula Bencze, der Geschäftsführer Jenő Erdős, Aurél Kern, Dr. Gyula Kornis, Géza Malasits, Ferenc Nagy, Bertalan Papp-Koleszár, Generalsekretär György Parragi, Dr. István Perényi, Károly Peyer, Dr. Károly Rassay, Antal Szakasits und Lajos Szentivány in den Vorstand gewählt. Ferenc Nagy, Mitglied der Kleinlandwirtepartei, Parlamentspräsident und Minister für Wiederaufbau, wurde später Obmann des GFK.

Der Autor des „Graubuchs", Dr. Iván Lajos, durfte damals noch im Radio sprechen. Nach einer Meldung von „Világ" nimmt er darin im Vorwort Stellung zu den plumpen Anschuldigungen der Kollaboration, die seit dem Jahr 1939 von Seiten der Russen gegen ihn erhoben wurden. Er sei von ehrlichen Absichten geleitet gewesen, schrieb „A Világ" anerkennend über seinen Mut und seine Standhaftigkeit.[411] Der ehemalige Häftling des KLM wurde aber erneut verdächtig. Sein Name stand irgendwo auf einer Liste, auf der der Sensenmann seine zukünftige Beute vermerkt hatte.

Die Nachgeschichte der Deportationen bis Ende 1945

Im Sommer 1945 setzte sich Sándor Millok, der zum Staatssekretär im Amt des Ministerpräsidenten aufgestiegen war, immer öfter für die Deportierten ein. In seinen Reden im Radio berichtete er ausführlich vom KL Mauthausen. Dabei sagt er, dass die ungarischen politischen Gefangenen „dem Abschaum der menschlichen Gesellschaft untergeordnet waren"(!). Er hatte großen Anteil daran, dass ab dem 5. Juli 1945 unter dem Titel „Nachrichten von den Verschleppten" („Hírek az elhurcoltakról") die Namenslisten des „Landesfürsorgekomitee der Deportierten" („Deportáltakat Gondozó Bizottság" – DEGOB), das am Bethlen tér 2 nahe des Budapester Keleti Bahnhofs tätig war, erscheinen konnten. Das Komitee kümmerte sich um die Heimkehrer aus den Konzentrationslagern und die ehemaligen Arbeitsdienstler.

In der ersten Publikation wurden die Namen von 4.500 Überlebenden aus 14 Lagern veröffentlicht. Es ist übrigens kaum bekannt, dass bereits im Jänner 1945 ehemalige Arbeitsdienstler in Debrecen ein „Informationswochenblatt" („Tudakozó Hetilap") und den „Flüchtlingsanzeiger" („Menekültek Értesítője") veröffentlicht hatten.[412] Darin sind auch Information über die Außenlager des KLM zu finden. Im ersten Heft waren die Personaldaten von 228 Ungarn, die Ebensee überlebten und von amerikanischen Ärzten untersucht worden waren, sowie von zwölf Ungarinnen und sieben Ungarn, die im Welser Krankenhaus ihrer Heimkehr harrten, abgedruckt. In beiden Fällen wusste man nur über das Schicksal weniger Häftlinge Bescheid, doch das bestimmende Motiv dieser Zusammenstellungen war die Schaffung von Gewissheit und Hoffnung.

In der Nummer vom 14. August findet man erstmals Hinweise darauf – Zoltán Berger, der am 15. Mai 1944 nach Auschwitz-Birkenau deportiert worden war, berichtet davon – dass ein Teil der von der Roten Armee befreiten ungarischen Häftlinge in sowjetische Kriegsgefangenschaft genommen wurde. Berger erzählte, dass sie unter deutscher Aufsicht aus dem geräumten Monowitz nach Gliwice im heutigen Polen gebracht und später mit der Bahn westwärts evakuiert wurden. Die sowjetischen Soldaten befreiten sie und mit ihrer Hilfe gelangten sie von Katowice nach Czstochowa. Dort gab es aber kein Weiterkommen mehr. Nach zwei Monaten, am 26. Mai 1945, wurden rund 850 Personen (mehr als die Hälfte waren Frauen) nach Sluzk in Weißrussland gebracht.[413] Im Lager Nr. 194 wurden sie „hervorragend versorgt, sie erhielten die gleiche Versorgung wie die russischen Soldaten im Hinterland, täglich 700 Gramm Brot" und anderes. Berger, der auf unbekanntem Weg nach Budapest zurückkehrte, meinte, dass „die Sluzker Gruppe noch im August nach Hause transportiert wird". Ob das wirklich geschehen ist, wissen wir nicht.

Die fünfte und letzte Nummer der „Nachrichten von den Verschleppten" erschien am 20. Oktober 1945. Nur zögernd entwickelten die ungarischen Behörden und Zivilorganisationen ein Konzept zum Heimtransport. Es wurde heftig diskutiert, doch die größten Probleme waren das allgemeine Elend und der Mangel an Mitteln, der mit dem Verlust des Krieges einherging. Sándor Millok sollte seine Reise nach Österreich, um über ein Abkommen zu verhandeln, wiederholen, da die vorhergehenden Verhandlungen erfolglos blieben. Aus dem Journal des erwähnten Sanitätszuges Nr. 1 ist ersichtlich, dass der Zugverkehr von den sowjetischen Eisenbahndienststellen abhängig war. Die Lokomotiven für die Züge, die die Heimkehrer nach Ungarn brachten, wurden für Tabak, Alkohol und andere gefragte Mangelwaren „gemietet".[414] Eine Gruppe von ungarischen Juden erhielt vom Mauthausener Stationsvorsteher, nachdem sie ihm mehrere Kilo amerikanischen Waschmittels geschenkt hatten, sechs Wagons, die an den Personenzug nach Wien angekoppelt wurden. Zu den immer wiederkehrenden Schwierigkeiten kam auch die wachsende Gleichgültigkeit hinzu. Deswegen musste unter anderem die Verantwortlichkeit der Gesellschaft wiederholt eingemahnt und die Hilfe besser koordiniert werden. An den Grenzübergängen im Westen und Norden Ungarns wurden Quartiere, Suppenküchen und fallweise Desinfektionsstationen eingerichtet. Die Aktivisten des amerikanischen Joint-Unterkomitees und des Internationalen Roten Kreuzes (IRK) halfen dabei. Noch im März wurden vom Roten Kreuz 2 Mio. Schweizer

Franken für Hilfsmaßnahmen zur Verfügung gestellt. Über die Verwendung des Geldes entschied der Leiter der ungarischen Delegation des IRK, Hans Weyermann.

Am 22. Juni wurden die Kräfte im Joint-Komitee, das auf 12 Mitglieder erweitert wurde, vereint. Unter der Präsidentschaft des Rechtsanwalts Dr. Frigyes Görög, einer angesehenen leitenden Persönlichkeit der jüdischen Gemeinschaft, nahm das „Nationale Jüdische Hilfskomitee" („Országos Zsidó Segítő Bizottság" – OZSSB) seine Arbeit auf. In diesem Hilfskomitee waren die wichtigsten ungarischen Glaubensgemeinschaften, die zionistischen Organisationen und ein Vertreter des Rabbinerrates vertreten. Das OZSSB beteiligte sich an der Rückholung der Überlebenden und versuchte die Leiden der Kranken, oft mit Depressionen kämpfenden Heimkehrer zu lindern. Es kümmerte sich um rund 5.000 jüdische Waisenkinder. Das oben erwähnte DEGOB, eine Agentur des OZSSB, leistete wichtigste soziale Betreuungs- und Informationsarbeit, die vom amerikanischen Joint finanziert wurde. Bis Ende April 1945 konnten nur 4,5 Prozent der heimgekehrten Deportierten ärztlich medizinisch werden. Dieser Prozentsatz wuchs von Mai bis Juli auf 26,9, später auf 40 Prozent. Danach stabilisierte sich die Registrierung und Versorgung der Heimkehrer.

Die Heimkehrer, die sich beim DEGOB meldeten, wurden von einem ärztlichen Ausschuss untersucht. Zunächst wurde auf dem Bethlen tér ein Notkrankenhaus eingerichtet, später ein zweites in einer angemieteten Pension in der Nádor utca. Zu Zeiten der Massenheimkehr stellte der Staat Schulgebäude in der Nyár utca, Dózsa György út, Ajtósi Dürer sor zur Verfügung. In der zentralen Ordination wurden die gemeldeten Heimkehrer wenn nötig desinfiziert, und anschließend ins Krankenhaus in der Szabolcs utca oder ins Notkrankenhaus, das in der Handelsschule in der Vas utca eingerichtet war, zu Fachärzten zur Nachbehandlung oder „Aufpäppelung" eingewiesen. In der Vas utca wurden vom Frühjahr 1945 bis zum Sommer 1946 täglich 300 bis 350 Kranke behandelt. Jene, die psychiatrischer Betreuung bedurften, wurden in Budapester Sanatorien untergebracht. Sie bekamen zusätzliche Verpflegung und finanzielle Hilfe.

Laut „Nachrichten von den Verschleppten" („Hírek az elhurcoltakról") vom 15. Juli 1945 wurden die bettlägrigen, aber nicht schwerkranken ehemaligen Deportierten von den Kreisärzten der DEGOB betreut. Sie bekamen in bestimmten Apotheken kostenlose Medikamente.

Jene, die an Erkrankungen des Bewegungsapparats litten, wurden auf Kosten der DEGOB in den Budapester Thermalbädern behandelt. Für die seelische Betreuung waren mehrere Rabbiner zuständig, die sich regelmäßig in den DEGOB-Krankenhäuser einfanden und Kranke auch zuhause aufsuchten. Zu den jüdischen Festen wurde auch überall Gottesdienste abgehalten.

Die meisten Heimkehrer, die einen DEGOB-Ausweis hatten, erhielten Lebensmittel und Kleidung, manche auch etwas Geld. 1945 wurde 96.273mal Geld ausbezahlt, im Gesamtwert von 15.402,60 Millionen (inflationären) Pengő, Kleider wurden in 18.354 Fällen verteilt. Zehntausende erhielten von der DEGOB am Bethlen tér Frühstück, Mittag- und Abendessen, die Zahl der verteilten Brotrationen erreichte 457.360.[415]

In der Zentrale der Organisation wurden Namenslisten zusammengestellt und ab 18. Juni Protokolle aufgenommen, die wichtige Informationen beinhalten und bis heute eine bedeutende historische Quelle zum Alltag der Deportierten darstellen. Bei der Aufnahme der Protokolle wurde nach einem einheitlichen System vorgegangen; rund dreißig Mitarbeiter notierten die persönlichen Berichte über die Ghettoisierung, die Deportation und das Lagerleben. Viele Überlebende erhielten über die am Bethlen tér aushängenden Listen, aus den DEGOB-Nachrichten von ihren Angehörigen Nachricht.

Wie aus in Haifa aufbewahrten Dokumenten hervorgeht, arbeiteten Ende 1945 beim ungarischen Zweig des amerikanischen Joint-Komitees 985 Personen, 595 davon in der Provinz. Insgesamt wurden 9,0 Millionen Schweizer Franken ausgegeben, in 210 jüdischen Gemeinden Lebensmittel, Medikamente und Geld verteilt. In Budapest betreute dieses Komitee 32 Kinderheime, am Land sechs.[416]

Die Lage der heimgekehrten Juden war trotz der zweifellosen Erfolge der Hilfsmaßnahmen weiterhin schwierig. Die Rückforderung ihrer Häuser und Wohnungen, ihrer Möbel und Einrichtungen verursachte viele Konflikte, da sich die meisten „neuen Mieter oder Besitzer" weigerten, diese zurückzuerstatten. Im ganzen Land trafen viele schuldige und unschuldige, beschuldigende und sich in Ausreden flüchtende Gemüter zusammen. Schon damals war die fungierende Gesellschaft nicht bereit, individuelles oder kollektives moralisches Verantwortungsgefühl zu zeigen, ja sie gab sich nicht einmal mit dem Gedanken daran ab. Auch kollektive Reue gab es nicht.

In der Slowakei wurde auf politischen Versammlungen gegen Ungarn agitiert, in Bratislava wurden Menschen ungarischer (und deutscher) Muttersprache scharf kritisiert. Die Zeitung des Slowakischen National-rats, „Narodna Obrada", griff sie wiederholt an. So war in der Ausgabe vom 26. Juli zu lesen, dass bezüglich der Juden die „politische Verläss-lichkeit" und die Untersuchung der politischen Auswirkungen „vor Ge-richt entscheidend" sei.

Ferner hieß es da, die Slowaken würden dagegen protestieren, dass die Juden „ihre ursprünglichen Rechte erhalten", und der Nationalrat sei der Meinung, dass „wenn sich jemand als Ungar be-kannte, er besser daran getan hätte, nicht heimzukommen".[417] Vielen Ju-den wurde der vorgeschriebene „Verlässlichkeitsausweis" verweigert und somit auch die finanzielle Entschädigung. In der Stadt Ipolyság (heute: Šahy, Slowakei) bekamen die Heimkehrer keine Gewerbebefugnis, sie durften kein Geschäft eröffnen. Sie fühlten sich wieder als Bürger zwei-ter Klasse.[418]

Die ungarischsprachigen Juden wären – nach slowakischer Auffas-sung – genauso zu bestrafen wie die (durch Lügen zu Kriegsverbrechern gestempelten) Ungarn. In Košice, Rimaszombat (heute: Rimavska So-bota, Slowakei) wurden mehrere Jüdinnen geschlagen, in Losonc (heute: Lučenec, Slowakei) wurde der jüdische Friedhof verwüstet. Die Presse be-zeichnete sie als „Blutegel" und im September brach im ehemals ungari-schen Nagytapolcsány (heute: Topoľčany, Slowakei) sogar ein Pogrom aus. Die ungerechten Ausweisungen wurden immer häufiger durchge-führt. Mehr als 200 jüdische Familien mit tschechoslowakischer Staatsbürgerschaft plünderte man aus und brachte sie mit etwas Gepäck an die ungarische Grenze.

All das wurzelte in der jüngsten Vergangenheit. In der Slowakei von Tiso wurde 1941 mit der Nr. 198 der so genannte Juden-Kodex verab-schiedet, der das schonungsloseste Rassengesetz im neuzeitlichen Europa war. Nach dem April 1945 setzte das neue „demokratische" Regime die Judenverfolgung praktisch fort. „Es gibt solche Juden, die frech, auf bru-tale Art und mit unverschämtem Auftreten ihren Besitz zurückfordern. Solches Verhalten wird ihnen sicher nicht zu gute kommen" Als etwas zu tun gewesen wäre – hieß es in der Verleumdung weiter – „nahmen sie am nationalen Widerstand nicht teil".[419]

Die offizielle antisemitische Haltung der Slowakei wurde in Buda-pest am 30. Juli von der „Magyar Nemzet" richtig bewertet. „Diese Stimmung wird von jenen Elementen geschürt, die dort jüdisches Ver-mögen durch Repressalien arisierten."[420] Aber auch in Ungarn und in der

Karpato-Ukraine, die 1945 an die Sowjetunion angeschlossen wurde, waren ähnliche Meinungen zu hören, die sich in neuerlicher Ausgrenzung der jüdischen Mitbürger und groben Verhalten gegen sie manifestierte. Das ehemalige „Judenlager" in Pozsonyligetfalu (heute: Petržalka, Stadtteil von Bratislava) wurde eines der Zentren der slowakischen Ungarnverfolgung. Die zur Ausweisung vorgesehenen, aus ihren Häusern und Wohnungen geworfenen ungarischen Familien wurden dort interniert. Gegen diese unmenschlichen Maßnahmen, die nicht zuletzt auch Gesetzesverletzungen waren, trat Graf János Esterházy auf, einer der leitenden Persönlichkeiten der ehemaligen „Ungarischen Einheitspartei" („Egyesült Magyar Párt"). Er hatte früher auch gegen die Judenverfolgung protestiert. Esterházy wandte sich mit einem Memorandum an Gustáv Husák, Kommissar für innere Angelegenheiten (der später Staatspräsident der ČSSR wurde), kehrte aber aus dem Innenministerium nicht mehr zurück. Er wurde verhaftet, in Moskau und Pressburg verurteilt, und starb im Frühjahr 1957 im Gefängnis von Mirov (Mähren).[421]

Die körperlich und seelisch gebrochenen Deportierten kehrten in Wellen nach Ungarn zurück. Ende Juli 1945 kamen 1.921 Personen von Thüringen her auf dem Budapester Nyugati-Bahnhof an. Sie waren zwei Wochen unterwegs gewesen und hatten zwei Wochen lang Hunger gelitten. Während der Reise starben nach Zeitungsberichten sechs Kinder. Fünf Tage lang stand die Garnitur in Budapest, so lange dauerte es, bis ausreichend Verpflegung aufgetrieben war, und die einzelnen Wagons an Züge gekoppelt werden konnten, die in Richtung Debrecen, Salgótarján und Szeged führen. In der „Magyar Nemzet" machte László Palásti die Behörden auf ihre Verpflichtungen aufmerksam: „Über die Bahnlinie aus Pressburg kommen täglich hungernde Flüchtlinge und Deportierte an; dieses Problem müsste mit behördlichen Maßnahmen gelöst werden."[422]

In Sachen Rücktransport holte auch der Staatssekretär für Inneres, Mihály Farkas Informationen ein. Dazu fuhr er im August nach Salzburg. In der Ausgabe der „Nachrichten von den Verschleppten" („Hírek az elhurcoltakról") vom 1. September berichtete er selbstsicher: „Nachdem ihre Abfertigung [an der Grenze, Anm. d. Autors] am einfachsten ist, werden wir zuerst die Deportierten nach Hause bringen. Ihre Repatriierung wird mit 15. September begonnen und wird innerhalb weniger Wochen abgeschlossen sein." Dieses Versprechen konnte er jedoch nicht halten.

Die meisten jener Ex-Deportierten, die sich inzwischen nach Hause durchschlagen konnten, mussten medizinisch betreut werden. Ab 5. August schloss sich auch das „Institut für Sozialversicherung" („Országos Társadalombiztosítási Intézet") ihrer Betreuung an. Es garantierte seinen früheren Versicherten eine dreiwöchige Heilbehandlung in seinen Sanatorien in Visegrád und Pesthidegkút. Eine solche organisierte „Aufpäppelung" wurde auch in der Försterschule Sopronbánfalva durchgeführt. Am 28. Juli wurde über Károly Rassays Heimkehr berichtet. Der Politiker und Herausgeber konnte sich glücklich schätzen, weil er nach seiner Haft in Mauthausen – infolge unbekannter Umstände – in Gesellschaft von Generalmajor Fomin, im Hauptquartier der sowjetischen Besatzung in Baden bei Wien gewesen war. Fomin entließ ihn mit vielen Glückwünschen nach Hause.[423]

Anfang August hielt sich ein Familienmitglied von Leó Budai Goldberger, einer der Größen der ungarischen Textilindustrie, in Mauthausen auf, um den Verstorbenen exhumieren und seine sterblichen Überreste nach Ungarn holen zu lassen. Budai Goldberger war das erste Mauthausener Opfer, das in der Heimat, am jüdischen Friedhof in der Kozma utca, bestattet wurde.

Und wieder stand man vor dem Dilemma, ob man sich nun erinnern oder besser vergessen sollte. Béla Bodó – ein Journalist, der Kőszeg, den Mauthausener und den Gunskirchener Todesmarsch überlebt hatte – beschäftige sich in einer Sonntagausgabe der Zeitung „Világ" mit dem Rat, den er von vielen seiner Bekannten und Freunde bekommen hatte: „Ich bitte Sie, Herr Redakteur, vergessen Sie doch das ganze." Bodós Antwort basierte auf seinen Erlebnissen in Gunskirchen und war kategorisch: „Ich kann nicht einmal das kleinste Detail vergessen. Ich kann die Ermordeten nicht vergessen und auch meine eigenen Leiden nicht, nicht die Qualen, die fürchterlichen Folterqualen."[424]

Nach öffentlichen Auftritten der „prominenten Politischen" wurden in einigen Arbeitsdienstlern Antipathien wach. Der ehemalige Häftlingssprecher der Baracke 14 kehrte Ende Juli zurück und gab bei der DEGOB zu Protokoll, dass „ich mit hunderten und aberhunderten Menschen gesprochen habe und ihre Leiden mit jenen verglichen habe, die gemeinsam mit mir im jüdischen Zeltlager hausten. Ich wage zu behaupten, dass es ihnen im Vergleich zu uns nicht schlecht ging". Das sinnlose Abwägen nahm noch absurdere Züge an: „Auch sie hungerten in den letzten Monaten, genauso wie wir. Doch sie ertrugen den Hunger leichter, weil sie körperlich und seelisch nicht in solchem Maße gebrochen waren, wie die abertausenden Arbeitsdienstler. [...] All die Pester Juden haben mehr gelitten als sie." Er kam zu dem Schluss, „wenn die ‚Politischen' über die Mauthausener Gräuel sprechen – und sie erzählen viel davon – berichten sie nicht von selbst Erlittenem, sondern davon, was sie gesehen haben".[425]

Die katholische Zeitung „Új Ember" berichtete ab 9. August in einer umfassenden Artikelserie über Mauthausen, basierend auf den Erinnerungen eines nicht genannten ungarischen politischen Häftlings. Der objektive Artikel im vertraulichen Ton endet mit dem Schlussfolgerung eines gläubigen Katholiken: „Im großen Kampf zwischen Gott und den Gottlosen, zwischen den Gefangenen und der Henkermeute haben wir gewonnen. Wir, die wir an der Seite Gottes kämpften."[426]

Mitte August wurde das erste Mal von den Prozessen gegen die Wachmannschaft des KLM berichtet. Gegen Rezső Reiter, einen ungarischstämmigen SS-Soldaten, begann die Polizeidirektion Buda-Umgebung, Material zu sammeln. Ein Aufruf erging auch an ehemalige Häftlinge.[427]

Seine Erlebnisse im Todeslager machte als erster Sándor Millok einer breiteren Öffentlichkeit bekannt. Am 23. August erschien sein Buch „Der Leidensweg von Budapest nach Mauthausen„ („A kínok útja Budapesttől Mauthausenig"). Eine Woche später erschien das Büchlein „Mauthausen" von György Parragi, später die kleinere Arbeit Manó Buchingers: „Der Schuldenberg der Gestapo-Banditen. Vierzehn Monate im Hitlers Konzentrationslager". Über einzelne KZ-Ereignisse wurde auch im so genannten „Gelben Buch", herausgegeben vom Zionistenverband, berichtet.[428]

Im Frühherbst warteten immer noch viele Ungarn auf ihre Angehörigen. Ihre Hoffnungen wurden auch von nicht überprüfbaren Meldungen in den Zeitungen aufrechterhalten. Sie berichteten zum Beispiel darüber, dass angeblich 70.000 aus Ungarn deportierte Kinder (zwischen ein- und fünfjährigen) in Schweden „aufgefunden" worden sein. Das ungarische Rote Kreuz schickte daraufhin Péter Matuska nach Schweden, der als erster ein Photoalbum von den Kindern zusammenstellen sollte. Nach Österreich wurde Pál Pogány geschickt, auch er sollte Deportierte ausfindig machen.[429]

Parragi führte gemeinsam mit dem hervorragend argumentierenden Miksa Fenyő den Kampf gegen den in Ungarn wiederauflebenden Antisemitismus. Im September wurde er von mehreren Landsleuten „Judenlakai" („zsidóbérenc") genannt. Er erhielt Unmengen von Briefen, die vor Hass, Böswilligkeit und Dummheit strotzten. Die persönlichen Beleidigungen waren für ihn uninteressant, die Verleumdungen und Drohungen hielt er für ungefährlich, jene Aussagen aber, in denen die Leiden der Deportierten gering geschätzt und die Zahl der Opfer relativiert wurden, waren seiner Meinung nach äußerst bedenklich und klar gegen die Nation gerichtet, antinational.

In der „Magyar Nemzet" schrieb er:

In Gedanken bitte ich in meinem und im Namen aller anständigen ungarischen Christen die heldenhaften Toten Mauthausens um Entschuldigung, die mit einem Psalm auf den Lippen sich in die Tiefen des Steinbruches stürzten, die in die Gaskammer taumelten, die zu Tausenden im Russenlager verhungerten. Und ich bitte auch die hiesigen Trauernden um Verzeihung und bitte sie, die Augen und Ohren vor den dreisten und blutigen Botschaften und Träumen aus der Unterwelt der Pfeilkreuzler zu verschließen. Sie sind nicht die Botschaften ungarischer Herzen.[430]

Angesichts des Wiederauflebens des Antisemitismus – der sich meist aus der Leugnung von Verantwortung und mangelndem Schuldbewusstsein nährte – sah sich die „Zivilorganisation der Ungarn israelitischen Glaubens", der „Bund Ungarischer Juden" („Magyar Zsidók Országos Szövetsége") zu Protesten gezwungen. Auf einer Sitzung des Verwaltungsausschusses verlieh man seiner Verwunderung darüber Ausdruck, dass einige heimische Politiker und politische Gruppen antisemitisch agitierten und baten die Regierung, einzugreifen. Auf derselben Sitzung wurden auch die Maßnahmen für die Deportierten erörtert; man forderte von Staatssekretär Millok rasches Handeln – ohne Erfolg. Die Nachrichten über Heimtransporte Deportierter wurden immer seltener.

Im Sommer 1945 lebten in den vier Besatzungszonen Österreichs neben 6 Millionen Österreichern 1,675.000 (27,5 Prozent) Deportierte, Flüchtlinge, Vertriebene und „Heimatlose"! Diese Menschen wurden von den Behörden in sieben Kategorien eingeteilt: Ehemalige Zwangsarbeiter / Zur Umsiedlung gezwungene „Volksdeutsche" / Verbliebene deutsche Beamte / Ehemalige Nazi-Funktionäre / Südtiroler / Beim Rückzug der deutschen Wehmacht nach Österreich geflüchtete Kollaborateure und ehemalige Kriegsgefangene / Kriegsflüchtlinge.[431] 20.000 bis 25.000 nichtdeutsche Juden hielten sich in der amerikanischen, britischen und französischen Zone, 1.500 bis 2.000 in der sowjetischen Zone und in Wien auf.[432]

In Oberösterreich befanden sich folgende größere Lager, die ungarische Deportierte aufgenommen hatten: In Asten (20 Kilometer von Linz entfernt), in Bad Ischl (zur Krankenpflege requirierte Hotels und Pensionen), im Linzer Stadtteil Bindermichl (Herbst 1945: 2.000 ehemalige Deportierte), in Braunau-Riedenburg (ehemalige Häftlinge der KZs im Norden), in Ebelsberg bei Linz (Camp Rosen David, Deportierte aus den aufgelösten Krankenlagern Bad Gastein und Bad Ischl), in Enns, in Haag-Hart bei Linz, in Münichholz, in Ranshofen und in Wels. Nach einem Bericht des IRK vom 8. Juni hielten sich in Hörsching 8.000 „in überwiegender Mehrheit ungarische Juden" auf. In Wels und Umgebung wusste man von 23 Krankenlagern, mit insgesamt 15.500 Ex-Häftlingen. Ferner wurde über 6.800 Häftlinge berichtet, die in vier Krankenhäusern gepflegt wurden.[433]

Mehrere schriftliche Dokumente erzählen vom Kampf der Ungarn um die Heimkehr aus Linz und Umgebung. In der ehemaligen Alpenjäger-Kaserne Wels hielten sich in der ersten Juniwoche 5.360 Deportierte auf. Mehrere „Schriftgelehrte" gaben ab 14. Juni eine vervielfältigte Lagerzeitung heraus.[434] Die Beiträge in fünf Ausgaben und einer Sondernummer vom 12. Juli sind durchwegs von der Sehnsucht nach der Heimkehr geprägt, außerdem wurde über Lagerleben, Genesung und Neubeginn berichtet.

Charakteristisch sind Aufrufe in Großbuchstaben am unteren Rand des Blattes: „Hüten wir uns vor jenen, die Horrormeldungen verbreiten! Hetzen wir einander nicht auf! Kameraden, auch der Führungsstab will nach Hause!" In der Ausgabe vom 20. Juni: „Sei geduldig mit deinen Kameraden! Wir alle haben schlechte Nerven! Denk nicht an unsere schlimme Vergangenheit, sondern an eine schönere Zukunft!"

Um die Verpflegung der Welser Lagerbewohner kümmerte sich die amerikanische Armee. (Im Juni gab es täglich 1.600 Kalorien pro Person, im Juli 2.000.) An den der vier Abteilungen des Lagerkrankenhauses (406 Betten) waren ungarische Ärzte tätig. Ende Mai starben täglich noch 40, im Juli „nur" noch ein bis zwei Personen. Unter der Leitung von Oberleutnant, Primarius Dr. Elek Szerdahelyi, versahen drei ungarische Militärärzte und 38 ungarische Honvéd-Soldaten ihren Dienst. Die Aufgabe Letzterer war es, die Kranken aus den aufgelassenen Lagern und Betrieben in Wels und Umgebung ins Krankenhaus zu bringen.

Die ungarischen Deportierten, die wieder zu Kräften gekommen waren, stellten eine Wandzeitung zusammen, Musiker und Schauspieler unterhielten die amerikanischen Soldaten. Die Künstler ernteten stets Ovationen. „Imre Halmai, den hervorragenden Parodisten, wollte man sozusagen nicht mehr von der Bühne lassen."[435] Iván Engel, der von den Schanzarbeiten in Balf deportiert wurde, gab einen denkwürdigen Klavierabend. Der ungarische Leiter des Lagers war Ignác Auspitz. Seine eifrige Tätigkeit wurde durch mehrere Arbeitsgruppen und eine Lagerordnung unterstützt, für die Aufrechterhaltung der Ordnung sorgte eine eigene Polizei, die sich aus ehemaligen Häftlingen zusammensetzte. Am 19. Juni 1945 konstituierte sich das „Oberösterreichische Komitee der deportierten Juden", um die Arbeit von Joint zu unterstützen und zu beschleunigen. Im Komitee wurde Ignác Auspitz die Koordination der Aufgaben bezüglich Verpflegung und Bekleidung übertragen. Rudolf Brechner war für das Gesundheitswesen zuständig, der heute weltberühmte Simon Wiesenthal für die zentrale Koordination, Fülöp Löw für Rechtsangelegenheiten und Auswanderung, Gusztáv Beck für Umschulung und Bildung, Karl Sussmann für die Kinderfürsorge. Verbindungsmann zwischen dem Komitee und dem Joint war György Brachfeld, der auch das Linzer Büro der ungarischen Juden leitete.

Die ehemaligen Mauthausener Häftlinge aus dem Krankenlager machten sich größtenteils Ende Juni, Anfang Juli auf den Weg nach Hause, nach Ungarn. Bis dahin hatte sich das Verhältnis der Häftlinge zu einigen amerikanischen Soldaten und Offizieren – die zu Gewalttätigkeiten neigten, es gab neben Bloßstellungen sogar Schläge und Haftstrafen – ziemlich verschlechtert. Auch mit der Verpflegung gab es Probleme. Allerdings hatte die amerikanische Armee damals allein im Bezirk Wels täglich 78.000 Menschen aus aller Herren Länder zu verpflegen. Die Heimkehrer erhielten Nudeln, Bohnen und Reis mit auf den Weg. In manchen Fällen wurden auch Kleider, Schuhe und Decken verteilt. Jeder erhielt einen mehrsprachigen Ausweis mit einem Fingerabdruck zur Identifizierung. Das Krankenlager war die Durchgangsstation für rund 12.000 ungarische Deportierte.[436]

Im Zeichen des Neubeginns gab es im Krankenlager drei Verlobungen (Irén Goldstein und Dezső Mendelssohn, Kató Nemes und Miklós Offer, Eszti Ganz und József Landesmann). Das Lager wurde am 12. August geschlossen, mehrere Rekonvaleszente kamen ins Krankenhaus, das in einem Gymnasium eingerichtet worden war.

Der weltliche Neubeginn blieb jedoch vielen ungarischen Juden verwehrt: Sie starben und wurden im katholischen Friedhof von Wels in einem separierten Massengrab bestattet. In den ersten Wochen nach der

Befreiung waren das annähernd 200, bis zum 12. Juli starben weitere 500 und wurden begraben. Die meisten erlagen in der ehemaligen Welser Alpenjäger-Kaserne ihren Krankheiten.[437] Auf dem Welser Friedhof ruhen insgesamt 1.032 ungarische Juden, die zwischen 2. Mai und 22. Oktober gestorben sind.

In Hörsching-Neubau wurde, wie in anderen ehemaligen KZs, eine Lagerzeitung herausgegeben, von der allerdings nur eine einzige Nummer erschien. Das vervielfältigte, von Miklós Szász redigierte Blatt trug das Datum 26. Juni 1945, hatte 16 Seiten und war mit der Schreibmaschine geschrieben. Es berichtete vor allem über das neuerliche Lagerleben. Den Amerikanern wurde herzlicher Dank ausgesprochen, anschließend beschwerte man sich jedoch fünf Seiten lang über die Enttäuschungen, die man erleben musste, über die neuerliche „Haft" statt der gebührenden Freiheit, über die mangelhafte Verpflegung („täglich Sojabohnen") und anderes mehr.

Da hieß es zu Beispiel:

All unsere Bitten, die Kost ein bisschen aufzubessern, waren vergebens, wir erhielten höchstens klingende Phrasen. Zum Beispiel, dass die Zivilbevölkerung noch weniger erhält als wir. Meine Herrn, das interessiert uns nicht. Die Zivilbevölkerung kam nicht bis aufs Skelett abgemagert aus Mauthausen oder Gunskirchen hierher.[438] *Weiter beanstandete man, dass man als „Ausrüstung" die Uniformen der verhassten Wehrmacht und der SS von den Amerikanern erhielt. Verbittert antwortete man, „wir geben mit Freude alles zurück, doch mögen sie uns doch endlich in unseren Fetzen nach Hause lassen [...] Lasst uns nach Hause!*

In den österreichischen Lagerzeitschriften der ungarischen Juden erschien in den Nachrichten, die man von der Linzer Kommandantur der Roten Armee erhielt, ein neuer Begriff, die „Aussiebung" („rostálás"). In einem Abkommen der Alliierten vom 9. Juli wurden die vier Besatzungszonen festgelegt. Im August 1945 gingen Linz/Urfahr, Gusen und Mauthausen an die Sowjets.

Laut einer offiziellen Verordnung mussten die Ungarn, um „strenge Kontrollen" durchführen zu können, vor dem amerikanisch-russischen Grenzübertritt gesondert versammelt werden. Die Redakteure verstanden den Grund der Verordnung und schrieben, dass „leider sehr viele sich ungesetzlicherweise in unsere Mitte geschmuggelt haben. Sie erhielten irgendwie das amerikanische Zertifikat, das bestätigt, dass die vorrückenden Truppen sie aus Mauthausen befreit hätten. Diese Herren waren vielleicht wirklich in Mauthausen, jedoch in SS-Uniform, und haben eigenhändig die fürchterliche Todesstatistik erhöht". Daraus ist zu schließen, dass sich einige von ihnen nun als Juden ausgaben. Deshalb befürworteten die Redakteure diese Verordnung: „Wir müssen deswegen die Maßnahmen der russischen Behörden mit der größten Freude und Beruhigung begrüßen."[439]

Doch die Realität sah anders aus. Sich auf neue Verteilungsstellen, Kontrollpunkte berufend, wurden die ehemaligen Häftlinge von den russischen Soldaten systematisch ausgeraubt – sie eigneten sich all die Sachen an, die ihnen gefielen. Im Journal des Sanitätszuges Nr. 1, der die Lichtenwörther Deportierten nach Hause brachte, wurde vermerkt, dass „in den Nachtstunden betrunkene russische Soldaten die Frauen belästigten und einer Frau sogar den Arm brachen".[440]

Andere waren noch schlimmer dran, weil die Kriegsgefangenentransporte von den russischen Patrouillen mit ehemaligen Deportierten zusammengelegt wurden. Mehrere Deportierte aus Mauthausen und Gunskirchen gerieten so in lange Kriegsgefangenschaft.[441] Über ihr Verschwinden legen die Spalten „Wer weiß von ihnen?" („Ki tud róla?") der 1947 und 1948 erschienenen verschiedener Zeitungen ein erschütterndes Zeugnis ab.

Auch ist vorgekommen, dass Wagons mit männlichen Deportierten abgckoppelt und nach Osten geschickt wurden. In der neuerlichen Gefangenschaft verschwanden viele für immer. Ende Juni leiteten die sowjetischen Militärbehörden große Gruppen jüdischer Mädchen und Frauen, die in Auschwitz-Birkenau, später in Hessisch-Lichtenau zur Arbeit gezwungen wurden, aus Wurzen an der Elbe nach Sagan, später nach Berdicsev um. Diese ukrainische Stadt liegt 140 Kilometer südwestlich von Kiew, im dortigen Lager harrten sie unter entsetzlichen Verhältnissen ihres Schicksals. Nachdem sie oftmals gebeten hatten, wurden sie Mitte Oktober freigelassen, am 22. erreichten ungefähr 300 von ihnen Ungarn.[442]

Judit Hruza wurde von den Amerikanern medizinisch versorgt; nachdem die Zonengrenzen endgültig festgelegt waren, wurde auch ihre ungarische Gruppe von den russischen Behörden übernommen. Die Veränderung brachte große Enttäuschung mit sich.

Wir begrüßten sie als neue Befreier, denn sie hatten uns versprochen, dass sie uns nach Hause bringen. Am folgenden Tag fragte ihr Befehlshaber uns freundlich, ob wir 12 Kilometer bis zum Bahnhof gehen könnten,

von wo sie uns nach Budapest transportieren werden. Die meisten bejahten voller Freude und schon eine Stunde später waren wir auf dem Weg Richtung Osten. Zugsgarnitur gab es keine. Weder an jenem noch am nächsten Tag. Wir mussten weiter marschieren, wieder ohne Unterkunft und Verpflegung, doch die Tatsache, dass wir Richtung Osten gingen, tröstete uns: Jeder Schritt brachte uns unserer Heimat näher. Es verbitterte uns, dass die Russen auf uns zu schießen begannen, wenn wir die Reihen verließen, um auf den Feldern der österreichischen Bauern einige Erdäpfel auszugraben. Sie behandelten uns wiederum wie Gefangene.
Nach mehreren Tagen Marsch erreichten sie St. Pölten, „wo unsere Marschkolonne die Richtung änderte. Der Befehl lautete, dass wir 50 Kilometer in Richtung Westen marschieren müssten, dort steht ein Zug für uns bereit. Mehrere weigerten sich umzukehren und gingen weiter nach Osten, woraufhin sie von den Soldaten niedergeschossen wurden."

Judit Hruza versteckte sich mit drei ihrer Schicksalsgenossinnen in einem Kukuruzfeld, sie erreichten schließlich unter ständiger Angst St. Pölten und schlugen sich nach Wien durch. Am 18. August erreichten sie Budapest. Ihr gefährliches und abenteuerliches Unterfangen rettete ihnen das Leben.

Ein paar Jahre später habe ich erfahren, dass unsere Gruppe schließlich wirklich einwagoniert wurde. In geschlossenen Viehwagen wurde sie über Ungarn in ein sibirisches Lager transportiert. Einige von ihnen überlebten und kehrten 1947 nach Hause zurück. Die meisten liegen in sibirischen Massengräbern.[443]

Jene Ungarn, die sich aus Deutschland bis an die ungarische Grenze durchgeschlagen hatten, wurden an den so genannten Untersuchungsstationen sogar gelegentlich von ihren Landsleuten ausgeplündert. Dies wurde „in offiziellem Rahmen" in Sopron zu Praxis. Schlussendlich wurde der befehlshabende Hauptmann verhaftet.[444]

Im „Todeslager" Mauthausen hielten sich noch bis zum Herbst des Jahres ehemalige Häftlinge, besonders ausländische, auf. Ein Teil der Polen wollte nicht nach Hause zurück und sonderte sich daher ab. Sie misstrauten – aus geschichtlichen und politischen Gründen – den Russen, und zogen in die amerikanische Zone. Schließlich wanderten sie hauptsächlich nach Kanada, Australien und Neuseeland aus. Die Unterbringung der sowjetischen Truppen, die jetzt Mauthausen belegten, ging schnell und ohne Probleme vor sich. Jedoch das dauerte nicht lange, denn die ehemaligen französischen Häftlinge protestierten dagegen, wollten sie doch eine Gedenkstätte aus dem Lager machen. Im Mai 1946 räumten die Sowjets die Anlagen auf dem Hügel.

Bis Ende 1945 gestaltete sich laut Erhebung der DEGOB die Zahl der nach Ungarn zurückgekehrten Überlebenden wie folgt:[445]

Juli	14.759
August	9.909
September	5.550
Oktober	2.859
November	1.131
Dezember	500
Gesamt	**34.708**

Im Laufe des Jahres 1945 kehrten nach inoffiziellen Aufzeichnungen 82.144 Überlebende heim.[446] 63.000 Personen davon waren aus heute ungarischem Gebiet deportiert worden, 51.000 davon waren jüdischen Glaubens. Ein weiterer Beweis des Völkermordes ist, dass 60 Prozent der nach Ungarn Heimkehrenden Frauen und 35 Prozent davon Männer waren. Die Kinder machten insgesamt 5 Prozent aus.[447] Das Regierungskomitee für die Heimführung wusste bis 15. November um die Rückkehr von „ca. 90.000" Deportierten.[448]

Eine genaue Zahl ist schon deswegen nicht vorhanden, weil die meisten der siebenbürgischen und karpato-ukrainischen Heimkehrer nicht über Budapest reisten. Außerdem ist es wahrscheinlich, dass es auch Budapester Deportierte gab, die genug von der Aufnahme in Listen und von Wohnungsregistrierung hatten.

In den letzten Monaten des Jahres berichtete die ungarische Presse vom Geständnis des Mauthausener Lagerkommandanten Franz Ziereis, das er vor seinem Tod abgelegt hatte, weiter von den Lagererlebnissen Péter Várnais, Parragis, Rátkais und der Konstitution eines Vereins ehemaliger jüdischer Arbeitsdienstler. Auch sind Berichte von der ersten Gruppe jener Überlebenden zu finden, die aus den deutschen Lagern direkt nach Palästina gingen. Unter ihnen befanden sich auch unzählige Ungarn.

Mitte November riefen der Jüdische Weltkongress und die Jewish Agency for Palestine in Budapest ein „Statistik- und Informationsbüro" ins Leben. Dieses Büro war praktisch ein Suchdienst, der über Listen der Heimkehrer und in einigen Fällen auch über genauere Informationen verfügte. Das DEGOB plante seine „erste, wirklich offizielle" Expedition nach Deutschland, deren Ziel der Heimtransport von 4.000 bis 5.000 ungarischer Juden war. Über ihren Erfolg sind keine Aufzeichnungen zu finden, obwohl diese Aktion die „Deportiertenfrage endlich zu lösen" versuchte. Am 19. November wandte sich der neue Ministerpräsident Tildy Zoltán in einer Radioansprache – sie duzend – an seine Landsleute, die noch fern der Heimat waren. Er setzte sich mit ihrer Lage einfühlsam auseinander und berief sich auf Schwierigkeiten beim Transport. Er verlautbarte, dass die neue ungarische Regierung „unter den vielen und schwierigen Aufgaben den Heimtransport der Kriegsgefangenen und Deportierten als erste und wichtigste Aufgabe betrachtet". Millok, der Regierungsbeauftragte für den Heimtransport, versprach, dass die Kontakte über die Büros des „Internationalen Roten Kreuzes" verbessert würden, und einmal wöchentlich die Landsleute im Ausland über Radio informiert würden.

Die Situation der Heimkehrer wurde Ende 1945 vom „Nationalen Büro der ungarischen Israeliten" („Magyar Izraeliták Országos Irodájának" – MIOI) der Tildy-Regierung beschrieben. Die heimgekehrten *100.000 ungarischen Deportierten, sind, wenn sie überleben wollen, auf die Volksküchen angewiesen oder zu illegalem Handel gezwungen: sie schachern, im besten Fallen betteln sie in den Volksküchen der jüdischen Hilfsorganisationen [...] Sie finden keinen Seelenfrieden und keiner findet seine Angehörigen [...] und sie können ihr Haupt nicht zur Ruhe betten: nicht in der eigenen Heimat und nicht im eigenen Haus! [...] Diese Massen müssen für die ungarische Gesellschaft gerettet werden, und man muss ihre Auswanderung unterstützen, die Auswanderung aus jener Heimat, die so gnadenlos mit ihnen umgegangen ist.* Laut Meinung des MIOI tat der ungarische Staat abgesehen von wenigen Almosen oder nicht exekutierten Erlässen nichts, um die ausgeplünderten, seelisch und körperlich zerstörten Juden zu entschädigen.[449] Die Verfasser dieser Mitteilung brachten nur die Realität zu Papier. Doch sie erwarteten vom Staat und der Regierung Unmögliches. Bekannte sich doch die ungarische – von der deutschen Besatzung meisterhaft kompromittierte – Gesellschaft nicht zur Judenverfolgung und deren Folgen bzw. zur Verantwortung für den Völkermord. In der öffentlichen Meinung war damals die Tragödie der Juden mit allen Folgen

der Kriegsniederlage verbunden, weiter mit dem Schicksal der Kriegsgefangenen, der Sorge um die größeren und kleineren Gemeinden, die zur
„Arbeit hinter der Front" verschleppt wurden, und die Ungarn, die neu-
erdings unschuldig aus ihrer Heimat in der damaligen Tschechoslowakei
vertrieben, ausgeplündert und ausgesiedelt wurden.

Ein Teil der Deportierten und Arbeitsdienstler kehrte nach Hause
zurück, ihre Leiden wurden öffentlich gemacht – die Tagespresse berichtete oft davon. Demgegenüber wussten die Angehörigen von den in
die Sowjetunion transportierten Kriegsgefangenen kaum etwas. Über
zehntausende Zivilpersonen, die in den Dörfern und Städten nach den
Kampfhandlungen unrechtmäßig verhaftet und in Viehwagons abtransportiert wurden, über die durch die sowjetischen Behörden Verhafteten
und von der Exekutive Verschleppten schwieg man. Im ungarischen
Meer des Schmerzes bedeutete die Pein, die Trauer, der Schaden der Juden nur einem Teil, weil „im Krieg ein jeder gelitten hat". Diese Floskel
wurde zur Binsenwahrheit.

Den Frühling 1945 erlebten viele Juden als die Befreiung von der
Verfolgung, als das Entkommen aus dem Schlund des Todes und viele
als ihre zweite Geburt. Im offiziellen Sprachgebrauch wurde das Wort
„Befreiung" gebraucht, doch der breiten ungarischen Massen brachte
diese „Befreiung", durch ihr Einhergehen mit militärischer Besatzung
Zwangsarbeit und viel Schmerz. Vielen bekamen zu spüren, was die Juden in den vorigen Jahren durchgemacht hatten.[450]

Vergeblich berichtete die Mitteilung des MIOI von der Härte des
Alltags. Im Land, das unter der grausamen Wiedergutmachung stöhnte,
das ausgeraubt und wieder besetzt wurde, blieb die Erschütterung der
Nation aus, so auch das erwartete Echo und Maßnahmen. Eine neue
Welle der Ausgrenzung, die „schwäbische Frage" kam aufs Tapet.

Die Ereignisse in Mauthausen waren noch allgegenwärtig. Sie wurden von Dr. Zoltán Klár bei seinen öffentlichen Auftritten immer wieder reflektiert, spielten im Gerichtsverfahren gegen das „deportierende
Trio" László Endre – László Baky – Endre Jaross immer wieder eine
Rolle. Der ehemalige Arzt der Baracke 6 im Krankenlager des Stammlagers übertrieb mehrere Male schamlos und machte vollkommen unver-
antwortliche Aussagen. So behauptete er zum Beispiel, dass 17.000 ungarische politische Häftlinge und jüdische Internierte seinen Block
durchwanderten, doch davon nur 48 am Leben blieben.[451] Er verfälschte
hemmungslos die Ereignisse während der Lagerhaft und verabsäumte es

auch nicht, bei seinen Zeugenaussagen seine Rolle publikumswirksam zu präsentieren. Bei seiner Anhörung in der Musikakademie entstand eine solche negative Stimmung, dass „aus dem Saal mehrere Zuhörer von den Polizisten abgeführt werden mussten".[452] Er fügte damit den Verschleppten und Ermordeten großen Schaden zu.

1946–1948

1946 befassten sich Károly Rátkai, László Palásti und György Parragi, der Mitarbeiter der „Magyar Nemzet" und Funktionär der Kleinlandwirtepartei, mit den ehemaligen Häftlingen und den Ereignissen in Mauthausen. Noch Ende 1945 schrieb Parragi über die letzten Wochen der Gefangenschaft des HNO-Professors Elemér Palásti Pollatschek.

Károly Rátkai befasste sich mit den im Februar 1945 von Auschwitz nach Mauthausen überstellten Häftlingen, deren Folterqualen und Kältetod. Er schrieb von den Leiden des Verlegers Simon Tolnai, über dessen Ermordung. Palásti berichtete von der Tragödie des Bankpräsidenten Marcell Madarassy-Beck. Von der langen Zugreise der Frauen und deren Ankunft in Mauthausen am 29. April 1945 informierte Dr. Éva Földes im „Képes Figyelő". Die Zeitungen berichteten weiter vom Begräbnis der Opfer des Frauenlagers Lichtenwörth bei Wiener Neustadt und vom Prozess gegen das Wachpersonal des Arbeitslagers Engerau (heute: Petržalka) bei Pressburg, der in Wien stattfand.[453] „Világ" schrieb von der Verhaftung des SS-Hauptsturmführers Viktor Zoller in Deutschland. Er war bis 1942 Ziereis' Adjutant in Mauthausen und bis Mai 1945 Verantwortlicher für die Außenlager gewesen.[454]

Natürlich blieb die haltlose Sensationsmache nicht aus, die unwahren Behauptungen, Gerüchte, die der Glaubwürdigkeit der Überlebenden des Völkermordes schadeten. Der Oberarzt Dr. Zoltán Klár trug am 21. Februar 1946 im „Szálasi-Prozess" vor, dass der „erste Budapester Judentransport", der am 8. Jänner 1945 Mauthausen erreichte, so in eine Baracke für 240 Mann gestopft wurde, dass man auf einer 87 cm breiten Pritsche zu siebt liegen musste: „drei Mann lagen längs, dann einer quer, und weitere zwei, und auf dieser der längs wieder fünf, sechs, eventuell sieben." Wegen der Not starben natürlich viele, „innerhalb von fünf Wochen 98 Prozent". Der Vorsitzende des Volksgerichtes hatte an der Absurdität der Aussage keine Zweifel.[455]

Dr. Klár hat laut eines Artikels in der „Demokrácia" vom 7. April 1946 „seine Memoiren verfasst. Das Werk erschien in New York, gleichzeitig in ungarischer, englischer und deutscher Sprache." Man berichtete weiter von „der Aufzeichnung der letzten Worte von agonisierenden Märtyrern". Der Autor der bis heute „unauffindbaren Memoiren" war nicht „der einzige am Leben gebliebn Arzt" des Russenlagers, nicht er „schloss die Augen von hunderttausenden seiner Schicksalsgenossen". Weiter ist es falsch, dass nur „insgesamt siebzehn" das Krankenlager überlebten. Auch ist frei erfunden, dass Ferenc Szálasi und siebzehn (!) Mitglieder seiner Pfeilkreuzler Regierung mit ihren Familien am 8. April 1945 ins KZ-Mauthausen kamen und im ehemaligen SS-Bordell übernachteten.[456]

Erstaunliches berichtete die Zeitung „Vilag": In Budapest gelangten die im Konzentrationslager Mauthausen „aus menschlichen Leichen gekochten Seifen mit der Aufschrift RJF (Rein Jüdisches Fett)" auf den Markt.[457] Diese wurden im Juli 1945 von Österreich nach Budapest gebracht und auf dem Markt verkauft. Von den zweitausend Stück, die importiert wurden, beschlagnahmte die wachsame Polizeiabteilung für Wirtschaftliches die tausend Stück, die sich noch auf Lager befanden. Eine chemische Analyse ergab, dass die Seifen „zweifellos neben der Mauthausener 'Todesfabrik' erzeugt wurden".

In dieser Angelegenheit trat auch das DEGOB auf – die teilweise auch aufgekauften Seifen sollten würdig bestattet werden. Im Frühjahr 1946 tauchte die „Seifenlegende" wieder auf, ohne dass gesagt wurde, dass zum KLM keinerlei Seifensiederei gehörte.

Ein weiteres haltloses Gerücht erschien in der „Vilagosság" vom 9. November 1946. Lambach, das in der Nähe von Wels liegt, wurde – man berief sich auf Meldungen aus Wien – als eines der Sammellager des KLM bezeichnet. Dort wurde „ein Massengrab der rund 20.000 ermordeten Häftlinge des Todeslagers entdeckt."[458]

Ein immer wiederkehrendes Motiv ist die Auffindung der vollständigen Mauthausener Häftlingsliste (z.B. in der Erklärung Milloks vom 18. Juni 1946 in der Zeitschrift „Vilagosság"). In den Spalten mit wichtigen Nachrichten der Zeitung „Haladás"[459] tauchte gegen Ende des Jahres auch ein „Mauthausener Totenbuch" auf. Zu jener Zeit wurden angeblich Namenslisten, Dokumentenmappen, Dokumentationen von externen Arbeitsbrigaden gefunden, Protokolle zu Exhumierungen angefertigt und Totenscheine ausgestellt, doch gibt es weder für diese Dokumente noch für den Fund einer vollständigen Häftlings- oder Totenliste aus der aktiven Zeit des KLM einen Nachweis.

Im März 1946 führte das Meinungsforschungsinstitut, das zur „ungarischen Nachrichtenagentur" („Magyar Távirati Iroda" – MTI) gehörte, eine Umfrage im Kreise der jüdischen Bevölkerung durch. Nur 12 Prozent der Befragten hatten bei der Judenverfolgung keinen Angehörigen verloren. Es war erstaunlich, dass 64 Prozent der ungarischen Juden, und 40 Prozent jener, die durch die Rassengesetze zu Juden erklärt worden waren, auswandern wollten, 10 bis 12 Prozent waren „unentschlossen".[460] Auf ihren Einfluss spielte der Minister für Volksfürsorge, Erik Molnár, an und umriss in seinem Vortrag von Anfang April die Zukunft: Die progressive Lösung der Judenfrage sei die völlige Assimilierung, diese wird „die Demokratie völlig zu Wege bringen". Den Zionismus bezeichnete er als reaktionär, auch wenn er sich dem Sozialismus verbunden fühlte.[461]

Der „Kreis der Gestapohäftlinge" („Gestapo Fogházviseltek Köre" – GFK) brachte in den ersten Monaten des Jahres seine Organisationsstrukturen in Ordnung. In den Amtsräumen des Geschäftsführers Direktor Jenő Erdős tagte regelmäßig der Vorstand. Wegen „ungeordneten Statuten" leitete die Abteilung für Staatsverwaltung der Budapester Ungarischen Staatspolizei (der Vorgänger der im Oktober gegründeten „Abteilung für Staatsschutz" – „Államvédelmi Osztály" – ÁVO[462]) „eine Untersuchung" ein. Auf der Mitgliederversammlung, die am zweiten Jahrestag der deutschen Annexion abgehalten wurde, waren mehr als 250 Mitglieder und auch ein Oberleutnant der Polizei anwesend.

Laut Meldung an den Leiter der Untersuchungsgruppe hatte der GFK damals 632 Mitglieder (451 Männer, 181 Frauen). Er unterstütze jene seiner Mitglieder, die von den Deutschen ausgeraubt und durch die Haft gebrochen waren. Bezüglich der Finanzen „werden die Mitglieder des GFK außer den hundert Joch, die von ihren requirierten Besitzen geblieben sind, weitere hundert Joch fordern, weiter, dass den Mitgliedern auch die enteigneten Wohnungen zurückgegeben werden, und die Befreiung vom Wehrdienst". Lehelné Hédervári schlug vor, die „Gestapohäftlinge und die heimgekehrten Deportierten an den von den Pfeilkreuzlern beschlagnahmten Vermögen Anteil haben zu lassen". In diesem Zusammenhang ist zu erwähnen, dass jene Grundbesitzer, die im nationalen Widerstand tätig gewesen waren, laut dem Landverteilungsgesetz und späteren Gesetzesnovellen 300 Joch ihres Besitzes, ab 1946 hundert bis zweihundert Joch ihres Besitzes behalten durften. Ihre Arbeit im Widerstand war nicht viel später plötzlich unbedeutend, und sie verloren auch den Rest ihres Grundbesitzes.[463]

Der Ermittlungsbeamte berichtete von der Versammlung weiter, dass auch eine demokratische Erziehung der Jugend besprochen wurde. Zu diesem Zweck wollte der Kreis einige seiner Mitglieder im Radio sprechen lassen, doch das wurde (aus unbekanntem Grund) nicht genehmigt. Bertalan Papp-Koleszár, der offizielle Sprecher der Sozialdemokratischen Partei, erklärte: „Die Reste des Faschismus müssen bis ins kleinste Detail entfernt werden". Károly Peyer setzte sich „im Interesse der Umgestaltung" auch für eine Erziehung der Jugend ein, „auf jeden Fall muss die Möglichkeit zum Unterricht via Radio geschaffen werden". In der „Sitzung, die ohne Vorfälle zu Ende ging" wurde beschlossen, im Sommer eine Gedenktafel für die im Hotel Melinda am Svábhegy und im Zuchthaus Gyorskocsi utca erlittenen Leiden zu enthüllen.[464]

Es gab auch Mauthausener Deportierte, die sich gegenseitig verklagten. Ein Budapester Juwelier leitete im April ein Verfahren wegen des miserablen Tauschgeschäfts – Armbanduhren gegen Lebensmittel – ein, das er damals im Lager mit fünf Mithäftlingen abgeschlossen hatte. Das Budapester Stadtgericht wies die Forderung nach Schadenersatz ab. „Ein Geschäft, das gegen die guten Sitten verstößt, ist vom Gesetze nicht geschützt" – lautete die Begründung.[465]

Im April wurde Generalleutnant i. R. Szilárd Bakay, der ebenfalls in Mauthausen war, entführt. Anderthalb Jahre zuvor wurde er vom Skorzeny-Kommando und von der Gestapo verschleppt, diesmal wurde er von „unbekannten Tätern" aus seiner Wohnung in Szombathely entführt. Von der Tat wurde erst fünf Tage später berichtet: Die Verbrecher „sind wahrscheinlich westliche [aus dem Zwangsexil, aus dem Westen – Anm. d. Autors] heimgekehrte Offiziere", die sich vor der offiziellen Anhörung Bakays „fürchteten". In Wirklichkeit entführten die Militärpolitische Abteilung Ungarns und die Sowjetischen Militärbehörden „aus Routine" den ehemaligen Kommandanten der „östlichen Besatzungsgruppe" („Keleti Megszálló Csoport"). Er wurde in Baden bei Wien von einem sowjetischen Militärgericht unter unbekannten Anschuldigungen zum Tode verurteilt. Erst 1991 wurde bekannt, dass man ihn im Geheimen am 17. März 1947 in Sopronkőhida exekutiert hatte.[46] Wo er begraben liegt, ist bis heute unbekannt.

Nach mehreren Verhören durch die Sowjetbehörden wurde am 18. Juni der 40-jährige Dr. Iván Lajos, Sektionsrat des Kultusministeriums, verhaftet. (Der Historiker hatte sich laut Gestapo zuschulden kommen lassen, dass er in seinem in mehreren Auflagen erschienenen Buch im Jahre 1939 (!) behauptet hatte, dass Hitler, wenn er einen Krieg anzettelte, mit Sicherheit auch verlieren werde. Er betonte, dass die deutsche Politik auch Absichten hegte, die sich mit den ungarischen Interessen nicht vereinbaren ließen.[467]) Das sowjetische Kriegsgericht verurteilte ihn am 14. Juni 1947 unter der falschen Anschuldigung der Spionage und Kollaboration mit den Engländern zu 15 Jahren Haft. Seine Leiden im Arbeitslager waren am 19. September 1949 in Karaganda zu Ende. Er starb im Krankenhaus von Tartagul. Am 19. Dezember 1997 wurde er von Moskau rehabilitiert.

Das „Nationale Jüdische Hilfskomitee" („Országos Zsidó Segítő Bizottság"), der „Nationale Ungarische Judenrat" („Magyar Zsidók Országos Tanácsa" – Mazot) stellte nach Aussagen von Familienmitgliedern eine Liste zusammen, auf der 8.617 ungarische Juden angeführt waren, die man in sowjetische Lager gebracht hatte.[468] Die meisten davon stammten aus Budapest. Die ausgefüllten Fragebögen, die in der Hauptstadt gesammelt wurden, gaben Zeugnis vom späteren Schicksal der Deportierten. Oft waren Sätze wie „Nach der Befreiung von den Russen verschleppt" oder „In Deutschland in sowjetische Kriegsgefangenschaft geraten" zu lesen.

Die Statistische Abteilung der ungarischen Vertretung des Jüdischen Weltkongresses (WJC) erhob im Mai 1946 die Zahl der überlebenden Juden. Die einzigartige Datensammlung wurde von Tamás Stark untersucht und nach mehreren Gesichtspunkten analysiert. Er ist überzeugt, dass sich viele Juden, wegen des noch frischen Traumas der Verfolgung, nicht erfassen ließen. Die Datenbank des WJC ist trotzdem für die Forschung bis heute eine Quelle von entscheidender Bedeutung.

Die wichtigsten Daten des ungarischen Judentums (bezugnehmend auf das heutige Staatsgebiet der Republik Ungarn) zwischen 1941 und 1946:[469]

Komitate, Städte mit Munizipalrecht	1941 Zahl der Juden*	Von Judengesetzen Betroffene**	1945 Aus der Deportation zurückgekehrt	1946 Zahl der Juden ****
Abaúj-Torna	3.322	3.371	367	575
Bács-Bodrog	954	1.016	287	367
Baranya	2.117	2.233	267	285
Békés	5.793	6.282	1559	2.224
Bihar	3.707	3.795	551	663
Borsod-Gömör	7.172	7.358	723	1.307
Csanád	2.908	3.041	1029	1.480
Csongrád	1.210	1.379	345	491
Fejér	2.358	2.653	282	275
Győr-Moson	1.551	1.684	118	218
Hajdú	6.101	6.224	1526	1.702
Heves	7.053	7.460	948	1.170
Jász-Nagykun-Szolnok	7.442	8.027	2.410	2.375
Komárom-Esztergom	3.299	3.404	856	390
Nógrád-Hont	5.323	5.573	772	858
Pest-Pilis-Solt-Kiskun	40.304	46.852	5.328	7.232
Somogy	5.852	6.593	786	1.033
Sopron	2.067	2.106	576	243
Szabolcs	24.205	24.608	3.964	4.509
Szatmár-Bereg	9.057	9.183	1.333	1.091
Tolna	5.385	5.732	815	1.062
Vas	6.334	7.049	763	1.017
Veszprém	5.615	5.979	642	931
Zala	6.334	7.030	2.347	1.016
Zemplén	10.998	11.118	1.161	1.656
Komitate gesamt	**176.461**	**189.749**	**29.755**	**34.170**

* Laut Volkszählung 1941

** Alajos Dolányi-Kovács: A keresztény vallású, de zsidó származású népesség a népszámlálás szerint [Christlich getaufte Bevölkerung jüdischer Abstammung gemäß Volkszählung]. In: Magyar Statisztikai Szemle [Ungarische Statistische Nachrichten] 4-5 (1944).

Komitate, Städte mit Munizipalrecht	1941 Zahl der Juden*	Von Judengesetzen Betroffene**	1945 Aus der Deportation zurückgekehrt	1946 Zahl der Juden****
Budapest	184.453	222.384	k.A.	96.500
Baja	1.378	1.527	378	400
Debrecen	9.142	9.727	5.116	4.640
Győr	4.688	5.185	700	950
Hódmez vásárhely	1.501	1.690	500	605
Kecskemét	1.346	1.520	100	405
Miskolc	10.428	10.923	300	2.353
Pécs	3.486	4.020	170	706
Sopron	1.861	2.022	210	274
Szeged	4.161	4.942	1.500	2.332
Székesfehérvár	2.075	2.324	1.000	289
Städte gesamt	224.519	266.264	9.974	109.454
GESAMT	400.980	456.013	39.729	143.624

Zu Beginn des Sommers 1946 setzte in den christlichen Kirchen die Selbstanalyse bezüglich der Judenverfolgung ein. Zuerst in vorsichtigen Äußerungen und später unter Betonung der Judenrettung nach der deutschen Annexion. Sándor Szentiványi, Vizebischof der Unitarier, hielt die Aufklärung gegen die wieder erstarkte antisemitische Propaganda für wichtig. Die Frage wurde in der Öffentlichkeit von vielen vereinfacht gestellt: Was haben die Führer der Kirche gegen die Verbreitung des Hitlerschen Dämonismus in Ungarn getan? Das reformierte Konzil war die erste Kircheninstitution, die in einem Ratsbeschluss anerkannte und auch verurteilte, dass sich die reformierte Kirche nicht mit vollem Mut an

*** Laut einer Blitzumfrage des Statistischen Zentralamtes vom Juni 1945. Quelle: Tájékoztató gyorsfelvétel a községek, városok közérdekű viszonyairól *[Umfrage über die öffentlichen Zustände der Gemeinden und Städte]*. In: Magyar Statisztikai Szemle 1-6 (1946).

**** Laut einer Erhebung der ungarischen Vertretung des Jüdischen Weltkongresses. Quelle: A Statisztikai Osztály Közleményei *[Berichte der statistischen Abteilung]* 2 (1946).

die Seite der Verfolgten gestellt hatte. Es wurde verfügt, dass die Gemeinden jedes Jahr einen Sühnegottesdienst zu zelebrieren hätten.

Károly Rátkai befasste sich in der Zeitung „Képes Figyelő" detailliert mit dem Verhalten der Kirchen und der Kirchenführer. Er meinte, dass einige Kirchenführer für die Etablierung des Szálasi-Regimes, die Ermordung eines großen Teils der Juden und den tragischen Zusammenbruch des Landes eine gewisse Verantwortung trügen. Er verneigte sich vor der moralischen Standhaftigkeit des Győrer Bischofs Vilmos Baron Apor, doch das Verhalten der Kirchenführer und deren fallweisen Protest hielt er für „unriskant". Er wusste von keinem, der sich der Flut des Hasses unter Einsatz seines Lebens entgegengestellt hätte. „Ich habe in Mauthausen allerlei Pfarrer gesehen, viele italienische, französische, tschechische, polnische, doch ungarischen habe ich keinen einzigen gesehen."[470]

In jener Zeit wurde György Parragi wegen seiner Reden, die er in der Provinz hielt, von der Zeitung „Szabad Nép" ständig angegriffen. Der Politiker der Kleinlandwirtepartei ließ sich aus der ungarischen Politik nicht verbannen, obwohl er wusste, dass die Zeitung ihn „ins Internierungslager und auch ins Gefängnis bringen" könnte. Man konnte die Wahrheiten und Erkenntnisse, die er im Konzentrationslager erlangte, in ihm nicht ausrotten. In einer seiner Antworten wies er auf die Gefahren der Diktatur hin und berief sich wiederum auf seine Lagererlebnisse. „Die ‚Demokratie' der ‚Szabad Nép' kann ein neues psychisches oder physisches Mauthausen schaffen, in diesem werde ich genauso bestehen mit unerschütterlichem Herzen und heiterer Seele, was es auch für mich bereithält, so wie in Mauthausen."[471]

Parragi wurde in der Zeitung „Szabadság" von Andor Gábor ebenfalls mit der antisemitischen Keule angegriffen: „Seine wunderschönen Mauthausener Sätze" drehte ihm sein Kollege – dem Geist der Zeit entsprechend – im Munde um, er nannte ihn einen Halbfaschist und einen überzeugungslosen Ganeff.[472]

Im Sommer schloss das DEGOB seine wertvolle Dokumentationsarbeit ab. Gut ein Jahr lang wurden 4.600 Protokolle mit ehemaligen Arbeitsdienstlern und Deportierten aufgenommen und dem Jüdischen Weltkongress übergeben. Außerdem überreichte man auch deren Auswertung, die Materialien über die Volksgerichtsprozesse, die in Verbindung mit dem Judentum standen und weitere Dokumente und Fotos zu den Ereignissen der Judenverfolgung in Ungarn. Die Dokumentationsabteilung des WJC fertigte bis März 1947 weitere 370 Protokolle an.[473]

Die einzigartigen Quellen wurden bei Volksgerichtsprozessen und bei der Ausforschung von Kriegsverbrechern benützt.

Sándor Millok, Regierungsbeauftragter für den Heimtransport, verhandelte wiederum in Wien. Als er von seiner Reise berichtete, betonte er, dass „eine seiner Absichten es war, der ungarnfeindlichen Agitation unter den Kriegsgefangenen, Deportierten und Flüchtlingen die wahre Situation gegenüberzustellen". In Klagenfurt hielt er eine Radioansprache über die Zustände in Ungarn. Auch bei der Verteilung der Hilfsgüter und in der Organisation der Heimkehr (hier ist bestimmt von Flüchtlingen und Kriegsgefangenen die Rede) erschienen die Abkassierer und Hyänen. Millok ließ Anfang August neun (!) illegale Organisationen auffliegen, genaueres ist aber unbekannt.[474]

Der Regierungsbeauftragte stellte sich entschlossen auf die Seite der Deportierten. Die Zahl der noch außerhalb Ungarns befindlichen Deportierten wagte er nicht einmal zu schätzen. Er nahm an, dass sich auf sowjetischem und polnischem Gebiet noch Personen befinden, von denen die offiziellen Stellen nichts wussten. Im September verurteilte er die Kirche, weil sie nicht entschieden gegen die „Barbarei des Antisemitismus" auftrat.[475]

Die Äußerungen in Ungarn – die fallweise ausgrenzend und hasserfüllt waren – waren weit von jenen nördlich der Donau entfernt. In Pressburg hetzten die „Partisanen" auf ihrem Kongress vom 2. bis 4. August und zum zweiten Jahrestag des Slowakischen Nationalaufstandes (29. August) auf Flugzetteln gegen Ungarn und gegen die heimgekehrten Juden, die „reichsten Feinde" des slowakischen Volkes und der tschechoslowakischen Republik. Ein Flugblatt das im Namen des „Nationalen Aufstandes", von den „Partisanen" herausgegeben wurde („Jetzt oder nie, hinaus mit den Juden!"), forderte „zum Schutz der Slowaken" auf, man sollte in Form eines landesweiten Pogroms Ordnung zu schaffen – „auch wenn es Judenleben kostet".

Der Aufruf der „Freiheitskämpfer" von Léva (heute: Levice/Slowakei) forderte die „Entjudung" der Stadt, ihre Vertreibung und ihre Verschiffung nach Palästina. Die 12 Punkte der Erklärung waren von penetrantem Hass durchdrungen. Eine „tragikomische" Tatsache ist, dass die Forderungen der „slowakischen Kämpfer" mit dem Motto „Tod dem Faschismus!" geschlossen wurden.[476] Die Slowakei, Hitlers treuer Untertan, flüchtete unter die Fahne des „Siegers" Tschechoslowakei, und die fanatischen Nationalisten stießen alle historischen Traditionen und internationales Recht über den Haufen und nützten zur kollektiven Entrechtung der ungarischen Minderheit alle nur erdenklichen Möglichkeiten aus. Im September befanden sich in drei Lagern bei Linz noch immer ungarische Deportierte. Sie bekamen vom Finanzminister Miklós Nyárádi 3.564 Schilling, die von Ignác Auspitz überbracht wurden, wahrscheinlich um die Heimreise finanzieren zu können. Im Lager Linz/Wegscheid wurden 150 Waisen, ehemalige deportierte ungarische Kinder betreut. Ihnen wurden zwei Lastwagen Lebensmittel geschickt.[477]

Am 4. Oktober 1946 verabschiedete die Nationalversammlung ein am 27. September eingebrachtes Gesetz zur Milderung der Auswirkungen der Verfolgung des ungarischen Judentums. (1946, XXV. Gesetzartikel). Ungarns Nationalversammlung gab feierlich bekannt, dass

die durch fremden Einfluss hervorgerufenen Verfügungen und Maßnahmen des verschwundenen Herrschaftssystems, die einen Teil der Landesbevölkerung wegen seines israelitischen Glaubens bzw. jüdischer Abstammung ihrer Rechte beraubten, sie in ihren menschlichen Würde erniedrigten und schließlich den Großteil von ihnen – hauptsächlich in ausländische Lager – zur Vernichtung führten: den ewigen Idealen der Menschheit widersprechen, der moralischen Überzeugung des ungarischen Volkes und des Geiste des ungarischen Rechtes. Die Nationalversammlung verurteilt diese Verfügungen und Maßnahmen in tiefer Verachtung.[478]

Das Gesetz drückte die Anerkennung und den Dank des Volkes gegenüber dem Widerstand und den Menschenrettern aus, „die der äußeren und inneren Einschüchterung tapfer trotzten, selbstlos und opferbereit sich an die Seite ihrer verfolgten Mitmenschen stellten und so viele tausend Menschenleben vor der Vernichtung retteten". Statt einer Wiedergutmachung wurde aus dem enteigneten jüdischen Besitz ein Fonds eingerichtet. Seiner Bestimmung nach sollte er den wegen ihres Judentums verfolgten und deshalb hilfsbedürftigen Personen bzw. Hilfsorganisationen zur Verfügung stehen.

Die Regierung setzte 1945 19, 1946 13 frühere „Judenverordnungen" aus. 1947 wurde bezüglich der Rückstellung jüdischer Güter und der Wiedergutmachung 11, 1948 4 Verordnungen herausgegeben. Die letzte Verordnung, 11.3110/1948, ist mit 9. Nov. 1948 datiert worden – „in der Angelegenheit der Rückgabe des Besitzes der heimgekehrten verfolgten jüdischen ungarischen Staatsbürger".[479]

In der Debatte um das Gesetz 1946, XXV. meldete sich auch György Parragi für die Kleinlandwirtepartei zu Wort. Der Redner der Sozialdemokratischen Partei, István Száva, meinte, dass die Gesetzgeber jetzt „einen Graben zwischen einem demokratischen Ungarn und den Regimes der letzten 25 Jahre ziehen". Er bewertete das Gesetz als Genugtuung für das ungarische Volk und die ungarische Demokratie.

Aus diesem Anlass führte Anna Kéthly, die Vizepräsidentin der Nationalversammlung, auf einer Sitzung des „Nationalen Gesellschaftsbundes der Ungarischen Juden" („Magyar Zsidók Országos Társadalmi Szövetsége") nach einem geschichtlichen Rückblick aus: „Wir können nicht einfach einen Schleier über unsere Vergangenheit breiten, denn diese Vergangenheit darf nicht vergessen werden".

Sie forderte das ungarische Judentum auf, sich auf das Schlachtfeld der Politik zu begeben und legte ein Bekenntnis zu einer verantwortlichen demokratischen Politik und den damit einhergehenden Opfern ab.[480]

Im Oktober wurde im Land das erste Mal von der Tätigkeit des österreichischen Schwarzen Kreuzes berichtet, das Kriegsgräber betreut. Die Mitarbeiter, die sich mit den Angelegenheiten der ehemaligen Deportierten befassten, gaben bekannt, dass geplant sei, den Opfern der Deportation im Gunskirchner Wald eine eigene Parzelle mit Grabsteinen zu errichten.[481] Über Tibor Wiener schickte man die Namen von 29 ungarischen Juden, die nach der Befreiung in Wels gestorben waren, dorthin.

Mitte des Monats empfing Parragi einen in ganz Europa durch seine literarischen Berichte bekannten italienischen Journalisten Alberto Sorrentini. Sie kamen schnell ins Gespräch, da sie doch beide jahrelang im KLM inhaftiert waren. Sorrentini erzählte, dass er bei seinen Reisen durch Nachkriegseuropa auch Mauthausen besichtigt hatte. Das Lager sei leer und auf den Plätzen zwischen den Baracken wächst das Gras. Nur der berüchtigte Mauthausener Wind streicht durch das halb geöffnete Tor – das einstige Lager der lebenden Toten und war zur Geisterstadt der Toten geworden. Sorrentini und Parragi sprachen auf dem Treffen auch davon, dass die „Mauthausener Erlebnisse" in ihnen noch immer lebendig seien. Parragi formulierte bestimmt und stellte klar „Mauthausen verpflichtet nicht nur dazu, politische und soziale Lehren zu ziehen, sondern auch dazu, gegen alle Überbleibsel des Faschismus zu kämpfen, gegen die Gewalt, den Parteiterror, den Zwang des Gewissens".[482] Die freie Gesellschaft der freien Menschen könne nur mit den Mitteln reiner Demokratie (das war das Parteiideal – Anm. d. Autors), und nicht mit aus dem Faschismus geborgten Methoden verwirklicht werden. Im Herbst 1946 glühten viele Funken der Hoffnung. Die Heimkehr der Deportierten war praktisch abgeschlossen. Im gleichen Jahr zogen noch viele Juden, die aus Osteuropa verschleppt worden waren, über Ungarn (sie wurden im Budapester Erzsébet-Heim des DEGOB untergebracht) in ihre Heimat, doch die Zahl der ungarischen Heimkehrer ging stark zurück. Nach erhaltenen Daten waren es bis September durchschnittlich nur mehr 132.[483]

Monat	Zahl der Heimkehrer
Jänner	166
Februar	108
März	102
April	84
Mai	116
Juni	161
Juli	201
August	93
September	156
Gesamt	1.187

Der Zusammenschluss der ehemaligen Gestapo-Häftlinge wurde auch weiterhin von der Staatsschutzabteilung beobachtet. Der Ermittlungsbeamte, Unterleutnant Boros, berichtete am 15. November, dass die Statuten des Kreises zur Begutachtung im Innenministerium seien. Deswegen werden keine Vereinstreffen abgehalten. Bestimmte Mitglieder und Vorstandsmitglieder trafen sich unregelmäßig.[484] Eine Belästigung und Einschüchterung durch die Behörden schien ständig stattzufinden, die Methoden können wir nur erahnen.

Mehrere Mauthausener Häftlinge wurden vor der Öffentlichkeit „entlarvt". Man schrieb vom Werdegang des von der neuen politischen Polizei internierten, früher der Erpressung von Juden und der Kollaboration beschuldigten István Szörtsey, dann in Zusammenhang mit dem Prozess gegen ihn vom Kriegsberichterstatter Vince Görgey, dem „blutmäuligen Kriegshetzer".[485] Sie waren negative Beispiele. Beide wurden der Gestapo unbequem, deswegen schickte man sie nach Mauthausen. (Görgey war nur auf „Durchreise". Die Deutschen holten ihn nach Budapest zurück, und er rief im Radio „bis zum letzten Durchzuhalten" auf.)

Im Frühherbst führte die Ungarische Kommunistische Partei einen scharfen innenpolitischen Kampf um die staatliche Lenkung von Produktion und Kapital, um die staatliche Kontrolle der Banken und des Außenhandels, „gegen die Wucherei der Kartelle und Banken" unter dem Motto „Hinaus mit dem Volksfeind aus der Koalition!" Die bürgerlichen Parteien, Persönlichkeiten des Finanzwesens und Führungspersonen der Industrie und des Handels wurden verleumdet und als „kapitalistische Reaktionäre" bezeichnet. Die Kompromittierung der Besitzer von Betrieben wurde zur behördlichen Aufgabe. Immer mehr Beratungen wurden abgehört, deren Inhalt und Zeitpunkt wurde „unter dem Aspekt staatspolitischer Gesichtspunkte" registriert. Ihre Handlungen wurden nicht aus wirtschaftlichen, sondern aus politischen Gründen verurteilt und behindert. Die Entstellungen und groben Verfälschungen nahmen am 29. Dezember in der Zeitung „Szabad Nép", im „Mahnartikel" mit dem Titel „Mauthausens Nimbus", eigenartige Formen an. Formal nahm die Diskussion den Artikel mit dem Titel „Kampf der Kategorisierung" auf, der in der Weihnachtsnummer der „Magyar Nemzet" erschienen war (in dem man die Wortwahl der „Szabad Nép" treffend mit der früherer rechtsextremer Blätter verglich). Dieser Vergleich konnte nur deswegen angestellt werden – schrieb Oszkár Betlen – weil das Kollektiv der Zeitung „mit der Rolle der durch den Faschismus Verfolgten kokettiert". Weiter stellte er – den Tatsachen entsprechend – fest, dass „nicht jeder ein antifaschistischer Held ist, der von den Deutschen eingesperrt oder deportiert wurde".

Der Angriff gegen die als „gekennzeichneten Demokraten" Titulierten, war schulmeisterlich und von einer dummen Überheblichkeit.

Einen Demokraten kennt man nicht daran, dass er in Mauthausen gewesen ist, sondern daran, dass er demokratisch ist. „Mauthausens Häftlinge" sind nicht die Helden der Demokratie. Viele haben ihren Vorsatz nicht eingehalten. Sie sind wieder geldgierig geworden, vielen ließen sich wieder von der Flut des Geldmachens mitreißen. In Mauthausen, Dachau schworen sie, dass sie in Zukunft die Arbeit schätzen, ein bescheidenes Leben führen würden.

„In den Lagern schlossen sie einen ewigen Bund mit den Kommunisten"(!), doch heimgekehrt „fanden sie in den Mauern ihres bürgerlichen Wohlstandes wiederum ihre antikommunistische Überzeugung. Sie erinnern sich an Mauthausen, doch vergessen Mauthausen. Die Macht des Kapitals wirkt stärker auf sie als Mauthausen".

Ihnen gegenüber sind die Kommunisten die personifizierte Gerechtigkeit. Laut Betlen beweist ihre Gerechtigkeit – genauso wie die Gerechtigkeit jedes echten Demokraten (!) – dass sie dem Wohlstand des

Volkes, der Freiheit und dem Fortschritt dienen. Ihrer Berufung nach sind sie die Feinde von all jenem, das diesen Fortschritt bedroht. „Deswegen bedürfen wir keines ‚falschen Mauthausennimbus'."[486]

Jene, die man in der Zeitung „Szabad Nép" ausgrenzte, wurde hauptsächlich wegen ihrer bürgerlichen, moralischen Haltung als Auszugrenzende betrachtet, die das vergangene System restaurieren wollten, sie waren die „Feinde der Volksdemokratie". Sie versuchten gar nicht zu leugnen, dass sie die Ideale und die Praxis einer bürgerlichen Gesellschaft schätzten. Und noch hielten sie sich. Sie argumentierten und protestierten nüchtern, solange es ihnen möglich war, arbeiteten sie gegen Methoden der nach der Macht strebenden Stalin-Jünger und Schergen, die alle Gesetze missachteten.

Die Ausgrenzung, die Frage, ob man den Tod von Hunderttausenden auf ewig bewahren oder vergessen solle, verzeihen könne, gehörte zu den täglichen Themen der Überlebenden. Das Durchlebte förderte den Zusammenhalt der Überlebenden. Die ehemaligen Arbeitsdienstler trafen sich in Gruppen, die ihre Kompanieeinteilung widerspiegelten. Sie erschienen dauernd auf den – oft lautstarken – Volksgerichtsprozessen, und waren Zeugen bei den Rechtfertigungsverfahren.

Sie gründeten – den früheren zionistischen Bestrebungen folgend – kleinere oder größere Unternehmen, andere Handwerksgenossenschaften, schufen gemeinsame Werkstätten. Die Literatur über die Leiden der Juden wurde immer umfangreicher, durch sie wurde der Arbeitsdienst, das Ghettoleben, die Deportation, die deutsche Zwangsarbeit genauso verewigt, wie Mauthausen oder Gunskirchen.

In Budapest erschien eine Namensliste der jüdischen Überlebenden, auf dem Lande jene der Märtyrer. Die ermordeten Verwandten, Freunde, Schicksalsgenossen wurden beweint, der Großteil der Gemeinde von vor März 1944. Es dauerte lange, bis man die meisten von ihnen für tot erklärte. An vielen Orten wurden die geschändeten Torarollen begraben, neben ihnen wurde Asche aus Auschwitz beigesetzt. Es wurden Gedenktafeln und Gedenkmauern voller Namen enthüllt, als sich schon viele Juden auf den Weg gemacht hatten. Aus mehreren Gründen entschieden sich viele für die Auswanderung, für ein neues nationales Zusammenleben. (Die ersten Gruppen der jüdischen Arbeitsdienstler und der Juden, die sich versteckt hielten, waren schon im November 1944 aus Nord-Siebenbürgen nach Constanţa aufgebrochen, wo sie ein Schiff Richtung Palästina bestiegen. Ihre genaue Zahl ist nicht überliefert.)

Die ehemaligen Deportierten trafen in ihrem Kampf um den Neubeginn häufig auf feindselige Gesinnung und berichteten, dass man sie sich
selbst überließ. Das Durchlebte hatte sich unauslöschlich in ihr Gehirn
gebrannt, so fühlten sie, dass sie im Schatten ihrer Toten leben würden.
Parragi sah die Lage klar und sprach auch in der Nationalversammlung
offen aus, dass „die ungarische Gesellschaft noch immer nicht jene
schrecklichen Verbrechen glauben will, die man in Auschwitz [...] an den
Juden beging".[487]

Diese Last wurde von Zehntausenden getragen, doch viele hoch gebildete, objektiv denkende Juden konnten sich nicht vom Gefühl der früheren Verfolgung und Brandmarkung befreien. Der Geist des Gesetzes
1946, XXV. setzte sich nicht durch, trotz mehrerer offizieller Stellungnahmen trat das Schweigen immer mehr in den Vordergrund. Im politischen Kampf, der sich immer mehr zuspitzte, wurde das Gewissen der
Gesellschaft in den Hintergrund gedrängt, selbst die geringsten Anzei-
chen von Reue und Aussöhnung verschwanden.

Die politischen Parteien verurteilten stets zu feierlichen Anlässen, bei
den pompösen Begräbnissen vieler hundert jüdischer Opfer, in lautstarken Reden deren Verfolgung.

Danach sprachen mehrere Vorsitzende von einer neuen Landnahme.
Sie unterstützen die Ausgrenzung der – meist als „Schwaben" apostro-
phierten – hunderttausenden Ungarndeutschen aktiv, auch deren Ent-
eignung und Vertreibung. Ein anderes Mal (besonders auf Wahlver-
anstaltungen und bei der Mitgliederwerbung) wurde offen oder durch
Andeutungen – inhaltlich eindeutig – gegen die „wieder nur Handel trei-
benden Parasiten", fallweise gegen die „sich rächenden" Juden gewettert.

Die Regierung von Ferenc Nagy verfolgte in obigen Angelegenheiten
eine „maßgebliche" Politik. Im Interesse des Erhalts der nationalen Einheit und deren Festigung hüteten sich die Minister davor, in den Verdacht zu geraten, „auf der Seite der Juden" zu stehen. Deswegen verzögerte sich die rechtmäßige Entschädigung der Juden, andererseits achteten sie darauf dem wiederauflebenden Antisemitismus keinen fruchtba-
ren Boden zu bereiten. Meist war für sie eine „gutmütige Neutralität" be-
stimmend.

Das Phänomen „wir haben keine Heimat, keine Bleibe mehr" wurde,
genauso wie die (zum größten Teil umgehend vertuschten) Pogrome in
Sajószentpéter, Tótkomlós, Kunmadaras, Miskolc, in den Medien diskutiert. Die Entscheidung vieler Juden wurde von einer möglichen völligen

Befreiung der tragischen Folgen der „Lösung der ungarischen Judenfrage" und deren neuere Erscheinungen motiviert. Die zionistischen Bewegungen boten besonders für jene, die sich in ihrem jüdischen Bewusstsein stark fühlten, eine Alternative, eine rasche Lösung.

In der Umgebung von Budapest und auf dem Land gab es ungefähr 28.000 Zionisten (18.000 Erwachsene, 10.000 in den Jugendbewegungen).[488] Diese errichteten mehrere Dutzend Umschulungslager, in den die Auswanderungswilligen vorbereitet wurden. Besonders die zionistischen Jugendlichen, die von – linken, rechten, fundamentalistischen – Organisationen angeworben wurden und auch die Waisenkinder brachen in großen Gruppen legal oder illegal nach Palästina auf. Ihr Ideal war Eretz Israel, der israelische Staat, der im Entstehen war. Ein Teil der Älteren wollte in die USA oder nach Kanada auswandern. Laut der wahrscheinlich übertrieben Zahlen eines Memorandums, das im März verfasst wurde, würden 63.500 ungarische Juden nach Palästina, 45.000 in andere Länder ausreisen wollen. Später wurden die Auswanderungswilligen mit insgesamt 50.000 bis 70.000 angegeben.[489] Verlässliche Daten sind nicht erhalten geblieben. Jene, die die geheime Auswanderung organisierten, gaben die Zahl der bis Ende 1946 von Ungarn nach Palästina Ausgewanderten mit 15.000 bis 18.000 an.[490]

Im Jahre 1945 erwarteten sich viele Juden von der kommunistischen Partei (MKP) eine neue Welt, die Verwirklichung ihrer Ideen und eine gesellschaftliche Genugtuung. (Die Teilnahme in sowohl der kommunistischen, als auch der zionistischen Bewegung war damals akzeptiert.) In den verschiedenen Staatssicherheitsorganen versahen ehemalige Arbeitsdienstler und zionistische Widerstandskämpfer Dienst. Sie hofften durch diese Beziehungen, Einfluss auf die Kommunisten ausüben zu können. Wenn die jüdische Jugend aktiv die MKP unterstützt, würden deren Führer mit Sicherheit die Tätigkeit der Zionisten anerkennen und eine legale Auswanderung ermöglichen.

Sie mussten sich ihnen in ihrer Hoffnung anschließen. Ihr früherer (gemeinsam mit den kommunistischen Gruppen geführter) Widerstandskampf wurde nicht geschätzt, genauso wenig wie die neuere Zusammenarbeit im Interesse jüdischer Ziele. Rafael Friedl, der trotz des Pfeilkreuzlerterrors sehr aktiv gewesen war, schrieb:

Plötzlich existierte offiziell keine Judenfrage mehr. Es wurde ausschließlich vom Kampf der ungarischen Demokratie und den Opfern des ungarischen Volkes gesprochen. Es war ein Gefühl des Schmerzes, einer tiefen

Beleidigung, weil wir zumindest unbewusst hofften, dass man uns entgegenkommt, entschädigt, wir erhofften irgendein großes, feierliches Ereignis. Wenn Europa die vielen Millionen Märtyrer unseres Volkes betrauert, dann können wir, die wir überlebt haben, eine Art Sicherheit schöpfen, auf eine andere Zukunft hoffen. Stattdessen standen wir vor einer nahezu unverständlichen Situation, wir wurden auch noch des Rechtes beraubt, Opfer gebracht zu haben, geopfert worden zu sein. [...] Und auch die Zahlen schwiegen, sie verdeckten die Wege des Leides.[491]

Viele der Überlebenden waren bestürzt, dass sie zufällig überlebt hatten, denn auch sie hätten sterben müssen. In unzähligen Geschichten beschrieben sie ihre Leiden, doch die Geschichten der Toten konnten sie nicht erzählen. Das Wort „Jude" wurde durch den „Verfolgten" ersetzt und allgemein gebräuchlich wurde die Phrase „nicht zurückgekehrt". In diesen zwei Worten war enthalten, dass der Vater, die Mutter, die Geschwister ermordet wurden, alle Verwandten umgebracht und im Krematorium verbrannt wurden. Diese Umschreibung der Geschehnisse brachte eine seelische Erleichterung, der unverständliche Verlust, der Schmerz wurde durch diesen Wortgebrauch gelindert. Damit ging einher, dass jene, die im Arbeitsdienst, auf fernen Schlachtfeldern Verschwundenen, in Auschwitz-Birkenau oder anderen Lagern Ermordeten – nicht wirklich wie Tote behandelt wurden. Das Datum ihres Todes war unbekannt, und meist konnte man ihnen nicht einmal ein Grabmal errichten. Viele hofften noch im Stillen, hofften, dass der eine oder andere Angehörige doch überlebt hätte und irgendwann heimkehren würde.[492]

Andere wollte über die Gräuel der Verfolgung hinwegkommen, indem sie ihre Namen änderten und auch von ihrer Religion abließen. Das erzwungene Vergessen war eine Maßnahme, um ihre erfolglose Assimilation vor dem Krieg zu überwinden und mit der Vergangenheit völlig zu brechen. Nicht wenige wollten keine Juden mehr sein. Aus ihrer Erinnerung wollten sie alles Frühere verbannen, auch die Tatsache, dass sie Juden sind.[493] Ein Teil von ihnen fand in der kommunistischen Ideologie einen neuen Ausgangspunkt zur Assimilation, fand Integrationsmöglichkeiten in der Partei. Nach der unermesslichen Demütigung und Lebensgefahr akzeptierten sie das Bild von einer neuen, verheißungsvollen Zukunft gerne. Sie dachten, wenn sie sich zur Ideologie der Kommunisten bekehren, ist es vorbei mit der Diskriminierung, was damals fast als Himmel auf Erden erschien. Die Mitgliedschaft konnte eine neue Identität bedeuten und half, die früheren Ängste zu verdrängen.

Ein Teil der Juden, die sich der KP Ungarns angeschlossen hatten, war in einer klar abgegrenzten Gruppe in der Parteimaschinerie organisiert und arbeitete meist im Gewaltapparat der Partei. Im Schatten der Staatsmacht eröffnete sich die Möglichkeit der offiziellen –und der Polizeigewalt. Und nicht zufällig waren unter ihnen solche Personen, die sich fanatisch für Erlittenes rächen wollten.

Ihr Jüdischsein verschwiegen sie – unter großen inneren Konflikten – ihren nach dem Krieg geborenen Kindern. Diese wussten meist wenig oder gar nichts über die Vergangenheit ihren Eltern und Vorfahren. So verhielten sie sich auch in ihrer neuen Umgebung. Mit der Annahme eines ungarischen Namens bestärkten sie diesen Bruch mit der Vergangenheit noch.

Károly Rátkai reagierte auf die Ängste und neuen Mühen der Deportierten sensibel und offen. Gleichzeitig beunruhigte er die in Sachen Deportation früher irgendwie kompromittierten Personen und trat gegen die passiven Beobachter auf, die sich dem ständig wachsenden „Anspruch nach dem Vergessen" anschlossen.

Von sehr vielen wurde mir lautstark mitgeteilt, dass sie genug hätten von Mauthausen und der dauernden Erwähnung von den Krematorien [...] Doch wer hat genug davon? In erster Linie die Stammmannschaften, jene, die jüdische Geschäfte und Wohnungen plünderten, und all jene, deren ungetrübten Träume durch die Aussagen von diesem oder jenem Heimkehrer gestört werden.[494]

Er versicherte, dass die Demokratie die furchtbaren Experimente der Vergangenheit ausmerzen würde, und ersuchte die Juden, trotz der Leiden und Demütigungen treue Söhne der Heimat zu sein.

Die Erfüllung dieser Bitte war keineswegs einfach. Die Angriffe gegen die Wohlhabenden setzten sich fort. Die sich herausbildende oder durch den entschlossenen Neubeginn geschaffene bürgerliche Existenz war wieder in Gefahr. Währenddessen verschlechterte sich die öffentliche Meinung über die „Schutzhäftlinge" des KLM, die „Beurteilung" der Gefangenen der deutschen Sicherheitsdienste im Frühjahr 1947 zusehends.

Anfang April publizierte man in der Zeitung „Szabadság" unter dem Titel „Ich stoße auf die SS-Soldaten an" über „schmuckbehangene Damen und die Überheblichkeit des Wohlstandes verströmende Herren" einen Bericht über des Treffen des „Kreises der Geisel von Kistarcsa„ („Kistarcsai Túszok Köre" – KTK) und des „Kreises der Gestapohäftlinge"

(„Gestapo Fogházviseltek Köre"). „Vor nicht ganz drei Jahren drängelten sie sich, gequält und zitternd [...] und warteten mit dem rostigen Blechnapf in ihren Händen, um einen Löffel Suppe und Eintopf zum Mittagessen zu bekommen". Seit ihrer Befreiung pflegen sie sich zu Beginn jedes Monats im Kaffeehaus zu treffen, weil sie „ihre frühere Vormachtsstellung auch im System, das im Geiste der Demokratie geführt wird, erhalten konnten".

Obmann Aladár Erdős (richtiger Name: Jenő Erdős), hatte – folgt man dem Bericht – unter anderem auf einen SS-Soldaten das Glas erhoben, der aus der Gyorskocsi utca einen Brief geschmuggelt hatte, in dem man um die Rettung der ungarischen Gefangenen bat. (Dieser Brief soll hundert ungarische Geisel durch eine Verfügung des Kabinettbüros Horthy im Herbst 1944 vor dem Abtransport nach Deutschland gerettet haben.) Der Rechtsanwalt Dr. Gyula Barta berichtete jedoch davon, dass „das erste Wort des Dankes einzig und allein der befreienden Roten Armee gelten könnte." Es entfaltete sich ein unerwünschter Streit über die Fragen der westlichen und der östlichen Demokratie.

Nachdem über die Zugehörigkeit Ungarns kein Zweifel bestand, blickte Andor Ullmann, der Obmann des KTK „dem vorherigen Redner tief in die Augen". Der Journalist, dessen Artikel mit I.I. gezeichnet war, meinte auch zu wissen, dass viele ehemalige Gestapo-Häftlinge sich auch weiterhin absondern, und auch die „Organisatoren darauf achteten, dass sich keine minderer Begüterten unter die illustren Gäste mischten". Ihr Benehmen missfällt, weil sie auch zum dritten Jahrestag ihrer Verschleppung genau wissen, wo sie stehen, wohin sie gehören. Der Artikel, der die „befremdendsten Wortmeldungen des Festmahles" behandelte, schloss mit kommunistischer Scharfsicht: „Zum Glück nährt die Demokratie keine Illusionen bezüglich dieser Stellungnahmen."495

Die Gruppe emigrierter, deportierter und internierter ungarischer Journalisten unter dem Obmann Jenő Nádor, Geschäftsführer Aurél Föld und Generalsekretär Sándor Mester war damals noch aktiv. Am neunköpfigen Verwaltungsausschuss nahmen auch vier ehemalige Mauthausenhäftlinge teil: Imre Bálint, Károly Rátkai, Sándor Millok und György Parragi. Sándor Mester stellte den Band „Die Märtyrer der Feder" zusammen und gab ihn auch mit den Mauthausen-Berichten dieser vier heraus. Man gedachte der ermordeten Kollegen – mehr als die Hälfte der Journalisten, die aus der Pressekammer ausgeschlossen worden waren, ereilte dieses Schicksal – als edle Geste wurde deren Witwen und Waisen zu geschützten Mitgliedern der Gruppe ernannt. Im Jahre 1947 hatte die Gruppe 89 ordentliche Mitglieder.

Am 20. Mai veröffentlichte das Wochenblatt „Képes Figyelő" Namen und eine Liste von sowjetischen Gefangenenlagern. Der Bericht brachte Tatsachen ans Licht, die verborgen geblieben waren oder verheimlicht wurden; er trug den Titel „10.000 deportierte Ungarinnen wurden in sowjetischen Spitälern gerettet". Der Artikel, der wahrscheinlich ein Teil der Wahlkampagne war, berichtete, dass sich in der Sowjetunion noch ungarische Deportierte aufhielten. Laut einer Heimgekehrten ginge es ihnen gut, sie arbeiteten freiwillig, und nur für ihre Genesung und Pflege hat man sie in die entferntesten Gegenden gebracht.

Ignác Auspitz arbeitete auch weiterhin in Linz (er war nach dem Alpenjäger-Lager Befehlshaber von Wels-Lichtenegg, dann des Lagers Linz-Bindermichl), er betrieb ein Büro, das die Deportierten registrierte. Die Daten wurden von Dr. Lajos Frank, dem Linzer Kommissär des IRK, weitergeleitet. Mehrere Freiwillige arbeiteten diese unter Dr. Tibor Forray auf. So war es möglich, dass das Linzer Radio vom Sommer 1946 an, jeden Mittwochvormittag in Ungarisch von neuen Erkenntnissen bezüglich der ungarischen Häftlinge des KLM berichten konnte. Der Moderator dieser Sendung war Gyula Bedi. Auspitz ließ schon 1945 in einer Parzelle des Welser Friedhofes Grabhölzer errichten und eine Karte des Friedhofes zeichnen. Am 17. November 1946 ließ er im Gunskirchner Wald zwei Gedenksteine aufstellen und nach weiteren Massengräbern suchen.[496]

Ab April 1947 ging Auspitz mit Tibor Wiener die gesamte Strecke zwischen Mauthausen und Gunskirchen ab, und suchte nach Opfern der Todesmärsche. In Enns fanden sie zwei Massengräber, im einen waren 60, im zweiten 28 Ungarn verscharrt. In Asten fanden sie ein Grab mit 8, einen Kilometer von St. Florian eines mit 101 Leichen. Im Gebiet von Weißkirchen stießen sie auf ein großes und ein kleineres Massengrab, die exhumierten 158 Deportierten wurden in einem Gemeinschaftsgrab wieder bestattet. Das Grab von 8 Deportierten fanden sie in Ansfelden, das von 28 an der Grenze der Stadt Steyr. „Hier liegen noch sechzig Deportierte in Kisten begraben, sie wurden auf dem Grazer Marsch erschossen."[497] Grabmäler wurden in Steyr und St. Florian errichtet, und auf den Trauerfeiern erschienen mehrere Persönlichkeiten des österreichischen öffentlichen Lebens.

Am 20. Juni 1947 übergab Generaloberst Scheltow im Namen des Befehlshabers der in Österreich stationierten sowjetischen Truppen, Ge-

neraloberst Kurassow, der österreichischen Bundesregierung feierlich das Stammlager Mauthausen, aus dem, weil es nur teilweise bewacht gewesen war, viele Baracken und Einrichtungen verschwunden waren. Der österreichische Kanzler Dr. Leopold Figl, selbst ehemaliger Häftling in Mauthausen, drückte seinen Dank aus und meinte, dass das Lager in Zukunft eine „lebende Mahnstätte" sein könnte. Auf der Feier sprach auch der Österreicher Josef Kohl, der sich in der Betreuung seiner Kameraden ausgezeichnet hatte. Die ehemalige Todesfabrik verfiel. Bei der Übergabe standen fünf Steingebäude (eines war schon halb abgebrochen), 39 Baracken (eine davon nur halb) und 12 Wohngebäude.

Abb. 33: Gedenktafel für Richard Bernaschek

Letztere erhielten den Namen „Siedlung Richard Bernaschek", nach einem der letzten von der SS ermordeten Häftlinge. Nachdem Teile der Verdi-Oper „Ernani" erklungen waren, besichtigten einige der ehemaligen Häftlinge das Lager, die blutbefleckten Stufen der Todesstiege. Die am beflaggten Eingang des Lagers errichtete Gedenktafel gedachte 122.706 Opfern. Neben 32.180 Sowjets, 30.203 Polen hatten auch 12.923 Ungarn hier den Tod gefunden. An der Trauerfeier nahmen Generäle der vier alliierten Streitkräfte, die österreichische Regierung, Parlamentsparteien und die Gesandten von neun Nationen und Häftlingskomitees teil. Ungarn war durch die Wiener Botschaft vertreten, Dr. Garzuly und der Geschäftsführer Dr. Fráter legten einen Kranz nieder. Laut der Berichterstattung von Sándor Ják wurde das „Landesfürsorgekomitee der deportierten jüdischen Ungarn" („Magyar Zsidó Deportáltakat Gondozó Bizottság") durch Viktor Schwarz, der „Bund der Arbeitsdienstler" („Munkaszolgálatosok Szövetsége") von Professor Trebitz repräsentiert.[498] In der Übergabeurkunde, die von Generaloberst Kurassow und Kanzler Figl unterzeichnet wurde, verpflichtete sich Österreich, die Anlage als Gedenkstätte zu erhalten. Dieser Verpflichtung wurde nicht Folge geleistet.

Der innerösterreichische Behördenweg zog sich bis März 1949. Nur die Steingebäude und vier Baracken blieben erhalten. Ab Frühjahr 1947 versuchte man, Károly Peyer in einer scharfen Wahlkampagne auf verschiedene Weise zu diffamieren. Er wurde als „Antisemit" bezeichnet, auf diese „haarsträubende Absurdität" reagierte man in der Zeitung „Haladás". Ebendort machte man darauf aufmerksam, dass es in Ungarn „viele gibt, die leicht vergessen und noch mehr, die aus der Vergangenheit noch immer keine Lehre gezogen haben". In der Zeitung wurden Teile der Rede, die Károly Peyer am 1. März 1939 im Parlament gehalten hatte, veröffentlicht.[499] Das zweite Judengesetz (IV. Gesetzesartikel 1939 über die Einschränkung des Bewegungsspielraumes der Juden im öffentlichen und wirtschaftlichen Leben) wurde von Peyer, das ist bewiesen, mit vielerlei Argumenten 1939 abgelehnt. Er protestierte, wie es einem Patrioten würdig war. Er hielt das neue Gesetz für die ungarischen Interessen schädlich und äußerte sich gegen eine Gefährdung der Menschenrechte und der nationalen Sicherheit. Letztere betrachtete er auch im Sommer 1947 wieder als bedenklich, und davon sprach er offen. Er konnte nicht glauben, dass er wenig später als „Verschwörer" gehandelt werden würde, und er aus seiner geliebten Heimat flüchten müsste.[500] Er überlebte die Gestapo-Haft, die „volksdemokratische" der Staatsschutzabteilung hätte er wohl kaum überlebt.

Ab Herbst 1947 war in der ungarischen Öffentlichkeit von den ehemaligen Gestapo-Häftlingen, den wahren Beteiligten am nationalen Widerstand und Mauthausen keine Rede mehr. Am Ende des Jahres wurde die Wiedererrichtung des von Unbekannten zerstörten Denkmals der Märtyrer in der Vilma királyné út 25-27 (auf dem Gebiet des Waisenhauses der Pester Israelitischen Glaubensgemeinde) ausgeschrieben. Im Winter wurde an gleicher Stelle eine Gedenktafel der Arbeitsdienstler enthüllt. Über die Fertigstellung des Mahnmals wurde nicht mehr berichtet.[501] Im Februar 1948 erschien nur noch eine geschichtliche Arbeit: Jenő Lévais faktenreicher Band „Judenschicksal in Ungarn". Dieser entstand laut Lévai „im Dienste der gesellschaftlichen Aussöhnung". Sie wurde von der Presse nicht wirklich beachtet und er war in Wirklichkeit der Ausklang der Aufarbeitung der jüngsten Judenverfolgung. Das Gedenken wurde auch auf österreichischem Boden immer seltener. Am 8. Mai wurde bei den Gunskirchner Massengräbern, im Häftlingsfriedhof von Ebensee und im Linzer Theresiensaal eine Trauerfeier veranstaltet. Die Persönlichkeiten des öffentlichen Lebens, die Repräsentanten der

Parteien blieben jedoch größtenteils fern, es feierten eher die von den Nationalsozialisten Verfolgten, die ehemaligen Deportierten. In Linz sprach Simon Wiesenthal davon, dass die ehemaligen Deportierten, die so viel erlitten hatten, sich seit ihrer Befreiung heimatlos fühlten, weil das Schweigen an Raum gewonnen hatte, und immer weniger Mitgefühl zu spüren sei. Viele betrachteten sie höchstens als „displaced persons". Hoffnung sähe man nur in einem selbständigen jüdischen Staat, und dieses Ziel unterstütze man auch.[502]

Von ungarischen Deportierten, die in jener Zeit aus dem Westen noch nicht heimgekehrt waren, wissen wir nichts. In den Kriegsgefangenen- und Arbeitslagern der Sowjetunion vegetierten jedoch noch tausende Deportierte, auch Frauen, dahin. Von ihnen erhielt man unbestätigte Nachrichten von Workuta bis Taschkent, aus Balta, Marinsk und Strij. Die von der MKP publizierten „Nachrichten der Ungarischen Kriegsgefangenen" („Magyar Hadifogoly Híradó") berichteten am 11. September 1948, dass der ehemalige Arbeitsdienstler Árpád bei seinem Aufbruch aus Gunskirchen im Mai 1945 in russische Kriegsgefangenschaft geriet. Sein weiterer Weg war auch nach mehr als drei Jahren ungewiss. Die Ärzte Dr. Aladár Kern und Dr. László Nussbaum, beide Mauthausener Häftlinge, wurden schon auf ungarischem Boden verhaftet und zehn Jahre lang gefangen gehalten. Sie kehrten erst 1955 nach Hause zurück.[503] Dr. Nussbaum wurde am 24. April 1948 verhaftet und wegen Spionage angeklagt, da er doch das ungarische Gebiet vom Westen her betreten hatte. Das sowjetische Kriegsgericht verurteilte ihn zu 25 Jahren Freiheitsentzug in einem Umerziehungslager.[504] Im Sommer und Herbst 1948 war die Verfolgung während des zweiten Weltkrieges weitgehend verblasst und vergessen. Sie wurde von neuen „Lösungen" überschattet, welche unter einem anderen Deckmantel innerhalb des „Klassenkampfes" erschienen. Über die Konzentrationslager der SS und über die ungarischen Opfer war nur noch vereinzelt die Rede. Der letzte größere Bericht in der ungarischen Presse erschien am 24. Dezember 1949 unter dem Titel „Mauthausen, Dachau, Ebensee zu Weihnachten 1949" im Wochenblatt „Képes Figyelő". In der Einleitung berief man sich auf den ehemaligen Deportierten Franzosen Paul Tillard. Danach wurde voller Subjektivität und Entstellung davon berichtet, dass in Dachau „die Amerikaner das Museum verschwinden ließen und auch die weiteren Spuren des Barbarismus verwischen". Stattdessen sind dort Coca-Cola- und Girl-Reklamen zu finden. Die österreichische Regierung missbrauchte das Vertrauen der sowjetischen Behörden, hätten doch diese Mauthausen den Österreichern unter der Voraussetzung zurückgeben, dass dort ein Museum errichtet werden muss, sie würden aber alles Holz im Lager an den Meistbietenden versteigern. „Doch die Granitsteine konnten nicht verkauft werden", diese würden von einem österreichischen Antifaschisten bewacht. Der Artikel wies schließlich ohne das irgendwie zu beweisen darauf hin, dass der Wächter des ehemaligen Stammlagers „kein kämpferischer Deportierter war, doch sich dahingehend von sehr vielen seiner Schicksalskameraden unterscheidet, dass er nicht zum Verräter der Märtyrer geworden war, wie jene, die sich den Amerikanern anschlossen."[505]

Als der Eiserne Vorhang niederging, sich die neue Gefängniswelt festigte, erreichte eine neue Welle der Verfolgung, die von sowjetischen Beratern geführt wurde, zahlreiche ehemalige Gefangene der deutschen Besatzung und jede Schicht des Bürgertums. Nach dem Kriegsende 1945 hatten noch viele gehofft, dass eine freiere, menschlichere und demokratischere Welt dämmern würde. Sie hatten sich getäuscht. Keiner interessierte sich mehr für jene, die in Gestapo-Haft starben, die in Ghettos, in Viehwagons ihren Tod fanden, in der Hölle der SS-Lager verschwanden, ums Überleben kämpften, sich aus dem Vorhof des Todes, gebrochen oder zerstört nach Hause durchschlugen. Eine Folge des verlorenen Krieges war, dass das Rückgrat der Nation wieder gebrochen wurde. Die Opfer waren kein Memento, die Überlebenden dienten nicht als Beispiel.

„Mauthausen gibt keinem Berechtigung zur Politik" – verkündete die Zeitung „Szabad Nép" die offizielle politische Botschaft. In den Spalten der wiederum weitgehend gleichgeschalteten ungarischen Presse wurden verschiedene sowjetische und ungarische Partisanen, gut ausgewählte illegale „Kämpfer" und die immer mehr produzierenden sowjetischen Spitzenarbeiter und ihre ungarischen „Schüler" beachtet. Zwischendurch wurde immer wieder von den „Enthüllungen" Mátyás Rákosis und den wachsamen Offizieren seines „Staatsschutzes" berichtet, von den Schauprozessen und den schnellen Todesurteilen. Dessen beispielgebende Wirkung – in der verzerrten Welt der neuen Diktatur – war Millionen von Lichtjahren davon entfernt, was viele wegen ihrer Geburt, ihrem Ungarischsein, ihrer politische Überzeugung unter der Gestapo und SS erlitten hatten.

ANMERKUNGEN

1 Péter Bokor: Végjáték a Duna mentén. Interjú dr. Trenkerrel *[Endspiel an der Donau. Interview mit Dr. Trenker]*. Budapest: 1982, S. 86. Trenker verfügte über 32 Angestellte und hatte eine Liste mit 300-400 Personen, die zu verhaften waren.

2 Der Gestapo war ab 19. Februar 1944 auch die Abwehr im Militärbereich auferlegt. Vor Geschke hatte für kurze Zeit SS-Oberführer Dr. Achamer-Pifrader das Kommando über. Weder seine Tätigkeit noch der Grund seiner Abberufung sind bekannt.

3 Wilhelm Höttl: Einsatz für das Reich. Im Auslandsgeheimdienst des Dritten Reichs. Koblenz: Siegfried Bublies 1997, S. 247f.

4 Randolph L. Braham (Hg.): Destruction of Hungarian Jewry. New York: Twayne 1963, Bd. I, S. 301.

5 Beispielsweise wurde die Einsatzgruppe Debrecen von SS-Obersturmbannführer Hans Bauer geleitet, die Einsatzgruppe Pécs stand unter dem Kommando von SS-Obersturmbannführer Dr. Josef Aninger (in Lokalquellen Auringer genannt) und die Einsatzgruppe Székesfehérvár hatte SS-Sturmbannführer Sprinz zum Kommandeur.

6 Gyula Juhász et al.: A Wilhelmstrasse és Magyarország. Német diplomáciai iratok Magyarországról 1933-1944 *[Wilhelmstraße und Ungarn. Dokumente der deutschen Diplomatie aus Ungarn 1933-1944]*. Budapest: Kossuth 1968, S. 793.

7 Miklós Szinai und Lászlo Szücs (Hg.): Horthy Miklós titkos iratai *[Geheimschriften von Miklós Horthy]*. Budapest: 1965, S. 430.

8 Das war der Grund, dass sich Buchinger doch stellte. Er war danach ein Jahr lang Häftling eines Konzentrationslagers. Das Dienstmädchen aus dem Hause Barankovics, eine Christin, kam nach Auschwitz-Birkenau, doch sie konnte die Schreckenszeit überleben.

9 Percy Ernst Schramm (Hg.): Kriegstagebuch des Oberkommandos des Wehrmacht. Erster Halbband, Frankfurt am Main: 1961, S. 189.

10 Telegramm des Botschafters Ritter an den Reichsbevollmächtigten Veesenmayer. Gyula Juhász et al.: A Wilhelmstrasse és Magyarország, S. 797.

11 Károly László: Az út Auschwitz felé *[Der Weg nach Auschwitz]*. Panderma: 1997, S. 109f.

12 Ágnes Godó: Magyar-lengyel kapcsolatok a második világháborúban *[Ungarisch-polnische Beziehungen im 2. Weltkrieg]*. Budapest: 1976, S. 102.

Auch bei den polnischen Flüchtlingen war es keine Seltenheit, dass der Ehemann vor der Gestapo fliehen konnte und statt seiner die Ehefrau verschleppt wurde. Aus diesem Grund stellte sich z. B. „zwangsweise" Henryk Slawik, Leiter des Polnischen Zivilkomitees (Komitet Obywaylelski dla Spraw Opicki nad Polskimi Uchodżcami na Wegrzech). Das Ehepaar wurde in ein Konzentrationslager nach Deutschland gebracht.

13 Barátok a bajban. Lengyel menekültek Magyarországon 1939-1945 *[Freunde in Bedrängnis. Polnische Flüchtlinge in Ungarn 1939-1945]*. Budapest: Európa 1985, S. 88.

14 Ágnes Godó: Magyar-lengyel kapcsolatok, S. 169.

15 Barátok a bajban. Lengyel menekültek Magyarországon 1939-1945, S. 620.

16 Ebd., S. 91. Antall „hat gewußt, dass man bei der Vernehmung alles abstreiten muss, und er hat sich daran gehalten", S. 98.

17 László Antal (Hg.): Ego sum gallicus captivus. Francia menekültek Magyarországon *[Ego sum gallicus captivus. Französische Flüchtlinge in Ungarn]*. Budapest: Európa 1980, S. 77.

18 Der Volksbund der Deutschen in Ungarn wurde am 26. November 1938 gegründet und stand im Dienst des reichsdeutschen Nationalsozialismus. Gegen den Volksbund und die Volksbündler kämpften zahlreiche ungarische Staatsbürger mit deutscher Zunge und ungarischer Gesinnung als Mitglieder der sog. Treuebewegung.

19 Gyulai Ilona Edelsheim: Becsület és kötelesség I. 1918-1944 *[Ehrlichkeit und Verpflichtung Bd. I, 1918-1944]*. Budapest: Európa 2001, S. 235. Der Haftbefehl gegen Ministerpräsident Kállay ist dort im Wortlaut nachzulesen; Gyula Juhász et al.: A Wilhelmstrasse és Magyarország, S. 790.

20 Miklós Kállay: Magyarország miniszterelnöke voltam 1942-1944 *[Ich war Ungarns Ministerpräsident 1942-1944]*. Budapest: Európa 1991, Bd. 2, S. 199.

21 Ebd., S. 202.

22 Gyula Juhász et al.: A Wilhelmstrasse és Magyarország, S. 823.

23 Aussage von Iván Hacker, in: Edit Balázs und Attila Katona (Hg.): Baljós a menny felettem. Vallomások a szombathelyi zsidóságról és a soáról *[Der Himmel spricht mir Unglück. Geständnisse über die Juden von Szombathely und die Shoa]*. Szombathely: 2001, S. 45.

24 Magyar Nemzet, 27. April 1946. Auschwitz hat nur einer, Lajos Farkas, überlebt.

25 Miklós Kállay: Magyarország miniszterelnöke voltam 1942-1944, Bd. 2, S. 208.

26 Hain unterhielt gute Kontakte zur Wiener Gestapo. Seine Auslandsaktivitäten

sind weniger bekannt, es steht aber fest, dass er bei einem Treffen am 21. Juni 1941 in Mosonmagyaróvár (Westungarn) Unterredungen über eine engere Zusammenarbeit der NS-Deutschen und der ungarischen politischen (Sicherheits-)Polizei führte.

27 Barátok a bajban. Lengyel menekültek Magyarországon 1939-1945, S. 88.

28 László Baky, Staatssekretär für Inneres, rief am 28. März 1944 Ungarns Staatssicherheitspolizei ins Leben. Damit verlegte er die politische Polizei aus dem Zuständigkeitsbereich des Polizeipräsidiums in seine eigene, d.h. in die Kompetenz des Innenministeriums.

29 Die Deutschen verhafteten am 17. April 1944 Oberst Gyula Kádár, den Chef der Spionageabteilung des VKF, und Generalmajor István Újszászy, den Leiter der Budapester Staatssicherheitszentrale. Veesenmayer hielt beide für „Dunkelmänner"; Gyula Juhász et al.: A Wilhelmstrasse és Magyarország, S. 824. Zu den ersten Verhörergebnissen: Ebd., S. 834.

30 Gyula Vargyai und János Almási (Hg.): Magyarország 1944. Német megszállás *[Ungarn 1944. Deutsche Besatzung]*. Budapest: 1994, S. 135f. Zu Höttls Anfangstätigkeit siehe: László Karsai und Judit Molnár (Hg.): Az Endre-Baky-Jaross per *[Der Prozeß Endre-Baky-Jaross]*. Budapest: Cserépfalvi 1994, S. 83-86.

31 Péter Gosztonyi: Légiveszély! *[Fliegeralarm!]*. Budapest: Népszava 1989, S. 110.

32 Ferenc Keresztes-Fischer, vitéz Gyula Somogyvári und Dezső Laky. Der vierte, Ex-Ministerpräsidant Miklós Kállay, fand in der türkischen Botschaft Obdach.

33 Ervin Hollós: Rendőrség, csendőrség, VKF 2 *[Polizei, Gendarmerie, VKF 2]*. Budapest: Kossuth 1971, S. 390.

34 László Karsai und Judit Molnár (Hg.): Az Endre-Baky-Jaross per *[Der Prozeß Endre-Baky-Jaross]*. Budapest: Cserépfalvi 1994, S. 277f.

35 Mária Kovács: Liberalizmus, radikalizmus, antiszemitizmus. A magyar orvosi, ügyvédi és mérnöki kar politikája 1867 és 1945 között *[Liberalismus, Radikalismus, Antisemitismus. Die Politik der Körperschaften ungarischer Ärzte, Anwälte und Ingenieure zwischen 1867 und 1945]*. Budapest: 2001, S. 163f.

36 Magyar Nemzet, 6. Mai 1945.

37 Elek Karsai und Ilona Benoschofsky (Hg.): Vádirat a nácizmus ellen. Dokumentumok a magyarországi zsidóüldözés történetéhez *[Klageschrift gegen den Nazismus. Dokumente zur Judenverfolgung in Ungarn]*. Bd. 3, Budapest: MIOK 1967, S. 65.

38 So erging es zum Beispiel dem hervorragenden Buch- und Zeitungsverleger Simon Tolnai. (Seine brisante Zeitschrift wurde schon 1940 „arisiert".) Der 77jährige versuchte unterzutauchen, wurde aber – am 4. April in Budapest –

gefaßt. Es begann eine eifrige Fahndung nach seinen Vermögensstücken und Wertschätzen. Die Gestapo fand schließlich seine Schmucksammlung, Tolnai wurde nach Mauthausen gebracht und dort am 2. Oktober 1944 ermordet. Szabolcs Szita: Magyarok az SS ausztriai lágerbirodalmában *[Ungarn im österreichischen Lagerimperium der SS]*. Budapest: MAZSÖK 2000, S. 67 u. 92.

39 László Karsai und Judit Molnár (Hg.): Az Endre-Baky-Jaross per, S. 278.

40 Képes Figyelő, 22. Dezember 1945. Die Angaben sind zwar nicht verifizierbar, sie bieten aber etwa für die Beurteilung der Kooperation gewisse Anhaltspunkte.

41 Neue Forschungsergebnisse von Gábor Kádár und Zoltán Vági: Aranyvonat. Fejezetek a zsidó vagyon történetéből *[Goldzug. Abschnitte von der Geschichte des jüdischen Vermögens]*. Budapest: Osiris 2001.

42 Zu den den einschlägigen Berichten der Budapester Gesandtschaft: Magyar Országos Levéltár (Ungarisches Staatsarchiv, MOL), Abteilung Mikrofilm, Schachtel 13970, Auswärtiges Amt, Inl. II, Akten E-421954. Siehe auch: Randolph L. Braham (Hg.): Destruction of Hungarian Jewry, Bd. I., S. 347.

43 Das im 17. Jahrhundert erbaute Schloß Oberlanzendorf kam 1898 in den Besitz der Stiftung Kaiserin Elisabeth, die hier ein Kinderheim einrichtete. Nach dem „Anschluss" wurde Oberlanzendorf zu Groß-Wien eingemeindet und dem 23. Stadtbezirk Schwechat angeschlossen. Schon 1939 wurden Tausende von Internierten hierher geschickt – das Heim war mittlerweile geräumt – um Zwangsarbeit zu leisten. Die jeweils 200-300 Mann starken Häftlingsgruppen lebten wie Lagerinsassen in Baracken und wurden bei der Bachregulierung, am Straßenbau oder in der Gärtnerei beschäftigt. Adolf Ezsöl: Arbeiterziehungslager Oberlanzendorf 1939-45. Rundschau für die Bezirke Schwechat, Bruck a. d. Leitha und Hainburg. 25. Aug. 1982; Heinz Arnberger: Das Arbeitserziehungslager Oberlanzendorf. In: Dokumentationsarchiv des österreichischen Widerstandes (Hg.): Widerstand und Verfolgung in Niederösterreich. Bd. 2, Wien: 1987, S. 573-586. Nach einer Bilanz für die Vereinigung der Verfolgten des Naziregimes im Wiener Staatsarchiv (ohne Inv.-Nr. und Datum) hat die Gestapo zwischen dem 1. Jänner und 13. Juni 1944 insgesamt 18 ungarische Staatsbürger wegen Arbeitsverweigerung ins Lager Oberlanzendorf eingewiesen. Anhand von Häftlingsnummern wird angenommen, dass ab 1944 die Häftlingsnummern, erneut beginnend mit 1, noch einmal vergeben wurden. Der am 20. Jänner 1944 eingelieferte János Horváth erhielt Nr. 147, dem am 13. Juli 1944 registrierten Rudolf Szabó wurde die Häftlingsnummer 2.475 zugeteilt.

44 Der namhafte Publizist der Tageszeitung Magyar Nemzet, György Parragi, über

die Lagerverhältnisse: „Unser Atem erfror zwar in der Luft, und es gab eine ganze Woche lang weder Wasser noch Seife, aber wir hatten wenigstens Betten mit Strohsäcken gepolstert. Wir gingen in der ersten Woche, bis von irgendwoher ein Ofen herbeigeschafft wurde, voll angezogen zu Bett, sonst wären wir in der eisigen Kälte unter der einzigen Decke erfroren. Wir hatten auch nette und angenehme Schlafgefährten – Mäuse, die auf unseren Betten umherliefen." György Parragi: Mauthausen. Budapest: 1945, S. 39.

45 Über den Versuch, Graf Szapáry zu befreien, ausführlicher in: Gyulai Ilona Edelsheim: Becsület és kötelesség I. 1918-1944, Bd. I, S. 253.

46 In der Tagung der Budapester Stadtverwaltung vom 19. Mai wurde mitgeteilt, Sándor Millok, Károly Peyer und Károly Rassay seien den Sitzungen „ohne Entschuldigung ferngeblieben". Miklós Horváth (Hg.): Budapest története V *[Die Geschichte von Budapest, Bd. V]*. Budapest: Akadémiai Kiadó 1980, S. 568.

47 A követségtől a náci fegyenctelepig *[Von der Gesandtschaft bis zum Häftlingslager]*, Magyar Nemzet, 10. Oktober 1978.

48 Über Bechers Tätigkeit in Ungarn: Karla Müller-Tupath: Reichsführers gehorsamster Becher. Eine deutsche Karriere. Berlin: Aufbau-Verlag 1999, S. 123-187.

49 András Sipos und Péter Sipos (Hg.): Imrédy Béla a vádlottak padján *[Béla Imrédy auf der Anklagebank]*. Budapest: Osiris – Budapest Főváros Levéltára 1999, S. 154; Daisy Strasser-Chorin und András D. Bán: Az Andrássy úttól a Park Avenue-ig *[Von der Andrássy-Straße bis zur Park Avenue]*. Budapest: Osiris Kiadó 1999, S. 46-49.

50 Magyar Nemzet, 10. Oktober 1978.

51 Ebd., gegen den Diplomaten hatte ein rechtsradikaler Lehrer Anzeige erstattet.

52 Gyulai Ilona Edelsheim: Becsület és kötelesség, Bd. I: 1918-1944, S. 256.

53 Randolph L. Braham (Hg.): Destruction of Hungarian Jewry, Bd. 2, S. 338. Sie versteckten sich vor der SS-Musterung oder gehörten zu den verfolgten Mitgliedern der bereits erwähnten Bewegung „Treue zum Vaterland".

54 Ebd., Bd. I., S. 347. Veesenmayer in seinem Telegramm vom 19. April: „Die Transporte können anrollen, sobald die nötigen Wagone zur Verfügung stehen. Das stößt im Moment auf äußerste Schwierigkeiten." S. Gyula Juhász et al.: A Wilhelmstrasse és Magyarország, S. 823.

55 Gyula Juhász et al.: A Wilhelmstrasse és Magyarország, S. 832.

56 Ebd., S. 835.

57 Aussage von Pierre Godefroy; siehe László Antal (Hg.): Ego sum gallicus captivus, S. 179f.

58 Iván Graf Csekonics erfreute sich selbst im Lager eines hohen Ansehens, was

hin und wieder auch seinen „arischen" Landsleuten gewisse Vorteile einbrachte. Der Großgrundbesitzer war vor seiner Festnahme Botschafter a. D., Abgeordneter des Oberhauses, ein einflußreicher Politiker der aristokratischen und der katholischen Kreise in Ungarn gewesen. „Unter den SS-Männern gab es etliche Schwaben aus Zsombolya, denen der Name Csekonics unermeßlichen Reichtum und überirdische Macht bedeutete. Minister, Botschafter, Exzellenzen machten absolut gar keinen Eindruck auf sie, aber vor dem Namen Csekonics zogen sie mit geradezu abergläubischer Hochachtung den Hut." Emlékezések. A koncentrációs táborok felszabadításának ötvenedik évfordulójára *[Rückblicke. Zur 50. Wiederkehr der Befreiung der Konzentrationslager]*. Budapest: Holocaust Dokumentációs Központ 1995S. 56. Zitat von Abgeordnetem Dr. Károly Rassay.

59 György Parragi: Mauthausen, S. 38f.

60 So auch die Gattin des Journalisten des Tageblattes Népszava, Dániel Várnai. Die aus Kistarcsa verschleppte Frau wurde vermutlich in Auschwitz-Birkenau getötet.

61 Der gleichnamige Sohn von Chefredakteur Rátkay war im Juni/Juli 1944 sechs Wochen lang Gefangener der Budapester Gestapo.

62 László Karsai: Kislány rövid copfokkal, aranyszínű mackóval *[Mädchen mit kurzen Zöpfen und einem goldbraunen Teddybär]*. In: Kritika 9 (1990), S. 26-30; Grácia Kerényi: Utazások könyve *[Buch der Reisen]*. Budapest: Szépirodalmi Könyvkiadó 1978, S. 11 128.

63 Miklós Kállay: Magyarország miniszterelnöke voltam 1942-1944, Bd. 2, S. 202.

64 Jenő Szélesi: Fogságukról „Hitler döntött..." Történelmi tények Szálasi naplójában *[„Hitler beschloss" ihre Gefangenschaft. Historische Tatsachen in Szálasis Tagebuch]*. o.O.: Edition Szélesi 1959.

65 Der Regierungssitz und die Residenz des Reichsverwesers im Budaer Burgpalast blieben nach der Okkupation Ungarns am 19. März 1944 intakt. Am 15. Oktober, dem Tag des Szálasi-Putsches und der quasi zweiten Besetzung wollte eine Wehrmachteinheit, das sog. Skorzeny-Kommando, auch die Burg einnehmen, wogegen sich die Leibgarde des Reichsverwesers zur Wehr setzte.

66 Pál Almásy: Sopronkőhidai napló *[Tagebuch Sopronkőhida]*. Budapest: Magvető 1984, S. 66.; Ernő Bangha: A magyar királyi testőrség 1920-1944 *[Das ungarische königliche Gardekorps 1920-1944]*. Budapest: Európa 1990, S. 298 u. 301. Lázár wurde am 18. Januar 1945 wegen „Untreue" degradiert.

67 Margit Balogh: A sopronkőhidai „hűtlenek" *[Die „Untreuen" von Sopronkőhida]*. In: Hadtörténelmi Közlemények 3 (1989), S. 442 u. 448f.

68 Károly Hetényi-Varga: Akik küzdöttek az igazságért *[Sie kämpften um Gerechtigkeit]*. Budapest: Ecclesia 1985, S. 315-317.

69 József Gazsi: A 107/302. munkaszolgálatos század ellenállási kísérlete *[Widerstandsversuch der Arbeitskompanie 107/302]*. In: Hadtörténelmi Közlemények 1971, S. 104.

70 Károly Vígh (Hg.): Vattay Antal naplója. 1944-1945 *[Tagebuch von Antal Vattay. 1944-1945]*. Budapest: Zrínyi 1990, S. 68.

71 Ebd., S. 70.

72 Frisch war Befehlshaber der Sonderwache der Strafanstalt der ungarischen königlichen Korpskommandantur I. Budapest.

73 Antal hat sein Parlamentsmandat niedergelegt, deswegen konnte er nach kurzer Gefangenschaft seine Freiheit wiedererlangen.

74 Das Kriegsgericht hatte im Lauf seiner Geschichte mehrere Bezeichnungen: 1) Gericht III. Chef des ungarischen königlichen Generalstabs, 2) Gericht des Generals, zugestellt dem u. k. Minister ohne Portefeuille zur totalen Mobilmachung und Aufrüstung der Nation, 3) (gegen Ende der Pfeilkreuzler-Ära) Gericht III. des Generalstabs der u. k. Honvéd-Armee. Gegen Dominichs Urteile wurden keine Berufungen zugelassen. Die Urteile wurden vom Chef des Honvéd-Generalstabes bestätigt, der auch das Begnadigungsrecht hatte.

75 Károly Vígh (Hg.): Vattay Antal naplója, S. 101.

76 Péter Gosztonyi: Légiveszély!, S. 101.

77 Ebd., S.101.

78 Zsuzsa Boros: Francia hadifoglyok Magyarországon *[Französische Flüchtlinge in Ungarn]*. In: Történelmi Szemle 3-4 (1973), S. 435f.

79 Barátok a bajban. Lengyel menekültek Magyarországon 1939-1945, S. 95.

80 Danuta Czech: Kalendarium der Ereignisse im Konzentrationslager Auschwitz-Birkenau 1939-1945. Reinbek bei Hamburg: Rowohlt 1989, S. 764.

81 Die Berichte sind nachzulesen in den Protokollen in: László Karsai und Judit Molnár (Hg.): Az Endre-Baky-Jaross per.

82 Gyula Juhász et al.: A Wilhelmstrasse és Magyarország, S. 881.

83 Mehr über den Widerstand: Szabolcs Szita: Az 1944-1945. évi polgári, diplomáciai és katonai embermentés történetéhez *[Zur Rettung von Verfolgten durch Zivilisten, Diplomaten und Armeeoffiziere 1944/45]*, in: Magyarország 1944. Üldöztetés – Embermentés. Budapest: Nemzeti Tankönyvkiadó 1994, S. 8-114.

84 Szabolcs Szita: Halálerőd. A munkaszolgálat és a hadimunka történetéhez 1944-1945 *[Todesfestung. Über Zwangsarbeit und kriegswichtigen Arbeitseinsatz 1944-1945]*. Budapest: Kossuth 1989, S. 49f.

85 Ebd., S. 51, 302 und 303. Mehr über sein Leben in: Ádám Reviczky: Vesztes háborúk, megnyert csaták *[Verlorene Kriege, gewonnene Schlachten]*. Budapest: Magvető 1985.

86 Jenő Lévai: Fekete könyv a magyar zsidóság szenvedéseiről *[Schwarzbuch der Leiden des ungarischen Judentums]*. Budapest: Officina 1946, S. 288.

87 Szabolcs Szita: Haláleröd, S. 269-280. Vgl.: Holocaust Füzetek 5 (1996), S. 79-91.

88 Balogh zufolge wurden im Spätsommer des Jahres 1940 außer ihm zwei weitere, zuvor im Spanischen Bürgerkrieg dienende ungarische Ärzte ins KLM eingeliefert. Dr. Imre Mezei und Dr. József Gárdonyi, beide jüdischer Abstammung, von der SS nach kurzer Zeit getötet worden. István Balogh: 185 lépcsőfok *[185 Stufen]*. Budapest: Kossuth 1972, S. 118-119, 133, 154 und 161. Eine Gedenktafel in der Gedenkstätte Mauthausen führt Dr. Mezei unter den rumänischen Opfern an.

89 Károly Rátkai: A két torony. Magyar politikusok Mauthausenben *[Die zwei Türme. Ungarische politische Häftlinge in Mauthausen]*. Budapest: Edition Génius 1945, S. 53, 140, 141, 173, 182 und 203.

90 Archiv der KZ-Gedenkstätte Mauthausen (im Folgenden: AMM) P/5/1.

91 AMM E/13/1.

92 Hans Maršalek: Die Geschichte des Konzentrationslager Mauthausen. Dokumentation. Wien: Österreichische Lagergemeinschaft Mauthausen 1980, S. 119. Auch die jungste, 1995 (3., erweiterte Aufl.) veröffentlichte Ausgabe enthält ungenaue Angaben.

93 AMM E/13/1.

94 AMM E/13/1; Vgl.: Andrzej Strzelecki: Endphase des KL Auschwitz. Evakuierung, Liquidierung und Befreiung des Lagers. Oswiecim-Brzezinka: 1995, S. 261. Über Verhaftete der Gestapo aus Pécs in: Szabad Élet, 5. November 1945.

95 SS-Unterführer im Konzentrationslager, für die täglichen Häftlingstärkemeldungen und den Vollzug der Lagerstrafen zuständig.

96 György Parragi: Mauthausen, S. 47.

97 Ebd., S. 49.

98 Ebd., S. 50.

90 AMM E/13/1, E/1i /3.

100 AMM E/13/1, E/1i /3.

101 Gyulai Ilona Edelsheim: Becsület és kötelesség, Bd. 1, S. 277.

102 Zoltán Bay: Az élet erősebb *[Das Leben ist stärker]*. Debrecen-Budapest: Csokonai-Püski 1990, S. 30-31. Vor seiner Freilassung wurde Aschner, der

trotz seines hohen Alters und beschwerlichen Zustandes stets jede Arbeit erledigte, vom Blockältesten der Baracke 24 schwer mißhandelt. Sándor Millok: A kínok útja (Budapesttől Mauthausenig) *[Der Leidensweg (Von Budapest bis Mauthausen)]*. Budapest: Müller Károly 1945, S. 111. Über Aschners Auslösung und den weiteren Verbleib des Lösegeldes: Shraga Elam: Als Juden wie Ware gehandelt wurden. In: Sebastian Speich et al.: Die Schweiz am Pranger. Banken, Bosse und die Nazis. Wien, Frankfurt: Ueberreuter 1997, S. 111-123. Vgl.: Szabolcs Szita: Aki egy embert megment – a világot menti meg *[Wer ein Leben rettet, rettet die Welt]*. Budapest: Corvina 2005, S. 31, 33, 147.

103 Tanulmányok Tolna megye történetéből IV *[Studien zur Geschichte des Komitat Tolna IV]*. Szekszárd: 1972, S. 99.

104 AMM F/13/1.

105 AMM F/13/1; János Leitner kam mit einem 29 Mann starken jugoslawischen Transport. 25 Deportierte aus dieser Gruppe gelangten nach Melk, drei ins Krankenlager. Laut Weisung der politischen Abteilung waren diese Männer „ausschließlich für leichte Arbeit" einzusetzen.

106 Vermutlich wurde Gál mit zwei anderen – schwerkranken – Ungarn zusammen in Hartheim vergast. Manó Buchinger: Gestapo-banditák bűnhalmazata. Tizennégy hónap a hitleri koncentrációs táborban *[Verbrechen von Gestapo-Banditen. Vierzehn Monate in Hitlers Konzentrationslager]*. Budapest: 1945, S. 47-49.

107 AMM E/13/1.

108 Károly Rátkai: A két torony, S. 33.

109 Hans Maršalek: Die Geschichte des Konzentrationslager Mauthausen, S. 119.

110 In Gusen wurden zwischen 1940 und 1944 19.472 Häftlinge getötet, Hans Maršalek: Konzentrationslager Gusen. Ein Nebenlager des KZ Mauthausen. Eine Dokumentation. Wien: 1987, S. 39; über den Anteil der jüdischen Opfer werden keine Angaben gemacht.

111 Die aus Szekszárd verschleppten Gestapo-Häftlinge kamen wohl mit diesem zweiten großen Transport nach Mauthausen; etwa Nándor Erdős, Bäcker, Vorstandsvorsitzender des örtlichen Judengemeinderates (73.789), Jenő Engelsmann, Drucker (73.788), Sándor Pajor, Besitzer einer Ziegelei (73.798).

112 AMM E/6/4.

113 Jenő Halász: Budapest ... Mauthausen ... New York. La Gardia's ungarische Kontakte. In: Igazság 14 (Mai 1946); Emma Glück hatte im KLM die Häftlingsnummer 73.776. Nach den neuesten Forschungsergebnissen überlebte sie das Konzentrationslager Ravensbrück.

114 Hétfői Szabad Élet, Pécs, 5. November 1945.

115 Edit Balázs und Attila Katona (Hg.): Baljós a menny felettem, S. 74.

116 Kis Újság, 15. August 1945.

117 Tálos, Emmerich et al. (Hg.): NS-Herrschaft in Österreich. Ein Handbuch. Wien: ÖBV 2000, S. 730.

118 Elek Karsai und Ilona Benoschofsky (Hg.): Vádirat a nácizmus ellen. Dokumentumok a magyarországi zsidóüldözés történetéhez *[Klageschrift gegen den Nazismus. Dokumente zur Judenverfolgung in Ungarn]*. Bd. 3, Budapest: MIOK 1967, S. 68.

119 Szabolcs Szita: A sárvári internálótábor 1944. évi történetéhez *[Die Internierungslager von Sárvár 1944. Deren Jahresbericht]*. In: Vasi Szemle 4 (1989), S. 563-569.

120 Világ, 14. Oktober 1945.

121 Vgl.: Ernő Pető: Rückblick. In: Tekintet 4 (1989), S. 48f.

122 Die Zwangsarbeiter hatten neben dem allgemeinen Ausweis mit Amtsstempel gelegentlich auch zusätzliche Arbeitsausweise.

123 Károly László: Az út Auschwitz felé, S. 295. Danach waren sie in Bad Vöslau in einer Fabrik, später bei der Schutträumung eingesetzt.

124 AMM E/13/1.

125 AMM E/1i/3.

126 Sándor Millok: A kínok útja, S. 63.

127 Ebd., S. 68.

128 Károly Rátkai: A két torony, S. 86.

129 Ebd., S. 67-72.

130 Sándor Millok: A kínok útja, S. 86.

131 Der Tagesbericht vom 30. September 1944 zählte dreiundzwanzig prominente Häftlinge auf: einen russischen NKWD-Major, einen serbischen Offizier, fünf Kroaten, Mario Badoglio (den 39 Jahre alten Sohn des italienischen Marschalls Badoglio) sowie neben den bereits erwähnten zwölf ungarischen Prominenten weitere drei Ungarn, den bereits freigelassenen Antal Graf Szapáry, Erdő Dénes (88.980), einen 57 Jahre alten Kaufmann aus Budapest, La Guardias Verwandten sowie Marcell Madarassy-Beck, Parlamentsmitglied im Oberhaus. Dénes hat seine Haftzeit überlebt; Baron Madarassy-Beck, ehemals mächtiger Präsident der Ungarischen Diskont- und Wechselbank, starb am 18. Jänner 1945 im „Russenlager" des KLM an Ruhr. Dazu mehr in: Képes Figyelő, 13. Juli 1946, S. 10; AMM E/7/1. Dem Lagerbericht zufolge wurde einem der Prominenten, dem 65 Jahre alten Antal Graf Sigray (65.394), auf Befehl von Reichsführer SS Himmler Hafterleichterung zuteil.

132 Károly Rátkai: A két torony, S. 65f.; vgl.: Hans Maršalek: Die Geschichte des Konzentrationslager Mauthausen, S. 97, 312.

133 Károly Rátkai: A két torony, S. 147.

134 Szabolcs Szita: Az 1944-1945. évi polgári, diplomáciai és katonai embermentés történetéhez, S. 39, 44.

135 József Szekeres (Hg.): Források Budapest múltjából III. 1919-1945 *[Quellen aus Budapests Vergangenheit III. 1919-1945]*. Budapest: 1972, S. 545f.

136 Károly Rátkai: A két torony, S. 135.

137 AMM E/6/4.

138 Lagergemeinschaft Neuengamme (Hg.): So ging es zu Ende... Neuengamme. Dokumente und Berichte. Hamburg: Kristeller 1960, S. 10; Konzentrationslager Buchenwald. Bericht des internationalen Lagerkomitees Buchenwald. Weimar: o.J., S. 58; Archiv Gedenkstätte und Museum Sachsenhausen R 33/19; Toni Siegert: 30 000 Tote mahnen! Die Geschichte des Konzentrationslagers Flossenbürg und seiner 100 Außenlager von 1938 bis 1945. Weiden: 1986, S. 28; Zugangs-Nummern vom 6. 5. 1942 Nr. 29.912 bis 13. 4. 1945 Nr. 153.268, Dachau 3 K, Archiv der KZ-Gedenkstätte Dachau; Bericht des nach Buchenwald verschleppten Zwangsarbeiters Stephen Casey (István Katona) vom 9. August 1997, Archiv Dokumentationszentrum Holocaust Budapest.

139 AMM E/13/1; Soproni Szemle 3 (1982), S. 216.

140 Andrzej Strzelecki: Endphase des KL Auschwitz, S. 363.

141 Hans Maršalek: Chronik des KL Mauthausen, unveröffentl. Manuskript, AMM (im Weiteren: AMM Mauthausen-Chronik), hier: Bilanz November, Dezember 1944.

142 Ebd.

143 AMM Mauthausen-Chronik, Dezember 1944.

144 Franciczek Piper: Arbeitseinsatz der Häftlinge aus dem KL Auschwitz. Oswiecim: 1995, S. 48 u. 66.

145 Ulrich Bauche et al. (Hg.): Arbeit und Vernichtung. Das Konzentrationslager Neuengamme 1938-1945, Katalog zur Ausstellung im Dokumentenhaus der KZ-Gedenkstätte Neuengamme. Hamburg: VSA 1991, S. 99.

146 Danuta Czech: Kalendarium, S. 920; vgl.: Andrzej Strzelecki: Endphase des KL Auschwitz, S. 80.

147 AMM P/18/2; A halál tornácában... Személyes élmények alapján Bornemissza Félix igaz írása *[Im Vorzimmer des Todes... Félix Bornemisszas wahrer Bericht aufgrund seiner persönlichen Erlebnisse]*, Hadtörténelmi Levéltár *[Kriegsgeschichtliches Archiv]*, Budapest, Schriftensammlung Nr. 2.600, S. 43.

148 Éva Haraszti: Miért nem ült Horthy Miklós a háborús bqnösök padján? *[Warum saß Miklós Horthy nicht auf der Klagebank der Kriegsverbrecher?]*. In: História 5-6 (1990), S. 32.

149 Generalleutnant Dr. Kálmán Hardy, Befehlshaber der Streitkräfte zu Wasser, wurde am 12. 2. 1945 in Sopronkőhida vom „Gericht des dem u. k. Minister ohne Portefeuille zur totalen Mobilmachung und Aufrüstung der Nation zugestellten Generals", d. h. vom Blutgericht Dominich zum Tode durch den Strang verurteilt.

150 Nach Bornemissza (A halál tornácában...) erhielt Dr. Göbölös von der Lagerkommandantur die Auskunft, im KLM seien 900 ungarische Häftlinge gefangen gewesen.

151 Pál Almásy: Sopronkőhidai napló, S. 64-66; Ernő Bangha: A magyar királyi testőrség 1920-1944, S. 298.

152 Félix Bornemissza in: A halál tornácában..., S. 26f.

153 László Antal (Hg.): Ego sum gallicus captivus, S. 239.

154 Félix Bornemissza in: A halál tornácában..., S. 38f.

155 Sándor Millok: A kínok útja, S. 82.

156 Ebd.

157 Manó Buchinger: Gestapo-banditák bűnhalmazata, S. 59.

158 Ebd., S. 72f.

159 Sándor Millok: A kínok útja, S. 82f.

160 Ebd., S. 82.

161 Ausführlich über dieses Thema: Jean Boisson: A rózsaszín háromszög. A homoszexuálisok deportálása (1933-1945) *[Der rosarote Winkel. Deportation von Homosexuellen (1933-1945)]*. Budapest: Európa 1991.

162 Sándor Millok: A kínok útja, S. 84.

163 Hans Maršalek: Die Geschichte des Konzentrationslager Mauthausen, S. 120f.

164 Andrzej Strzelecki: Endphase des KL Auschwitz, S. 366.

165 Sándor Millok: A kínok útja, S. 149f.

166 György Parragi: Mauthausen, S. 74f.; Vgl.: Károly Rátkai: A két torony, S. 185.

167 Sándor Millok: A kínok útja, S. 113.

168 Hans Maršalek: Die Geschichte des Konzentrationslager Mauthausen, S. 266.

169 Ebd., S. 270.

170 Ebd., S. 121.

171 Sándor Millok: A kínok útja, S. 148. Vgl.: Képes Figyelő, 9. März 1946, S. 19.

172 Ebd., S. 147f.

173 Zeugenaussage des Budapester Bürgers Sándor (Weltner) Dán vom 3. März 1959. AMM M/15/2, V 3/21.

174 AMM E/13/11.

175 József Litván: Ítéletidő *[Unwetter].* Budapest: Tekintet könyvek o.J., S. 84.

176 AMM E 6/11; vgl.: Hans Maršalek: Die Geschichte des Konzentrationslager Mauthausen, S. 139.

177 Die Statistik über die Außenlager stützt sich auf die Angaben von Hans Maršalek: Die Geschichte des Konzentrationslager Mauthausen, S. 80.

178 Szabolcs Szita: Utak a pokolból. Magyar deportáltak az annektált Ausztriában 1944-1945 *[Wege aus der Hölle. Deportierte Ungarn im annektierten Österreich].* Budapest: 1991, S. 64. Die Häftlingsgruppe mit Varga wurde, wie Rudolf Löcs berichtete, bei der Ankunft in Politische Abteilung von Mauthausen gebracht und einvernommen. Alle kämen nach Gusen II, so hieß es. Zsigmond Varga aber wurde noch in der Politischen Abteilung erschossen.

179 Hans Maršalek: Die Geschichte des Konzentrationslager Mauthausen, S. 106.

180 AMM E/13/3, K/5/1, K/5/4.

181 Károly Rátkai: A két torony, S. 212f.

182 AMM K/5/2b; vgl.: Hans Maršalek: Die Geschichte des Konzentrationslager Mauthausen, S. 140.

183 AMM K/5/6.

184 Andreas Baumgartner: Die vergessenen Frauen von Mauthausen. Die weiblichen Häftlinge des Konzentrationslagers Mauthausen und ihre Geschichte, Wien: Verlag Österreich 1997, S. 220f.

185 Sándor Millok: A kínok útja, S. 96. Vgl.: József Nádass: Karmos évek *[Jahre in den Krallen].* Budapest: Szépirodalmi Könyvkiadó 1961, S. 480.

186 Sándor Millok: A kínok útja, S. 207.

187 Ebd., S. 208.

188 Hans Maršalek: Die Geschichte des Konzentrationslager Mauthausen, S. 103. Anhand einer Berichterstattung des Schweizer Radio Caritas aus Buchenwald sind 57 ungarische Kinder und Jugendliche (darunter sieben Mädchen), ehemalige Häftlinge, die ihre Befreiung erlebt haben, namentlich bekannt. 23 von ihnen waren 17, zwölf 16 und fünf 15 Jahre alt. Außerdem gab es sieben Kinder unter 10 Jahren: davon zwei sechs bzw. sieben Jahre, während die Jüngste, Mariann Szamek, kaum fünf Jahre zählte. Siehe: Világosság, 3. 8. 1945, S. 4.

189 Notiz Hans Maršalek, AMM B/2

190 AMM K/4a/1. Erhalten blieb die Liste ihrer Häftlingsnummern. Zu diesem Zeitpunkt befanden sich weibliche Häftlinge in acht Mauthausenlagern: im Hauptlager, in Amstetten, im Gusener Häftlingsbordell sowie in den Außenlagern Hirtenberg, Lenzing, Mittersill, St. Lambrecht und Passau.

191 Andreas Baumgartner: Die vergessenen Frauen von Mauthausen, S. 225.

192 Ebd., S. 217.

193 AMM B/2/1.

194 Országos Zsidó Múzeum, Deportáltakat Gondozó Bizottság (*Jüdisches Landesmuseum, Fürsorgekomitee der Deportierten*; im Folgenden OZSM, DEGOB), Protokoll 1.116.

195 Bertrand Perz: Projekt Quarz. Steyr-Daimler-Puch und das Konzentrationslager Melk. Wien: Verlag für Gesellschaftskritik 1990, S. 467f.

196 Hans Maršalek: Die Geschichte des Konzentrationslager Mauthausen, S. 71.

197 Edeltraud Kendler: Nie wieder! Das Konzentrationslager Ebensee. Eine Dokumentation, Bad Ischl: Blick-Verlag o. J., S. 7.

198 Der Häftlingsausdruck „Löwengang" verwies auf den Einzug von Zirkuslöwen. Es war ein langer, schmaler und anstrengender Weg zwischen Stacheldrahtzäunen zum Stollenbau und zurück.

199 Häftlinge mit dem Prädikat „Rückkehr unerwünscht" galten als Feinde des Nationalsozialismus und somit als Todeskandidaten. Dazu: Beyer, Wilhelm R. (Hg.): Rückkehr unerwünscht. Joseph Drexels „Reise nach Mauthausen" und der Widerstandskreis Ernst Niekisch. Stuttgart: Deutsche Verlags-Anstalt 1978.

200 Das Thema behandeln folgende Veröffentlichungen: Florian Freund: Arbeitslager Zement. Das Konzentrationslager Ebensee und die Raketenrüstung, Wien: Verlag für Gesellschaftskritik 1991; Manfred Bornemann: Geheimprojekt Mittelbau. Vom zentralen Öllager des Deutschen Reiches zur größten Raketenfabrik im Zweiten Weltkrieg. Bonn: Bernard u. Graefe 1966; Stollenentwürfe und Lagepläne: AMM B/5/46.

201 MOL Z 410-5. Weitere abmontierte Produktionseinheiten der Donau Flugzeugbau AG. (Dunai Repülőgépgyár) wurden teils in Letten, teils in Kattenhaus angesiedelt.

202 Verein Widerstandsmuseum Ebensee (Hg.): Konzentrationslager Ebensee. Ebensee: 1997, S. 50.

203 Hans Maršalek: Die Geschichte des Konzentrationslager Mauthausen, S. 241; vgl.: Florian Freund: Konzentrationslager Ebensee. Ein Außenlager des KZ Mauthausen. Wien: DÖW 1990, S. 15.

204 AMM P/6/4.

205 Die Biographie des Lagerkommandanten veröffentlichte die Zeitschrift der KZ-Gedenkstätte Ebensee „Betrifft Widerstand" 33 (1996): Anton Ganz zog sich bis 1949 bei einem österreichischen Bauern zurück, danach lebte er mit seiner Familie in Freiburg. 1964 wurde er pensioniert. Der ehemalige SS-Obersturmführer wurde zwar November 1967 inhaftiert, aber gegen Kaution

wieder freigelassen. Oktober 1972 wurde er im bayrischen Memmingen zu lebenslanger Haft im Zuchthaus verurteilt, doch die Vollstreckung des Urteils konnte er wegen Krankheit bzw. durch Berufung gegen das Urteil erfolgreich hinauszögern (Vgl.: Jenő Lévai: Ebensee hóhéra *[Der Henker von Ebensee]*. In: Magyar Nemzet, 8. Juni 1973, S. 7). Das Verfahren gegen Anton Ganz wurde wegen dessen Tod am 9. Oktober 1974 eingestellt.

206 Hans Maršalek: Die Geschichte des Konzentrationslager Mauthausen, S. 215.

207 Ebd., S. 119.

208 Florian Freund: Arbeitslager Zement, S. 151.

209 Aussage von Thomas Kristo-Nagy (New Jersey/USA) dem Autor gegenüber, 5. 6. 1995.

210 AMM B/5/35.

211 Florian Freund: Arbeitslager Zement, S. 65.

212 Ebd.

213 AMM B/5/35.

214 OZSM, DEGOB Protokoll 3.486.

215 Jean Laffitte: Die Lebenden. Berlin: Dietz 1950, S. 292.

216 Florian Freund: Arbeitslager Zement, S. 166f. über den Antisemitismus im Lager allgemein, über konkrete Fälle gegen ungarische Juden S. 266f.

217 OZSM, DEGOB Protokoll 595.

218 OZSM, DEGOB Protokoll 3.486.

219 Nach Eintragungen in der AMM Mauthausen-Chronik.

220 AMM Mauthausen-Chronik.

221 AMM B/5/1 Ebensee.

222 AMM B/5/19.

223 OZSM, DEGOB Protokoll 203. Über den Kannibalismus im Lager schreibt auch Franz Loidl: Entweihte Heimat. KZ Ebensee. Linz: H. Muck 1945, S. 35. Bis zur Einführung der Massenvernichtung wurde jeder verstorbene Häftling entblößt, seine Häftlingsnummer mit Tintenschrift auf der Brust markiert und die Leiche nach Registrierung des Todesfalls eingeäschert.

224 Jechezékel Hárfenesz: Lágernapló 1944-1945 *[Lagertagebuch 1944/45]*. Budapest: Pesti Szalon o.J., S. 60f.

225 AMM B/5/35.

226 Florian Freund: Arbeitslager Zement, S. 162.

227 Ebd., S. 165.

228 Ebd., S. 161.

229 Jacques de Launay und Jean-Michel Charlier: Feketepiac és hamis pénz a Harmadik Birodalomban *[Schwarzmarkt und Falschgeld im Dritten Reich]*.

Budapest: Európa 1989, S. 184.

230 Ebd., S. 191.

231 Adolf Burger: A hamisító csoport *[Das Fälscherkommando].* Budapest: Kossuth 1986, S. 55. Zur Einrichtung der Werkstatt: Sachsenhausen. Dokumente, Aussagen, Forschungsergebnisse und Erlebnisberichte über das ehemalige Konzentrationslager Sachsenhausen. Berlin: VEB Deutscher Verlag der Wissenschaften 1986, S. 149.

232 Walter Schellenberg: Walter Schellenberg emlékiratai *[Die Memoiren von Walter Schellenberg].* Budapest: Téka Könyvkiadó – Zrínyi Kiadó 1989, S. 314.

233 Adolf Burger: A hamisító csoport, S. 69. Als Grundlage dieser Rechnung dienten Dollarwerte, die wesentlich höher als die heutigen lagen.

234 Ebd.

235 Bericht Kurt Lewinsky, ohne Datum, AMM B/36/13.

236 Veränderungsmeldung vom 26. August 1944, AMM F/12/1.

237 Adolf Burger: Des Teufels Werkstatt. Die größte Geldfälscheraktion der Weltgeschichte. Berlin: Verlag Neues Leben 1977, S. 207f.

238 AMM B/36/5; Dieser Umstand sorgte nicht nur für zunehmende Beunruhigung, sondern erschwert auch die zuverlässige Weiterverfolgung der Einzelschicksale.

239 Liste der Zugänge vom 13. April 1945, AMM B/36/5.

240 Bernhard Krüger ist nach dem Krieg ohne Strafe davongekommen. Zunächst arbeitete er jahrzehntelang als braver Kalkulator bei der Papierfabrik Dassel, wo einst auch der Grundstoff für die Geldfälschung hergestellt worden ist. Später zog er nach Stuttgart, und als gegen ihn auf das Drängen ehemaliger Häftlinge hin Anklage erhoben wurde, verschwand er ganz aus den Augen der Behörden und seiner Gefangenen, bevor er vor dem Gericht hätte Rechenschaft ablegen können, Adolf Burger: Des Teufels Werkstatt, S. 99f.

241 Bericht Kurt Lewinsky, ohne Datum, AMM B/36/13.

242 AMM B/36/15.

243 Florian Freund: Arbeitslager Zement, S. 412-418.

244 Ebd., S. 419f.; vgl.: Franz Loidl: Entweihte Heimat, S. 11.

245 Betrifft Widerstand 42 (1998), S. 4; größere Truppeneinheiten der US-Armee (3rd Cavalry Reconnaissance Squadron) erreichten um 14.45 Uhr desselben Tages Ebensee.

246 Mégis előkerülhet a náci bankszámlák jegyzéke? *[Kann die Liste nationalsozialistischer Bankkonten doch noch auftauchen?],* Magyar Nemzet, 19. Jänner 2000.

247 Hans Maršalek: Die Geschichte des Konzentrationslager Mauthausen, S. 73;

Lt. Schreiben der oberösterreichischen Bundesregierung, Linz, 28. 08. 1954, AMM B/60/19.

248 Gemeindechronik Gunskirchen.

249 Rudolf Moser: Das Nebenlager des KZs Mauthausen. Gunskirchen: unveröffentl. Manuskript o.J.

250 AMM J/5/9.

251 AMM B/11/2, B/11/10. Heidingsfelder stammte lt. Strauß aus Amberg in Oberpfalz und war mit dem Goldenen Parteiabzeichen der NSDAP ausgezeichnet. Er diente ab 1940 in Mauthausen, danach in den Lagern Steyr, Eisenerz und St. Valentin.

252 AMM J/5/9.

253 Neue Zeit. Organ der Sozialistischen Partei der Steiermark. 2.-7. April 1946. Weiter zeitgenössische Berichte in den Lokalblättern „Die Wahrheit" und „Das Steierblatt"; im April 1946 wurden in Graz von den angeklagten 18 ehemaligen Volksstürmern zehn zum Tode verurteilt. Einschlägige Aussagen ungarischer Überlebender: OZSM, DEGOB Protokolle 513, 626, 1.705, 2.850 und 2.893.

254 Eine Großzahl von Kopien und Originalschriften in Verwahrung von Walter Dall-Asen in St. Gallen. Das Material wurde vom Autor gesichtet und ein Teil dessen als Schenkung am 14. 8. 2000 im Holocaust Dokumentationszentrum Budapest untergebracht. Zur Haltung der heimischen Bevölkerung s. Szabolcs Szita: Zwangsarbeit, Todesmärsche, Überleben durch Hilfe. Die österreichische Bevölkerung in der Erinnerung der ungarischen Deportierten und politischen Häftlingen 1944-1945. Budapest: Velcsov 2004.

255 Sándor Mester (Hg.): A toll mártírjai. A Magyar Újságírók Emigrált, Deportált, Internált Csoportja *[Die Märtyrer der Feder, herausgegeben von der Gruppe der migrierten, deportierten, internierten ungarischen Journalisten]*. Budapest: 1947, S. 39f.

256 OZSM, DEGOB Protokoll 3.013.

257 Dokumentationsarchiv des Österreichischen Widerstandes, Wien (DÖW) E 17.846. Ähnliches passierte in Wels. Dort wurden zwei Häftlinge von der SS erschossen, nur weil sie sich einem Pferdewagen, der zum Kartoffelstecken aufs Feld fuhr, näherten. Die Leichen ließ man liegen, wo sie hinfielen. Ebenda. Dokumente zu den Fußmärschen in: Dokumentationsarchiv des österreichischen Widerstandes (Hg.): Widerstand und Verfolgung in Oberösterreich 1934-1945. Eine Dokumentation. Wien: 1982.

258 AMM Mauthausen-Chronik, April 1945. Am 28. April verzeichnete die Gendarmerie Wels den Durchzug von „ca. 9000 Häftlingen". „Viele kamen um oder wurden von der SS erschossen bzw. erschlagen." AMM J/5/9.

259 Schriftlicher Bericht von Judit Hruza (USA) an den Autor, 4. 7. 1996.

260 Sándor Mester (Hg.): A toll mártírjai, S. 30-40.

261 OZSM, DEGOB Protokoll 3.235.

262 OZSM, DEGOB Protokoll 1.052.

263 OZSM, DEGOB Protokoll 2.643.

264 OZSM, DEGOB Protokoll 3.036. „Es wimmelte geradezu unvorstellbar von Läusen. Wir hatten kein Wasser, man konnte sich nicht waschen. Es gab 0,45 l Rübenbrühe und 200 g Brot. Furchtbar viele starben vor Hunger. Ich brach dort zusammen." OZSM, DEGOB Protokoll 2.482.
„Die Todesfälle wurden nicht gemeldet, damit die ihnen zustehenden Essenrationen noch ein paar Tage bezogen werden konnten. Doch das war schrecklich, schon deswegen, weil die Läuse von den Leichen sofort auf die lebenden Nachbarn hinüberkletterten." OZSM, DEGOB Protokoll 1.846.

265 László Bóka: Magyar mártír írók antológiája *[Anthologie ungarischer Märtyrerschriftsteller]*. Budapest: 1946, S. 564f..

266 OZSM, DEGOB Protokoll 2423. Über Kannibalismus berichtet auch das Protokoll Nr. 485.

267 Lajos Márkus: Nincs irgalom...! *[Kein Erbarmen...!]*. Miskolc: Kultúra-Nyomda 1945, S. 80.

268 Ebd., S. 81.

269 Nach Aussage des Pkw-Fahrers Zoltán Bravmann (Häftlingsnummer 118.834) vom 4. Juli 1945 fuhr die Delegation mit dem BMW des SS-Hauptsturmführers zu den Amerikanern, die den Befehl gaben, die SS-Wachmannschaft solle die Waffen unverzüglich niederlegen und nach Lambach ziehen. OZSM, DEGOB Protokoll 762. Lázár Blumenthal aus Szeged erinnerte sich anders an seine letzten Stunden und Tage im Lager und gab zu Protokoll (16.07.1945): „Der Kommandant ließ die jüdischen Kapos zusammenrufen und zeigte ihnen ein Schreiben vom 3. Mai mit der Weisung, die dort befindlichen 15.000 Juden vernichten zu lassen. Er würde diesem Befehl keine Folge leisten, dafür verlange er aber von ihnen, ihn vor den Amerikanern zu rechtfertigen, damit er keine Probleme kriegt. Und es war dann auch so..." OZSM, DEGOB Protokoll 1.111, ferner auch Protokoll 1.283.

270 Einem wertvollen Quellenmaterial, den zeitgenössischen Aufzeichnungen von Ferenc Siklós zufolge, beinhaltete das Lebensmittelpaket pro Kopf 30-40 g Margarine, 20 g Schokolade, 10 g Zucker, je 2 EL Kondensmilch und Reis, je 3 EL Mehl und grüne Erbsen, 10 g Blättertee, 2 EL Sardinen, 2 Kekse, 4 Feigen sowie 1 EL indisches Gewürz. „Nach langen, langen Monaten

empfanden wir das erste Mal wieder, satt zu sein." Kopien dieser Aufzeichnungen befinden sich im Archiv des Holocaust Dokumentationszentrums Budapest, Schenkung von Péter Siklós, Collegium Hungaricum, Wien.

271 Roman Moser: Das Konzentrationslager (KZ) im alten Schulgebäude von Gunskirchen und im Hochholz sowie die schrecklichen Tage nach Kriegsschluß. Heimatbuch Gunskirchen. Gunskirchen: 1990, S. 136. Moser berichtet über den Unterschied im Benehmen der jüdischen Häftlinge des alten Schulgebäudes bzw. des eigentlichen Waldlagers nach ihrer Befreiung. Während letztere – sofern sie überhaupt gehen konnten – den Ort des Leidens friedlich verließen, wurden die anderen (polnische und ukrainische Häftlinge) oft gewalttätig und verübten in ihrer Trunkenheit an der Bevölkerung Mißhandlungen und Plünderungen. Mehrere Ortsbewohner wurden mit Messerstichen verletzt. Bürgermeister Hochhuber wurde am 15. 5. auf offener Straße erschossen. Der polnische Täter wurde dafür nicht zur Rechenschaft gezogen. Ebd., S. 139.

272 Szabolcs Szita: Utak a pokolból, S. 174-176.

273 United States Holocaust Memorial Museum, Washington D.C., RG. 09.006 01. Mein Dank für die Kopie des Dokuments gilt der Künstlerin Judit Schichtanz (New York).

274 Szabolcs Szita: Utak a pokolból, S. 176. Einem Artikel der Zeitung Világ (5. 8. 1945) zufolge wurde US-Sanitärleutnant Jack M. Sauter im Lager Gunskirchen von folgenden ungarischen Personen begleitet, informiert: Béla Bodó, Journalist, Pál Gábor, Grafiker, und Dávid Ney, Opernsänger.

275 Tanúim élnek. Részletek a Soá túlélőinek tanúvallomásaiból *[Meine Zeugen leben. Zeugenaussagen der Überlebenden der Shoa in Auszügen]*. Nir Galim: 1994, S. 80f..

276 Szabolcs Szita: Utak a pokolból, S. 176.

276 Hans Maršalek: Konzentrationslager Gusen. Ein Nebenlager des KZ Mauthausen. Eine Dokumentation. Wien: 1987, S. 6.

278 Ebd.

279 Ebd., S. 45.

280 Ausführlich darüber im Bericht von Pál Bródi OZSM, DEGOB Protokoll 2.643. Mehrere andere Überlebende beklagen wiederum in ihren Aussagen immer wieder den „nackten" Boden in den Baracken, den allgegenwärtigen Matsch und Kot. György Bányai zufolge hätten „die Baracken keinen Fußboden, waren halbfertig gebaut, durch ihre Fugen und Spalte regnete es rein" (OZSM, DEGOB Protokoll 2.743). Bei unseren wiederholten

Besichtigungen waren keinerlei Spuren von den Baracken bzw. ihren eventuellen Betonfundamenten aufzufinden.

281 „Bewegungen im KL Mauthausen", AMM E/6/5

282 Enno Georg: Die wirtschaftlichen Unternehmungen der SS (=Schriftenreihe der Vierteljahrshefte für Zeitgeschichte 7). Stuttgart: DVA 1963, S. 117.

283 AMM B/12/03/05, Operationsbuch des Häftlingsreviers im Lager Gusen mit insgesamt 462 numerierten Seiten, geführt vom 12. April 1943 bis 1. Mai 1945. Unter AMM B/12 Gusen I wird am 29. April 1944 über das Eintreffen eines ungarischen politischen Häftlings berichtet, Name und Häftlingsnummer sind unbekannt.

284 AMM M/1/9. Das Register „Unnatürliche Todesfälle", geführt von der Politischen Abteilung des Lagers, enthält weitere ungarische jüdische Opfer (ergänzt durch M/1/9): Hermann Grünwald, 8. 6. 1944., Selbstmord (Nr. 497); Jenő Radó, 13. 6., „auf der Flucht" erschossen (Nr. 500); ebenso Móric Niedermann am 22. (Nr. 504) und Pál Sonntag am 23.6. (Nr. 505); ebenfalls am 23.6. starb Dezső Salamon durch Freitod (Nr. 506). Miklós Komlós wurde am 25.6. von der SS-Wache „auf der Flucht" erschossen (Nr. 507), ebenso endeten am 26. Imre Kardos, Ödön Perl, Miklós Kain und József Flesch (Nr. 508-511), am 27. Gyula Perényi (Nr. 513) sowie am 28. Ferenc Katona (Nr. 521). Ebenfalls „auf der Flucht" löschte der tödliche Schuß am 4.7. Jenő Heimlers Leben aus (Nr. 524), Mendel Popovits wurde auf gleicher Weise am 7. (Nr. 530), Sándor Bley am 10. (Nr. 531) und Ernő Földes am 14.7. (Nr. 535) getötet. An diesem letztgenannten Tag „erhängte sich" Ernő Kain (Nr. 534), und dieselbe Todesart wählten angeblich auch Károly Lindenbaum am 29.7. (Nr. 547) bzw. Oszkár Sussmann am 5. 8. (Nr. 551). Sogar Namen und Chargen der SS-Wächter, die den Mordschuß abfeuerten, wurden präzise aufgelistet. (In der peniblen Statistik findet man neben Scharführern, Rottenführern und Unterscharführern auch SS-Zöglinge oder einfach SS-Schützen. Auf Seite 65 stößt man auf den Namen des SS-Pioniers Szépligeti: Er hat am 28. September 1944 „Erschießungen" durchgeführt.) Zwischen Nr. 587 und 1023 sind noch fünfzehn weitere ungarische Opfer registriert, als letztes (Nr. 1023) der am 6. April 1945 verstorbene László Szager.

285 OZSM, DEGOB Protokolle 2.783, 863., 1.285., 1.157., 1.353. u. 3.034.

286 OZSM, DEGOB Protokoll 1.285.

287 Emil Herczog: Egy év az életemből *[Ein Jahr aus meinem Leben]*. Tel Aviv: 1996, S. 37f., 102.

288 OZSM, DEGOB Protokoll 3.367.

289 „Zum Glück im Unglück durften wir mit Söhnen anderer Nationen

zusammenarbeiten. Wären die Juden an einem Ort geblieben, hätte man sie ohne Ausnahme vernichtet." OZSM, DEGOB Protokoll 3.034 (in deutscher Sprache).

290 OZSM, DEGOB Protokoll 944.

291 OZSM, DEGOB Protokoll 2.043. In einer anderen Baracke (in Gusen II) herrschte eine etwas andere Angewohnheit: „Wer krank gemeldet war, den hat man am Abend ausgezogen, seine Nummer auf die Brust geschrieben und ihn in der Nacht im Faß ertränkt. Diese Tötungsart habe ich mit meinen eigenen Augen gesehen. Jeden Morgen, wenn ich von der Arbeit kam, schaute ich nach, wie viele Juden getötet wurden." Aussage des Überlebenden Géza Moldován (Häftlingsnummer 67.871), OZSM, DEGOB Protokoll 491. Über diese Art der Kennzeichnung der Todeskandidaten mit Tintenstift berichtet auch das Protokoll 256.

292 AMM B/12/1.

293 AMM B/12 Gusen.

294 Ebd.

295 AMM M/1/5.

296 Ebd. Am 20. Oktober 1944 meldete Gusen den Tod zweier 17jähriger ungarischer Häftlinge. Am 31. Oktober starben 13 Ungarn den Gastod, darunter der 17 Jahre alte jüdische Vilmos Glück (Häftlingsnummer 67.939). Am 28. Dezember „erhängte sich" László Ábrahám (73.953) im Alter von 37 Jahren. Am 26. Februar 1945 beging der ebenfalls 37 Jahre alte István Fehér (123.391), der Ende Jänner mit einem ungarischen Transport nach Gusen gekommen war, „Selbstmord durch Erhängen".

297 AMM B/12/9a, B/12/32.

298 OZSM, DEGOB Protokoll 256.

299 Hans Maršalek: Konzentrationslager Gusen, S. 42.

300 Hans Maršalek: Die Geschichte des Konzentrationslager Mauthausen, S. 244.

301 Rainer Fröbe et al. (Hg.): Konzentrationslager in Hannover. KZ-Arbeit und Rüstungsindustrie in der Spätphase des Zweiten Weltkrieges. Bd. 2, Hildesheim: August Lax 1985, Dokumentaraufnahmen 106, 107.

302 Szabolcs Szita: Adatok a magyarok mauthauseni táboréletéhez (1944 október–1945 május) *[Daten zum Lagerleben der Ungarn in Mauthausen (Oktober 1944 – Mai 1945)]*. In: Holocaust Füzetek 11 (1999), S. 29.

303 AMM B/12/14/2. Der ehemalige Gusener Häftling Mór Grünstein erinnerte sich an einen weiteren Fall, eine offizielle Hinrichtung am Galgen. „Der Junge namens Vicei wurde gehenkt, weil er einen Pinsel gestohlen hat, um ihn gegen Lebensmittel zu tauschen. „Auch dieser Junge hungerte viel." OZSM, DEGOB

Protokoll 2.006.

304 Zwischen dem 28. Februar und 20. März 1945 wurden im Hauptlager 2.937 Kranke aus Gusen registriert. AMM H/6.

305 Pierre Serge Choumoff: Nationalsozialistische Massentötungen durch Giftgas auf österreichischem Gebiet 1940-1945. Wien: Bundesministerium für Inneres 2000 (=Mauthausen-Studien. Schriftenreihe der KZ-Gedenkstätte Mauthausen 1a)

306 Transportlisten von Neuzugängen zwischen dem 28. Februar und 20. März mit vielen ungarischen Namen: AMM E/13/7, E/13/8, E 13/9.

307 OZSM, DEGOB Protokoll 3.359. SS-Angehörige haben an diesem Tag außerdem einen ungarischen Juden „auf der Flucht" tödlich verletzt.

308 Hans Maršalek: Die Geschichte des Konzentrationslager Mauthausen, S. 246.

309 Aussagen von Ferenc Klein, wohnhaft in Pécs, gegenüber dem Autor, 18. Juni 1992 und 19. Juni 1997. Der ehemalige Häftling zeigte auch die zur Zeit seiner Zwangsarbeit aus Aluminium gefertigten Gebrauchsgegenstände: eine Zigarettendose, einen Löffel und ein vor den Kapos sorgfältig verstecktes schlichtes Messer. Der Ehrenpräsident der jüdischen Glaubensgemeinde Pécs verstarb 1998 im Alter von 84 Jahren. – Einige von ungarischen Häftlingen in Gusen gefertigte Gegenstände werden als Schenkung der Kommission der Verfolgten durch den Nazismus (Budapest) im Archiv der KZ-Gedenkstätte in Wien aufbewahrt (F/11 und Z/1/70, Nr. 25-28). Ein Schachbrett mit Figuren, ein Brillenetui aus Tannenrinde, hölzerne Stricknadeln, mit denen damals Socken und Pullover hergestellt wurden, sowie ein primitives Messer (die Benutzung von Messern war strengstens untersagt, Anm. des Autors).

310 In: Stanisław Dobosiewicz: Mauthausen – Gusen obóz zagłady [Vernichtungslager Mauthausen – Gusen]. Warszawa: Ministerstwa Obrony Narodowej 1977, S. 215.

311 Über die Überstellung von 846 jüdischen Häftlingen aus Gusen nach Mauthausen: AMM Mauthausen-Chronik, 24. April 1945.

312 AMM Mauthausen-Chronik.

313 Zu seiner beispiellose humanitären Tätigkeit: Friedrich Gägern: Der Retter von Mauthausen. Wien: Agathonverlag 1948. Die Geschichte der Befreiung von Gusen wurde auch von Jenő Lévai behandelt, Képes Újság, 3. Mai 1947.

314 AMM B/12/70.

315 Hans Maršalek: Konzentrationslager Gusen, S. 43.

316 Erinnerungsberichte. In: St. Georgener Heimatblätter 19 (September 1994).

317 Andreas Baumgartner: Die vergessenen Frauen von Mauthausen, S. 140. Am 3. Oktober 1944 verstarb eine der Frauen, die anderen wurden nach

abgeschlossener Lehre am 19. November nach Ravensbrück abtransportiert.

318 AMM K/4c/3.

319 Andreas Baumgartner: Die vergessenen Frauen von Mauthausen, S. 143 und 223.

320 Sein kurzer Lebenslauf ist nachzulesen bei Hans Maršalek: Die Geschichte des Konzentrationslager Mauthausen, S. 193f. Am 20. April 1945 wurde Streitwieser zum SS-Obersturmführer befördert.

321 Zeugenaussagen vor dem Wiener Landesgericht: Alois Rimi, 16. 12. 1946, und Josef Krakowski, 29. 12. 1946, DÖW VG 6c Vr 479/46. Pavela verschwand nach dem Krieg und konnte erst spät gefaßt werden. 1947 wurde er von dem amerikanischen General Military Governement Court in Dachau zu 25 Jahren Gefängnis verurteilt. Er beging sogar während seiner Strafzeit im Gefängnis von Landsberg mehrere Straftaten. 1955 wurde er jedoch freigelassen.

322 Darüber hinaus gab es im Besitz der Heinkel-Werke große Betriebe in Rostock, Dessau, Bernburg, Straßfurth und Oranienburg. Im August 1945 (!) sollten zwei neue Werke (in Wiener Neustadt bzw. Klagenfurt) in Betrieb genommen werden. Alfred Hiller: Heinkel He 162 „Volksjäger". Entwicklung – Produktion – Einsatz. Wien: 1984, S. 62.

323 Die Aussagen werden in den National Archives, Washington, Case 000-50-5-43, aufbewahrt.

324 AMM B/54/3.

325 Reinhard Steiner: Aspekte jüdischen Lebens im Ghetto von Lwow-Lemberg, S. 33.

326 Brief von Marian Siczynski an den Autor, Poznan, 5. September 1997; Totenbuch des Standortarztes Mauthausen (Mikrofilm), AMM Y/46.

327 OZSM, DEGOB Protokoll 1.424 (Protokollaussage in deutscher Sprache).

328 Befehl von Lagerkommandant Ziereis, siehe: Hans Maršalek: Die Geschichte des Konzentrationslager Mauthausen, S. 293.

329 SS-Rapportführer Büchners Meldung vom 31. März 1945 mit den Namen von 53 gestorbenen Häftlingen, AMM B/16/2c. Die Leichen wurden Anfang 1946 exhumiert und auf dem Wiener Zentralfriedhof – Gruppe 40, Zeile 3, Grab 34-46 – bestattet. Die Gräber waren bedauerlicherweise jahrzehntelang nicht gekennzeichnet, AMM B/16/5. Büchner hat am 31. März den Häftling Alois Brandtner (40.038) erschossen. Für seine mehrfachen Mordtaten wurde er später von einem französischen Militärgericht verurteilt und hingerichtet.

330 AMM B/16/2, B/16/3, B/16/6.

331 AMM K/4d/6.

332 Andreas Baumgartner: Die vergessenen Frauen von Mauthausen, S. 149.

333 AMM K/5/6.

334 AMM K/4d/4.

335 Vgl. *dazu auch den in den „Mauthausen-Erinnerungen" als Band 1 erschienenen Bericht von Clare Parker: Klaras Geschichte. Wien: Bundesministerium für Inneres 2006 (=Mauthausen-Erinnerungen. Schriftenreihe der KZ-Gedenkstätte Mauthausen 1), Anm. d. Hg.*

336 AMM Y/46.

337 AMM K/5/6. Mehrere österreichische Veröffentlichungen geben fälschlicherweise einen Höchststand von 565 Personen an.

338 Andreas Baumgartner: Die vergessenen Frauen von Mauthausen, S. 155, 224.

339 Hans Maršalek: Die Geschichte des Konzentrationslager Mauthausen, S. 75.

340 Die vom britischen Militärgericht verurteilten Personen waren: Jakob Winkler, Sigbert Ramsauer, Walter Brietzke, Paul Gruschwitz, Karl Sachse, Otto Bindrich, Friedrich Porschel, Flaig, Hugo Köbernik, Franz Kessner, Max Skirde und Johann Gärtner. Die Mindeststrafe belief sich auf drei Jahre. Zwei SS-Angehörige, Winkler und Brietzke, wurden hingerichtet.

341 In vollem Wortlaut veröffentlicht in: Florian Freund: Was „kostet" ein KZ-Häftling? Neue Dokumente zur Geschichte des KZ Loibl-Paß. In: DÖW Jahrbuch 1989. Wien: 1989, S. 37-51.

342 Es handelte sich vor allem um Prämienscheine, die gegen Zigaretten einzulösen waren. Damit wollte man die Arbeitsleistung an den Wochenenden erhöhen.

343 Wolfgang Bandion, Stephan Hilge und Cathrine Stukhard: Erinnern. Wien: Österreichische Lagergemeinschaft Mauthausen 1998, S. 126.

344 OZSM, DEGOB Protokoll 231.

345 Bertrand Perz: Projekt Quarz, S. 245.

346 Ebd., S. 250f.

347 Ebd., S. 253.

348 Archivum Panstwowe Muzeum Oswiecim-Brzezinka, Auschwitz (im Weiteren: APMO), D-Mau 3/9.

349 APMO D-Mau 3/1.

350 Laut eines am 3. August 1945 in Barcs verfaßten Briefes von Dr. Hugó Spitzer. Mein Dank gilt der Budapester Lehrerin Éva Munkácsi, die mir das Schreiben überließ. Das darin Geschilderte wurde von dem ungarischen Honorarkonsul Ferenc Péter (Naharia, Israel) in seinem an den Autor gerichteten Brief vom 27. Dezember 1996 bestätigt.

351 AMM M/6/1.

352 APMO D-Mau 2, 3, 3/1. Unter den ermordeten Opfern befand sich auch der 46-jährige István Szenes (Klausenburg).

353 APMO D-Mau 3/1.

354 Das 13 Jahre alte Schulkind László Tóth z.B. wurde zunächst beim
Kartoffelschälen eingesetzt, später arbeitete er beim Tunnelbau. OZSM,
DEGOB Protokoll 3.327.

355 OZSM, DEGOB Protokoll 96.

356 Auch Bertrand Perz erwähnt, dass es unter den Barackenschreibern ungarische
Juden gab. Er nennt keine Namen, zählt nur einige Berufe auf: Anwalt,
Mediziner, Schauspieler, Musiker. Projekt Quarz, S. 289.

357 OZSM, DEGOB Protokoll 3.550.

358 Pál Rácz erwähnte auch der Überlebende Zoltán Grünfeld. „[Mein
Landsmann] ließ mir so manches zukommen. Ich litt keinen Hunger und
wurde nicht schlecht behandelt.", OZSM, DEGOB Protokoll 400.

359 OZSM, DEGOB Protokoll 3.550.

360 Laut Zeugenaussagen der französischen Häftlingsärzte bei Prozessen, die nach
dem Krieg stattfanden. Bertrand Perz: Projekt Quarz, S. 431.

361 Ebd., S. 287f.

362 Aus den Memoiren Ferenc Péters: Az Angyalföldtől a Szentföldig [Von
Angyalföld bis zum Heiligen Land]. Naharia: 1997, S. 21.

363 AMM Mauthausen-Chronik.

364 OZSM, DEGOB Protokoll 225.

365 OZSM, DEGOB Protokoll 3.550.

366 AMM V/3/20.

367 Nach Zeugenaussagen im nach dem Zweiten Weltkrieg geführten Musikant-
Prozess, Bertrand Perz: Projekt Quarz, S. 434.

368 Laut Meldung vom 21. März 1945 waren von den 8.517 Häftlingen 843
jüdische und 777 nicht jüdische Kranke registriert. Die krank gemeldeten
Juden machten also 52 % aller Patienten aus, während ihr Anteil am
Gesamtstand des Lagers 26,9 Prozent betrug. AMM H/14/1.

369 Danuta Czech: Kalendarium, S. 975; vgl.: Bertrand Perz: Projekt Quarz, S.
239.

370 AMM P/6/4.

371 AMM E/13/1.

372 OZSM, DEGOB Protokoll 40.

373 Die einzelnen Angaben sind widersprüchlich. Bertrand Perz schätzt ihre Zahl
auf 3.500, Hans Maršalek schreibt anhand eines Rapportbuches von über
4.068 Eingeäscherten. Bertrand Perz: Projekt Quarz, S. 457. Vgl.: Hans
Maršalek: Die Geschichte des Konzentrationslager Mauthausen, S. 210. Die
Namenslisten der ungarischen Opfer wurden Ende 1946, Anfang 1947 in

„Képes Figyelő" in Fortsetzungen veröffentlicht. (Auszüge aus den Totenbüchern)

374 Bertrand Perz: Projekt Quarz, S. 314 u. 316.

375 Sándor Millok: A kínok útja, S. 134.

376 Ebd., S. 135.

377 Sándor Millok: A kínok útja, S. 136. In anderen Memoiren erwähnt er Imre Bálint als Vorsitzenden.

378 OZSM, DEGOB Protokoll 2.333.

379 Hans Maršalek: Die Geschichte des Konzentrationslager Mauthausen, S. 339.

380 Sándor Millok: A kínok útja, S. 137.

381 Világ, 23. Mai 1945.

382 Károly Rátkai: A két torony, S. 241.

383 AMM B/5/20, B/5/21.

384 AMM B/12/1, U/6/3, U/6/4, U/6/6.

385 Sándor Millok: A kínok útja, S. 142.

386 Károly Rátkai: A két torony, S. 238.

387 Népszava, 18. Mai 1945; Világ, 22./23. Mai 1945.

388 „Alle bekannten sich bis zum Schluss zum Ungartum." Parragi György in: Világ, 23. Mai 1945.

389 Hans Maršalek: Die Geschichte des Konzentrationslager Mauthausen, S. 342f.

390 Sándor Millok: A kínok útja, S. 163.

391 Gottfried Fliedl et al.: Gutachten über die zukunftige Entwicklung der Gedenkstätte Mauthausen. Wien: 1991, S. 28f.

392 Sándor Millok: A kínok útja, S. 162.

393 Magyar Nemzet, 20. Mai 1945. Über die Ankunft von Dr. Domonkos, über seine Behandlung im Krankenhaus. László Rajks Heimkehr: György Markos: Vándorló fegyház. Budapest: Magvető, 1971. S. 403-465.

394 Sándor Millok: A kínok útja, S. 163. Am 21. Mai erreichten sie Baden bei Wien, wo sie bis 9. Juni in sowjetischer Haft waren. Generaloberst Géza Lakatos, ehemaliger Ministerpräsident, traf sich dort mit ihnen. Bakay befand sich in einem „stark mitgenommenen" Zustand. Géza Lakatos: Ahogyan én láttam. Budapest: Európa-História 1992.

395 Magyar Nemzet, 24. Mai 1945.

396 Árpád Pünkösti: Rákosi a hatalomért: 1945-1948. Budapest: Európa, S. 215.

397 Die Dokumentation über den Sanitätszug Nr. 1 stellte Dr. István Geszterédy zusammen. Sie wurde 1985 ins Új Magyar Központi Archiv aufgenommen: Nummer XXXII-6.

398 Demokrácia, 28. Mai 1945.

399 Népszava, 1. Juni 1945; Világ, 2. Juni 1945.

400 Világ, 29. Mai 1945.

401 Magyar Nemzet, 10. Juni 1945.

402 Demokrácia, 21. Mai 1945.

403 Szabadság, 9. Mai 1945.

404 Eine während des Ersten Weltkriegs in den USA gegründete Hilfsorganisation.

405 Szabadság, 19. April 1945.

406 Világ, 30. Mai 1945.

407 Magyar Nemzet, 10. Juni 1945. Die Deportation von Vázsonyi nach Auschwitz
erwähnt György Vámos in seinem Buch Emlékezések, S. 96.

408 Die Statistik des Landesfürsorgekomitees der Deportierten bis 31. Dez. 1945
befindet sich im „Magyar Zsidó Levéltár" (Ungarisches Jüdisches Archiv).

409 Belügyminisztérium Közigazgatási Irattára (Archiv des Innenministeriums -
BMKI), Schriftstücke der Staatssicherheitsabteilung der ungarischen
Staatspolzei, Oberkommandantur Budapest Nr. 506/1946.

410 Ebd.

411 Világ, 26. Juni 1945.

412 Miklós Bényei,: Menekültek Értesítője – egy elveszettnek hitt lap 1945-ből
[Flüchtlingsbenachrichtigung – Ein verschollenes Blatt aus 1945]. In: Magyar
Könyvszemle 4 (1986). Im Feber 1945 gab in Debrecen das Ungarische Rote
Kreuz ein Wochenblatt mit dem Titel „Hol vagy?" heraus. Magyar
Könyvszemle 4 (1986), S. 322-324.

413 Tamás Stark: Zsidóság a vészkorszakban és a felszabadulás után 1939-1955
[Judentum in der Zeit der Shoa und nach der Befreiung 1939- 1955]. Budapest:
1995, S. 34.

414 Ádám Reviczky: Vesztes háborúk, megnyert csaták, S. 667. Der Autor erhielt
für 15 kg Schnittabak in Mauthausen eine Lokomotive mit vier Wagons samt
Personal und brachte so 200 Ungarn nach Hause.

415 Rita Horváth: A Magyarországi Zsidó Deportáltakat Gondozó Országos
Bizottsága (DEGOB) története *[Die Geschichte des Landefürsorgekomitees der
deportierten jüdischen Ungarn]*. In: Magyar Zsidó Levéltári Füzetek *[Hefte des
Archivs der ungarischen Juden]* 1 (1997), S. 29-37.

416 Braham, Randolph L.: A magyar holocaust *[Der ungarische Holocaust]*. Bd. 2,
Budapest: 1998, S. 458, 479. Die Personaldaten des DEGOB nach Rita
Horváth: A Magyarországi Zsidó Deportáltakat, S. 41.

417 Diese Frage behandelt Károly Vigh: A szlovákiai magyarság kálváriája 1945-
1948 *[Der Leidensweg der Ungarn in der Slowakei]*. Budapest: Püski 1998, S.
76-89.

418 Örökmécses. Sahy-Ipolyság és környéke mártírjainak emlékére *[Das Ewige Licht. Zu Ehren der Märtyrer in Sahy-Ipolyság und Umgebung]*. Nahariya: 1994, S. 109f.

419 Károly Vigh: A szlovákiai magyarság kálváriája 1945-1948, S. 80.

420 Magyar Nemzet, 30. Juli 1945.

421 Sipos, Péter (Hg.): Magyarország a második világháborúban. Lexikon A-ZS *[Ungarn im Zweiten Weltkrieg. Lexikon A-ZS]*. Budapest: 1996, S. 101.

422 Magyar Nemzet, 30. Juli 1945.

423 Magyar Nemzet, 28. Juli 1945. Abteilung für Staatsverwaltung der Budapester Ungarischen Staatspolizei.

424 Világ, 5. August 1945.

425 OZSM, DEGOB Protokoll 2.333.

426 Új Ember, 26. August 1945.

427 Világ, 14. August 1945.

428 Béla Vihar (Hg.): Sárga könyv. Adatok a magyar zsidóság háborús szenvedéseiből 1941-1945 *[Daten über die Kriegsleiden der ungarischen Juden 1941-1945]*. Budapest: Hechaluc 1945.

429 Világ, 2. September 1945; Magyar Nemzet, 10. September 1945.

430 Magyar Nemzet, 6. September 1945.

431 Leonard Dinnerstein: America and the Survivors of the Holocaust. New York: Columbia Univ. Press 1982, S. 22f.

432 Thomas Albrich: Exodus durch Österreich. Die jüdischen Flüchtlinge 1945-1948. Innsbrucker Forschungen zur Zeitgeschichte. Bd. 1, Innsbruck: 1987, S. 12.; Christine Oertel: Juden auf der Flucht durch Austria. Jüdische displaced persons in der US-Besatzungszone Österreichs. Wien: Werner Eichbauer 1999, S. 25.

433 Archiv Internationales Rotes Kreuz, Genf G. 3/26 f. Note de Monsieur Briquet, Delegue du C.I.C.R. a Linz.

434 Zusammengestellt von Láng, György und Ádám, István.

435 Alpenjäger-Lager, 20. Juni 1945.

436 MOL XXXIII-5-c. 1.d.

437 Alpenjäger-Lager, 12./13. Juli 1945. Inschrift auf dem Denkmals an den bis heute gepflegten Gräbern: „Hier ruhen 1032 politische Kriegsopfer aus dem Jahre 1945." In den Inschriften auf jenen jüdischen Gräbern, die nach 1945 Grabsteine erhielten, ist meist nur von „politischen Opfern" oder „Kriegsopfern" zu lesen.

438 Hörschinger Lagerzeitung, 26. Juni 1945, S. 3. In der Umgebung gab es wohlhabende Bauern.

439 Ebd., S. 16.

440 Szabolcs Szita: Utak a pokolból, S. 191.

441 a Magyar Harcosok Bajtársi Közössége Hadifogolyszolgálata a Hungária közreműködésével (Hg.): Fehér könyv a Szovjetunióba elhurcolt hadifoglyok és polgári deportáltak helyzetéről *[Weißbuch über die in die Sowjetunion deportierten Kriegsgefangenen und Bürger]*. Budapest: Hungária o. J., S. 36f.

442 Die überlebenden Szepes, Andorné, Frischmann, Henriett aus Budapest am 24. Jänner 2000, und laut der Aufzeichnungen der Überlebenden Kornfein, Ferencné, Steiner, Magda aus Sopron. Deren wissenschaftliche Aufarbeitung: Dieter Vaupel: Spuren, die nicht vergehen. Kassel: Ekopan Verlag 1990, S. 142. Laut eines in dieser Arbeit veröffentlichten Interviews erreichten die Frauen Budapest am 25. Oktober.

443 Memoiren der Ärztin Dr. Hruza, Judit (USA), Juni 2000, unter dem Titel „Napló", Holocaust Dokumentációs Központ, Budapest.

444 Szabadság, 24. November 1945.

445 Rita Horváth: A Magyarországi Zsidó Deportáltakat, S. 25.

446 Nicht wenige ließen sich wegen der schlechten Erfahrungen der früheren Jahre nicht registrieren. Diese Frage behandelt Tamás Stark: Zsidóság a vészkorszakban és a felszabadulás után 1939-1955, S. 52f.

447 Ebd., S. 25f.

448 Képek az elhurcoltakról: Auschwitz, Bergen-Belsen, Buchenwald, Dachau, Budapest. Budapest: Fasiszták Által Elhurcoltakat Segítő Biz. 1945, S. 16.

449 MOL, Külügyminisztérium Békeelőkészítő Oszt *[Abteilung zur Vorbereitung des Friedensvertrages im ungarischen Außenministerium]* XIXj-1-a II/21, 555-566.

450 Diese Frage behandelt László Karsai: Magyarország a Holocaust után? *[Ungarn nach dem Holocaust]*. In: Világosság 1 (1992), S. 54-61.

451 Világ, 23. Dezember 1945.

452 Ebd., vgl.: Gyula Vargyai und János Almási (Hg.): Magyarország 1944, S. 208-216.

453 Képes Figyelő, 25. Mai 1946, Világosság, 5. und 7. Mai 1946.

454 Világ, 28. Dezember 1945. Der Hauptmann mit der SS-Nummer 77.379 wurde wegen seiner Taten von einem amerikanischen Kriegsgericht verurteilt und am 27. Mai 1947 in Dachau exekutiert.

455 Elek Karsai und László Karsai: A Szálasi per *[Der Szálasi Prozess]*. o.O.: Reform 1988, S. 599f.

456 Demokrácia, 7. April 1946.

457 Világ, 10. März 1946.

458 Vom Grab von 46 Deportierten wurde in Lambach berichtet. Új Élet, 17. Oktober 1946.

459 Haladás, 19. Dezember 1946.

460 Magyar Nemzet, 23. März 1946.

461 Szabadság, 9. April 1946. Vortrag an der politischen Akademie der MKP
(Kommunistische Partei Ungarns).

462 György Gyarmati (Hg.): Trezor 1. A Történeti Hivatal évkönyve 1999.
Budapest: Történeti Hivatal 1999, S. 74.

463 János József Gudenus und László Szentirmay: Összetört címerek. A magyar
arisztokrácia sorsa és az 1945 utáni megpróbáltatások *[Gebrochene Wappen. Das
Schicksal der ungarischen Aristokratie und deren Schwierigkeiten nach 1945]*.
Budapest: Mozaik 1989, S. 107-110.

464 BMKI, A magyar államrendőrség budapesti főkapitánysága államrendészeti
osztálya *[Staatssicherheitsabteilung der ungarischen Staatspolizei,
Oberkommandantur Budapest]* 853/1946.

465 Világosság, 28. April 1946. Die interessanten Prozesse der Mauthausener
Deportierten.

466 Bakay wurde in Moskau am 18. Oktober 1991 rehabilitiert.

467 Iván Lajos: Németország háborús esélyei a német szakirodalom tükrében *[Die
Kriegschancen Deutschland aus der Sicht der deutschen Fachliteratur]*. Pécs:
Dunántúl Pécsi Egyetemi 1939. Gábor Murányi schrieb über Iván Lajos'
Schicksal in der Heti Világgazdaság *[Wöchentliche Weltwirtschaft]*, 30. August
1997, S. 67-69.

468 So Tamás Stark: Zsidóság a vészkorszakban és a felszabadulás után 1939-1955
[Judentum in der Zeit der Shoa und nach der Befreiung 1939- 1955]. Budapest:
1995, S. 35.

469 Die genaue Statistik wurde veröffentlicht in: Tamás Stark: Zsidóság a
vészkorszakban és a felszabadulás után 1939-1955, 63f.

470 Képes Figyelő, 1. Juni 1946.

471 Magyar Nemzet, 10. Juni 1946.

472 Ki így zsidózik, ki úgy... Parragi hogyan? *[Der eine schimpt über die Juden so, der
andere so... Wie macht es Herr Parragi?]* Szabadság, 6. September 1946.

473 Rita Horváth: A Magyarországi Zsidó Deportáltakat, S. 51.

474 Világosság, 8. August 1946.

475 Világosság, 7. September 1946.

476 Károly Vigh: A szlovákiai magyarság kálváriája 1945-1948, S. 89.

477 MOL XXXIII-5-c. 1.d.

478 Vértes, Róbert (Hg.): Magyarországi zsidótörvények és rendeletek 1938-1945
[Die ungarischen Judengesetze und –Verordnungen 1938-1945]. Budapest:
PolgArt 1997, S. 364f.

479 Ebd., S. 371-380.
480 Világosság, 5. Oktober 1946.
481 Új Élet, 17. Oktober 1946.
482 Magyar Nemzet, 20. Oktober 1946.
483 Rita Horváth: A Magyarországi Zsidó Deportáltakat, S. 25 u. 39.
484 BMKI, Magyar Államrendőrség Budapesti Főkapitánysága Államrendészeti Osztály *[Staatssicherheitsabteilung der ungarischen Staatspolizei, Oberkommandantur Budapest]* 853/1945.
485 Független Magyarország, 8. Juli 1946, Világosság, 29. Oktober 1946. Világosság berichtete am 24. November auch davon, dass die aus Mauthausen zurückgekehrten Arbeitsdienstler der 201. Kompanie einander suchen.
486 Szabolcs Szita: A Magyar Gyáriparosok Országos Szövetsége. A GYOSZ kiépítése és tevékenysége 1902- től 1948-ig *[Landesvereinigung der ungarischen Fabrikbesitzer. Der Ausbau und die Tätigkeit des GYOSZ von 1902 – 1948].* Budapest: MGYOSZ 1997, S. 139f.
487 Nemzetgyűlési Napló, 3. Oktober 1946.
488 Ferenc Szabó: Pusztulás és újjászületés *[Untergang und Wiedergeburt].* Valóság 11 (1988), S. 69.
489 Képes Figyelő, 22. Dezember 1945, S. 94.
490 Yehuda Bauer: Flight and Rescue. New York: Brichah Random House 1970, S. 295. Er meint, dass 1948 und 1949 insgesamt 30.000 Juden aus Ungarn geflüchtet sind.
491 Ávihu Ronén: Harc az életért. Cionista ellenállás Budapesten-1944 *[Kampf um das Überleben. Zionistischer Widerstand in Budapest 1944].* Budapest: Belvárosi Könyvkiadó 1998, S. 323.
492 Ágnes Heller: A holocaust és a nemzedékek. *[Der Holocaust und die Generationen].* Múlt és Jövő *[Vergangenheit und Zukunft]* 3 (1999), S. 15-19.
493 Diese Frage behandelt Viktor Karády: A Shoah, a rendszerváltás és a zsidó azonosságtudat válsága Magyarországon *[Die Krise der Shoa, des Systemwechsels und des jüdischen Identitätsbewusstseins in Ungarn].* In: Zsidóság, azonosságtudat, történelem *[Judentum, Identitätsbewusstsein, Geschichte].* o.O.: 1992, S. 31-38.
494 Képes Figyelő, 21. Dezember 1946.
495 Szabadság, 6. April 1947.
496 MOL XXXIII-5-c. 1.d., Neue Zeit, Nr. 267, 18. 11. 1946.
497 MOL XXXIII-5-c. 1. d., Képes Figyelő, 14. Juni 1947.
498 Képes Figyelő, 5. Juli 1947.
499 Haladás, 31. August 1947.

500 Peyer wurde vom Volksgericht (Vorsitzender Jankó) in Abwesenheit wegen Verschwörung zu acht Jahren Zuchthaus verurteilt.
501 Képes Figyelő, 20. Dezember 1947.
502 Neue Zeit, 8. 5. 1948. Nr. 107.
503 Interview mit Menczer Gusztáv, dem Vorsitzenden des Bundes der Häftlinge und Zwangsarbeiter in der Sowjetunion am 25. Jänner 2000; János Rózsás: Gulag lexikon *[Gulag Lexikon]*. Budapest: Püski 2000, S. 177 u. 276.
504 Nach der Zeit in den sibirischen Lagern wurde er am 20. November 1955 der ungarischen Exekutive übergeben. Aus dem Gefängnis Jászberény wurde er am 30. Mai 1956 entlassen. Später wurde er vom obersten Gerichtshof der Sowjetunion mangels Straftat rehabilitiert. János Rózsás: Gulag lexikon, S. 276.
505 Képes Figyelő, 24. Dezember 1949, S. 11

ANHANG

Bibliographie

Albrich, Thomas: Exodus durch Österreich. Die jüdischen Flüchtlinge 1945-1948. Innsbrucker Forschungen zur Zeitgeschichte. Bd. 1, Innsbruck: 1987.

Almásy, Pál: Sopronkőhidai napló *[Tagebuch Sopronkőhida]*. Budapest: Magvető 1984.

a Magyar Harcosok Bajtársi Közössége Hadifogolyszolgálata a Hungária közreműködésével (Hg.): Fehér könyv a Szovjetunióba elhurcolt hadifoglyok és polgári deportáltak helyzetéről *[Weißbuch über die in die Sowjetunion deportierten Kriegsgefangenen und Bürger]*. Budapest: Hungária o. J.

Antal, László (Hg.): Ego sum gallicus captivus. Francia menekültek Magyarországon *[Ego sum gallicus captivus. Französische Flüchtlinge in Ungarn]*. Budapest: Európa 1980.

Arnberger, Heinz: Das Arbeitserziehungslager Oberlanzendorf. In: Dokumentationsarchiv des österreichischen Widerstandes (Hg.): Widerstand und Verfolgung in Niederösterreich. Bd. 2, Wien: 1987, S. 573-586.

Baljós a menny felettem. Vallomások a szombathelyi zsidóságról és a soáról *[Unheilverkündender Himmel über mir. Erinnerungen an Judentum und Shoa in Szombathely]*. Szombathely: 2001.

Balogh, István: 185 lépcsőfok *[185 Stufen]*. Budapest: Kossuth 1972.

Balogh, Margit: A sopronkőhidai „hűtlenek" *[Die „Untreuen" von Sopronkőhida]*. In: Hadtörténelmi Közlemények 3 (1989).

Bandion, Wolfgang, Stephan Hilge und Cathrine Stukhard: Erinnern. Wien: Österreichische Lagergemeinschaft Mauthausen 1998.

Bangha, Ernő: A magyar királyi testőrség 1920-1944 *[Das ungarische königliche Gardekorps 1920-1944]*. Budapest: Európa 1990.

Barátok a bajban. Lengyel menekültek Magyarországon 1939-1945 *[Freunde in Bedrängnis. Polnische Flüchtlinge in Ungarn 1939-1945]*. Budapest: Európa 1985.

Bauche, Ulrich, Heinz Brüdigam, Ludwig Eiber und Wolfgang Wiedey (Hg.): Arbeit und Vernichtung. Das Konzentrationslager Neuengamme 1938-1945, Katalog zur Ausstellung im Dokumentenhaus der KZ-Gedenkstätte Neuengamme. Hamburg:

VSA 1991.

Bauer, Yehuda: Flight and Rescue. New York: Brichah Random House 1970.

Baumgartner, Andreas: Die vergessenen Frauen von Mauthausen. Die weiblichen Häftlinge des Konzentrationslagers Mauthausen und ihre Geschichte, Wien: Verlag Österreich 1997.

Bay, Zoltán: Az élet erősebb *[Das Leben ist stärker]*. Debrecen-Budapest: Csokonai-Püski 1990.

Bényei, Miklós: Menekültek Értesítője – egy elveszettnek hitt lap 1945-ből *[Flüchtlingsbenachrichtigung – Ein verschollenes Blatt aus 1945]*. In: Magyar Könyvszemle 4 (1986).

Beyer, Wilhelm R. (Hg.): Rückkehr unerwünscht. Joseph Drexels „Reise nach Mauthausen" und der Widerstandskreis Ernst Niekisch. Stuttgart: Deutsche Verlags-Anstalt 1978.

Boisson, Jean: A rózsaszín háromszög. A homoszexuálisok deportálása (1933-1945) *[Der rosarote Winkel. Deportation von Homosexuellen (1933-1945)]*. Budapest: Európa 1991.

Bóka, László: Magyar mártír írók antológiája *[Anthologie ungarischer Märtyrerschriftsteller]*. Budapest: 1946.

Bokor, Péter: Végjáték a Duna mentén. Interjú dr. Trenkerrel *[Endspiel an der Donau. Interview mit Dr. Trenker]*. Budapest: 1982.

Bornemann, Manfred: Geheimprojekt Mittelbau. Vom zentralen Öllager des Deutschen Reiches zur größten Raketenfabrik im Zweiten Weltkrieg. Bonn: Bernard u. Graefe 1966.

Boros, Zsuzsa: Francia hadifoglyok Magyarországon *[Französische Flüchtlinge in Ungarn]*. In: Történelmi Szemle 3-4 (1973).

Braham, Randolph L. (Hg.): Destruction of Hungarian Jewry. New York: Twayne 1963.

Braham, Randolph L.: A magyar holocaust *[Der ungarische Holocaust]*. Bd. 2, Budapest: 1998.

Buchinger, Manó: Gestapo-banditák bűnhalmazata. Tizennégy hónap a hitleri koncentrációs táborban *[Verbrechen von Gestapo-Banditen. Vierzehn Monate in Hitlers Konzentrationslager]*. Budapest: 1945.

Burger, Adolf: A hamisító csoport *[Das Fälscherkommando]*. Budapest: Kossuth 1986.

Burger, Adolf: Des Teufels Werkstatt. Die größte Geldfälscheraktion der Weltgeschichte. Berlin: Verlag Neues Leben 1977.

Choumoff, Pierre Serge: Nationalsozialistische Massentötungen durch

Giftgas auf österreichischem Gebiet 1940-1945. Wien:
Bundesministerium für Inneres 2000 (=Mauthausen-Studien.
Schriftenreihe der KZ-Gedenkstätte Mauthausen 1a)

Czech, Danuta: Kalendarium der Ereignisse im Konzentrationslager
Auschwitz-Birkenau 1939-1945. Reinbek bei Hamburg: Rowohlt
1989.

Dinnerstein, Leonard: America and the Survivors of the Holocaust.
New York: Columbia Univ. Press 1982.

Dobosiewicz, Stanisław: Mauthausen – Gusen obóz zagłady
[Vernichtungslager Mauthausen – Gusen]. Warszawa: Ministerstwa
Obrony Narodowej 1977.

Dokumentationsarchiv des österreichischen Widerstandes (Hg.):
Widerstand und Verfolgung in Oberösterreich 1934-1945. Eine
Dokumentation. Wien: 1982

DÖW-Mitteilungen 142 (Juli 1999).

Edelsheim, Gyulai Ilona: Becsület és kötelesség I. 1918-1944
[Ehrlichkeit und Verpflichtung Bd. I, 1918-1944]. Budapest: Európa
2001.

Emlékezések. A koncentrációs táborok felszabadításának ötvenedik
évfordulójára *[Rückblicke. Zur 50. Wiederkehr der Befreiung der
Konzentrationslager]*. Budapest: Holocaust Dokumentációs
Központ 1995.

Erinnerungsberichte. In: St. Georgener Heimatblätter 19 (September
1994).

Ezsöl, Adolf: Arbeiterziehungslager Oberlanzendorf 1939-45. In:
Rundschau für die Bezirke Schwechat, Bruck a. d. Leitha und
Hainburg, 25. Aug. 1982.

Fliedl, Gottfried et al.: Gutachten über die zukünftige Entwicklung der
Gedenkstätte Mauthausen. Wien: 1991.

Freund, Florian: Arbeitslager Zement. Das Konzentrationslager Ebensee
und die Raketenrüstung, Wien: Verlag für Gesellschaftskritik 1991.

Freund, Florian: Konzentrationslager Ebensee. Ein Außenlager des KZ
Mauthausen. Wien: DÖW 1990.

Freund, Florian: Was „kostet" ein KZ-Häftling? Neue Dokumente zur
Geschichte des KZ Loibl-Paß. In: DÖW Jahrbuch 1989. Wien:
1989.

Fröbe, Rainer et al. (Hg.): Konzentrationslager in Hannover. KZ-Arbeit
und Rüstungsindustrie in der Spätphase des Zweiten Weltkrieges.

Bd. 2, Hildesheim: August Lax 1985.

Gägern, Friedrich: Der Retter von Mauthausen. Wien: Agathonverlag 1948.

Gazsi, József: A 107/302. munkaszolgálatos század ellenállási kísérlete *[Widerstandsversuch der Arbeitskompanie 107/302]*. In: Hadtörténelmi Közlemények 1971.

Georg, Enno: Die wirtschaftlichen Unternehmungen der SS (=Schriftenreihe der Vierteljahrshefte für Zeitgeschichte 7). Stuttgart: DVA 1963.

Godó, Ágnes: Magyar-lengyel kapcsolatok a második világháborúban *[Ungarisch-polnische Beziehungen im 2. Weltkrieg]*. Budapest: 1976.

Gosztonyi, Péter: Légiveszély! *[Fliegeralarm!]*. Budapest: Népszava 1989.

Gudenus, János József und László Szentirmay: Összetört címerek. A magyar arisztokrácia sorsa és az 1945 utáni megpróbáltatások *[Gebrochene Wappen. Das Schicksal der ungarischen Aristokratie und deren Schwierigkeiten nach 1945]*. Budapest: Mozaik 1989.

György Gyarmati (Hg.): Trezor 1. A Történeti Hivatal évkönyve 1999. Budapest: Történeti Hivatal 1999.

Halász, JenQ: Budapest ... Mauthausen ... New York. La Gardia's ungarische Kontakte. In: Igazság 14 (Mai 1946).

Haraszti, Éva: Miért nem ült Horthy Miklós a háborús bűnösök padján? *[Warum saß Miklós Horthy nicht auf der Klagebank der Kriegsverbrecher?]*. In: História 5-6 (1990).

Hárfenesz, Jechezékel: Lágernapló 1944-1945 *[Lagertagebuch 1944/45]*. Budapest: Pesti Szalon o.J.

Heller, Ágnes: A holocaust és a nemzedékek. *[Der Holocaust und die Generationen]*. Múlt és Jövő *[Vergangenheit und Zukunft]* 3 (1999).

Herczog, Emil: Egy év az életemből *[Ein Jahr aus meinem Leben]*. Tel Aviv: 1996.

Hetényi-Varga, Károly: Akik küzdöttek az igazságért *[Sie kämpften um Gerechtigkeit]*. Budapest: Ecclesia 1985.

Hiller, Alfred: Heinkel He 162 „Volksjäger". Entwicklung – Produktion – Einsatz. Wien: 1984.

Hollós, Ervin: Rendőrség, csendőrség, VKF 2 *[Polizei, Gendarmerie, VKF 2]*. Budapest: Kossuth 1971.

Holocaust Füzetek *[Holocaust Nachrichten]* 5 (1996).

Horváth, Miklós (Hg.): Budapest története V *[Die Geschichte von Budapest, Bd. V]*. Budapest: Akadémiai Kiadó 1980.

Horváth, Rita: A Magyarországi Zsidó Deportáltakat Gondozó Országos Bizottsága (DEGOB) története *[Die Geschichte des Landefürsorgekomitees der deportierten jüdischen Ungarn]*. In: Magyar Zsidó Levéltári Füzetek *[Hefte des Archivs der ungarischen Juden]* 1 (1997).

Höttl, Wilhelm: Einsatz für das Reich. Im Auslandsgeheimdienst des Dritten Reichs. Koblenz: Siegfried Bublies 1997.

Juhász, Gyula et al.: A Wilhelmstrasse és Magyarország. Német diplomáciai iratok Magyarországról 1933-1944 *[Wilhelmstraße und Ungarn. Dokumente der deutschen Diplomatie aus Ungarn 1933-1944]*. Budapest: Kossuth 1968.

Kádár, Gábor/Vági, Zoltán: Aranyvonat. Fejezetek a zsidó vagyon történetéből *[Goldzug. Abschnitte von der Geschichte des jüdischen Vermögens]*. Budapest: Osiris 2001.

Kállay, Miklós: Magyarország miniszterelnöke voltam 1942-1944 *[Ich war Ungarns Ministerpräsident 1942-1944]*. Budapest: Európa 1991

Karády, Viktor: A Shoah, a rendszerváltás és a zsidó azonosságtudat válsága Magyarországon *[Die Krise der Shoa, des Systemwechsels und des jüdischen Identitätsbewusstseins in Ungarn]*. In: Zsidóság, azonosságtudat, történelem *[Judentum, Identitätsbewusstsein, Geschichte]*. o.O.: 1992.

Karsai, Elek und Karsai, László: A Szálasi per *[Der Szálasi Prozess]*. o.O.: Reform 1988.

Karsai, László: Kislány rövid copfokkal, aranyszínű mackóval *[Mädchen mit kurzen Zöpfen und einem goldbraunen Teddybär]*. In: Kritika 9 (1990), S. 26-30.

Karsai, László: Magyarország a Holocaust után? *[Ungarn nach dem Holocaust]*. In: Világosság 1 (1992).

Karsai, Elek und Ilona Benoschofsky (Hg.): Vádirat a nácizmus ellen. Dokumentumok a magyarországi zsidóüldözés történetéhez *[Klageschrift gegen den Nazismus. Dokumente zur Judenverfolgung in Ungarn]*. Bd. 3, Budapest: MIOK 1967.

Karsai, László und Judit Molnár (Hg.): Az Endre-Baky-Jaross per *[Der Prozeß Endre-Baky-Jaross]*. Budapest: Cserépfalvi 1994.

Kendler, Edeltraud: Nie wieder! Das Konzentrationslager Ebensee. Eine Dokumentation, Bad Ischl: Blick-Verlag o. J.

Képek az elhurcoltakról: Auschwitz, Bergen-Belsen, Buchenwald, Dachau, Budapest. Budapest: Fasiszták Által Elhurcoltakat Segítő

Biz. 1945.

Kerényi, Grácia: Utazások könyve *[Buch der Reisen]*. Budapest: Szépirodalmi Könyvkiadó 1978.

Konzentrationslager Buchenwald. Bericht des internationalen Lagerkomitees Buchenwald. Weimar: o.J.

Kovács, Mária: Liberalizmus, radikalizmus, antiszemitizmus. A magyar orvosi, ügyvédi és mérnöki kar politikája 1867 és 1945 között *[Liberalismus, Radikalismus, Antisemitismus. Die Politik der Körperschaften ungarischer Ärzte, Anwälte und Ingenieure zwischen 1867 und 1945]*. Budapest: 2001.

Laffitte, Jean: Die Lebenden. Berlin: Dietz 1950.

Lagergemeinschaft Neuengamme (Hg.): So ging es zu Ende... Neuengamme. Dokumente und Berichte. Hamburg: Kristeller 1960.

Lajos, Iván: Németország háborús esélyei a német szakirodalom tükrében *[Die Kriegschancen Deutschland aus der Sicht der deutschen Fachliteratur]*. Pécs: Dunántúl Pécsi Egyetemi 1939.

László, Károly: Az út Auschwitz felé *[Der Weg nach Auschwitz]*. Panderma: 1997.

Launay, Jacques de und Jean-Michel Charlier: Feketepiac és hamis pénz a Harmadik Birodalomban *[Schwarzmarkt und Falschgeld im Dritten Reich]*. Budapest: Európa 1989.

Lévai, Jenő: Ebensee hóhéra *[Der Henker von Ebensee]*. In: Magyar Nemzet, 8. Juni 1973.

Lévai, Jenő: Fekete könyv a magyar zsidóság szenvedéseiről *[Schwarzbuch der Leiden des ungarischen Judentums]*. Budapest: Officina 1946.

Litván, József: Ítéletidő *[Unwetter]*. Budapest: Tekintet könyvek o.J.

Loidl, Franz: Entweihte Heimat. KZ Ebensee. Linz: H. Muck 1945.

Márkus, Lajos: Nincs irgalom...! *[Kein Erbarmen...!]*. Miskolc: Kultúra-Nyomda 1945.

Maršalek, Hans: Die Geschichte des Konzentrationslager Mauthausen. Dokumentation. Wien, Linz: Österreichische Lagergemeinschaft 1980 (sowie dritte Auflage 1995).

Maršalek, Hans: Konzentrationslager Gusen. Ein Nebenlager des KZ Mauthausen. Eine Dokumentation. Wien: 1987.

Mester, Sándor (Hg.): A toll mártírjai. A Magyar Újságírók Emigrált, Deportált, Internált Csoportja *[Die Märtyrer der Feder, herausgegeben von der Gruppe der migrierten, deportierten, internierten ungarischen Journalisten]*. Budapest: 1947.

Millok, Sándor: A kínok útja (Budapesttől Mauthausenig) *[Der Leidensweg (Von Budapest bis Mauthausen)]*. Budapest: Müller Károly 1945.

Moser, Roman: Das Konzentrationslager (KZ) im alten Schulgebäude von Gunskirchen und im Hochholz sowie die schrecklichen Tage nach Kriegsschluß. Heimatbuch Gunskirchen. Gunskirchen: 1990.

Müller-Tupath, Karla: Reichsführers gehorsamster Becher. Eine deutsche Karriere. Berlin: Aufbau-Verlag 1999.

Nádass, József: Karmos évek *[Jahre in den Krallen]*. Budapest: Szépirodalmi Könyvkiadó 1961.

Oertel, Christine: Juden auf der Flucht durch Austria. Jüdische displaced persons in der US-Besatzungszone Österreichs. Wien: Werner Eichbauer 1999.

Örökmécses. Sahy-Ipolyság és környéke mártírjainak emlékére *[Das Ewige Licht. Zu Ehren der Märtyrer in Sahy-Ipolyság und Umgebung]*. Nahariya: 1994.

Parragi, György: Mauthausen. Budapest: 1945.

Perz, Bertrand: Projekt Quarz. Steyr-Daimler-Puch und das Konzentrationslager Melk. Wien: Verlag für Gesellschaftskritik 1990.

Péter, Ferenc: Az Angyalföldtől a Szentföldig *[Von Angyalföld bis zum Heiligen Land]*. Naharia: 1997

Pető, Ernő: Rückblick. In: Tekintet 4 (1989).

Piper, Franciszek: Arbeitseinsatz der Häftlinge aus dem KL Auschwitz. Oswiecim: 1995.

Rátkai, Károly: A két torony. Magyar politikusok Mauthausenben *[Die zwei Türme. Ungarische politische Häftlinge in Mauthausen]*. Budapest: Edition Génius 1945.

Reviczky, Ádám: Vesztes háborúk, megnyert csaták *[Verlorene Kriege, gewonnene Schlachten]*. Budapest: Magvető 1985.

Ronén, Ávihu: Harc az életért. Cionista ellenállás Budapesten-1944 *[Kampf um das Überleben. Zionistischer Widerstand in Budapest 1944]*. Budapest: Belvárosi Könyvkiadó 1998.

Rózsás, János: Gulag lexikon *[Gulag Lexikon]*. Budapest: Püski 2000.

Sachsenhausen. Dokumente, Aussagen, Forschungsergebnisse und Erlebnisberichte über das ehemalige Konzentrationslager

Sachsenhausen. Berlin: VEB Deutscher Verlag der Wissenschaften 1986.

Schellenberg, Walter: Walter Schellenberg emlékiratai *[Die Memoiren von Walter Schellenberg]*. Budapest: Téka Könyvkiadó – Zrínyi Kiadó 1989.

Schramm, Percy Ernst (Hg.): Kriegstagebuch des Oberkommandos der Wehrmacht. Erster Halbband, Frankfurt am Main: 1961.

Siegert, Toni: 30 000 Tote mahnen! Die Geschichte des Konzentrationslagers Flossenbürg und seiner 100 Außenlager von 1938 bis 1945. Weiden: 1986.

Sipos, András und Péter Sipos (Hg.): Imrédy Béla a vádlottak padján *[Béla Imrédy auf der Anklagebank]*. Budapest: Osiris – Budapest FQváros Levéltára 1999.

Sipos, Péter (Hg.): Magyarország a második világháborúban. Lexikon A-ZS *[Ungarn im Zweiten Weltkrieg. Lexikon A-ZS]*. Budapest: 1996.

Speich, Sebastian et al.: Die Schweiz am Pranger. Banken, Bosse und die Nazis. Wien, Frankfurt: Ueberreuter 1997.

Stark, Tamás: Zsidóság a vészkorszakban és a felszabadulás után 1939-1955 *[Judentum in der Zeit der Shoa und nach der Befreiung 1939-1955]*. Budapest: 1995.

Strasser-Chorin, Daisy und András D. Bán: Az Andrássy úttól a Park Avenue-ig *[Von der Andrássy-Straße bis zur Park Avenue]*. Budapest: Osiris Kiadó 1999.

Strzelecki, Andrzej: Endphase des KL Auschwitz. Evakuierung, Liquidierung und Befreiung des Lagers. Oswiecim-Brzezinka: 1995.

Ferenc Szabó: Pusztulás és újjászületés. Valóság 11 (1988).

Szekeres, József (Hg.): Források Budapest múltjából III. 1919-1945 *[Quellen aus Budapests Vergangenheit III. 1919-1945]*. Budapest: 1972.

Szélesi, Jenő: Fogságukról „Hitler döntött..." Történelmi tények Szálasi naplójában *[„Hitler beschloss" ihre Gefangenschaft. Historische Tatsachen in Szálasis Tagebuch]*. o.O.: Edition Szélesi 1959.

Szinai, Miklós und Lászlo Szücs (Hg.): Horthy Miklós titkos iratai *[Geheimschriften von Miklós Horthy]*. Budapest: 1965.

Szita, Szabolcs: Adatok a magyarok mauthauseni táboréletéhez (1944 október–1945 május) *[Daten zum Lagerleben der Ungarn in*

Mauthausen (Oktober 1944–Mai 1945)]. In: Holocaust Füzetek 11 (1999).

Szita, Szabolcs: Aki egy embert megment – a világot menti meg *[Wer ein Leben rettet, rettet die Welt]*. Budapest: Corvina 2005.

Szita, Szabolcs: A Magyar Gyáriparosok Országos Szövetsége. A GYOSZ kiépítése és tevékenysége 1902- től 1948-ig *[Landesvereinigung der ungarischen Fabrikbesitzer. Der Ausbau und die Tätigkeit des GYOSZ von 1902 – 1948]*. Budapest: MGYOSZ 1997.

Szita, Szabolcs: A sárvári internálótábor 1944. évi történetéhez *[Die Internierungslager von Sárvár 1944. Deren Jahresbericht]*. In: Vasi Szemle 4 (1989).

Szita, Szabolcs: Az 1944-1945. évi polgári, diplomáciai és katonai embermentés történetéhez *[Zur Rettung von Verfolgten durch Zivilisten, Diplomaten und Armeeoffiziere 1944/45]*, in: Magyarország 1944. Üldöztetés – Embermentés. Budapest: Nemzeti Tankönyvkiadó 1994, S. 8-114.

Szita, Szabolcs: Halálerőd. A munkaszolgálat és a hadimunka történetéhez 1944-1945 *[Todesfestung. Über Zwangsarbeit und kriegswichtigen Arbeitseinsatz 1944-1945]*. Budapest: Kossuth 1989.

Szita, Szabolcs: Magyarok az SS ausztriai lágerbirodalmában *[Ungarn im österreichischen Lagerimperium der SS]*. Budapest: MAZSÖK 2000.

Szita, Szabolcs: Magyarország 1944. Üldöztetés embermentés *[Ungarn 1944. Verfolgung – Menschenrettung]*. Budapest: Nemzeti Tankönyvkiadó 1994.

Szita, Szabolcs: Utak a pokolból. Magyar deportáltak az annektált Ausztriában 1944-1945 *[Wege aus der Hölle. Deportierte Ungarn im annektierten Österreich]*. Budapest: 1991.

Szita, Szabolcs: Zwangsarbeit, Todesmärsche, Überleben durch Hilfe. Die österreichische Bevölkerung in der Erinnerung der ungarischen Deportierten und politischen Häftlingen 1944- 1945. Budapest: Velcsov 2004.

Tálos, Emmerich et al. (Hg.): NS-Herrschaft in Österreich. Ein Handbuch. Wien: ÖBV 2000.

Tanúim élnek. Részletek a Soá túlélőinek tanúvallomásaiból *[Meine Zeugen leben. Zeugenaussagen der Überlebenden der Shoa in Auszügen]*. Nir Galim: 1994.

Tanulmányok Tolna megye történetéből IV *[Studien zur Geschichte des*

Komitat Tolna IV]. Szekszárd: 1972.

Vargyai, Gyula und János Almási (Hg.): Magyarország 1944. Német megszállás *[Ungarn 1944. Deutsche Besatzung].* Budapest: 1994.

Vaupel, Dieter: Spuren, die nicht vergehen. Kassel: Ekopan Verlag 1990.

Verein Widerstandsmuseum Ebensee (Hg.): Konzentrationslager Ebensee. Ebensee: 1997.

Vértes, Róbert (Hg.): Magyarországi zsidótörvények és rendeletek 1938-1945 *[Die ungarischen Judengesetze und –Verordnungen 1938-1945].* Budapest: PolgArt 1997.

Vihar, Béla (Hg.): Sárga könyv. Adatok a magyar zsidóság háborús szenvedéseiből 1941-1945 *[Daten über die Kriegsleiden der ungarischen Juden 1941-1945].* Budapest: Hechaluc 1945.

Vígh, Károly (Hg.): Vattay Antal naplója. 1944-1945 *[Tagebuch von Antal Vattay. 1944-1945].* Budapest: Zrínyi Kiadó 1990.

Vigh, Károly: A szlovákiai magyarság kálváriája 1945-1948 *[Der Leidensweg der Ungarn in der Slowakei].* Budapest: Püski 1998.

Sonstige Literatur

Andorka, Rudolf: A madridi követségtől Mauthausenig Andorka Rudolf naplója *[Von der Madrider Botschaft nach Mauthausen. Das Tagebuch von Rudolf Andorka]*. Budapest: Kossuth 1978.

Aronson, Shlomo: Reinhard Heydrich und die Frühgeschichte. Stuttgart: Deutsche Verlag Anstalt 1971.

Balázs, Edit und Attila Katona (Hg.): Baljós a menny felettem. Vallomások a szombathelyi zsidóságról és a soáról *[Der Himmel spricht mir Unglück. Geständnisse über die Juden von Szombathely und die Shoa]*. Szombathely: 2001.

Banny, Leopold: Krieg im Burgenland. Eisenstadt: Nentwich Lattner 1983.

Banny, Leopold: Schild im Osten. Der Südostwall zwischen Donau und Untersteiermark 1944/45. Eisenstadt: Eigenverlag 1985.

Ben-Tov, Arieh: Holocaust. A Nemzetközi Vöröskereszt és a magyar zsidóság a második világháború alatt *[Holocaust. Das internationale Rote Kreuz und das ungarische Judentum im Zweiten Weltkrieg]*. Budapest: Dunakönyv 1992.

Benz, Wolfgang, Hermann Graml und Hermann Weiss (Hg.): Enzyklopädie des Nationalsozialismus. München: dtv 1998.

Beránné, Nemes Éva/Hollós, Ervin: Megfigyelés alatt... Dokumentumok a horthysta titkosrendőrség működéséből 1920-1944 *[Beobachtet... Dokumente über die Arbeit der Geheimpolizei des Horthy-Systems]*. Budapest: Akadémiai 1977.

Bognár, Irma: „Adjanak hálát a sorsnak..." Deportálásunk története *[„Gebt dem Schicksal Dank..." Die Geschichte unserer Deportation]*. Budapest: Sík 2004.

Brissand, André: The Nazi Secret Service Bodley Head. o.O.: 1991.

Buchinger, Josef: Das Ende des tausendjährigen Reiches. Dokumentation über das Kriegsgeschehen. Wien: 1972.

Delaure, Jacques: A Gestapo története *[Die Geschichte der Gestapo]*. Budapest: Kossuth 1965.

Dokumentationsarchiv des Österreichischen Widerstandes (Hg.): Gedenken und Mahnen in Wien 1934-1945. Gedenkstätten zu Widerstand und Verfolgung, Exil, Befreiung. Eine Dokumentation. Wien: 1998.

Eichmann, Adolf: Tárgyalástól ítéletig. Feljegyzések a börtönből *[Von der Verhandlung bis zum Urteil. Aufzeichnungen aus dem Gefängnis]*.

Budapest: Trifer 2000.

Engel, Reinhard und Radzyner, Joanna: Sklavenarbeit unterm Hakenkreuz. Wien et al.: Deuticke 1999.

Favez, Jean-Claude: Das Internationale Rote Kreuz und das Dritte Reich. War der Holocaust aufzuhalten? Zürich: Verlag Neue Zürcher Zeitung 1989.

Fein, Erich: Die Steine reden. Gedenkstätten des österreichischen Freiheitskampfes. Mahnmale für die Opfer des Faschismus. Eine Dokumentation. Wien: 1975.

Friedländer, Saul: A náci antiszemitizmus. Egy tömegpszichózis története *[Der nationalsozialstische Antisemitismus. Geschichte einer Massenpsychose]*. Budapest: Uránusz 1996.

Friedmann, Benedikt: „Iwan, hau die Juden!". Die Todesmärsche ungarischen Juden durch Österreich nach Mauthausen im April 1945. St. Pölten: 1989.

Fulbrook, Mary: A német nemzeti identitás a holokauszt után *[Die deutsche nationale Identität nach dem Holocaust]*. Budapest: Helikon 2001.

Gellért, Gábor: Lázas nyár 1944. március 19–1944. október 15 *[Fiebernder Sommer, 19. März 1944 – 15. Oktober 1944]*. Budapest: Zrínyi 1967.

Gerlach, Christian und Götz Aly: Das letzte Kapitel. Der Mord an den ungarischen Juden. Stuttgart, München: Deutsche Verlags Anstalt 2002.

Gosztonyi, Péter (Hg.): Szombathelyi Ferenc visszaemlékezése 1945 *[Erinnerungen von Ferenc Szombathelyi]*. Budapest: Zrínyi 1990.

Gyenes, István: Gestapo. Hitler vérebei *[Gestapo. Die Bluthunde Hitlers]*. Budapest: Magyar Téka 1945.

Györkei, Jenő: Tábornokok meghurcolása 1945-1948: Vae victis *[Verfolgte Generäle: Vae victis]*. Budapest: Accordia 2002.

Haider, Siegfried, Gerhart Marckhgott: Oberösterreichische Gedenkstätten für KZ-Opfer. Eine Dokumentation. Linz: Oberösterreichisches Landesarchiv 2001.

Hetényi-Varga, Károly: Akiket üldöztek az igazságért *[Verfolgt für die Gerechtigkeit]*. Budapest: Ecclesia 1983.

Juhász, Gyula: Magyarország külpolitikája 1919-1945 *[Ungarische Außenpolitik 1919-1945]*. Budapest: Kossuth 1988.

Kaminski, Andrzej J.: Konzentrationslager 1896 bis heute. Eine

Analyse. Stuttgart et al.: Kohlhammer 1982.

Karner, Stefan (Hg.): Das Burgenland im Jahr 1945. Eisenstadt: Amt d. Burgenländ. Landesregierung 1985.

Karner, Stefan: Die Steiermark im Dritten Reich 1938-1945. Aspekte ihrer politischen, wirtschaftlich-sozialen und kulturellen Entwicklung. Graz-Wien: Leykam 1986.

Katz, Jakov: Az előítélettől a tömeggyilkosságig *[Vom Vorurteil zum Massenmord]*. Budapest: Osiris 2001.

Kádár, Gyula: A Ludovikától Sopronkőhidáig *[Von der Ludovika nach Soprpnkőhida]*. Budapest: Magvető 1978.

Knoll, Reinhold und Martin Haidinger: Spione, Spitzel und Agenten. Analyse einer Schattenwelt. St. Pölten: NP-Buchverlag 2001.

Knopp, Guido: Hitler segédei *[Hitlers treue Helfer]*. Budapest: Magyar Könyvklub 2001.

Kovács, Mihály: Kettős bilincsben *[In zwei Handschellen]*. Budapest: Vince Kiadó 2003.

Langlet, Nina: A svéd mentőakció, 1944 *[Die schwedische Hilfsaktion 1944]*. Budapest: Kossuth 1988.

Lewy, Guenter: „Rückkehr nicht erwünscht". Die Verfolgung der Zigeuner im Dritten Reich. München-Berlin: Propyläen 2000.

Liptai, Ervin: A magyar antifasiszta ellenállás és partizánmozgalom. Kislexikon *[Der ungarische antifaschistische Widerstand und die Partisanenbewegung. Kleines Lexikon]*. Budapest: Kossuth 1987.

Neugebauer, Wolfgang: Der NS-Terrorapparat. In: Emmerich Talos et al. (Hg.): NS-Herrschaft in Österreich. Wien: 2000.

Neugebauer, Wolfgang und Elisabeth Morawek (Hg.): Österreicher und der Zweite Weltkrieg. Wien: Österreichischer Bundesverlag 1989.

Ormos, Mária und Miklós Incze: Európai fasizmusok 1919-1939 *[Europäische Faschismen 1919-1939]*. Budapest: Kossuth 1976.

Padfield, Peter: Himmler. Reichsführer-SS. London: Macmillan 1990.

Paul, Gerhard und Klaus Michael Mallmann: Die Gestapo – Mythos und Realität. Darmstadt: Wissenschaftliche Buchgesellschaft 1995.

Pelle, János: Antiszemitizmus és totalitarizmus *[Antisemitismus und Totalitarismus]*. Budapest: Műhely 1999.

Póczik, Szilveszter: Fasizmusértelmezések *[Faschismusinterpretationen]*. Budapest: 1994.

Ránki, György: 1944. március 19. Magyarország német megszállása *[Die deutsche Besetzung Ungarns am 19. März 1944]*. Budapest:

Kossuth 1978.

Ránki, György: A Harmadik Birodalom árnyékában *[Im Schatten des Dritten Reiches]*. Budapest: Magvető 1988.

Redlich, Fritz: Hitler. Diagnose der destruktiven Propheten. Wien: Werner Eichbauer 2001.

Rektor, Béla: A magyar királyi csendőrség oknyomozó története *[Investigative Geschichte der ungarischen königlichen Gendarmerie]*. Cleveland: Árpád Könyvkiadó Vállalat 1980.

Romsics, Ignác (Hg.): Magyarország és a nagyhatalmak a 20. században. Tanulmányok. Szerkesztette és a bevezetőt írta Romsics Ignác *[Ungarn und die Großmächte im 20. Jahrhundert. Studien. Redigiert und mit einem Vorwort versehen von Ignác Romsics]*. Budapest: Teleki-László-Alapítvány 1995.

Safrian, Hans: Die Eichmann-Männer, Wien-Zürich: Europaverlag 1993.

Sauerland, Karol: Harminc ezüst. Besúgások és árulások *[Dreißig Silberlinge. Spitzeltätigkeiten und Verrate]*. Budapest: Helikon 2001.

Szirmai, Rezső: Fasiszta lelkek *[Faschistische Seelen]*. Budapest: Faust Könyvkiadó 1946.

Szita, Szabolcs: Verschleppt, Verhungert, Vernichtet. Die Deportation von ungarischen Juden auf das Gebiet des annektierten Österreich. Wien: Werner Eichbauer 1999.

Szita, Szabolcs: A Gestapo Magyarországon. A terror és a rablás történetéből *[Die Gestapo in Ungarn. Aus der Geschiche von Terror und Raub]*. Budapest: Korona 2002.

Szita, Szabolcs: A komáromi deportálás 1944 őszén *[Die Deportation aus Komárom im Herbst 1944]*. Budapest: Magyar Auschwitz Alapítvány Holocaust Dokumentációs Központ 2002.

Szita, Szabolcs: Együttélés, üldöztetés, holokauszt *[Zusammenleben, Verfolgung, Holocaust]*. Budapest: Korona 2001.

Tomka, Béla: A Harmadik Birodalom. A kutatás új útjai *[Das Dritte Reich. Neue Wege der Forschung]*. Szeged: JATEPress, 1999.

Vargyai, Gyula: Magyarország a második világháborúban. Összeomlástól összeomlásig *[Ungarn im zweiten Weltkrieg. Vom Zusammenbruch bis zum Zusammenbruch]*. Budapest: Korona 2001.

Weinzierl, Erika: Zu wenig Gerechte. Österreicher und Judenverfolgung 1938-1945. Graz, Wien, Köln: Styria 1969.

Wilhelm, Friedrich: Die Polizei im NS-Staat. Paderborn: Ferdinand Schöningh 1999.

Zeitungen

Demokrácia, Budapest
Das Steirerblatt, Graz
Die Wahrheit, Graz
Hétfői Szabad Élet, Pécs
Hörschinger Lagerzeitung, Hörsching
Képes Figyelő, Budapest
Kis Ujság Magyar Nemzet, Budapest
Népszava, Budapest;
Neue Zeit, Organ der Sozialistischen Partei der Steiermark, Graz
Világ, Budapest
Világosság, Budapest

Archive

Magyar Országos Levéltár, Budapest
Hadtörténelmi Levéltár, Budapest
Politikatörténeti Intézet Levéltára, Budapest
Fővárosi Levéltár, Budapest
Holocaust Dokumentációs Központ iratgyűjteménye, Budapest
Vas megyei Levéltár, Szombathely
Győr-Sopron megyei Levéltár, Győr
Soproni Levéltár, Sopron
Dokumentationsarchiv des Österreichischen Widerstandes, Wien
Niederösterreichisches Landesarchiv, St. Pölten
Archiv der KZ-Gedenkstätte Mauthausen
Archiv Yad Vashem, Jerusalem

Abbildungsverzeichnis

Abkürzungsverzeichnis

AMM	Archiv der KZ-Gedenkstätte Mauthausen
APMO	Archivum Panstwowe Muzeum Oswiecim-Brzezinka, Auschwitz
BdS	Befehlshaber der Sicherheitspolizei und des SD
BMKI	Belügyminisztérium Közigazgatási Irattára *(Archiv des Innenministeriums)*
DEGOB	Deportáltakat Gondozó Bizottság *(Landesfürsorgekomitee der Deportierten)*
DÖW	Dokumentationsarchiv des Österreichischen Widerstandes
IMK	Internationales Mauthausen Komitee
IRK	Internationales Rotes Kreuz
KdS	Kommandeur der Sicherheitspolizei und des SD
KLM	Konzentrationslager Mauthausen
MIOI	Magyar Izraeliták Országos Irodájának *(Nationales Büro der ungarischen Israeliten)*
MKP	Magyar Kommunista Párt *(Ungarische Kommunistische Partei)*
MOL	Magyar Országos Levéltár *(Ungarisches Staatsarchiv)*
OZSM, DEGOB	Országos Zsidó Múzeum, Deportáltakat Gondozó Bizottság *(Jüdisches Landesmuseum, Fürsorgekomitee der Deportierten)*
OZSSB	Országos Zsidó Segítő Bizottság *(Nationales Jüdisches Hilfskomitee)*
RSHA	Reichssicherheitshauptamt
SD	Sicherheitsdienst Reichsführer-SS
SEK	SS-Sondereinsatzkommando Ungarn
Sipo	Sicherheitspolizei
SS-WVHA	SS-Wirtschafts-Verwaltungshauptamt
VKF	Vezérkari Fónökség *(ungarischer Generalstab)*
WJC	World Jewish Congress *(Jüdischer Weltkongress)*

Personenregister